Externer Sachverstand im Betriebsverfassungsrecht

Schriften zum Recht der Arbeit

Herausgegeben von Olaf Deinert und Rüdiger Krause

Band 10

PL ACADEMIC RESEARCH

Christiane Radtke

Externer Sachverstand im Betriebsverfassungsrecht

Sachverständige und Berater für Betriebsrat, Gesamtbetriebsrat, Konzernbetriebsrat, Wirtschaftsausschuss und Wahlvorstand

PL ACADEMIC RESEARCH

Bibliografische Information der Deutschen Nationalbibliothek
Die Deutsche Nationalbibliothek verzeichnet diese Publikation in der Deutschen Nationalbibliografie; detaillierte bibliografische Daten sind im Internet über http://dnb.d-nb.de abrufbar.

Zugl.: Hannover, Univ., Diss., 2014

Gedruckt auf alterungsbeständigem,
säurefreiem Papier.

D 89
ISSN 2191-4079
ISBN 978-3-631-65135-3 (Print)
E-ISBN 978-3-653-04277-1 (E-Book)
DOI 10.3726/978-3-653-04277-1

PL Academic Research ist ein Imprint der Peter Lang GmbH.

Peter Lang – Frankfurt am Main · Bern · Bruxelles · New York · Oxford · Warszawa · Wien

Diese Publikation wurde begutachtet.

www.peterlang.com

Vorwort

Die vorliegende Arbeit wurde 2013 von der juristischen Fakultät der Gottfried Wilhelm Leibniz Universität Hannover als Dissertation angenommen. Rechtsprechung und Literatur konnten bis Anfang 2014 berücksichtigt werden.

Mein besonderer Dank gilt Frau Prof. Dr. Ulrike Wendeling-Schröder, welche meine Dissertation stets hilfsbereit betreut und gefördert hat. Herrn Prof. Dr. Dr. Peter Salje danke ich für die rasche Erstellung des Zweitgutachtens.

Besonderer Dank gebührt auch Herrn Prof. Dr. Heinrich Kiel, der die Arbeit angeregt und immer hilfsbereit zur Verfügung gestanden hat. Durchführung und Abschluss der Dissertation wären ohne die Unterstützung meiner Familie nicht möglich gewesen, der ich herzlich danke.

Hannover, März 2014

Gliederung

Inhaltsverzeichnis

Literaturverzeichnis

Ahlburg, Petra, Der Schulungsanspruch des Wahlvorstands. So klappt es mit der Durchsetzung, AiB 2009, 399–401.

Annuß, Georg, Mitwirkung und Mitbestimmung der Arbeitnehmer im Regierungsentwurf eines Gesetzes zur Reform des BetrVG, NZA 2001, 367–371.

Annuss, Georg / Picker, Eduard / Wissmann, Hellmut (Hrsg.), Festschrift für Reinhard Richardi zum 70. Geburtstag, München 2007 (zitiert: *Bearbeiter,* FS Richardi).

Anzinger, Rudolf / Wank, Rolf (Hrsg.), Entwicklungen im Arbeitsrecht und Arbeitsschutzrecht. Festschrift für Otfried Wlotzke zum 70. Geburtstag, München 1996 (zitiert: *Bearbeiter,* FS Wlotzke).

Baeck, Ulrich / Diller, Martin, Zur Teilbarkeit von Betriebsänderungen, NZA 1997, 689–695.

Balkenhol, Christof, Rat für die Räte. Worauf Betriebsräte bei Sachverständigen und Beratern achten sollten, AiB 2004, 535–537.

Bauer, Jobst-Hubertus, Der Anwalt im Einigungsstellenverfahren, AnwBl 1985, 225–230.

Bauer, Jobst-Hubertus, Der Rechtsanwalt in der Arbeitsgerichtsbarkeit, in: *Deutscher Arbeitsgerichtsverband (Hrsg.),* Die Arbeitsgerichtsbarkeit: Festschrift zum 100jähri-gen Bestehen des Deutschen Arbeitsgerichtsverbandes, Neuwied 1994, S. 285–314 (zitiert: *Bauer,* FS Deutscher Arbeitsgerichtsverband).

Bauer, Jobst-Hubertus, Neues Spiel bei der Betriebsänderung und der Beschäftigungssicherung?, NZA 2001, 375–379.

Bauer, Jobst-Hubertus / Beckmann, Paul Werner / Lunk, Stefan (u.a.) (Hrsg.), Arbeitsgemeinschaft Arbeitsrecht im Deutschen Anwaltverein. Festschrift zum 25-jährigen Bestehen, Bonn 2006 (zitiert: *Bearbeiter,* FS 25 Jahre ARGE ArbR im DAV).

Becker, Iris / Kunz, Olaf / Schneider, Wolfgang, Die betriebliche Auskunftsperson nach § 80 Abs. 2 Satz 3 BetrVG, AiB 2002, 537–541.

Becker, Iris / Thomas, Angelika, Hilfe für den Betriebsrat. Wie sachkundige Arbeitnehmer sinnvoll in die Arbeit des Betriebsrats einbezogen werden können, AiB 2005, 209–213.

Becker-Schaffner, Reinhard, Kosten und Sachaufwand des Betriebsrats. Rechtsprechung zu § 40 BetrVG, BB 1994, 928–933.

Beck'scher Online-Kommentar zum Arbeitsrecht herausgegeben von *Rolfs, Christian / Giesen, Richard / Kreikebohm, Ralf (u. a.),* 30. Edition, Stand 01.12.2013 (zitiert: BeckOK – *Bearbeiter*).

Behrens, Walter / Kramer, Stefan, Der beauftragte Gesamtbetriebsrat, DB 1994, 94–96.

Bell, Stefan, Hinzuziehung eines Sachverständigen für Interessenausgleichs- und Sozialplanverhandlungen. Anmerkung zu ArbG Wesel, Beschl. v. 26.05.1997 – 2 BVGa 6/97, AiB 1997, 538–539.

Bengelsdorf, Peter, Unzulässigkeit einer Untersagungsverfügung bei Betriebsänderungen (I), DB 1990, 1233–1238.

Bengelsdorf, Peter, Unzulässigkeit einer Untersagungsverfügung bei Betriebsänderungen (II), DB 1990, 1282–1286.

Berg, Peter / Bobke, Manfred, Ausschöpfung der Rechte des Betriebsrates, AiB 1990, 485–488.

Berger-Delhey, Ulf, Anmerkung zu BAG, Beschl. v. 21.06.1989 – 7 ABR 78/87, AP Nr. 34 zu § 76 BetrVG 1972.

Bergmann, Magnus, Finanzielle Haftung von Betriebsratsmitgliedern, NZA 2013, 57–62.

Bertzbach, Martin, Genehmigung eines nicht ordnungsgemäß zu Stande gekommenen Beschlusses des Betriebsrats? Anmerkung zu LAG Frankfurt, Beschl. v. 01.06.2006 – 9 TaBV 164/05, jurisPR-ArbR 41/2006, Anm. 5.

Bettermann, Karl August / Löwisch, Manfred / Otto, Hansjörg (u. a.) (Hrsg.), Festschrift für Albrecht Zeuner zum siebzigsten Geburtstag, Tübingen 1994 (zitiert: *Bearbeiter,* FS Zeuner).

Birk, Rolf, Anmerkung zu BAG, Beschl. v. 15.10.1979 – 1 ABR 49/77, AP Nr. 5 zu § 111 BetrVG 1972.

Bissels, Alexander, Voraussetzungen für das Vorliegen einer Betriebsänderung. Anmerkung zu LAG Rheinland-Pfalz, Beschl. v. 10.09.2009 – 11 TaBV 13/09, jurisPR-ArbR 6/2010, Anm. 2.

Blomeyer, Wolfgang, Das Übermaßverbot im Betriebsverfassungsrecht, in: *Gamillscheg, Franz / Hueck, Götz / Wiedemann, Herbert (Hrsg.),* 25 Jahre Bundesarbeitsgericht, München 1979, S. 17–36 (zitiert: *Blomeyer,* FS 25 Jahre BAG).

Boecken, Winfried, Gemeinschaftsbetrieb und Anwendbarkeit der §§ 111 ff. BetrVG, in: *Oetker, Hartmut / Preis, Ulrich / Rieble, Volker (Hrsg.),* 50 Jahre Bundesarbeitsgericht, München 2004, S. 931–941 (zitiert: *Boecken,* FS 50 Jahre BAG).

Boemke, Burkhard, Die Betriebsratswahl. Chronologische Handlungsanleitung für das normale Wahlverfahren mit Musterakte, Leipzig 2005 (zitiert: *Boemke,* Betriebsratswahl).

Bösche, Burchard / Grimberg, Herbert, Der Wirtschaftsausschuß. Informationsorgan des Betriebsrates, AiB 1989, 108–113.

Boewer, Dietrich, Personaldatenverarbeitung und Kontrollbefugnisse des Betriebsrats aus § 80 BetrVG, RDV 1985, 22–27.

Boewer, Dietrich / Gaul, Björn (Hrsg.), Festschrift für Dieter Gaul zum 70. Geburtstag, Neuwied 1992 (zitiert: *Bearbeiter,* FS Gaul).

Bohr, Marc Oliver, Betriebsexterne Wirkung betriebsinterner Maßnahmen. Insbesondere Probleme der Geltendmachung von Gewährleistungsrechten durch den Arbeitgeber bei Hinzuziehung von Sachverständigen durch den Betriebsrat gem. § 80 III BetrVG, ZfA 1995, 433–477.

Boldt, Gerhard, Anmerkung zu BAG, Beschl. v. 18.07.1978 – 1 ABR 34/75, AP Nr. 1 zu § 108 BetrVG 1972.

Brachmann, Carsten / Diepold, Markus, Grenzen zwischen zulässiger und unzulässiger Betriebsratsarbeit. Betriebliche Zusammenarbeit, AuA 2010, 270–273.

Brodtrück, Lydia, Kostentragungspflicht des Arbeitgebers – Honorarkosten eines Rechtsanwalts, ArbRAktuell 2009, 143.

Bruns, Patrick, Zum Unterlassungsanspruch des Betriebsrats bei Betriebsänderungen, AuR 2003, 15–19.

Buchner, Herbert, Kooperation als Leitmaxime des Betriebsverfassungsrechtes, DB 1974, 530–535.

Bulla, G.-A., „Vertrauensvolle Zusammenarbeit" von Arbeitgeber und Betriebsrat als Generalklausel des Betriebsverfassungsrechts. Ein Beitrag zu § 49 BetrVG und § 55 PersVertrG, RdA 1965, 121–132.

Bundesvereinigung der Deutschen Arbeitgeberverbände / Bundesverband der Deutschen Industrie e.V. (Hrsg.), Mitbestimmung modernisieren. Bericht der Kommission Mitbestimmung (zitiert: *BDA/BDI,* Mitbestimmung).

Burghardt, Marion / Hinrichs, Oda / Hummel, Dieter, u.a. Plädoyer für eine Reform der Betriebsverfassung, AuR 2000, 205–208.

Burgmer, Christoph J. / Richter, Stefan, Rechtsprechungsübersicht zu den Betriebsrats-wahlen. Ein Querschnitt aus den letzen vier Jahren, NZA-RR 2010, 57–64.

Chen, Yen-Liang, Die Bedeutung des § 2 Abs. 1 BetrVG für den Umfang und die Schranken der Mitbestimmung nach § 87 BetrVG, Lohmar 2004 (zitiert: *Chen,* § 2 Abs. 1 BetrVG).

Christoffer, Thorsten, Die originäre Zuständigkeit des Konzernbetriebsrats, BB 2008, 951–954.

Cox, Peter-Martin / Grimberg, Herbert, Wirtschaftsausschuss, AiB 2003, 26–35.

Däubler, Wolfgang, Eine bessere Betriebsverfassung? Der Referentenentwurf zur Reform des BetrVG, AuR 2001, 1–8.

Däubler, Wolfgang, Die veränderte Betriebsverfassung. Erste Anwendungsprobleme, AuR 2001, 285–291.

Däubler, Wolfgang, Probleme beim Übergang zum neuen Betriebsverfassungsrecht, DB 2001, 1669–1672.

Däubler, Wolfgang, Welche Seminare dürfen Betriebsräte besuchen? Der Begriff der Erforderlichkeit des § 37 Abs. 6 BetrVG, AiB 2004, 525–531.

Däubler, Wolfgang, Die fragmentarischen Betriebsverfassung, in: *Hönn, Günther / Oetker, Hartmut / Raab, Thomas (Hrsg.),* Festschrift für Peter Kreutz zum 70. Geburtstag, Köln 2010, S. 69–80 (zitiert: *Däubler,* FS Kreutz).

Däubler, Wolfgang, Gläserne Belegschaften? Das Handbuch zum Arbeitnehmerdatenschutz, 5. Auflage, Frankfurt am Main 2010 (zitiert: *Däubler*, Gläserne Belegschaften?).

Däubler, Wolfgang / Kittner, Michael / Klebe, Thomas / Wedde, Peter (Hrsg.), Betriebsverfassungsgesetz mit Wahlordnung und EBR Gesetz, 14. Auflage, Frankfurt am Main 2014 (zitiert: DKKW – *Bearbeiter*).

Derleder, Peter, Einstweiliger Rechtsschutz und Selbsthilfe im Betriebsverfassungsrecht. Zur Beschränkung der Abwehransprüche des Betriebsrats gegen mitbestimmungswidrige Maßnahmen des Arbeitgebers, AuR 1985, 65–78.

Deutscher Arbeitsgerichtsverband (Hrsg.), Die Arbeitsgerichtsbarkeit: Festschrift zum 100jährigen Bestehen des Deutschen Arbeitsgerichtsverbandes, Neuwied 1994 (zitiert: *Bearbeiter,* FS Deutscher Arbeitsgerichtsverband).

DGB-Bundesvorstand, Der Referentenentwurf eines Gesetzes zur Reform des Betriebsverfassungsgesetzes, NZA 2001, 135–138.

Diller, Martin / Powietzka, Arnim, Informationsrechte des Betriebsrats im (internationalen) Konzern, DB 2001, 1034–1038.

Dornbusch, Gregor / Fischermeier, Ernst / Löwisch, Manfred (Hrsg.), Fachanwaltskommentar Arbeitsrecht, 6. Auflage, Köln 2014 (zitiert: DFL – *Bearbeiter*).

Dörner, Hans-Jürgen, Die Bildung eines Konzernbetriebsrats in paritätisch beherrschten Unternehmen, in: *Düwell, Franz Josef / Stückemann, Wolfgang / Wagner, Volker (Hrsg.),* Bewegtes Arbeitsrecht. Festschrift für Wolfgang Leinemann zum 70. Geburtstag, Neuwied 2006, S. 487–503 (zitiert: *Dörner,* FS Leinemann).

Dörner, Hans-Jürgen, Das Verbot der Wahlbehinderung nach § 20 BetrVG. Tatbestand und Rechtsfolgen, in: *Hönn, Günther / Oetker, Hartmut / Raab, Thomas (Hrsg.),* Festschrift für Peter Kreutz zum 70. Geburtstag, Köln 2010, 81–92 (zitiert: *Dörner,* FS Kreutz).

Dütz, Wilhelm, Erzwingbare Verpflichtungen des Arbeitgebers gegenüber dem Betriebsrat. Zum vorbeugenden und vorläufigen Rechtsschutz im Betriebsverfassungsrecht, DB 1984, 115–128.

Düwell, Franz Josef / Stückemann, Wolfgang / Wagner, Volker (Hrsg.), Bewegtes Arbeits-recht. Festschrift für Wolfgang Leinemann zum 70. Geburtstag, Neuwied 2006 (zitiert: *Bearbeiter,* FS Leinemann).

Dzida, Boris, BGH lässt Betriebsratsmitglieder persönliche haften. Wie das Risiko durch Vertragsgestaltung beschränkt werden kann, ArbRB 2013, 126–129.

Dzida, Boris, Die persönliche Haftung von Betriebsratsmitgliedern nach § 179 BGB, NJW 2013, 433–435.

Eder, Isabel, Ausschüsse und Arbeitsgruppen. Effektive Arbeitsteilung und Nähe zum Beschäftigten, AiB 2010, 302–305.

Ege, Andreas, Unterlassungsverfügung wegen Betriebsänderung vor abschließender Interessensausgleichsverhandlung. Anmerkung zu LAG München, Beschl. v. 22.12.2008 – 6 TaBVGa 6/08, BB 2010, 869–899.

Ehrich, Christian, Die Zuständigkeit des Gesamtbetriebsrats kraft Beauftragung nach § 50 Abs. 2 BetrVG, AuR 1993, 68–70.

Ehrich, Christian, Die Zuständigkeit des Gesamtbetriebsrats nach § 50 Abs. 1 Satz 1 BetrVG und ihre Bedeutung bei den betrieblichen Beteiligungsrechten, ZfA 1993, 427–467.

Ehrich, Christian / Hoß, Axel, Die Kosten des Betriebsrats. Umfang und Grenzen der Kostentragungspflicht des Arbeitgebers, NZA 1996, 1075–1084.

Eich, Alexander, Anspruch des Betriebsrats auf Kostenerstattung bei anwaltlicher Vertretung und Anspruch des Rechtsanwalts auf Zahlung eines angemessenen Vorschusses, AnwBl 1985, 62–68.

Eich, Alexander, Anwaltshonorar für Vertretung vor der Einigungsstelle. Anmerkung zu BAG, Beschl. v. 21.06.1989 – 7 ABR 78/87, SAE 1990, Heft 3, 105–115.

Eisemann, Hans Friedrich, Der „neue" Interessenausgleich. Fristenregelung und „Beratungsverfügung", in: *Isenhardt, Udo / Preis, Ulrich (Hrsg.),* Arbeitsrecht und Sozialpartnerschaft. Festschrift für Peter Hanau, Köln 1999, S. 387–401 (zitiert: *Eisemann,* FS Hanau).

Engels, Gerd / Trebinger, Yvonne / Löhr-Steinhaus, Wilfried, Regierungsentwurf eines Gesetzes zur Reform des Betriebsverfassungsgesetzes. Überblick über die wesentlichen Änderungen, DB 2001, 532–542.

Engisch, Karl, Einführung in das juristische Denken, herausgegeben von *Würtenberger, Thomas / Otto, Dirk,* 11. Auflage, Stuttgart 2010 (zitiert: *Engisch,* Einführung in das juristische Denken).

Erfurter Kommentar zum Arbeitsrecht, herausgegeben von *Müller-Glöge, Rudi / Preis, Ulrich / Schmidt, Ingrid,* 14. Auflage, München 2014 (zitiert: ErfK – *Bearbeiter*).

Fahlbusch, Detlev, Hinzuziehung eines Sachverständigen durch den Betriebsrat. Anmerkung zu BAG, Beschl. v. 26.02.1992 – 7 ABR 51/90, Der Betriebsrat 1993, 11–13.

Fauser, Florian N. / Nacken, Michael, Die Sicherung des Unterrichtungs- und Beratungsanspruchs des Betriebsrats aus §§ 111, 112 BetrVG. Unter besonderer Berücksichtigung gemeinschaftsrechtlicher Vorgaben, NZA 2006, 1136–1143.

Fischer, Christian, Anmerkung zu BAG, Beschl. v. 11.12.2001 – 1 AZR 193/01, SAE 2003, 44–51.

Fischer, Christian, Die Rechtsprechung des Bundesarbeitsgerichts im Jahr 2008, ZfA 2010, 259–362.

Fischer, Thomas, Strafgesetzbuch und Nebengesetze, 61. Auflage, München 2014.

Fischer, Ulrich, Die Vorschläge von DGB und DAG zur Reform des Betriebsverfassungs-gesetzes, NZA 2000, 167–175.

Fitting. Betriebsverfassungsgesetz, herausgegeben von *Engels, Gerd / Schmidt, Ingrid / Tebinger, Yvonne / Linsenmaier, Wolfgang,* 27. Auflage, München 2014.

Franzen, Martin, Die Freiheit der Arbeitnehmer zur Selbstbestimmung nach dem BetrVG, ZfA 2001, 423–450.

Freckmann, Anke / Koller-van Delden, Martin, Vertrauensvolle Zusammenarbeit zwischen Arbeitgeber und Betriebsrat. Hehres Ziel oder zu praktizierende Wirklichkeit?, BB 2006, 490–496.

Fuchs, Rainer, Der Konzernbetriebsrat. Funktion und Kompetenz, Frankfurt am Main 1974 (zitiert: *Fuchs,* Konzernbetriebsrat).

Gajewski, Peter, Rechtsprobleme bei der Sozialplangestaltung, in: *Boewer, Dietrich / Gaul, Björn (Hrsg.),* Festschrift für Dieter Gaul zum 70. Geburtstag, Neuwied 1992, S. 189–213 (zitiert: *Gajewski,* FS Gaul).

Gamillscheg, Franz / Rüthers, Bernd / Stahlhacke, Eugen (Hrsg.), Festschrift für Karl Molitor zum 60. Geburtstag, München 1988 (zitiert: *Bearbeiter*, FS Molitor).

Gaul, Björn, Beteiligungsrechte des Betriebsrats aus §§ 111, 112 BetrVG bei der Spaltung eines gemeinsamen Betriebs mehrerer Unternehmen, NZA 2003, 695–701.

Gaul, Björn / Bonanni, Andrea, Beteiligungsrechte des Betriebsrats im Tochterunternehmen bei Maßnahmen der Konzernmutter, ArbRB 2003, 241–244.

Gemeinschaftskommentar zum Betriebsverfassungsgesetz. Band I: §§ 1–73 b mit Wahlordnungen, herausgegeben von *Wiese, Günther / Kreutz, Peter / Oetker, Hartmut u.a.*, 10. Auflage, Köln 2014 (zitiert: GK – *Bearbeiter*).

Gemeinschaftskommentar zum Betriebsverfassungsgesetz. Band II: §§ 74–132 mit Wahlordnungen, herausgegeben von *Wiese, Günther / Kreutz, Peter / Oetker, Hartmut u.a.,* 10. Auflage, Köln 2014 (zitiert: GK – *Bearbeiter*).

Germelmann, Claas-Hinrich / Matthes, Hans-Christoph / Prütting, Hanns *(u.a.),* Arbeitsgerichtsgesetz. Kommentar, 8. Auflage, München 2013 (zitiert: GMP – *Bearbeiter*).

Gertler, Nils Fabian, Betriebsverfassungsrechtliche Auskunftsansprüche im Konzern, Frankfurt am Main 2010 (zitiert: *Gertler,* Auskunftsansprüche).

Geyer, Fabian, Reformansätze für eine moderne Betriebsverfassung, in: *Düwell, Franz Josef / Stückemann, Wolfgang / Wagner, Volker (Hrsg.),* Bewegtes Arbeitsrecht. Festschrift für Wolfgang Leinemann zum 70. Geburtstag, Neuwied 2006, S. 515–521 (zitiert: *Geyer,* FS Leinemann).

Gorsboth, Thomas, Grundlagenseminare. Das erste Gebot demokratischer Verantwortung (Teil 1), AiB 2010, 312–317.

Grotkamp, Annette, Die Bedeutung des Gesamtbetriebsrats und die Abgrenzung seiner Zuständigkeit zu den Einzelbetriebsräten im Rahmen des Strukturwandels in der deutschen Wirtschaft, Frankfurt am Main 1999 (zitiert: *Grotkamp,* Gesamtbetriebsrat).

Grunsky, Wolfgang, Anmerkung zu BAG, Beschl. v. 03.10.1978 – 6 ABR 102/76m, AP Nr. 14 zu § 40 BetrVG 1972.

Haas, Bernd, Anwaltliches Mandatsverhältnis zum Betriebsrat, Frankfurt am Main 2009 (zitiert: *Haas,* Anwaltliches Mandatsverhältnis).

Hanau, Peter, Methoden der Auslegung des Betriebsverfassungsgesetzes, in: *Bettermann, Karl August / Löwisch, Manfred / Otto, Hansjörg (u.a.) (Hrsg.),* Festschrift für Albrecht Zeuner zum siebzigsten Geburtstag, Tübingen 1994, S. 53–66 (zitiert: *Hanau,* FS Zeuner).

Hanau, Peter, Denkschrift zu dem Regierungsentwurf eines Gesetzes zur Reform des Betriebsverfassungsgesetzes, RdA 2001, 65–76.

Hanau, Peter, Die Reform der Betriebsverfassung, NJW 2001, 2513–2519.

Hanau, Peter, Probleme der Neuregelung der Betriebsverfassung, ZIP 2001, 1981–1987.

Hanau, Peter / Lorenz, Egon / Matthes, Hans C. (Hrsg.), Festschrift für Günther Wiese zum 70. Geburtstag, Neuwied 1998 (zitiert: *Bearbeiter,* FS Wiese).

Hayen, Ralf-Peter, Zukunftsfähige Betriebsratsarbeit. Zeitgemäße Beteiligungsformen sind erforderlich, AiB 2008, 36–44.

Hayen, Ralf-Peter, Beteiligungsorientierte Betriebsratsarbeit. Die Beschäftigten einbeziehen! AiB 2010, 287–291.

Heinze, Meinhard, Inhalt und Grenzen betriebsverfassungsrechtlicher Rechte, ZfA 1988, 53–91.

Heither, Friedrich, Die Sicherung der Beteiligungsrechte des Betriebsrats bei geplanten Betriebsänderungen, in: *Klebe, Thomas / Wedde, Peter / Wolmerath, Martin (Hrsg.),* Recht und soziale Arbeitswelt. Festschrift für Wolfgang Däubler zum 60. Geburtstag, Frankfurt am Main 1999, S. 338–346 (zitiert: *Heither,* FS Däubler).

Henssler, Martin / Willemsen, Heinz Josef / Kalb, Heinz-Jürgen (Hrsg.), Arbeitsrecht Kommentar, 5. Auflage, Köln 2012 (zitiert: HWK – *Bearbeiter*).

Herschel, Wilhelm, Der Sachverständige des Wirtschaftsausschusses, AuR 1980, 21–24.

Hess, Harald, Anmerkung zu BAG; Beschl. v. 08.06.1999 – 1 AZR 831/98, AP Nr. 47 zu § 111 BetrVG 1972.

Hinrichs, Lars / Plitt, David, Anspruch des Betriebsrats auf die Freistellung von Beratungskosten. Folgen der „Jones-Day"-Entscheidung des BGH und des OLG Frankfurt a.M., NZA 2011, 1006–1011.

Hölscher, Thomas, Die Einführung des lean management als Betriebsänderung im Sinne des § 111 BetrVG und die Konsequenzen für den Unternehmer in Form von Interessenausgleich und Sozialplan gem. § 112 BetrVG, Münster 1998 (zitiert: *Hölscher,* Lean management).

Hönn, Günther / Oetker, Hartmut / Raab, Thomas (Hrsg.), Festschrift für Peter Kreutz zum 70. Geburtstag, Köln 2010 (zitiert: *Bearbeiter,* FS Kreutz).

Hoyningen-Huene, Gerrick v., Das Betriebsverhältnis – Eine Skizze zum betriebsverfassungsrechtlichen Kooperationsverhältnis, NZA 1989, 121–125.

Hoyningen-Huene, Gerrick v., Drittbeziehungen in der Betriebsverfassung, RdA 1992, 355–367.

Hoyningen-Huene, Gerrick v., Das „Betriebsverhältnis" als Grundbeziehung im Betriebsverfassungsrecht, in: *Hanau, Peter / Lorenz, Egon / Matthes, Hans C. (Hrsg.),* Fest-schrift für Günther Wiese zum 70. Geburtstag, Neuwied 1998, S. 175–190 (zitiert: *v. Hoyningen-Huene,* FS Wiese).

Hoyningen-Huene, Gerrik v., Betriebsverfassungsrecht, 6. Auflage, München 2007 (zitiert: *v. Hoyningen-Huene,* Betriebsverfassungsrecht).

Hummel, Dieter, Untersagung betriebsbedingter Kündigungen bis zum Abschluss eines Interessenausgleichs und Sozialplans. Anmerkung zu ArbG Berlin, Beschl. v. 09.03.2000 – 41 BVGa 6000/00, AiB 2001, 544–548.

Hümmerich, Cindy, Die Zuständigkeitsabgrenzung zwischen Gesamtbetriebsrat und Einzelbetriebsräten, Frankfurt am Main, 2010 (zitiert: *Hümmerich,* Zuständigkeitsabgrenzung).

Hümmerich, Klaus, / Spirolke, Matthias, Allgemeiner Unterlassungsanspruch des Betriebsrats bei Betriebsänderungen, BB 1996, 1986–1990.

Hunold, Wolf, Die Kosten der Betriebsarbeit, NZA-RR 1999, 113–117.

Hunold, Wolf, Rechtsanwalt als Sachverständiger des Betriebsrats für die Überprüfung der Arbeitsverträge, NZA 2006, 583–585.

Hunold, Wolf, Aktuelle Rechtsprechung zu den Sach- und Personalkosten der Betriebsarbeit (§ 40 BetrVG), NZA-RR 2011, 57–64.

Ilbertz, Wilhelm, Berufung des Arbeitgebers auf einen Ladungsmangel/Kostentragung anwaltlicher Tätigkeit durch den Arbeitgeber. Anmerkung zu BAG, Beschl. v. 18.01.2006 – 7 ABR 25/05, ZBVR online 2006, Ausgabe 7, 8–11.

Isenhardt, Udo / Preis, Ulrich (Hrsg.), Arbeitsrecht und Sozialpartnerschaft. Festschrift für Peter Hanau, Köln 1999 (zitiert: *Bearbeiter,* FS Hanau).

Jacobs, Kay-Uwe, Die Wahlvorstände für die Wahlen des Betriebsrats, des Sprecherausschusses und des Aufsichtsrats, Kiel 1993 (zitiert: *Jacobs,* Wahlvorstände).

Jaeger, Georg / Steinbrück, Katharina, Persönliche Haftung von Betriebsratsmitgliedern für Beraterhonorare? Konsequenzen für die Praxis aus dem Urteil des BGH vom 25.10.2012, NZA 2013, 401–407.

Jahnke, Volker, Kompetenzen des Betriebsrats mit vermögensrechtlichem Inhalt, RdA 1975, 343–351.

Jobs, Friedhelm, Hinzuziehung von Sachverständigen gem. § 80 Abs. 3 Satz 1 BetrVG zur Beurteilung der Beteiligungsrechte des Betriebsrates bei Einführung und Anwendung von EDV-Systemen, RDV 1987, 125–128.

Jobs, Friedhelm / Rauschenberg, Hans, Der Anspruch des Betriebsrates auf einen Informatik-Sachverständigen nach § 80 Abs. 3 BetrVG und die Unterrichtungspflicht des Arbeitgebers gem. §§ 80 Abs. 2, 90 BetrVG, RDV 1990, 77–80.

Joost, Detlev, Anmerkung zu BAG, Beschl. v. 18.10.1994 – 1 ABR 17/94, AP Nr. 70 zu § 87 BetrVG 1972.

Junker, Abbo / Dietrich, Ute, Schwellenwerte in arbeitsrechtliche Gesetzen, NZA 2003, 1057–1068.

Kamphausen, Heinz, Pauschalierung oder Stundensatz-Vergütung für außerbetriebliche Beisitzer in Einigungsstellen, NZA 1992, 55–63.

Kamphausen, Heinz, Rechtsanwälte „vor“ oder „in“ der Einigungsstelle – auch eine Frage der Meistbegünstigung von Anwälten? NZA 1994, 49–54.

Karb, Svenja Kathrin, Die Indienstnahme sachkundiger Arbeitnehmer im Rahmen der Betriebsverfassung, Hamburg 2008 (zitiert: *Karb,* Sachkundige Arbeitnehmer).

Keßler, Ulrich G., Hinzuziehung eines Sachverständigen. Anmerkung zu ArbG Leipzig, Beschl. v. 08.02.2000 – 14 BVGa 55/99, AiB 2002, 46–48.

Keßler, Ulrich G., Hinzuziehung eines Sachverständigen. Anmerkung zu ArbG Leipzig, Beschl. v. 08.08.2001, 11 BV 14/01, AiB 2002, 310–312.

Kittner, Michael, Anmerkung zu BAG, Beschl. v. 26.02.1992 – 7 ABR 51/90, EzA Nr. 40 zu § 80 BetrVG 1972.

Klapper, Corinne, Unterstützung des Betriebsrats durch in- und externen Sachverstand, Hamburg 2007, (zitiert: *Klapper,* Unterstützung des Betriebsrats).

Klebe, Thomas, Recht des Betriebsrats zur Hinzuziehung eines Sachverständigen auch bei nachträglicher gerichtlicher Ersetzung der verweigerten Zustimmung des Arbeitgebers. Anmerkung zu LAG Hessen, Beschl. v. 11.11.1986 – 5 TaBV 121/86, EWiR 1987, 433–434.

Klebe, Thomas, Die Zukunft der Betriebsratsarbeit. Ein Ausblick, AiB 2006, 558–563.

Klebe, Thomas / Wedde, Peter / Wolmerath, Martin (Hrsg.), Recht und soziale Arbeitswelt. Festschrift für Wolfgang Däubler zum 60. Geburtstag, Frankfurt am Main 1999 (zitiert: *Bearbeiter,* FS Däubler).

Kleinebrink, Wolfgang, Einschaltung eines Beraters bei Betriebsänderungen, ArbRB 2003, 212–215.

Klinkhammer, Heinz, Kostenerstattungspflicht des Arbeitgebers für die anwaltliche Vertretung des Betriebsrates im Beschlußverfahren, AuR 1977, 144–148.

Knauber-Bergs, Bernd, Kostenersatz für die Heranziehung von Sachverständigen, AiB 1987, 160–162.

Kohte, Wolfhard, Der Unterlassungsanspruch der betrieblichen Arbeitnehmervertretung, in: *Annuss, Georg / Picker, Eduard / Wissmann, Hellmut (Hrsg.),* Festschrift für Reinhard Richardi zum 70. Geburtstag, München 2007, S. 601–615 (zitiert: *Kohte,* FS Richardi).

Kohte, Wolfhard / Dörner, Hans-Jürgen / Anzinger, Rudolf (Hrsg.), Arbeitsrecht im sozialen Dialog. Festschrift für Hellmut Wissmann zum 65. Geburtstag, München 2005 (zitiert: *Bearbeiter,* FS Wissmann).

Konzen, Horst, Betriebsverfassungsrechtliche Leistungspflichten des Arbeitgebers. System der Handlungs-, Duldungs- und Unterlassungsansprüche im BetrVG, Köln 1984 (zitiert: *Konzen,* Leistungspflichten).

Konzen, Horst, Errichtung und Kompetenzen des Konzernbetriebsrats, in: *Hanau, Peter / Lorenz, Egon / Matthes, Hans C. (Hrsg.),* Festschrift für Günther Wiese zum 70. Geburtstag, Neuwied 1998, S. 199–217 (zitiert: *Konzen,* FS Wiese).

Konzen, Horst / Krebber, Sebastian / Raab, Thomas (u.a.) (Hrsg.), Festschrift für Rolf Birk zum siebzigsten Geburtstag, Tübingen 2008 (zitiert: *Bearbeiter,* FS Birk).

Kort, Michael, Hinzuziehung externer Sachverständiger. Anmerkung zu BAG, Beschl. v. 04.06.1987 – 6 ABR 63/85, CR 1988, 487–490.

Kort, Michael, Anmerkung zu BAG, Beschl. v. 09.06.1999 – 1 ABR 66/97, AP Nr. 66 zu § 40 BetrVG 1972.

Kossens, Michael, Kosten des Betriebsrats bei Einschaltung eines Rechtsanwalts. Anmerkung zu LAG Schleswig-Holstein, Beschl. v. 31.03.1998 – 3 TaBV 58/97a, AiB 1998, 472–474.

Krack, Jürgen, Unterrichtung. Bitte Berichte an den Wirtschaftsausschuss! AiB 2010, 474–477.

Kreutz, Peter, Bestand und Beendigung von Gesamt- und Konzernbetriebsrat, in: *Konzen, Horst / Krebber, Sebastian / Raab, Thomas (u.a.) (Hrsg.),* Festschrift für Rolf Birk zum siebzigsten Geburtstag, Tübingen 2008, S. 495–514 (zitiert: *Kreutz,* FS Birk).

Krieger, Steffen, Hinzuziehung eines Rechtsanwalts durch den Wahlvorstand, ArbRAktuell 2010, 151.

Kruse, Martin, Die Rechte des Arbeitgebers gegenüber dem Betriebsrat, Göttingen 2010 (zitiert: *Kruse,* Rechte des Arbeitgebers).

Larenz, Karl / Canaris, Klaus-Wilhelm, Methodenlehre der Rechtswissenschaft, 3. Auflage, Berlin 1995 (zitiert: *Larenz/Canaris*, Methodenlehre).

Lassmann, Nikolai / Rupp, Rudi, Umgang mit Konflikten im Wirtschaftsausschuss. Handlungsmöglichkeiten für die betriebliche Praxis, AiB 2011, 528–532.

Laßmann, Nikolai / Rupp, Rudi, Handbuch Wirtschaftsausschuss. Handlungsmöglichkeiten für eine aktive Informationspolitik, 8. Auflage, Frankfurt am Main 2011 (zitiert: *Laßmann/Rupp,* Wirtschaftsausschuss).

Laudi, Kristina, Der betriebsverfassungsrechtliche Arbeitgeber im Konzern, Aachen 2003 (zitiert: *Laudi,* Arbeitgeber im Konzern).

Leinemann, Wolfgang, Rechte und Pflichten für den Unternehmer bei Betriebsänderungen, ZIP 1989, 552–558.

Lingemann, Stefan, Betriebsänderungen nach neuem BetrVG, NZA 2002, 934–945.

Linnenkohl, Karl, Unterrichtungsanspruch des Betriebsrats. Anmerkung zu BAG, Beschl. v. 17.03.1987 – 1 ABR 59/85, AuR 1988, 92–96.

Linnenkohl, Karl, Hinzuziehung eines außerbetrieblichen EDV-Sachverständigen. Anmerkung zu BAG, Beschl. v. 04.06.1987 – 6 ABR 63/85, BB 1988, 766–768.

Linnenkohl, Karl / Kilz, Gerhard, Die Hinzuziehung von Sachverständigen durch den Betriebsrat gem. § 80 Abs. 3 BetrVG, RDV 1988, 189–194.

Lipinski, Wolfgang / Melms, Christopher, Kein Unterlassungsanspruch des Betriebsrats zur Verhinderung der Durchführung einer Betriebsänderung ohne Versuch eines Interessenausgleichs nach In-Kraft-Treten des BetrVG-Reformgesetzes. Zugleich ein Beispiel für regionale Unterschiede in der Rechtsprechung der Arbeitsgerichte, BB 2002, 2226–2229.

Löwisch, Manfred, Interessenausgleich in Kleinbetrieben. Anmerkung zu BAG, Urteil v. 08.06.1999 – 1 AZR 831/98, SAE 2000, Heft 5, 169–178.

Löwisch, Manfred, Änderungen der Betriebsverfassung durch das Betriebsverfassungs-Reformgesetz. Teil 1: Die neuen Regelungen im organisatorischen Teil, BB 2001, 1734–1746.

Löwisch, Manfred, Änderungen der Betriebsverfassung durch das Betriebsverfassungs-Reformgesetz. Teil 2: Die neuen Regelungen zur Mitwirkung und Mitbestimmung, BB 2001, 1790–1798.

Löwisch, Manfred, Auswirkungen des Betriebsverfassungsrechts-Reformgesetzes auf Mitwirkung und Mitbestimmung des Betriebsrats, NZA 2001, Sonderbeilage Heft 24, 40–48.

Löwisch, Manfred / Kaiser, Dagmar, Betriebsverfassungsgesetz. Kommentar, 6. Auflage, Frankfurt am Main 2010 (zitiert: *Löwisch/Kaiser*).

Lubitz, Markus, Der Rechtsanwalt in der Betriebsverfassung, Bonn 1998 (zitiert: *Lubitz,* Rechtsanwalt).

Lunk, Stefan, Hinzuziehung eines Sachverständigen durch den Betriebsrat zur Überprüfung Allgemeiner Geschäftsbedingungen in Arbeitsverträgen. Besprechung des Beschlusses BAG v. 16.11.2005 – 7 ABR 12/05, RdA 2007, 44–47.

Maiß, Sebastian, Rechtsanwaltskosten als Kosten der Betriebsratstätigkeit, FA 2010, 164–167.

Manske, Wolfgang, Das Teilnahmerecht des BR-Beraters an den Verhandlung zwischen Arbeitgeber und Betriebsrat über den Abschluss eines Interessenausgleichs/Sozialplans, in: *Bauer, Jobst-Hubertus / Beckmann, Paul Werner / Lunk, Stefan (u.a.) (Hrsg.),* Arbeitsgemeinschaft Arbeitsrecht im Deutschen Anwaltverein. Festschrift zum 25-jährigen Bestehen, Bonn 2006, 953–967 (zitiert: *Manske,* FS 25 Jahre ARGE ArbR im DAV).

Martens, Klaus-Peter, Der Konzernbetriebsrat. Zuständigkeit und Funktionsweise, ZfA 1973, 297–319.

Matthes, Hans-Christoph, Das Mitbestimmungsrecht des Betriebsrates bei Betriebsänderungen, DB 1972, 286–292.

Matthes, Hans-Christoph, Rechtsfragen zum Interessenausgleich, in: *Anzinger, Rudolf / Wank, Rolf (Hrsg.),* Entwicklungen im Arbeitsrecht und Arbeitsschutzrecht. Festschrift für Otfried Wlotzke zum 70. Geburtstag, München 1996, S. 393–406 (zitiert: *Matthes,* FS Wlotzke).

Matthes, Hans-Christoph, Neue Funktionen für Interessenausgleich und Sozialplan, RdA 1999, 178–182.

Matthes, Hans-Christoph, Hinzuziehung eines Beraters bei Betriebsänderungen. Anmerkung zu LAG München, Beschl. v. 24.06.2010 – 2 TaBV 121/09, jurisPR-ArbR 39/2010, Anm. 4.

Matthiessen, Volker, EDV-Sachverständige und Betriebsrat. Zur Erforderlichkeit der Hinzuziehung, CR 1988, 478–483.

Meisel, Peter G., Hinzuziehung eines Sachverständigen durch den Betriebsrat. Anmerkung zu BAG, Beschl. v. 26.02.1992 – 7 ABR 51/90, SAE 1993, Heft 3, 120–126.

Molkenbur, Josef / Schulte, Wienhold, Rechtscharakter und -wirkungen des Interessenausgleichs, DB 1995, 269–271.

Mothes, Harald, Die Zuständigkeit des Gesamtbetriebsrats bei Betriebsänderungen, AuR 1974, 325–331.

Müller, Andreas / Seebacher, Krikor R., Kostentragungspflicht des Arbeitgebers: Kosten der anwaltlichen Vertretung eines Betriebsrats in einem Verfahren nach § 3 Abs. 2 BetrVG. Anmerkung zu ArbG München, Beschl. v. 14.03.2000 – 19 BV 302/99, AiB 2000, 687–688.

Müller, Gerhard, Die betriebsverfassungsrechtliche Maxime der vertrauensvollen Zusammenarbeit in der Rechtsprechung des Bundesarbeitsgerichts, in: *Hanau, Peter / Müller, Gerhard / Wiedemann, Herbert (u.a.) (Hrsg.),* Festschrift für Wilhelm Herschel zum 85. Geburtstag, München 1982, S. 269–302 (zitiert: *Müller,* FS Herschel 85. Geburtstag).

Müller, Marion, Reden ist Silber, Schweigen ist Gold. Der richtige Umgang mit Betriebs- und Geschäftsgeheimnissen, AiB 2009, 577–583.

Müller, Stefan, Haftung der einzelnen Betriebsratsmitglieder für Kosten eines externen Beraters, EzA Nr. 24 zu § 40 BetrVG 2001.

Münchener Handbuch zum Arbeitsrecht, herausgegeben von *Richardi, Reinhard / Wißmann, Hellmut / Wlotzke, Otfried (u.a.),* Band 2, 3. Auflage, München 2009, Band 2 (zitiert: MüHa – *Bearbeiter*).

Muratidis, Levka, Kosten des Betriebsrats bei Einschaltung eines Rechtsanwalts. Anmerkung zu LAG Schleswig-Holstein, Beschl. v. 20.07.1999 – 3 TaBV 16/99, AiB 2000, 162–164.

Natzel, Ivo, Hinzuziehung internen wie externen Sachverstands nach dem neuen Betriebsverfassungsgesetz, NZA 2001, 872–874.

Neef, Klaus, Wer schützt vor dem Betriebsrat? NZA 2001, 361–364.

Neumann-Duesberg, Horst, Das Rechtsverhältnis zwischen Betriebsrat und Arbeitgeber und die Betriebsratshaftung, NJW 1954, 617–621.

Oetker, Hartmut, Die Hinzuziehung eines Beraters bei Betriebsänderungen. Der neue § 111 S. 2 BetrVG, NZA 2002, 465–473.

Oetker, Hartmut, Der sachkundige Arbeitnehmer als Auskunftsperson des Betriebsrats, NZA 2003, 1233–1239.

Oetker, Hartmut / Preis, Ulrich / Rieble, Volker (Hrsg.), 50 Jahre Bundesarbeitsgericht, München 2004 (zitiert: *Bearbeiter,* FS 50 Jahre BAG).

Ohlendorf, Bernd / Salamon, Erwin, Interessenausgleich mit Namensliste im Zuständigkeitsbereich des Gesamtbetriebsrats, NZA 2006, 131–136.

Ohlendorf, Bernd / Salamon, Erwin, Beteiligung des Wirtschaftsausschusses vor Unterrichtung des Betriebsrats bei Betriebsänderungen, FA 2007, 340–343.

Pasewaldt, David, Straftaten gegen Betriebsverfassungsorgane und ihre Mitglieder gem. § 119 BetrVG, ZIS 2007, 75–81.

Pflüger, Norbert, Die Hinzuziehung eines Sachverständigen gem. § 80 III BetrVG, NZA 1988, 45–49.

Pflüger, Norbert, Der Unterlassungsanspruch des Betriebsrats bei Betriebsänderungen, DB 1998, 2062–2066.

Plessner, André, Rechtsanwalt als Sachverständiger zur Überprüfung von Formulararbeitsverträgen. Anmerkung zu BAG, Beschl. v. 16.11.2005 – 7 ABR 12/05, AiB 2006, 758–761.

Popp, Gerfried J., Betriebsrat und betriebsfremde Sachverständige – Die Rechtslage, PERSONAL 1993, 189–191.

Reichold, Hermann, Die reformierte Betriebsverfassung 2001. Ein Überblick über die neuen Regelungen des Betriebsverfassungs-Reformgesetzes, NZA 2001, 857–865.

Reichold, Hermann, Auswirkungen der Novelle zum BetrVG auf die Organisation der Betriebsverfassung, NZA 2001, Sonderbeilage Heft 24, 32–39.

Reichold, Hermann, Betrieb und/oder Unternehmen. Note mangelhaft für den Reform-Gesetzgeber! NZA 2005, 622–623.

Reitze, Serge, Der Betriebsratsbeschluß. Verfahren und Beschlußmängelrecht, Heidelberg 1998 (zitiert: *Reitze,* Betriebsratsbeschluss).

Reitze, Serge, Rückwirkende „Billigung" unwirksamer oder fehlender Entscheidungen des Betriebsrats? NZA 2002, 492–495.

Reitze, Serge, Die Hinzuziehung von sachkundigen Arbeitnehmern gem. § 80 Abs. 2 Satz 3 BetrVG, ZBVR online 2006, Ausgabe 7, 22–25.

Reitze, Serge, Die Hinzuziehung externer Sachverständiger gem. § 80 Abs. 3 BetrVG, ZBVR online 2007, Ausgabe 6, 23–25.

Richardi, Reinhard, Kollektives Arbeitsrecht, München 2007 (zitiert: *Richardi,* Kollektives Arbeitsrecht).

Richardi, Reinhard (Hrsg.), Betriebsverfassungsgesetz mit Wahlordnung, 14. Auflage, München 2014 (zitiert: Richardi – *Bearbeiter*).

Richardi, Reinhard / Annuß, Georg, Neues Betriebsverfassungsgesetz: Revolution oder strukturwahrende Reform? DB 2001, 41–46.

Rieble, Volker, Kosten für Sachverständigen in der Betriebsversammlung. Anmerkung zu BAG, Beschl. v. 19.04.1989 – 7 ABR 87/87, SAE 1990, Heft 1, 8–13.

Rieble, Volker, Betriebsratswahlwerbung durch den Arbeitgeber? ZfA 2003, 283–318.

Rieble, Volker, Delegation an den Gesamt- oder Konzernbetriebsrat, RdA 2005, 26–31.

Riechers, Fabian, Wichtige Helfer, nicht nur in der Not, dbr 2009, Heft 10, 27–29.

Ritter, Tanja, Der Wirtschaftsausschuss nach dem Betriebsverfassungsgesetz und die Rahmenrichtlinie 2002/14/EG, Bonn 2006 (zitiert: *Ritter,* Wirtschaftsausschuss).

Röder, Gerhard / Gragert, Nicola, Mitbestimmungsrechte bei Untätigkeit eines zuständigen Gesamt- bzw. Konzernbetriebsrats am Beispiel von Betriebsänderungen, DB 1996, 1674–1678.

Roos, Bernd, Sichern von Beteiligungsrechten vor Gericht. Außerbetriebliche Handlungsmöglichkeiten des Betriebsrats, AiB 2011, 177–185.

Rose, Franz-Josef / Grimmer, Daria, Die Stellung des Beraters des Betriebsrats nach § 111 Satz 2 BetrVG Beratungs- oder Verhandlungsmandat? DB 2003, 1790–1795.

Rudolph, Wolf-Dieter, Mitbestimmung des Betriebsrats. Die weichen und harten Durchgriffsrechte, AiB 2010, 324–328.

Rudolph, Wolf-Dieter, Zusammenarbeit mit anderen Gremien. Das ist zu beachten! AiB 2010, 340–344.

Rumpff, Klaus, Die Mitwirkung der Arbeitnehmervertretungen in wirtschaftlichen Angelegenheiten. Insbesondere die Mitwirkung des Betriebsrats bei Betriebsänderungen nach den §§ 111 bis 113 BetrVG 1972, BB 1972, 325–330.

Rupp, Rudi, Allgemeine Anforderungen an den Sozialplan, AiB 2002, 478–483.

Schaub, Günter, Der Interessenausgleich, in: *Klebe, Thomas / Wedde, Peter / Wolmerath, Martin (Hrsg.),* Recht und soziale Arbeitswelt. Festschrift für Wolfgang Däubler zum 60. Geburtstag, Frankfurt am Main 1999, S. 347–354 (zitiert: *Schaub,* FS Däubler).

Schiefer, Bernd / Korte, Walter, Der Referentenentwurf eines Gesetzes zur Reform des Betriebsverfassungsgesetzes, NZA 2001, 71–89.

Schiefer, Bernd / Korte, Walter, Gesetzentwurf eines Gesetzes zur Reform des Betriebsverfassungsgesetzes, NZA 2001, 351–357.

Schiefer, Bernd / Korte, Walter, Die Durchführung von Betriebsratswahlen nach neuem Recht – Teil 1, NZA 2002, 57–69.

Schiefer, Bernd / Korte, Walter, Die Durchführung von Betriebsratswahlen nach neuem Recht – Teil 2, NZA 2002, 113–120.

Schierbaum, Bruno, Die Hinzuziehung von Sachverständigen durch den Betriebsrat, CR 1995, 742–747.

Schierbaum, Bruno, Sachverständiger des Betriebsrats nach § 80 Abs. 3 BetrVG, AiB 1996, 217–222.

Schierbaum, Bruno, Unverzichtbare Unterstützer. Sachverständige, Berater und sachkundige Arbeitnehmer, dbr 2006, Heft 3, 27–30.

Schlichting, Birgit, Betriebsänderung – Anwendungsfälle und Handlungsansätze, AiB 2002, 464–469.

Schlömp, Jürgen, Zuziehung eines Sachverständigen durch den Betriebsrat bei Fragen Neuer Technik. Anmerkung zu ArbG Braunschweig, Beschl. v. 14.11.1984 – 2 BV 52/84; LAG Berlin, Beschl. v. 30.07.1985 – 3 TaEV 6/85 und ArbG Oberhausen, Beschl. v. 05.09.1985 – 4 BV 36/84, AiB 1986, 69–70.

Schmitt-Rolfes, Günter, Interessenausgleich und Sozialplan in Unternehmen und Konzern, in: *Oetker, Hartmut / Preis, Ulrich / Rieble, Volker (Hrsg.),* 50 Jahre Bundesarbeitsgericht, München 2004, S. 1081–1099 (zitiert: *Schmitt-Rolfes,* FS 50 Jahre BAG).

Schneider, Wolfgang, Betriebsratswahlen 1994. Schwerpunkte und Rechtsprobleme, AiB 1994, 14–20.

Schneider, Wolfgang, Sachverständiger des Betriebsrats. Zur notwendigen Neufassung des § 80 Abs. 3 BetrVG, AiB 2000, 605–609.

Schoof, Christian, Sachverständiger, AiB 1990, 463.

Schubert, Claudia, Der Unternehmensbegriff im Rahmen der betrieblichen Mitbestimmung in wirtschaftlichen Angelegenheiten, ZfA 2004, 253–282.

Schubert, Michael, Der Anwalt im Arbeitsrecht. Handbuch für die Beratung und Vertretung von Arbeitnehmern, Frankfurt am Main, 2000 (zitiert: *Schubert,* Anwalt).

Schulze, Christian, Die Zulässigkeit einstweiliger Verfügungen gegen Betriebsänderungen, Frankfurt am Main 2007 (zitiert: *Schulze,* Einstweilige Verfügungen).

Schulze, Marc-Oliver, Der Anwalt des Betriebsrats. Aufgaben, Beauftragung und Kosten, ArbRAktuell 2012, 527–530.

Schulze, Marc-Oliver, Hinzuziehen von Sachverstand. Voraussetzungen und Risiken bei der Beauftragung von Anwälten, AiB 2013, 7–11.

Schwab, Brent, Der Konzernbetriebsrat. Seine Rechtsstellung und Zuständigkeit, NZA-RR 2007, 337–343.

Schwab, Brent, Der Gesamtbetriebsrat. Rechtsstatus und Kompetenz, NZA-RR 2007, 505–510.

Schwarzbach, Marcus, Agieren statt reagieren! Strategieplanung als wichtige Aufgabe von Betriebsräten, AiB 2011, 151–154.

Seeberger, Tina, Die Sicherung der Beteiligungsrechte des Betriebsrats in wirtschaftlichen Angelegenheiten, Hamburg 2011 (zitiert: *Seeberger,* Sicherung der Beteiligungsrechte).

Sowka, Hans-Harald, Die Tätigkeit von Rechtsanwälten als Parteivertreter vor der Einigungsstelle, NZA 1990, 91–93.

Steckhan, Hans-Werner, Das formelle Betriebsverfassungsrecht in der Rechtsprechung des Siebten Senats des Bundesarbeitsgerichts, ArbR der Gegenwart 1997, Band 34, 111–148.

Stege, Dieter, Übernahme von Anwaltskosten durch den Arbeitgeber in betriebsverfassungsrechtlichen Beschlußverfahren, DB 1974, 2204–2207.

Stück, Volker, Sachverständigenkosten einer Betriebsratswahl. Anmerkung zu BAG, Beschl. v. 11.11.2009 – 7 ABR 26/08, AuA 2010, 310–311.

Stumper, Kai / Lystander, Sven, Wie finde ich den richtigen Sachverständigen? AiB 2004, 537–539.

Teuber, Hans-Joachim, Einstweilige Verfügung wegen Information, Auskunftsperson und Unterlassung. Anmerkung zu LAG Hamm, Beschl. v. 02.10.2001 – 13 TaBV 106/01, AiB 2002, 114–116.

Thannheiser, Achim, Informationsrechte des Betriebsrats. Wann muss das Unternehmen informieren und wie kann der Betriebsrat seine Informationsansprüche durchsetzen? AiB 2005, 348–352.

Thannheiser, Achim, To-Do-Liste des BetrVG. Aufgaben der Betriebsratsarbeit, AiB 2010, 320–323.

Theisen, Manuel Rene, Der Konzern. Betriebswirtschaftliche und rechtliche Grundlagen der Konzernunternehmung, 2. Auflage, Stuttgart 2000 (zitiert: *Theisen*, Der Konzern).

Thon, Horst, Der Rechtsanwalt des Betriebsrats. Von Rechts wegen ein Idealist? AuR 2005, 396–397.

Thüsing, Gregor, Zur Zuständigkeit des Gesamtbetriebsrats, ZfA 2010, 195–211.

Träxler, Christian, Betriebsänderung nach § 111 S. 2 Nr. 1 BetrVG und Sozialplanpflicht. Die Bedeutung der Einführung von § 112 a Abs. 1 BetrVG durch Art. 2 BeschFG 1985, Regensburg 1993 (zitiert: *Träxler,* Betriebsänderung).

Trittin, Wolfgang, Betriebsräte ohne vorbeugenden Rechtsschutz? Zum Unterlassungsanspruch des Betriebsrats bei mitbestimmungspflichtigen Maßnahmen des Arbeitgebers gem. § 87 BetrVG, BB 1984, 1169–1174.

Trittin, Wolfgang, Neue Technologien im Betrieb. Die Hinzuziehung eines Sachverständigen durch den Betriebsrat, AiB 1985, 90–93.

Trittin, Wolfgang, Hinzuziehung eines Sachverständigen. Anmerkung zu BAG, Beschl. v. 04.06.1987 – 6 ABR 63/85, AuR 1988, 289–292.

Trittin, Wolfgang, Eigene Informations- und Schulungspflicht des Betriebsrats vor einer Heranziehung von EDV-Sachverständigen. Anmerkung zu BAG, Beschl. v. 04.06.1987 – 6 ABR 63/85, EWiR 1988, 535–536.

Trittin, Wolfgang, Kosten für Sachverständige in einer Betriebsversammlung. Anmerkung zu BAG, Beschl. v. 19.04.1989 – 1 ABR 87/87, AiB 1990, 36–37.

Trittin, Wolfgang, Sicherung und Durchsetzung von Betriebsratsrechten. Handlungshilfen für Betriebsräte, 4. Auflage, Frankfurt am Main 2014 (zitiert: *Trittin,* Betriebsratsrechte).

Trittin, Wolfgang / Weber, Hartmut, Nochmals: Der EDV-Sachverständige des Betriebsrates, AiB 1986, 182–184.

Trittin, Wolfgang / Wedde, Peter, Die Sicherung von Betriebsratsrechten, AiB 1997, 138–145.

Trümner, Ralf, Anspruch des Betriebsrates auf Hinzuziehung eines Sachverständigen ohne vorherige Zustimmung des Arbeitgebers. Anmerkung zu LAG Frankfurt, Beschl. v. 11.11.1986 – 5 TaBV 121/83, Der Betriebsrat 1987, 621–623.

Tuchbreiter, Stephan, Beteiligungsrechte des Betriebsrats bei der Einführung und Anwendung moderner Kommunikationsmittel, Hamburg 2007 (zitiert: *Tuchbreiter,* Beteiligungsrechte).

Ulrich, Klaus, Der Betriebsratsbeschluss. Worauf ist zu achten und wo liegen die Grenzen? AiB 2010, 309–312.

Venema, Charlotte, Der Anspruch des Betriebsrats auf Hinzuziehung eines Sachverständigen gem. § 80 III BetrVG beim Einsatz von EDV-Anlagen, NZA 1993, 252–256.

Volkmann, Peter, Konzernverantwortung und Betriebsverfassung, München 2011 (zitiert: *Volkmann,* Konzernverantwortung).

Wagner, Joachim, Hinzuziehung eines Sachverständigen durch den Betriebsrat, AiB 1992, 316–325.

Wagner, Joachim, Zur Erforderlichkeit von Sachverständigen bei technologischen Fragestellungen, AuR 1993, 70–76.

Walker, Wolf-Dietrich, Zum Unterlassungsanspruch des Betriebsrats bei mitbestimmungswidrigen Maßnahmen des Arbeitgebers, DB 1995, 1961–1966.

Wank, Rolf / Hirte, Heribert / Frey, Kaspar (u.a.) (Hrsg.), Festschrift für Herbert Wiedemann zum 70. Geburtstag, München 2002 (zitiert: *Bearbeiter,* FS Wiedemann).

Warschkow, Sigurd, Die Hinzuziehung von Sachverständigen durch den Betriebsrat gemäß § 80 Abs. 3 BetrVG, AiB 1994, 751–754.

Wassermann, Michael, Wenn der Betriebsrat Rat braucht. Zur Beauftragung von Sachver-ständigen, dbr 2006, Heft 10, 26–27.

Weber, Ralph, Der Anwendungsbereich des Grundsatzes der vertrauensvollen Zusammenarbeit gemäß § 2 Abs. 1 BetrVG, ZfA 1991, 187–223.

Weber, Ulrich / Ehrich, Christian / Hörchens, Angela / Oberthür, Nathalie, Handbuch zum Betriebsverfassungsrecht, 2 Auflage, Köln 2003 (zitiert: *Weber/Ehrich/Hörchens/ Oberthür*).

Weckbach, Thomas, Informationsrechte des Betriebsrates bei Anwendung des On-Line-Systems in der Personalverwaltung. Anmerkung zu LAG Hamburg, Beschl. v. 20.06.1985 – 7 TaBV 10/84, CR 1986, 476–482.

Weckbach, Thomas, Informationsrechte des Betriebsrates bei Einsatz von EDV in der Personalverwaltung, NZA 1988, 305–307.

Weinmann, Heinz, Praktische Probleme der Mitbestimmung bei Betriebsänderung und Betriebsübergang, ZfA 1991, 73–85.

Weiss, Manfred, Zu den Kosten der Betriebsverfassung, insbesondere der Einigungsstelle, ArbR der Gegenwart 1985, Band 22, 37–50.

Wendeling-Schröder, Ulrike, Betriebsverfassung nach Maß? NZA 1999, 1065–1071.

Wendeling-Schröder, Ulrike, Individuum und Kollektiv in der neuen Betriebsverfassung, NZA 2001, 357–361.

Wendeling-Schröder, Ulrike / Welkoborsky, Horst, Beschäftigungssicherung und Transfersozialplan. Neue Handlungsfelder auf Grund BetrVG-Novelle und EG-Recht, NZA 2002, 1370–1378.

Wenzel, Leonhard, Risiken des schnellen Rechtsschutzes. Zur einstweiligen Verfügung im Arbeitskampf-, Vertrags- und Betriebsverfassungsrecht, NZA 1984, 112–116.

Wieland, Mathias, Kosten der Betriebsratswahl nach § 20 III BetrVG. Kostentragungspflicht für Schulungen und Sachverständige, insbes. Rechtsanwälte, ArbRAktuell 2010, 239–240.

Wiese, Günther, Sitzungen des Wirtschaftsausschusses und die Behandlung geheimhaltungsbedürftiger, vertraulicher sowie sonstiger Tatsachen, in: *Gamillscheg, Franz / Rüthers, Bernd / Stahlhacke, Eugen (Hrsg.),* Festschrift für Karl Molitor zum 60. Geburtstag, München 1988, S. 365–395 (zitiert: *Wiese*, FS Molitor).

Wiese, Günther, Zur rechtzeitigen Unterrichtung der Betriebsräte und der Wirtschaftsausschüsse von Konzernunternehmen über Investitionsrahmenpläne eines Unterordnungskonzerns, in: *Wank, Rolf / Hirte, Heribert / Frey, Kaspar (u.a.) (Hrsg.),* Festschrift für Herbert Wiedemann zum 70. Geburtstag, München 2002, S. 617–643 (zitiert: *Wiese,* FS Wiedemann).

Windbichler, Christine, Arbeitsrecht im Konzern, München 1989 (zitiert: *Windbichler,* Konzern).

Wißmann, Hellmut, Das schwierige Miteinander von Interessenausgleich und Sozialplan, in: *Bauer, Jobst-Hubertus / Beckmann, Paul Werner / Lunk, Stefan (u.a.) (Hrsg.),* Arbeitsgemeinschaft Arbeitsrecht im Deutschen Anwaltverein. Festschrift zum 25-jährigen Bestehen, Bonn 2006, S. 1037–1055 (zitiert: *Wißmann,* FS 25 Jahre ARGE ArbR im DAV).

Witt, Carsten, Die Beteiligungsrechte des Betriebsrats und das Verbot des Rechtsmißbrauchs, BB 1986, 2194–2198.

Wittig, Hubert, Beurteilungsspielräume im Betriebsverfassungsgesetz, Frankfurt am Main, 2003 (zitiert: *Wittig,* Beurteilungsspielräume).

Wlotzke, Otfried, Die Änderungen des Betriebsverfassungsgesetzes und das Gesetz über Sprecherausschüsse der leitenden Angestellten (I), DB 1989, 111–126.

Wolf, Roland, Zukunft der Mitbestimmung. Eine Skizze, in: *Kohte, Wolfhard / Dörner, Hans-Jürgen / Anzinger, Rudolf (Hrsg.),* Arbeitsrecht im sozialen Dialog. Festschrift für Hellmut Wissmann zum 65. Geburtstag, München 2005, S. 489–503 (zitiert: *Wolf,* FS Wissmann).

Wolmerath, Martin, Hinzuziehung von Sachverständigen gemäß § 80 Abs. 3 BetrVG. Anmerkung zu LAG Hamburg 3. Kammer, Beschluss vom 24.02.2005 – 3 TaBV 11/03, jurisPR-ArbR 50/2005, Anm. 2.

Wolter, Henner, Die intellektuelle Entmündigung von Betriebsräten durch das BAG, Der Betriebsrat 1987, 649–661.

Wolter-Roßteutscher, Nargisa, Die Zuständigkeitsabgrenzung von Betriebsrat und Gesamtbetriebsrat im Rahmen von Betriebsänderungen, Jena 2009 (zitiert: *Wolter-Roßteutscher,* Zuständigkeitsabgrenzung).

Würdinger, Markus, Ausnahmevorschriften sind analogiefähig! JuS 2008, 949–951.

Zeuner, Albrecht, Teilnahme von Gewerkschaftsbeauftragten an den Sitzungen des Wirtschaftsausschusses? DB 1976, 2474–2477.

Ziege, Hans-Joachim, Der Rechtsanwalt im Einigungsstellenverfahren gem. § 76 BetrVG, NZA 1990, 926–930.

Zumbeck, Christine, Interne und externe Ratgeber des Betriebsrates, Düsseldorf 2004 (zitiert: *Zumbeck,* Ratgeber des Betriebsrats).

Zumbeck, Christine, Sachverständige des Betriebsrats. Spielregeln für die Beratertätigkeit, Mitbestimmung 2004, 63–65.

Abkürzungsverzeichnis

a.A.	anderer Ansicht
Abs.	Absatz
AiB	Arbeitsrecht im Betrieb
AktG	Aktiengesetz
Anm.	Anmerkung
AnwBl	Anwaltsblatt
AP	Arbeitsrechtliche Praxis
ArbG	Arbeitsgericht
ArbGG	Arbeitsgerichtsgesetz
ArbRAktuell	Arbeitsrecht Aktuell
ArbRB	Der Arbeits-Rechts-Berater
ArbR der Gegenwart	Das Arbeitsrecht der Gegenwart
ARGE ArbR im DAV	Arbeitsgemeinschaft Arbeitsrecht im Deutschen Anwaltverein
Art.	Artikel
AuA	Arbeit und Arbeitsrecht
AuR	Arbeit und Recht
BAG	Bundesarbeitsgericht
BAGE	Amtliche Sammlung des Bundesarbeitsgerichts
BB	Der Betriebs-Berater
BDA	Bundesvereinigung der Deutschen Arbeitgeberverbände
BDI	Bundesverband der Deutschen Industrie
BeckOK	Beck'scher Online-Kommentar, 30. Edition, Stand 01.12.2013
Beschl.	Beschluss
BetrVG	Betriebsverfassungsgesetz
BGB	Bürgerliches Gesetzbuch
BGBl.	Bundesgesetzblatt
BGH	Bundesgerichtshof
BT-Drucks.	Drucksache des Deutschen Bundestags
BRAO	Bundesrechtsanwaltsordnung

BR-Drucks.	Drucksache des Deutschen Bundesrats
BVerfG	Bundesverfassungsgericht
BVerfGE	Amtliche Sammlung des Bundesverfassungsgerichts
CR	Computer und Recht
DB	Der Betrieb
dbr	Der Betriebsrat
DFL	Dornbusch/Fischermeier/Löwisch (Hrsg.), Fachanwaltskommentar, 6. Auflage, 2014
DGB	Deutscher Gewerkschaftsbund
DKKW	Däubler/Kittner/Klebe/Wedde (Hrsg.), BetrVG, 14. Auflage, 2014
EBRG	Europäisches Betriebsräte-Gesetz
EDV	Elektronische Datenverarbeitung
ErfK	Erfurter Kommentar zum Arbeitsrecht, 14. Auflage, 2014
EWiR	Entscheidungen zum Wirtschaftsrecht
EzA	Entscheidungssammlung zum Arbeitsrecht
f.	folgende
ff.	fortfolgende
FA	Fachanwalt Arbeitsrecht
Fn.	Fußnote
FS	Festschrift
GG	Grundgesetz
GK	Gemeinschaftskommentar zum Betriebsverfassungsrecht, 10. Auflage, 2014
GMP	Germelmann/Matthes/Prütting (Hrsg.), ArbGG, 8. Auflage, 2013
Hrsg.	Herausgeber
Hs.	Halbsatz
HWK	Henssler/Willemsen/Kalb (Hrsg.), Arbeitsrecht Kommentar, 5. Auflage, 2012
jurisPR-ArbR	juris Praxisreport Arbeitsrecht
JuS	Juristische Schulung
KSchG	Kündigungsschutzgesetz
LAG	Landesarbeitsgericht
LAGE	Entscheidungen der Landesarbeitsgerichte
MüHa	Münchener Handbuch zum Arbeitsrecht, 3. Auflage, 2009

m.w.N.	mit weiteren Nachweisen
NJW	Neue Juristische Wochenschrift
Nr.	Nummer
n.v.	nicht veröffentlicht
NZA	Neue Zeitschrift für Arbeits- und Sozialrecht
NZA-RR	NZA-Rechtsprechungsreport
OLG	Oberlandesgericht
RdA	Recht der Arbeit
RDV	Recht der Datenverarbeitung
Rn.	Randnummer
S.	Seite
SAE	Sammlung arbeitsrechtlicher Entscheidungen
StGB	Strafgesetzbuch
u.a.	und andere
v.	vom
Var.	Variante
vgl.	vergleiche
ZBVR online	Zeitschrift für Betriebsverfassungsrecht – online
ZfA	Zeitschrift für Arbeitsrecht
ZIP	Zeitschrift für Wirtschaftsrecht
ZIS	Zeitschrift für internationale Strafrechtsdogmatik
ZTR	Zeitschrift für Tarifrecht
ZPO	Zivilprozessordnung

Einleitung und Gang der Untersuchung

Externer Sachverstand ist eine wichtige Arbeitshilfe in der täglichen Arbeit von Betriebsratsgremien. Dies ist unter anderem dem Umstand geschuldet, dass die Aufgaben im Rahmen der betrieblichen Mitbestimmung sehr vielfältig sind und die Mitglieder von Betriebsratsgremien grundsätzlich keine Vorkenntnisse für ihr Amt mitbringen müssen. Die Repräsentation der Belegschaft wird insbesondere durch den Betriebsrat wahrgenommen.[1] Andere Gremien ergänzen die Mitbestimmung oder unterstützen den Betriebsrat bei seiner Arbeit. Der Rahmen, in dem der Betriebsrat tätig wird, bestimmt sich anhand seiner im Betriebsverfassungsgesetz beschriebenen Aufgaben, welche unter Berücksichtigung der sich stets verändernden Arbeits- und Unternehmenswelt ausgeübt werden müssen und deren Komplexität sich im Laufe der Zeit immer weiter gesteigert hat.[2] Dabei kommen Betriebsräte mit einer großen Bandbreite an Themengebieten in Berührung. Bereits die allgemeinen Aufgaben des Betriebsrats, welche in § 80 Abs. 1 BetrVG beschrieben sind, erfordern eine Vielfalt an Kenntnissen in verschiedenen Bereichen der Mitbestimmung. Daneben stellen sich Betriebsräten zum Beispiel Aufgaben in sozialen, personellen und wirtschaftlichen Angelegenheiten und sind tätig bei der Gestaltung von Arbeitsplätzen, -abläufen und -umgebungen.[3] Zur Erfüllung dieser Aufgaben steht dem Betriebsrat ein Informationsanspruch gegenüber dem Arbeitgeber nach § 80 Abs. 2 S. 1 BetrVG zu. Bereits die Einordnung und Verarbeitung der auf diese Weise erlangten Informationen erfordert zum Teil vertiefte Fach- und Sachkenntnisse, die nicht immer im erforderlichen Umfang im Betriebsrat vorhanden sind. Über die klassischen Tätigkeiten im Bereich der Mitbestimmung hinaus werden Betriebsräte zudem immer häufiger aus eigener Initiative tätig, um frühzeitig und effektiv Einfluss auf die Entwicklung des Betriebs nehmen zu können.[4]

---

1 DKKW – *Wedde*, Einleitung Rn. 127 ff.

2 Vgl. bereits *Klebe*, EWiR 1987, 433, 434.

3 Vgl. zu sozialen Angelegenheiten §§ 87 ff. BetrVG, zu personellen Angelegenheiten §§ 92 ff. BetrVG, zu wirtschaftlichen Angelegenheiten §§ 106 ff. BetrVG und zur Gestaltung von Arbeitsplatz, -ablauf und -umgebung §§ 90 f. BetrVG.

4 *Hayen*, AiB 2008, 36, 37; *Klebe*, AiB 2006, 558, 559, 562.

Das Betriebsratsamt ist ein „Laienamt“.[5] Besondere Qualifikationen werden von den Bewerbern für ein Amt weder durch das Betriebsverfassungsgesetz noch durch die Wahlordnungen vorausgesetzt.[6] Dementsprechend kann ein vertieftes Wissen auf Seiten der Betriebsratsmitglieder in allen für die Betriebsratstätigkeit erforderlichen Themengebieten nicht vorausgesetzt werden.[7] Es besteht daher die Gefahr, dass Beteiligungsrechte nicht erkannt oder nicht ordnungsgemäß ausgeübt werden können.[8] Um dieser Gefahr entgegenzutreten, sieht das Betriebsverfassungsgesetz verschiedene Möglichkeiten vor, fehlendes Wissen und Informationsdefizite der Betriebsratsmitglieder auszugleichen. Neben der Nutzung von betriebseigenem Sachverstand oder dem Besuch von Schulungsveranstaltungen besteht daher die Möglichkeit, externen Sachverstand hinzuzuziehen. An erster Stelle sind dabei die Hinzuziehung eines Sachverständigen im Sinne des § 80 Abs. 3 BetrVG und die Hinzuziehung eines Beraters im Sinne des § 111 S. 2 BetrVG zu nennen.

Der Einsatz von externem Sachverstand muss immer mit Blick auf die beteiligten, teils gegenläufigen Interessenlagen betrachtet und bewertet werden. Betroffen sind neben den Interessen des beiziehenden Betriebsratsgremiums, seiner Mitglieder und den Interessen der vom Gremium vertretenen Arbeitnehmer, die Interessen der Arbeitgeberseite und die der als Sachverständiger oder Berater hinzugezogenen Person. Primär sind auf der Arbeitgeberseite das Interesse, die Kosten der Mitbestimmung, die nach § 40 Abs. 1 BetrVG durch den Arbeitgeber zu tragen sind, gering zu halten und das Interesse keine Betriebs- und Geschäftsgeheimnisse gegenüber externen Personen offenbaren zu müssen, zu beachten. Betriebsratsgremien haben dagegen insbesondere das Interesse eine sinnvolle und effektive Hilfestellung zu erhalten. Die hinzugezogene Person hat schließlich ein Interesse daran, für ihre Arbeit entlohnt zu werden.

Daneben sind jedoch noch weitere Interessen zu beachten. Durch die Hilfestellung externer Personen kann dem Betriebsratsgremium eine der Arbeitgeberseite in Bezug auf Hintergrundwissen und Information vergleichbare Verhandlungsposition geschaffen werden. Fehlende Informationen können in der Kommunikation zwischen den Betriebsparteien zu Unsicherheiten führen. Auf der einen Seite kann Betriebsratsgremien mit Hilfe von externem Sachverstand Sicherheit für die Verhandlungen mit der Arbeitgeberseite gegeben werden. Diese profitieren auf der

5 *Kittner*, EzA Nr. 40 zu § 80 BetrVG 1972, S. 13; *Müller/Seebacher*, AiB 2000, 687, 688; *Wagner*, AiB 1992, 316, 316.

6 *Pflüger*, NZA 1988, 45, 46.

7 *Balkenhol*, AiB 2004, 535, 535.

8 Vgl. *Linnenkohl*, BB 1988, 766, 766 m.w.N. und 767.

anderen Seite durch Mitbestimmungsorgane und Gremien, die sich in die Gestaltung des Betriebs einbringen können, indem sie konstruktive Verhandlungsbeiträge und realisierbare Vorschläge machen. Ein weiteres Interesse der Mitglieder von Betriebsratsgremien ist es, für Handlungen im Auftrag des Gremiums nicht in Regress genommen zu werden. Diese Gefahr ist durch eine Entscheidung des *Bundesgerichtshofs* wieder aktuell geworden, in welcher die Haftung von für das Betriebsratsgremium handelnden Personen bei der Beauftragung eines Beraters nach § 111 S. 2 BetrVG als möglich angesehen wurde.[9]

Der Einsatz von Sachverständigen und Beratern soll die Mitbestimmung effizienter gestalten und bildet den Schwerpunkt dieser Bearbeitung. Andere Informationsmöglichkeiten werden behandelt, soweit eine Abgrenzung zu ihnen erforderlich ist oder sie selbst Voraussetzungen für die Hinzuziehung von Sachverständigen und Beratern darstellen. Die vorliegende Bearbeitung verfolgt das Ziel, die Figuren von Sachverständigen und Beratern sowie deren Hinzuziehung durch den Betriebsrat darzustellen. Basierend auf diesen Ausführungen sollen die Möglichkeiten der Hinzuziehung von Sachverständigen und Beratern durch ausgewählte Beteiligte der Betriebsverfassung untersucht, die sich ergebenden Rechtsprobleme aufgezeigt und offene Fragen beantwortet werden. Dies soll durch Auswertung der bestehenden Rechtsprechung und unter Berücksichtigung der in der Literatur vertretenen Auffassungen geschehen. Unter Beachtung der Probleme, die sich erst bei näherer Betrachtung der Materie ergeben, soll ein einheitliches, im Einklang mit den rechtlichen Grundlagen stehendes Bild erstellt werden.

Neben der direkten Anwendung von § 80 Abs. 3 BetrVG und § 111 S. 2 BetrVG durch den Betriebsrat soll die Anwendung dieser Vorschriften durch Gesamt- und Konzernbetriebsrat, Wirtschaftsausschuss und Wahlvorstand untersucht werden. Bei der Hinzuziehung von Sachverständigen und Beratern zur Unterstützung von Gesamt- und Konzernbetriebsrat, Wirtschaftsausschuss und Wahlvorstand ergeben sich Parallelen zur Hinzuziehung durch den Betriebsrat. Ein Hauptgewicht der Bearbeitung soll auf den Unterschieden liegen, die sich aufgrund der Besonderheiten der jeweiligen Beteiligten des Betriebsverfassungsrechts ergeben. Daher wird die Bearbeitung exemplarisch auf diese Beteiligten beschränkt.

Zu Beginn der Bearbeitung werden die Figuren von Sachverständigen und Beratern dargestellt, um eine Grundlage für die weitere Bearbeitung zu legen.[10] Zu diesem Zweck werden beide zunächst definiert und die Definitionen anhand von Ausführungen zu den Merkmalen und der Stellung von Sachverständigen und

9 Vgl. *BGH*, Urteil vom 25.10.2012 – III ZR 266/11, BGHZ 195, 174, 174 ff.

10 Kapitel 1: Sachverständige und Berater im Betriebsverfassungsrecht.

Beratern ausgefüllt. Zudem werden diese Figuren untereinander sowie von anderen Hilfspersonen und Informationsmöglichkeiten des Betriebsverfassungsrechts abgegrenzt. Dabei kommt den Fragen, wie viele Sachverständige oder Berater zur selben Zeit hinzugezogen werden können und ob eine kumulative oder alternative Anwendung der Vorschriften möglich ist, eine besondere Bedeutung zu.

In den beiden folgenden Kapiteln der Bearbeitung wird die Hinzuziehung von Sachverständigen und Beratern durch den Betriebsrat dargestellt. Die Ausführungen zur direkten Anwendung von § 80 Abs. 3 BetrVG und § 111 S. 2 BetrVG stellen die Grundlage für die im Folgenden zu behandelnden Probleme im Rahmen der entsprechenden Anwendung der Vorschriften durch andere Beteiligte der Betriebsverfassung dar. Zudem müssen in vielen streitigen Fragen Weichenstellungen für die spätere Bearbeitung vorgenommen werden. Der Betriebsrat kann nach § 80 Abs. 3 BetrVG bei der Durchführung seiner Aufgaben nach einer näheren Vereinbarung mit dem Arbeitgeber Sachverständige hinzuziehen, soweit dies zur ordnungsgemäßen Ausführung seiner Aufgaben erforderlich ist.[11] Einzelfragen zu den Anspruchsvoraussetzungen sind in weiten Teilen stark umstritten. Insbesondere die Frage, wie die Voraussetzung der Erforderlichkeit der Sachverständigenhinzuziehung auszulegen ist, beinhaltet viele umstrittene Probleme. Die Erforderlichkeit wird nach dem *Bundesarbeitsgericht* durch ein Stufenmodell ausgefüllt, welches in der unterinstanzlichen Rechtsprechung und der Literatur auf breite Kritik gestoßen ist. Im Rahmen der Darstellung wird auf die einzelnen Voraussetzungen eingegangen und es soll eine durchgängige Lösung für Streitigkeiten sowie bislang ungeklärte Rechtsprobleme gefunden werden. Nach § 111 S. 2 BetrVG kann der Betriebsrat zudem im Rahmen einer Betriebsänderung einen Berater zu seiner Unterstützung hinzuziehen.[12] Streitigkeiten bestehen dabei insbesondere bei der Eröffnung des Anwendungsbereichs durch die Schwellenwerte des § 111 S. 1 und S. 2 BetrVG sowie bei der Frage, ob und in welchem Umfang eine Erforderlichkeitsprüfung des Beratereinsatzes vorzunehmen ist. Auch in diesem Teil der Bearbeitung werden die im Einzelnen umstrittenen Voraussetzungen dargestellt und es soll ein durchgängiger Lösungsvorschlag erarbeitet werden.

Im Weiteren soll die Hinzuziehung von Sachverständigen und Beratern zur Unterstützung von Gesamt- und Konzernbetriebsrat, Wirtschaftsausschuss und Wahlvorstand behandelt werden. Für den Einsatz von externem Sachverstand durch oder für andere Beteiligte des Betriebsverfassungsrechts müssen andere

---

11 Kapitel 2: Hinzuziehung von Sachverständigen durch den Betriebsrat.

12 Kapitel 3: Hinzuziehung eines Beraters durch den Betriebsrat.

Rechtsgrundlagen gefunden werden, da § 80 Abs. 3 BetrVG und § 111 S. 2 BetrVG lediglich den Betriebsrat als Anspruchsberechtigten nennen und abschließend sind.

Der Gesamtbetriebsrat und der Konzernbetriebsrat ergänzen die Mitbestimmung auf Unternehmens- beziehungsweise Konzernebene und haben aufgrund ihrer gesetzlichen Konzeption ein dem Betriebsrat vergleichbares Informationsbedürfnis.[13] Zunächst ist im Hinblick auf die Inanspruchnahme von externem Sachverstand zu klären, ob eine eigene Rechtsgrundlage für die Hinzuziehung durch den Gesamtbetriebsrat und den Konzernbetriebsrat besteht, ob über eine Verweisung auf die Rechte des Betriebsrats die §§ 80 Abs. 3, 111 S. 2 BetrVG in Bezug genommen wurden oder ob eine Rechtsgrundlage durch eine analoge Anwendung der Vorschriften zu finden ist. Im Vergleich zu der Hinzuziehung eines Sachverständigen oder eines Beraters durch den Betriebsrat ergeben sich bei der Hinzuziehung durch den Gesamtbetriebsrat und den Konzernbetriebsrat lediglich geringe Unterschiede. Die bestehenden Besonderheiten werden herausgearbeitet und dargestellt. Probleme können sich darüber hinaus bei der Zuständigkeitsabgrenzung und insbesondere im Bereich der Auftragszuständigkeit sowie der Erforderlichkeit eines Sachverständigeneinsatzes ergeben. Diese werden dargestellt und mit Blick auf die bisherigen Ausführungen gelöst.

Der Wirtschaftsausschuss nimmt nach §§ 106 ff. BetrVG Aufgaben im Bereich der wirtschaftlichen Angelegenheiten wahr und unterstützt den Betriebsrat.[14] Im Gegensatz zu den Mitgliedern von Betriebsrat, Gesamt- und Konzernbetriebsrat sollen die Mitglieder des Wirtschaftsausschusses nach § 106 Abs. 1 S. 3 BetrVG die erforderliche fachliche und persönliche Eignung für das Amt im Wirtschaftsausschuss mitbringen. Dies hat im Zusammenspiel mit den Aufgaben, die sich dem Wirtschaftsausschuss stellen, einen großen Einfluss darauf, ob Sachverständige hinzugezogen werden können und wie die Voraussetzungen und das Verfahren ausgestaltet sind. Das Verfahren der Hinzuziehung ist dabei insbesondere von der Frage geprägt, ob der Wirtschaftsausschuss selbst zur Hinzuziehung von externem Sachverstand berechtigt oder ob er auf eine Hinzuziehung durch den Betriebsrat angewiesen ist. Die sich ergebenden Fragen und Unterschiede zur Hinzuziehung eines Sachverständigen durch den Betriebsrat werden dabei aufgezeigt und beantwortet. Ob zudem die Inanspruchnahme eines Beraters durch den Wirtschaftsausschuss in Betracht kommt, ist umstritten und soll unter Berücksichtigung der in anderen Teilen der Bearbeitung gefundenen Ergebnisse beantwortet werden.

---

13 Kapitel 4: Externer Sachverstand für Gesamt- und Konzernbetriebsrat.

14 Kapitel 5: Externer Sachverstand für den Wirtschaftsausschuss.

Der Wahlvorstand ist für die Vorbereitung und Durchführung der Wahl des Betriebsrats zuständig.[15] Seine Mitglieder müssen keine besonderen Vorkenntnisse zur Ausübung des Amts aufweisen, sodass in Bezug auf die Wahl ein mit den Mitgliedern des Betriebsrats vergleichbares Informationsbedürfnis besteht. Unter Bezugnahme auf die Anwendung des § 80 Abs. 3 BetrVG durch Gesamtbetriebsrat, Konzernbetriebsrat und Wirtschaftsausschuss sowie auf die Anwendung des § 111 S. 2 BetrVG entschied der *7. Senat des Bundesarbeitsgerichts* am 11.11.2009, dass § 80 Abs. 3 BetrVG entsprechend für den Wahlvorstand zur Wahl des Betriebsrats anzuwenden ist.[16] Dies ist bereits zuvor von Teilen der Literatur gefordert worden und stieß aus diesem Grunde auf Zustimmung.[17] Das Gericht musste in seiner Entscheidung nicht dazu Stellung nehmen, wie die Voraussetzungen des § 80 Abs. 3 BetrVG bei der Anwendung durch den Wahlvorstand im Einzelnen ausgestaltet sein sollen. Folglich sind neben der Frage der Anwendbarkeit des § 80 Abs. 3 BetrVG durch den Wahlvorstand neue, bislang ungeklärte Fragen entstanden. Im Rahmen der Darstellung wird zunächst darauf eingegangen, ob eine analoge Anwendung des § 80 Abs. 3 BetrVG überhaupt möglich und erforderlich ist, um dem Wahlvorstand die Hinzuziehung von externem Sachverstand zu ermöglichen. Danach werden die Voraussetzungen der Hinzuziehung dargestellt. Wie bei der Anwendung des § 80 Abs. 3 BetrVG durch andere Beteiligte des Betriebsverfassungsrechts sind die Voraussetzungen auch hier durch die Aufgaben und Besonderheiten des Wahlvorstands geprägt. Aussagen von Rechtsprechung und Literatur zu Einzelheiten der Voraussetzungen bestehen vielfach nicht. Unter Berücksichtigung der bisherigen Ergebnisse der Bearbeitung und der Rechtsprechung des *Bundesarbeitsgerichts* zu anderen Informationsmöglichkeiten des Betriebsverfassungsrechts soll schließlich ein Vorschlag erarbeitet werden, wie die Voraussetzungen, die der Wahlvorstand für die Hinzuziehung von externem Sachverstand erfüllen muss, sinnvoll ausgelegt und angewandt werden können.

---

15 Kapitel 6: Externer Sachverstand für den Wahlvorstand.

16 *BAG*, Beschl. v. 11.11.2009 – 7 ABR 26/08, BAGE 132, 232 ff.

17 Zuvor gefordert von *Jacobs*, Wahlvorstände, S. 289; zustimmend GK – *Kreutz*, § 20 Rn. 54; *Wieland*, ArbRAktuell 2010, 239, 240.

Kapitel 1: Sachverständige und Berater im Betriebsverfassungsrecht

In diesem Kapitel werden die Figuren des Sachverständigen und des Beraters dargestellt, um eine Grundlage für die weitere Bearbeitung zu legen. Sie werden definiert und voneinander sowie von anderen Hilfspersonen und Informationsmöglichkeiten des Betriebsverfassungsrechts abgegrenzt.

A. Der Sachverständige im Sinne des § 80 Abs. 3 BetrVG

Mit der Neufassung des Betriebsverfassungsgesetzes wurde im Jahr 1972 die Vorschrift des § 80 Abs. 3 BetrVG in ihrer heutigen Form eingeführt.[18] Bei § 80 Abs. 3 BetrVG handelt es sich um eine abschließende inhaltliche Konkretisierung der Generalnorm des § 40 Abs. 1 BetrVG für die Hinzuziehung eines Sachverständigen durch den Betriebsrat.[19] Daraus folgt, dass keine subsidiäre Anwendung des § 40 Abs. 1 BetrVG für die Hinzuziehung eines Sachverständigen durch den Betriebsrat möglich ist.[20]

Sinn und Zweck des § 80 Abs. 3 BetrVG ist es, dem Betriebsrat eine gegenüber dem Arbeitgeber vergleichbare Verhandlungsposition zu verschaffen, damit er seine Aufgaben ordnungsgemäß erfüllen kann.[21] Dabei soll der Sachverständige im Rahmen seiner Tätigkeit insbesondere bestehende Kenntnis- und Wissensdefizite der Mitglieder des Betriebsrats ausgleichen.[22]

---

18 Gesetz v. 15.01.1971, BGBl. 1972 Teil I, S. 13 (am 16.01.1972 in Kraft getreten).

19 *BAG*, Beschl. v. 26.02.1992 – 7 ABR 51/90, BAGE 70, 1, 7; *Popp*, PERSONAL 1993, 189, 189; *Schierbaum*, CR 1995, 742, 742; *Wagner*, AuR 1993, 70, 75; teilweise a.A. *LAG Hessen*, Beschl. v. 31.05.1990 – 12 TaBV 26/90, DB 1990, 2125, 2125.

20 Vgl. *BAG*, Beschl. v. 26.02.1992 – 7 ABR 51/90, BAGE 70, 1, 7; *BAG*, Beschl. v. 15.11.2000 – 7 ABR 24/00, EzA Nr. 92 zu § 40 BetrVG 1972 (B II 1 a der Gründe); *LAG Hessen*, Beschl. v. 20.11.2008 – 9 TaBV 126/08, juris.

21 BT-Drucks. 6/1786, S. 47; BR-Drucks. 715/70, S. 47; *Pflüger*, NZA 1988, 45, 45.

22 Vgl. die Ausführungen zur Tätigkeit des Sachverständigen Kapitel 1 A II 4.

I. Definition des Sachverständigen

Der Sachverständige im Sinne des § 80 Abs. 3 BetrVG wird ähnlich wie im Prozessrecht definiert.[23] Unter Berücksichtigung des Umstandes, dass der Betriebsrat nicht die Vorkenntnisse eines Richters besitzt, soll der Begriff im Betriebsverfassungsrecht jedoch weiter gefasst werden.[24] Der Sachverständige im Prozessrecht handelt auf der Grundlage eines zuvor vom Richter formulierten Beweisbeschlusses. Diese enge Grenze besteht bei der Beauftragung durch den Betriebsrat nicht. Der Sachverständige des Betriebsrats kann diesen auch auf mit der Beauftragung verbundene Fragen hinweisen. Dies ist im Prozessrecht in dieser Form nicht möglich.

Der Sachverständige des Betriebsverfassungsrechts wird als eine Person definiert, die aufgrund ihrer besonderen Sachkunde Rechts- und Erfahrungssätze vermitteln, Tatsachen feststellen oder aus einem feststehenden Sachverhalt Schlussfolgerungen ziehen kann.[25] Der Sachverständige soll dem Betriebsrat die ihm fehlenden fachlichen und rechtlichen Kenntnisse vermitteln, die dieser für die ordnungsgemäße Erfüllung seiner Aufgaben benötigt.[26] Daneben stehen die für die Informationsvermittlung erforderlichen Vorbereitungshandlungen wie Zusammenstellung, Aufbereitung und Analyse von Informationen.[27]

II. Merkmale des Sachverständigen

Um den Sachverständigen von anderen Hilfspersonen des Betriebsrats abzugrenzen und die vorstehende Definition auszufüllen, wird der Begriff des Sachverständigen an verschiedenen Merkmalen festgemacht.

---

23 *BAG*, Beschl. v. 25.04.1978 – 6 ABR 9/75, AP Nr. 11 zu § 80 BetrVG 1972 (II 5 a der Gründe); *Pflüger*, NZA 1988, 45, 45; Richardi – *Thüsing*, § 80 Rn. 85 m.w.N.; vgl. *Venema*, NZA 1993, 252, 253.

24 *BAG*, Beschl. v. 25.04.1978 – 6 ABR 9/75, AP Nr. 11 zu § 80 BetrVG 1972 (II 5 a der Gründe); *LAG Düsseldorf*, Beschl. v. 21.01.1975 – 8 TaBV 102/74, EzA Nr. 9 zu § 80 BetrVG 1972; *Pflüger*, NZA 1988, 45, 45; Richardi – *Thüsing*, § 80 Rn. 85; ablehnend *Klapper*, Unterstützung des Betriebsrats, S. 217.

25 Statt Vieler *BAG*, Beschl. v. 25.04.1978 – 6 ABR 9/75, AP Nr. 11 zu § 80 BetrVG 1972 (II 5 a der Gründe) m.w.N.; GK – *Weber*, § 80 Rn. 138 m.w.N.

26 *Schierbaum*, CR 1995, 742, 745; *Schoof*, AiB 1990, 463, 463; *Trittin*, AiB 1985, 90, 91.

27 Vgl. *Klapper*, Unterstützung des Betriebsrats, S. 223.

1. Qualifikation

Eine besondere Ausbildung oder ein Abschluss gleich welcher Art ist für die Tätigkeit eines Sachverständigen nach § 80 Abs. 3 BetrVG ebenso wenig erforderlich wie ein förmlicher Nachweis der eigenen Befähigung.[28] Es ist vielmehr jede Person geeignet, die tatsächlich über die erforderlichen Kenntnisse verfügt.[29] In der Praxis ist neben der fachlichen Eignung zusätzlich ein gewisses Verständnis für die besonderen Probleme des Betriebsrats bei der Mitbestimmung wünschenswert.[30]

Die Auswahl des im konkreten Fall geeigneten Sachverständigen und damit die Beurteilung seiner Fähigkeiten obliegt in erster Linie dem Betriebsrat. Über das Erfordernis einer näheren Vereinbarung mit dem Arbeitgeber, als Voraussetzung des § 80 Abs. 3 BetrVG, hat dieser jedoch mittelbar die Möglichkeit, die Befähigung der ausgewählten Person zu überprüfen.[31] Durch das Recht des Arbeitgebers, die Zustimmung zur näheren Vereinbarung zu verweigern, hat er zudem die Möglichkeit, eine Hinzuziehung einer seiner Auffassung nach nicht qualifizieren Person einstweilen oder sogar vollständig zu verhindern.[32]

2. Neutralität

Ob ein Sachverständiger Betriebsrat und Arbeitgeber neutral gegenüberstehen und folglich seine Tätigkeit rein objektiv und parteilos erbringen muss oder ob er interessenorientiert tätig werden darf, wird unterschiedlich beurteilt.

a. Strikte Unparteilichkeit

Um eine Kostentreiberei, etwa durch Gutachten und Gegengutachten, zu vermeiden, wird in Teilen der Literatur und der unterinstanzlichen Rechtsprechung eine strikte Unparteilichkeit als ein wesentliches Merkmal von Sachverständigen gefordert.[33] Die Begründung dieser Auffassung stützt sich insbesondere darauf, dass die unmittelbare Zusammenarbeit von Betriebsrat und Arbeitgeber beim

---

28 *Trittin/Wedde*, AiB 1997, 138, 142.

29 *Schierbaum*, CR 1995, 742, 745; *Wagner*, AiB 1992, 316, 317.

30 *Stumper/Lystander*, AiB 2004, 537, 538; *Trittin*, AiB 1985, 90, 92.

31 Vgl. die Ausführungen zur näheren Vereinbarung Kapitel 2 D und zum Beurteilungsspielraum des Betriebsrats im Rahmen des § 80 Abs. 3 BetrVG Kapitel 2 A IV.

32 Vgl. die Ausführungen zu näheren Vereinbarung Kapitel 2 D.

33 *ArbG Leipzig*, Beschl. v. 08.08.2001 – 11 BV 14/01, AiB 2002, 310, 310; *Rieble*, SAE 1990, Heft 1, 8, 12; *Löwisch/Kaiser*, § 80 Rn. 52; empfohlen auch von *Kruse*, Rechte des Arbeitgebers, S. 124.

Einsatz eines nicht neutralen Sachverständigen unterbrochen werden würde, da die innerbetriebliche Interessenvertretung auf einen betriebsfremden Dritten übertragen werden würde.[34] Dabei wird betont, dass insbesondere keine Bindung an Gewerkschaften oder Arbeitgeberorganisationen bestehen dürfe.[35] Auch der *1. Senat des Bundesarbeitsgerichts* hat sich in einer Entscheidung aus den 70er Jahren für einen „möglichst objektiven" Sachverständigen ausgesprochen.[36]

Folgt man dieser Auffassung, könnte lediglich die wertneutrale Ausführung der jeweiligen Aufgabe eine Sachverständigentätigkeit sein.[37] Damit beschränkt diese Meinung die Sachverständigentätigkeit auf die reine Wissensvermittlung und klammert Bewertung oder Beratung aus.

b. Neutralität als Abgrenzungskriterium zum Vertreter

Jedenfalls dann, wenn ein Rechtsanwalt für den Betriebsrat tätig werden soll, wird von einigen Stimmen in der Literatur am Merkmal der Neutralität eine Abgrenzung zwischen der Tätigkeit als Sachverständiger im Sinne des § 80 Abs. 3 BetrVG und der als Vertreter, welcher nach § 40 Abs. 1 BetrVG hinzugezogen werden kann, vorgenommen. Die interessengebundene oder interessenorientierte Arbeit für den Betriebsrat, welche etwa eine Beratung oder eine Bewertung umfasst, soll lediglich durch den Rechtsanwalt als Vertreter des Betriebsrats erbracht werden können.[38] Nach dieser Auffassung liegt eine Sachverständigentätigkeit durch einen Rechtsanwalt folglich nur dann vor, wenn dieser objektiven Rat erteilt, ohne dass ein konkreter Streitanlass besteht. Die Auffassung ähnelt damit teilweise der zuvor genannten, die eine strikte Neutralität des Sachverständigen fordert.

c. „An den Interessen des Betriebsrats ausgerichtete Tätigkeit"

Der *6. und der 7. Senat des Bundesarbeitsgerichts* haben die „an den Interessen des Betriebsrats ausgerichtete Tätigkeit" als mögliche Tätigkeit eines Sachverständigen im Sinne des § 80 Abs. 3 BetrVG angesehen.[39] Zu dieser Auffassung

---

34 *Venema*, NZA 1993, 252, 253.

35 *Venema*, NZA 1993, 252, 253.

36 *BAG*, Beschl. v. 13.09.1977 – 1 ABR 67/75, BAGE 29, 281, 289 f.

37 Vor Einführung des § 111 S. 2 BetrVG als Abgrenzung zum „Berater" *LAG Hessen*, Beschl. v. 31.05.1990 – 12 TaBV 26/90, DB 1990, 2125, 2125.

38 *Pflüger*, NZA 1988, 45, 46; ähnlich *Reitze*, ZBVR online 2007, Ausgabe 6, 23, 23; im Ergebnis auch *Rieble*, SAE 1990, Heft 1, 8, 13.

39 *BAG*, Beschl. v. 12.08.1982 – 6 ABR 95/79, juris; *BAG*, Beschl. v. 26.02.1992 – 7 ABR 51/90, BAGE 70, 1, 6, jedoch auf S. 11 f. ausdrücklich offen gelassen; *BAG*,

tendiert auch der überwiegende Teil der Literatur, der die interessengebundene Tätigkeit eines Sachverständigen anerkennt.[40] Auch große Teile der unterinstanzlichen Rechtsprechung halten einen Sachverständigen für erforderlich, der interessenorientiert tätig werden kann, damit dem Betriebsrat zuverlässig Problemschwerpunkte aufgezeigt werden können.[41]

Insbesondere unter dem Aspekt einer effektiven Hilfestellung durch den hinzugezogenen Sachverständigen ist die strikte Unparteilichkeit nicht als wesentliches Merkmal anzuerkennen. Zunächst ist zu bedenken, dass ein vollkommen neutraler Sachverständiger schwerlich existiert.[42] Nach der dargestellten Definition des Sachverständigen ist dieser vornehmlich mit der Vermittlung von Wissen und der Aufarbeitung von Informationen für den Betriebsrat betraut. Der Sachverständige ergänzt nur das dem Betriebsrat fehlende Wissen.[43] Aber auch die von einem Sachverständigen vorzunehmende Auswahl und Zusammenstellung von Informationen für den Betriebsrat sowie deren Gewichtung führen bereits zu einer persönlichen Wertung, die nicht mit einer strikten Neutralitätspflicht zu vereinbaren ist.[44] Folglich ist die Neutralität auch kein taugliches Abgrenzungskriterium zwischen Sachverständigen und Vertretern des Betriebsrats.[45]

Entgegen der Befürchtung der zuerst genannten Auffassung, welche eine strikte Neutralität von Sachverständigen fordert, verbleibt die Entscheidungsbefugnis beim Betriebsrat und wird nicht an einen Dritten, namentlich den Sachverständigen als Beauftragten des Betriebsrats, abgetreten.[46] Auch beim Einsatz eines

---

Beschl. v. 16.11.2005 – 7 ABR 12/05, BAGE 116, 192, 199 f.; *BAG*, Beschl. v. 11.11.2009 – 7 ABR 26/08, BAGE 132, 232, 235.

40 Vgl. etwa *Klapper*, Unterstützung des Betriebsrats, S. 204 m.w.N.; *Lubitz*, Rechtsanwalt, S. 25 ff; *Pflüger*, NZA 1988, 45, 45; *Popp*, PERSONAL 1993, 189, 189; *Riechers*, dbr 2009, Heft 10, 27, 28; *Schierbaum*, AiB 1996, 217, 221; *Schierbaum*, dbr 2006, Heft 3, 27, 29; *Schoof*, AiB 1990, 463, 463; *Trittin*, AiB 1985, 90, 92; *Wagner*, AuR 1993, 70, 75 f.; *Wassermann*, dbr 2006, Heft 10, 26, 26; GK – *Weber*, § 80 Rn. 138 m.w.N.

41 *ArbG Braunschweig*, Beschl. v. 14.11.1984 – 2 BV 52/84, AiB 1986, 192, 192; *ArbG Essen*, Beschl. v. 16.12.2003 – 6 BV 97/03, AiB 2004, 436, 436; für eine analoge Anwendung *LAG Frankfurt*, Beschl. v. 17.06.1993 – 12 TaBV 197/92, LAGE Nr. 10 zu § 80 BetrVG 1972 (S. 2).

42 *Wagner*, AuR 1993, 70, 75.

43 *Venema*, NZA 1993, 252, 253.

44 *Klapper*, Unterstützung des Betriebsrats, S. 223.

45 Vgl. die Ausführungen zur Abgrenzung von Sachverständigen und Vertretern Kapitel 1 C.

46 GK – *Raab*, § 33 Rn. 7 m.w.N.

Sachverständigen liegt die innerbetriebliche Interessenwahrnehmung in den Händen der Betriebsparteien. Dies wird auch bei einem Vergleich mit dem für den Betriebsrat tätigen Vertreter bestätigt, da selbst bei der Wahrnehmung von Betriebsratsinteressen durch einen Vertreter die betriebliche Interessenvertretung nicht auf diesen übertragen wird; auch hier verbleibt die Entscheidungsbefugnis beim Betriebsrat selbst.[47] Auch ein Vergleich mit dem Berater stützt diese Auffassung, da dieser interessengebunden tätig wird[48] und ein Sachverständiger insbesondere in kleinen Unternehmen auch bei Betriebsänderungen zu Rate gezogen werden kann, vgl. § 111 S. 2 HS. 3 BetrVG.

3. Betriebsangehörige und -fremde Sachverständige

Ob lediglich betriebsfremde Personen Sachverständige im Sinne des § 80 Abs. 3 BetrVG sein können oder ob auch betriebsangehörige Personen die Tätigkeit von Sachverständigen für den Betriebsrat übernehmen können, ist umstritten. Gleiches gilt für die Frage, ob ein Sachverständiger notwendig eine unternehmensfremde Person sein muss. Erkennt man die Möglichkeit an, dass auch betriebsangehörige Personen Sachverständige sein können, so müssen diese von sachkundigen Arbeitnehmern im Sinne des § 80 Abs. 2 S. 2 BetrVG abgegrenzt werden.

a. Betriebsfremde und betriebsangehörige Sachverständige

Grundsätzlich ist ein Sachverständiger eine betriebs- und unternehmensfremde Person. Zum Teil wird Betriebsangehörigen sogar ausdrücklich die Möglichkeit abgesprochen, als Sachverständige für den Betriebsrat tätig zu sein.[49] Dies wird vor allem mit Bedenken bezüglich der Neutralität und Objektivität Betriebsangehöriger begründet.[50] Dagegen spricht jedoch, dass diese Bedenken immer nur im konkreten Einzelfall geprüft werden können. Dies ist jedoch eine Frage der Auswahl der richtigen Person für die Aufgabe des Sachverständigen. Jedenfalls dann, wenn betriebsangehörige Personen getrennt von ihrem Arbeitsverhältnis tätig werden, steht das Gesetz einer Sachverständigentätigkeit nicht entgegen. Auch betriebsangehörige Personen können damit grundsätzlich Sachverständige

---

47 Vgl. die Ausführungen zur Abgrenzung von Sachverständigen und Vertretern Kapitel 1 C.

48 Vgl. die Ausführungen zur Neutralität als Merkmal des Beraters Kapitel 1 B III 2.

49 Vgl. *ArbG Hamburg*, Beschl. v. 28.05.1985 – 1 GaBV 3/85, AiB 1986, 192, 192; *ArbG Braunschweig*, Beschl. v. 14.11.1986 – 2 BV 52/84, AiB 1986, 192, 192; *Jobs*, RDV 1987, 125, 128.

50 *Jobs*, RDV 1987, 125, 128.

sein.[51] Zu beachten ist jedoch, dass die Sachverständigentätigkeit außerhalb der Arbeitszeit und getrennt vom Arbeitsverhältnis erfolgen muss. Im Ergebnis wird eine betriebsangehörige Person, die als Sachverständiger für den Betriebsrat tätig ist, wie eine betriebsfremde Person behandelt.

b. Abgrenzung zu sachkundigen Arbeitnehmern

Wird eine betriebs- oder unternehmensangehörige Person für den Betriebsrat tätig, so ist zwischen der Tätigkeit als Sachverständiger und der als sachkundiger Arbeitnehmer zu differenzieren. Die Möglichkeit des Betriebsrats, sachkundige Arbeitnehmer in Anspruch zu nehmen, ist seit 2001 in § 80 Abs. 2 S. 3 BetrVG geregelt.[52] Dabei ist zu beachten, dass sachkundige Arbeitnehmer nach überwiegender Ansicht grundsätzlich vorrangig vor Sachverständigen als Informationsmöglichkeit in Anspruch genommen werden müssen.[53]

aa. Sachkundig ist ein Arbeitnehmer, wenn seine Hinzuziehung für die Informationsgewinnung und die Entscheidungsfindung des Betriebsrats hilfreich ist.[54] Die Beurteilung dieser Frage obliegt im Rahmen des § 80 Abs. 2 S. 3 BetrVG in erster Linie dem Betriebsrat.[55]

Die Aufgabe von sachkundigen Arbeitnehmern besteht lediglich in der Informationsvermittlung; die Bewertung und Nutzung der Information in Beratung und Beschlussfassung verbleibt, als Ausübung der Mitbestimmungsrechte, beim Betriebsrat.[56]

Im Rahmen der Hinzuziehung sachkundiger Arbeitnehmer nach § 80 Abs. 2 S. 3 BetrVG ist umstritten, ob auch unternehmensangehörige Arbeitnehmer, die keine Arbeitnehmer des betroffenen Betriebs sind, in Anspruch genommen werden können.[57] Sofern sachkundige Arbeitnehmer als vorrangige Informationsmöglichkeit vor der Hinzuziehung eines Sachverständigen nach § 80 Abs. 3 BetrVG genutzt

---

51 Ähnlich *Wassermann*, dbr 2006, Heft 10, 26, 26.

52 Gesetz v. 23.07.2001, BGBl. 2001 Teil I, S. 1852 (am 28.07.2001 in Kraft getreten); vgl. auch die Ausführungen zum Zweck und zur Behandlung sachkundiger Arbeitnehmer als andere Informationsmöglichkeit im Rahmen der Hinzuziehung eines Sachverständigen Kapitel 2 A II 2 d.

53 Vgl. die Ausführungen zu den Voraussetzungen des § 80 Abs. 3 BetrVG, insbesondere zur Erforderlichkeit Kapitel 2 A.

54 *Natzel*, NZA 2001, 872, 873; *Oetker*, NZA 2003, 1233, 1235.

55 *Franzen*, ZfA 2001, 423, 439.

56 *Oetker*, NZA 2003, 1233, 1236.

57 Für eine Beschränkung vgl. *Becker/Kunz/Schneider*, AiB 2002, 537, 538; *Becker/ Thomas*, AiB 2005, 209, 212; *Klapper*, Unterstützung des Betriebsrats, S. 59; für die

werden, ist die Erfassung von unternehmensangehörigen Arbeitnehmern dagegen überwiegend anerkannt.[58]

bb. Wird ein Arbeitnehmer als Auskunftsperson im Rahmen seiner arbeitsvertraglichen Verpflichtung für den Betriebsrat tätig, so ist dies nach § 80 Abs. 2 S. 3 BetrVG zu bewerten. Eine Tätigkeit, die außerhalb der arbeitsvertraglichen Verpflichtung erfolgt, ist folglich keine Tätigkeit eines sachkundigen Arbeitnehmers, kann aber als Sachverständigentätigkeit zu werten sein.

4. Sachverständigentätigkeit

Die Tätigkeit eines Sachverständigen ist von anderen Arbeiten für den Betriebsrat, die gerade nicht auf der Grundlage des § 80 Abs. 3 BetrVG erbracht werden, abzugrenzen. Gemeinsam ist diesen Tätigkeiten, dass sie die Vermittlung von Informationen zum Ziel haben.

a. Form und Abgrenzung bei Referaten in der Betriebsversammlung

Die Tätigkeit eines Sachverständigen kann die Erstellung eines Gutachtens beinhalten oder aber durch eine mündliche Beratung erfolgen.[59] Dabei ist der Einsatz eines Sachverständigen auch im Rahmen von Sprechstunden des Betriebsrats nach § 39 BetrVG möglich.[60]

Eine weitere Form der Sachverständigentätigkeit stellt ein Referat im Rahmen einer Betriebsversammlung dar.[61] Dabei kann der Sachverständige unter den Voraussetzungen des § 80 Abs. 3 BetrVG über ein für die Arbeit des Betriebsrats konkret erforderliches Thema referieren.[62]

Erfassung von unternehmensangehörigen Arbeitnehmern etwa *Reitze*, ZBVR online 2006, Ausgabe 7, 22, 23.

58 *BAG*, Beschl. v. 16.11.2005 – 7 ABR 12/05, BAGE 116, 192, 201; *LAG Hamburg*, Beschl. v. 24.02.2005 – 3 TaBV 11/03, AuR 2005, 465 (1. Leitsatz), juris; a.A. *Keßler*, AiB 2002, 46, 47; vgl. auch die Ausführungen zu sachkundigen Arbeitnehmern Kapitel 2 A II 2 d.

59 *BAG*, Beschl. v. 25.04.1978 – 6 ABR 9/75, AP Nr. 11 zu § 80 BetrVG 1972 (II 5 b der Gründe); *Pflüger*, NZA 1988, 45, 46.

60 GK – *Weber*, § 39 Rn. 20 m.w.N.

61 *Berg/Bobke*, AiB 1990, 485, 488; *Fitting*, § 42 Rn. 19; *Schierbaum*, CR 1995, 742, 746.

62 *BAG*, Beschl. v. 19.04.1989 – 7 ABR 87/87, BAGE 61, 333, 338; vgl. auch die Ausführungen zur Aufgabe des Betriebsrats als Voraussetzung des § 80 Abs. 3 BetrVG Kapitel 2 A II 1.

Anders verhält es sich jedoch, wenn über ein zulässiges allgemeines Thema referiert wird, welches keinen konkreten Bezug zur betrieblichen Situation aufweist und keine Honorarforderung durch den Referenten gegenüber dem Arbeitgeber erhoben wird. In diesem Fall müssen die Voraussetzungen des § 80 Abs. 3 BetrVG nicht eingehalten werden.[63] Es kann insbesondere auf eine vorherige Vereinbarung mit dem Arbeitgeber verzichtet werden. Eine solche als erforderlich anzusehen, würde zu einer unzulässigen Kontrolle der Betriebsversammlung führen, deren inhaltliche Gestaltung nach § 45 BetrVG dem Betriebsrat obliegt.[64] Der Referent nimmt zudem anders als ein Sachverständiger keinen Einblick in den Betrieb, dessen Anlagen oder Unterlagen.[65]

b. Inhalt und Abgrenzung zu Auskunftspersonen

Die Tätigkeit eines Sachverständigen beinhaltet vor allem die Wissens- und Kenntnisvermittlung sowie die dafür nötigen Vorbereitungshandlungen wie Zusammenstellung, Aufbereitung und Analyse der Informationen.[66] Dabei stellt der Sachverständige ausweislich der dargestellten Definition Tatsachen fest, zieht Schlussfolgerungen und erteilt an den Interessen des Betriebsrats ausgerichteten Rat. Der Sachverständige unterstützt den Betriebsrat, indem er dessen Wissensdefizite auffüllt und ihm Handlungsmöglichkeiten aufzeigt.[67] Dadurch soll der Betriebsrat in die Lage versetzt werden, seine Aufgaben eigenständig und ordnungsgemäß zu erfüllen.[68] Erfasst ist dabei etwa die Vorbereitung und

---

63 *BAG*, Beschl. v. 13.09.1977 – 1 ABR 67/75, BAGE 29, 281, 289 f.; *BAG*, Beschl. v. 19.04.1989 – 7 ABR 87/87, BAGE 61, 333, 339; *Schierbaum*, CR 1995, 742, 744 f.; GK – *Weber*, § 80 Rn. 138.

64 *BAG*, Beschl. v. 13.09.1977 – 1 ABR 67/75, BAGE; 29, 281, 290; *BAG*, Beschl. v. 19.04.1989 – 7 ABR 87/87, BAGE 61, 333, 339.

65 *BAG*, Beschl. v. 19.04.1989 – 7 ABR 87/87, BAGE 61, 333, 339; *Schierbaum*, CR 1995, 742, 745 f.; *Warschkow*, AiB 1994, 751, 753.

66 *BAG*, Beschl. v. 13.09.1977 – 1 ABR 67/75, BAGE 29, 281, 290; *BAG*, Beschl. v. 25.04.1978 – 6 ABR 9/75, AP Nr. 11 zu § 80 BetrVG 1972 (II 5 a der Gründe); *Klapper*, Unterstützung des Betriebsrats, S. 223; *Rose/Grimmer*, DB 2003, 1790, 1791.

67 *BAG*, Beschl. v. 17.03.1987 – 1 ABR 59/85, BAGE 54, 278, 295 f.; *BAG*, Beschl. v. 19.04.1989 – 7 ABR 87/87, BAGE 61, 333, 337; *BAG*, Beschl. v. 13.05.1998 – 7 ABR 65/96, AP Nr. 55 zu § 80 BetrVG 1972 (II 3 a der Gründe); *Rose/Grimmer*, DB 2003, 1790, 1791; *Schneider*, AiB 2000, 605, 609.

68 *BAG*, Beschl. v. 25.04.1978 – 6 ABR 9/75, AP Nr. 11 zu § 80 BetrVG 1972 (II 5 a der Gründe); *BAG*, Beschl. v. 17.03.1987 – 1 ABR 59/85, BAGE 54, 278, 295 f.; *BAG*, Beschl. v. 19.04.1989 – 7 ABR 87/87, BAGE 61, 333, 337.

Unterstützung von Verhandlungen über eine Betriebsvereinbarung.[69] Zu beachten ist jedoch, dass die abschließende Bewertung der mit Hilfe des Sachverständigen gefundenen Erkenntnisse beim Betriebsrat verbleiben muss.[70]

Die Tätigkeit eines Sachverständigen ist von der Tätigkeit sogenannter Auskunftspersonen abzugrenzen. Unter den Begriff der Auskunftspersonen fallen alle Personen, die dem Betriebsrat im Rahmen ihrer normalen beruflichen Arbeit, die eng mit dem Betrieb verknüpft ist, Auskünfte erteilen, ohne Honoraransprüche geltend zu machen.[71] Zu den Auskunftspersonen zählen etwa Werksärzte, Angehörige der Betriebskrankenkasse, Beamte der Gewerbeaufsicht oder Gewerkschaftssekretäre im Rahmen ihrer Beratungstätigkeit.[72] Sie können ohne die Voraussetzungen des § 80 Abs. 3 BetrVG und insbesondere ohne nähere Vereinbarung mit dem Arbeitgeber vom Betriebsrat hinzugezogen werden.[73] Die Abgrenzung zwischen Sachverständigen und Auskunftspersonen erfolgt hauptsächlich über den Inhalt ihrer eigentlichen Tätigkeit. Die bloße Auskunftserteilung kann durch Auskunftspersonen erfolgen. Eine weitergehende Information oder auch Analyse von Informationen kann dagegen nur durch einen Sachverständigen erfolgen.

c. Umfang und Abgrenzung zu Schulungsveranstaltungen

Der Umfang und die Dauer der Tätigkeit eines Sachverständigen sind im Einzelfall, unter Beachtung der Erforderlichkeit und des Grundsatzes der Verhältnismäßigkeit, zu bestimmen.[74] Dabei kann auch eine längerfristige Beratung eine Sachverständigentätigkeit darstellen.[75]

Es muss zudem eine Abgrenzung zwischen der Wissensvermittlung durch einen Sachverständigen und durch Schulungen nach § 37 BetrVG vorgenommen werden. Dies ist insbesondere deshalb erforderlich, da Schulungen, die speziell auf die Aufgaben des Betriebsrats zugeschnitten sind, zwar möglich sind und auch in der Praxis einen relevanten Stellenwert einnehmen, aber gerade nicht von Sachverständigen durchgeführt werden können.

---

69 *BAG*, Beschl. v. 05.11.1981 – 6 ABR 24/78, BAGE 36, 315, 322; *BAG*, Beschl. v. 26.02.1992 – 7 ABR 51/90, BAGE 70, 1, 6 f.

70 *Lubitz*, Rechtsanwalt, S. 21; *Venema*, NZA 1993, 252, 253.

71 *Pflüger*, NZA 1988, 45, 45; *Schierbaum*, AiB 1996, 217, 220; *Schoof*, AiB 1990, 463, 463.

72 *Schoof*, AiB 1990, 463, 463.

73 *Pflüger*, NZA 1988, 45, 45; *Schoof*, AiB 1990, 463, 463.

74 *Oetker*, NZA 2002, 465, 468; vgl. auch die Ausführungen zur Erforderlichkeit Kapitel 2 A und Verhältnismäßigkeit Kapitel 2 B.

75 *Däubler*, Gläserne Belegschaften?, S. 354.

aa. Welche Schulungen im Einzelnen erforderlich sind, hängt vom jeweiligen Betrieb ab.[76] Dabei wird zwischen der Vermittlung von Grundkenntnissen und der Vermittlung von Spezialkenntnissen, für die ein betriebsbezogener Anlass bestehen muss, unterschieden.[77] Grundkenntnisse beschreiben die Kenntnisse, welche die Basis für die Wahrnehmung des Betriebsratsamts darstellen.[78] Die Erforderlichkeit einer Teilnahme an solchen Schulungen wird grundsätzlich angenommen.[79] Zu den Spezialkenntnissen gehören alle Kenntnisse, die über die Grundkenntnisse hinausgehen.[80] Der Betriebsrat muss, wenn eine Schulung in diesem Bereich besucht werden soll, darlegen, dass in absehbarer Zukunft das dort behandelte Wissen benötigt wird, um die Aufgaben des Betriebsrats ordnungsgemäß zu erfüllen.[81] Die Voraussetzung der Erforderlichkeit verlangt hier eine Notwendigkeit und nicht nur eine bloße Nützlichkeit der zu vermittelnden Kenntnisse.[82] Erforderlich sind im Allgemeinen solche Grund- oder Spezialkenntnisse, die der Betriebsrat benötigt, um die anfallenden Aufgaben bewältigen zu können.[83] Die Erforderlichkeit einer Schulungsveranstaltung kann auch dann vorliegen, wenn der Betriebsrat von einem Initiativrecht Gebrauch machen will.[84] Herrschend wird für die Beurteilung der Erforderlichkeit auf den Zeitpunkt des Betriebsratsbeschlusses abgestellt.[85]

Es ist weiterhin zwischen dem Schulungsanspruch des § 37 Abs. 6 BetrVG und dem Individualanspruch des § 37 Abs. 7 BetrVG zu unterscheiden. Während jedoch bei § 37 Abs. 6 BetrVG Kenntnisse erfasst sind, die erforderlich für die

---

76 *Trittin/Wedde*, AiB 1997, 138, 140.

77 *Trittin/Wedde*, AiB 1997, 138, 140.

78 *Däubler*, AiB 2004, 525, 526.

79 *BAG*, Beschl. v. 07.05.2008 – 7 AZR 90/07, EzA Nr. 7 zu § 37 BetrVG 2001 (I 2 der Gründe) mit Aufgabe der Rechtsprechung *BAG*, Beschl. v. 07.06.1989 – 7 ABR 26/88, BAGE 62, 74, 78 ff.; *Däubler*, AiB 2004, 525, 526; *Gorsboth*, AiB 2010, 312, 313.

80 *Däubler*, AiB 2004, 525, 526.

81 *Däubler*, AiB 2004, 525, 528.

82 *BAG*, Urteil v. 21.05.1974 – 1 AZR 279/73, AP Nr. 13 zu § 37 BetrVG 1972 (3 der Gründe).

83 *BAG*, Beschl. v. 27.09.1974 – 1 ABR 71/73, BAGE 26, 269, 276; *BAG*, Beschl. v. 08.10.1974 – 1 ABR 72/73, AP Nr. 7 zu § 40 BetrVG 1972 (III 2 der Gründe); *BAG*, Urteil v. 16.03.1988 – 7 AZR 557/87, AP Nr. 63 zu § 37 BetrVG 1972 (II 1 der Gründe).

84 *Däubler*, AiB 2004, 525, 528.

85 *BAG*, Urteil v. 16.03.1988 – 7 AZR 557/87, AP Nr. 63 zu § 37 BetrVG 1972 (II 2 der Gründe) m.w.N.; a.A. *LAG Düsseldorf*, Beschl. v. 06.02.2009 – 9 TaBV 329/08, NZA-RR 2009, 306, 308; *Gorsboth*, AiB 2010, 312, 315.

Betriebsratsarbeit sind, müssen die durch Schulungen nach § 37 Abs. 7 BetrVG vermittelten Kenntnisse lediglich geeignet für die Betriebsratsarbeit sein.[86]

bb. Im Gegensatz zu Schulungen darf im Rahmen der Sachverständigentätigkeit keine Kenntnisvermittlung über ganze Themengebiete oder auf Vorrat erfolgen.[87] Diesbezüglich müssen die Schulungsansprüche des § 37 BetrVG genutzt werden.[88] Die Beratung durch einen Sachverständigen muss sich auf ein bestimmtes, abgrenzbares Problem beziehen.[89] Dabei kann auch eine Beratung im Rahmen eines längerfristigen Projekts erfolgen.[90] Die Wissensvermittlung durch einen Sachverständigen muss damit an einer konkreten Aufgabe festgemacht werden, für die die erforderlichen Kenntnisse fehlen.[91] Im Rahmen der Hinzuziehung eines Sachverständigen stellen Schulungen eine mögliche (vorrangige) Alternative dar, um die Mitglieder des Betriebsrats dazu zu befähigen, selbst die notwendigen Kenntnisse zu erwerben und so den Einsatz eines Sachverständigen entbehrlich zu machen oder kürzer beziehungsweise effizienter zu gestalten.[92]

III. Stellung des Sachverständigen

Der Sachverständige hat als (grundsätzlich) Betriebsfremder aufgrund seiner Tätigkeit zum Teil weitreichende Einblicke in den Betrieb. Aus seiner Stellung als Sachverständiger des Betriebsrats resultieren seine Rechte auf Zutritt und Teilnahme, welche der Informationsgewinnung und -vermittlung dienen sollen, sowie seine Pflicht zur Verschwiegenheit.

---

86 *BAG*, Beschl. v. 27.09.1974 – 1 ABR 71/73, BAGE 26, 269, 275 f; *BAG*, Beschl. v. 08.10.1974 – 1 ABR 72/73, AP Nr. 7 zu § 40 BetrVG 1972 (III 2 der Gründe); *BAG*, Beschl. v. 08.02.1977 – 1 ABR 124/74, AP Nr. 26 zu § 37 BetrVG 1972 (II 1 der Gründe).

87 *BAG*, Beschl. v. 16.11.2005 – 7 ABR 12/05, BAGE 116, 192, 200; *BAG*, Beschl. v. 11.11.2009 – 7 ABR 26/08, BAGE 132, 232, 235; *Pflüger*, NZA 1988, 45, 47 m.w.N.

88 *BAG*, Beschl. v. 16.11.2005 – 7 ABR 12/05, BAGE 116, 192, 200.

89 *LAG Hessen*, Beschl. v. 06.12.2007 – 9 TaBV 153/07, juris; vgl. auch die Ausführungen zu Voraussetzung einer konkreten Aufgabe bei der Sachverständigenhinzuziehung Kapitel 2 A II 1.

90 *Lubitz*, Rechtsanwalt, S. 21 m.w.N.; GK – *Weber*, § 80 Rn. 129.

91 Vgl. die Ausführungen zur Erforderlichkeit der Hinzuziehung eines Sachverständigen Kapitel 2 A.

92 Vgl. die Ausführungen zur Vorrangigkeit von Schulungen vor der Hinzuziehung eines Sachverständigen Kapitel 2 A II 2 c aa.

1. Zutritts- und Teilnahmerecht

Wurde ein Sachverständiger nach den Voraussetzungen des § 80 Abs. 3 BetrVG hinzugezogen, so ist ihm der Zutritt zum Betrieb sowie zu den Betriebsratssitzungen und –versammlungen zu gewähren, selbst wenn er dadurch Betriebs- und Geschäftsgeheimnisse erfährt.[93] Die Teilnahme des Sachverständigen stellt dabei keinen Verstoß gegen das Prinzip der Nichtöffentlichkeit im Sinne des § 42 Abs. 1 S. 2 BetrVG dar.[94]

2. Vertretungsrecht

Teilweise wird angenommen, der Sachverständige könne dem Arbeitgeber gegenüber als Vertreter des Betriebsrats auftreten, wenn der Arbeitgeber dieses Vorgehen dulde.[95] Dem ist jedoch entgegenzuhalten, dass eine Vertretung des Betriebsrats nicht von der Definition des Sachverständigen umfasst ist. Die Vertretung des Betriebsrats ist dem nach § 40 Abs. 1 BetrVG hinzugezogenen Vertreter des Betriebsrats vorbehalten.[96] Der Sachverständige darf nicht anstelle des Betriebsrats tätig werden.[97] Er darf keine Verhandlungen mit dem Arbeitgeber im Namen des Betriebsrats führen und tritt gegenüber dem Arbeitgeber nicht als Vertreter des Betriebsrats in Erscheinung.[98]

3. Verschwiegenheitspflicht

Der Arbeitgeber hat, insbesondere wenn ein betriebsfremder Sachverständiger Einblicke in seinen Betrieb erhält, ein schützenswertes Interesse daran, seine Betriebs- und Geschäftsgeheimnisse zu bewahren. Betriebs- und Geschäftsgeheimnisse sind solche Tatsachen, die einen Zusammenhang mit dem Unternehmen

---

93 *BAG*, Beschl. v. 13.09.1977 – 1 ABR 67/75, BAGE 29, 281, 287 f.; Beschl. v. 19.04.1989 – 7 ABR 87/87, BAGE 61, 333, 338.

94 *BAG*, Beschl. v. 13.09.1977 – 1 ABR 67/75, BAGE 29, 281, 288; *ArbG Frankfurt* a.M., Beschl. v. 16.09.1988 – 15 BVGa 20/88, AiB 1989, 14, 14 f.

95 *Klapper*, Unterstützung des Betriebsrats, S. 331.

96 Vgl. die Ausführungen zur Abgrenzung von Sachverständigen und Vertretern Kapitel 1 D II und III.

97 *Venema*, NZA 1993, 252, 253.

98 *BAG*, Beschl. v. 13.05.1998 – 7 ABR 65/96, AP Nr. 55 zu § 80 BetrVG 1972 (II 3 a der Gründe); *Balkenhol*, AiB 2004, 535, 536; *Thon*, AuR 2005, 396, 396.

aufweisen, an denen der Arbeitgeber ein berechtigtes Geheimhaltungsinteresse hat und die lediglich einem begrenzten Personenkreis bekannt sind.[99]

a. Verschwiegenheitspflicht des Sachverständigen

Der Sachverständige ist nach § 80 Abs. 4 BetrVG und § 79 BetrVG entsprechend zur Geheimhaltung verpflichtet. Erfasst sind dabei solche Betriebs- und Geschäftsgeheimnisse, die der Arbeitgeber ausdrücklich als geheimhaltungsbedürftig bezeichnet hat.[100] Durch eine unbefugte Offenbarung oder Verwertung kann sich der Sachverständige damit nach § 120 Abs. 1 Nr. 3 Var. 1 BetrVG strafbar machen.

b. Verschwiegenheitspflicht des Betriebsrats gegenüber dem Sachverständigen

Eine gesetzliche Vorgabe, welche die Weitergabe von Betriebs- und Geschäftsgeheimnissen an den Sachverständigen regelt, besteht nicht. Es ist daher umstritten, ob der Betriebsrat Betriebs- und Geschäftsgeheimnisse an den Sachverständigen weitergeben darf oder ob dies dem Arbeitgeber vorbehalten ist.

Teilweise wird die Auffassung vertreten, dass der Betriebsrat seinem Sachverständigen gegenüber zur Geheimhaltung verpflichtet ist.[101] Auch dann, wenn die Weitergabe von Betriebs- und Geschäftsgeheimnissen für die Arbeit des Sachverständigen erforderlich ist, kann nach dieser Auffassung eine Weitergabe nur durch den Arbeitgeber erfolgen. Bei der Offenbarung von Geschäfts- und Betriebsgeheimnissen gegenüber dem Sachverständigen würden sich die Betriebsratsmitglieder folglich selbst nach § 120 Abs. 1 Nr. 1 BetrVG strafbar machen.[102]

Andere sehen die Weitergabe von Betriebs- und Geschäftsgeheimnissen durch den Betriebsrat an den Sachverständigen zu Recht als zulässig an.[103] Dabei ist der Betriebsrat jedoch verpflichtet, auf die Geheimniseigenschaft hinzuweisen.[104] Der Verweis des § 80 Abs. 4 BetrVG auf den gesamten § 79 BetrVG spricht für die Möglichkeit des Betriebsrats Betriebs- und Geschäftsgeheimnisse

---

99 *Wiese*, FS Molitor, S. 365, 380 ff. m.w.N.; zu den Voraussetzungen *Müller*, AiB 2009, 577, 579.

100 GK – *Oetker*, § 79 Rn. 15 m.w.N.

101 *Löwisch/Kaiser*, § 79 Rn. 16; Richardi – *Thüsing*, § 79 Rn. 12; wohl auch *Fitting*, § 79 Rn. 27.

102 *Löwisch/Kaiser*, § 120 Rn. 17.

103 DKKW – *Buschmann*, § 79 Rn. 30.

104 Vgl. GK – *Oetker*, § 79 Rn. 63.

weiterzugeben.[105] Nach § 79 Abs. 1 S. 1 und S. 2 BetrVG sind die Mitglieder des Betriebsrats verpflichtet, Betriebs- oder Geschäftsgeheimnisse, die ihnen aufgrund ihrer Zugehörigkeit zum Betrieb bekannt geworden und vom Arbeitgeber ausdrücklich aus geheinhaltungsbedürftig bezeichnet worden sind, nicht zu offenbaren oder zu verwerten, auch wenn sie aus dem Betriebsrat ausgeschieden sind. Nach § 79 Abs. 3 und Abs. 4 BetrVG soll diese Verpflichtung jedoch nicht gegenüber den Mitgliedern des Betriebsrats sowie des Gesamt- und Konzernbetriebsrats und anderen genannten Beteiligten der Betriebsverfassung gelten. § 79 Abs. 2 BetrVG erklärt die Regelungen des § 79 Abs. 1 BetrVG für die Mitglieder des Gesamt- und Konzernbetriebsrats, des Wirtschaftsausschusses sowie anderen Beteiligten der Betriebsverfassung für sinngemäß anwendbar.

Neben praktischen Erwägungen zeigt insbesondere § 79 Abs. 1 S. 3 und 4, Abs. 2 BetrVG, dass die für die Ausübung der Rechte der Beteiligten des Betriebsverfassungsrechts notwendige Kommunikation möglich sein soll. Die Kommunikation zwischen Betriebsrat und Sachverständigen würde anderenfalls unnötig erschwert werden. Der Arbeitgeber ist durch die Geheimhaltungspflicht des Sachverständigen nach §§ 79, 80 Abs. 4 BetrVG und durch die Strafbewehrung bei Offenbarung nach § 120 Abs. 1 Nr. 3 Var. 1 BetrVG geschützt. Zudem wird insbesondere die entsprechende Anwendung des § 79 BetrVG für den Berater im Sinne des § 111 S. 2 BetrVG als Argument gegen eine Verletzung der Verschwiegenheitspflicht des Betriebsrats bei Weitergabe von Geheimnissen an den Berater angesehen.[106] Dieser Gedanke ist hier übertragbar.

IV. Anzahl der möglichen Sachverständigen

Fraglich ist, wie viele Sachverständige der Betriebsrat zur selben Zeit hinzuziehen kann. Hier ist zu unterscheiden. Sollen Aufgaben mit grundsätzlich verschiedenen Fragestellungen und Problemfeldern durch den Betriebsrat bewältigt werden, so muss die Hinzuziehung von einzelnen Sachverständigen zu den verschiedenen Aufgaben parallel möglich sein, denn anderenfalls müsste sich der Betriebsrat auf ein „wichtigeres“ Problemfeld festlegen, für welches er die Hilfe eines Sachverständigen in Anspruch nimmt, und könnte seine Aufgaben nicht umfassend und damit ordnungsgemäß erfüllen.

---

105 DKKW – *Buschmann*, § 79 Rn. 30.

106 Vgl. GK – *Oetker*, § 111 Rn. 236; vgl. auch die Ausführungen zur Verschwiegenheitspflicht des Betriebsrats gegenüber dem Berater Kapitel 1 B IV 5.

Die andere Fragestellung, ob zu einem Problem auch mehrere Sachverständige – gegebenenfalls mit unterschiedlicher fachlicher Ausrichtung – hinzugezogen werden können, richtet sich nach dem Prüfungspunkt der Erforderlichkeit als Voraussetzung des § 80 Abs. 3 BetrVG.[107] Aufgrund der gesetzlichen Formulierung im Plural wird angenommen, dass die Hinzuziehung mehrerer Sachverständiger grundsätzlich möglich ist.[108] *Wassermann* nimmt darüber hinaus an, dass auch eine Personenvereinigung „Sachverständiger" sein könne.[109]

B. Der Berater im Sinne des § 111 S. 2 BetrVG

Die Vorschrift des § 111 S. 2 BetrVG in ihrer heutigen Form und damit die Figur des Beraters wurden durch die Novellierung des Betriebsverfassungsgesetzes im Jahr 2001 in das Gesetz eingefügt.[110] Ausweislich der Gesetzesbegründung soll dem Betriebsrat mit der Regelung eine schnelle und unkomplizierte Möglichkeit an die Hand gegeben werden, externen Sachverstand hinzuzuziehen.[111] Beweggrund für die Einführung des § 111 S. 2 BetrVG war die Komplexität von Betriebsänderungen, deren Fragen ohne helfenden Sachverstand für Betriebsräte oft nicht sachgerecht zu lösen sind und die häufig wesentliche Nachteile für die betroffenen Arbeitnehmer mit sich bringen.[112] Zuvor war die Hinzuziehung von externem Sachverstand im Fall einer Betriebsänderung nur unter den Voraussetzungen des § 80 Abs. 3 BetrVG möglich.

Aus Kostengründen wurde auf eine umfassende Neuregelung verzichtet.[113] § 111 S. 2 BetrVG knüpft an das Unternehmen an und eröffnet seinen Anwendungsbereich ab einer Unternehmensgröße von mehr als dreihundert Arbeitnehmern. So gelangen auch Betriebsräte von Kleinbetrieben, die ihrerseits jedoch Unternehmen angehören, welche den Schwellenwert erreichen, in den Anwendungsbereich des § 111 S. 2 BetrVG.[114] Wird der Schwellenwert des § 111 S. 2

107 *Klapper*, Unterstützung des Betriebsrats, S. 300; vgl. auch die Ausführungen zur Erforderlichkeit der Sachverständigenhinzuziehung Kapitel 2 A.

108 ErfK – *Kania*, § 111 BetrVG Rn. 25; *Lingemann*, NZA 2002, 934, 939; entsprechend für sachkundige Arbeitnehmer *Oetker*, NZA 2003, 1233, 1235.

109 *Wassermann*, dbr 2006, Heft 10, 26, 26.

110 Gesetz v. 23.07.2001, BGBl. 2001 Teil I S. 1852 (am 28.07.2001 in Kraft getreten).

111 BT-Drucks. 14/5741, S. 28.

112 BT-Drucks. 14/5741, S. 28, 51 f.

113 BT-Drucks. 14/5741, S. 52.

114 Vgl. *Reichold*, NZA 2001, 857, 864; vgl. auch die Ausführungen zu den Schwellenwerten des § 111 S. 1 BetrVG Kapitel 3 A III und § 111 S. 2 BetrVG Kapitel 3 D.

BetrVG dagegen nicht erreicht, so besteht lediglich die Möglichkeit einen Sachverständigen nach § 80 Abs. 3 BetrVG hinzuzuziehen.

I. Reaktionen auf die Einführung des § 111 S. 2 BetrVG

Die Einführung der Regelung des § 111 S. 2 BetrVG ist in der Literatur sowohl auf Ablehnung als auch auf Zustimmung gestoßen. Neben einer grundsätzlichen Ablehnung werden dabei insbesondere die Figur des Beraters und die Wahl des Betriebsrats als Anspruchsinhaber kritisiert.

Grundsätzlich wird zunächst die Annahme, dass in den gesetzlich geregelten Fällen einer Betriebsänderung erwartungsgemäß wesentliche Nachteile für die Belegschaft entstünden, als falsch angesehen.[115] Dagegen wird angeführt, dass aus dem Wortlaut des § 111 S. 1 BetrVG folge, dass sowieso nur solche Betriebsänderungen umfasst seien, die wesentliche Nachteile für die Belegschaft befürchten ließen.[116] Dass diese Voraussetzung nicht Teil der Prüfung im Rahmen des § 111 S. 3 BetrVG sei, liege lediglich daran, dass bei den genannten Fällen grundsätzlich mit Nachteilen für die Belegschaft gerechnet werden müsse.[117] Zudem wären in der Praxis höhere Kosten bei Betriebsänderungen, Rechtsunsicherheit und zeitliche Verzögerungen durch die Einschaltung externer Berater vor dem Einigungsstellenverfahren absehbare Folgen.[118] Dem ist bezüglich der Kosten entgegenzuhalten, dass der Gesetzgeber die Gefahr der Erhöhung der Kosten einer Betriebsänderung erkannt hat.[119] Bezüglich zeitlicher Verzögerungen wird angeführt, dass diese abgefangen werden würden. Eventuell neu entstehende Rechtsstreitigkeiten wären nicht wie im Rahmen des § 80 Abs. 3 BetrVG während oder vor der Hinzuziehung zu entscheiden, sondern seien auf die Zeit nach der Durchführung der Betriebsänderung verschoben worden.[120] Insgesamt sei daher, selbst im Vergleich mit einer

---

115 *Hanau*, RdA 2001, 65, 72.

116 *Klapper*, Unterstützung des Betriebsrats, S. 381.

117 *Klapper*, Unterstützung des Betriebsrats, S. 381 f.; vgl. auch *BAG*, Beschl. v. 26.10.1982 – 1 ABR 11/81, BAGE 41, 92, 107; *BAG*, Beschl. v. 17.08.1982 – 1 ABR 40/80, BAGE 40, 36, 39 ff.; vgl. auch die Ausführungen zu den Voraussetzungen des § 111 S. 2 BetrVG Kapitel 3.

118 *Bauer*, NZA 2001, 375, 377; *BDA/BDI*, Mitbestimmung, S. 51; *Hanau*, RdA 2001, 65, 72; HWK – *Hohenstatt/Willemsen*, § 111 BetrVG Rn. 66; *Reichold*, NZA 2001, 857, 865; *Schiefer/Korte*, NZA 2001, 71, 88; *Schiefer/Korte*, NZA 2001, 351, 357.

119 Vgl. BT-Drucks. 14/5741, S. 2.

120 *Klapper*, Unterstützung des Betriebsrats, S. 382.

einstweiligen Verfügung im Rahmen der Hinzuziehung nach § 80 Abs. 3 BetrVG, von einer Zeitersparnis auszugehen.[121]

Die Schaffung der neuen Figur des Beraters, ohne diese im Gesetz oder der Begründung näher zu konkretisieren, wird als verfehlt angesehen. Eine sachgerechte Regelung hätte über eine Anknüpfung an § 80 Abs. 3 BetrVG mit Wegfall des Vereinbarungserfordernisses gefunden werden können, um so unnötige Auslegungszweifel zu vermeiden.[122] Durch dieses Versäumnis sei das Potential für Streitigkeiten entstanden, da nun für den Berater jene Fragen neu geklärt werden müssten, welche für den Sachverständigen bereits beantwortet worden seien; im Vergleich mit der Hinzuziehung eines Sachverständigen und den damit verbundenen Streitigkeiten über das Vereinbarungserfordernis sei folglich, entgegen der Intention des Gesetzgebers, keine Beschleunigung des Verfahrens eingetreten.[123] Dem ist insoweit zuzustimmen, als dass durch einen Hinweis in der Gesetzesbegründung, ob der Berater eine Form des Sachverständigen oder ein völlig neuer Typus von Hilfspersonen sein soll, die Unsicherheiten bezüglich der Auslegung des Begriffs des Beraters gemindert oder sogar vermieden worden wären. Dabei ist allerdings zu beachten, dass es sich beim Berater letztlich um eine eigenständige Figur mit Ähnlichkeiten zur Figur des Sachverständigen handelt. Die Ausfüllung des Begriffs hat der Gesetzgeber, wie im Fall des Sachverständigen, der Rechtsprechung und der Literatur überlassen.[124]

Oetker sieht weiterhin den Wirtschaftsausschuss und nicht den Betriebsrat als den richtigen Anspruchsinhaber an.[125] Eine geplante Betriebsänderung und die Entwicklung geeigneter Alternativen gehörten in den Kernbereich der unternehmerischen Entscheidung und müssten grundsätzlich zunächst mit dem Wirtschaftsausschuss beraten werden, der wiederum den Betriebsrat hierüber zu informieren habe.[126] Die unternehmerische Entscheidung sei aber nicht Bestandteil des Interessenausgleichsverfahrens.[127] Zudem sei anerkannt, dass die

121 *Engels/Trebinger/Löhr-Steinhaus*, DB 2001, 532, 540.

122 GK – *Oetker*, § 111 Rn. 202; ähnlich *Klapper*, Unterstützung des Betriebsrats, S. 382.

123 GK – *Oetker*, § 111 Rn. 202; vgl. zu neuen Konfliktmöglichkeiten *Oetker*, NZA 2002, 465, 466.

124 Vgl. die Ausführungen zur Definition des Beraters Kapitel 1 B II sowie zu den Unterschieden und zur Abgrenzung von § 80 Abs. 3 BetrVG und § 111 S. 2 BetrVG Kapitel 1 C.

125 GK – *Oetker*, § 111 Rn. 202; *Oetker*, NZA 2002, 465, 465 f.; vgl. auch die Ausführungen zur Hinzuziehung von Beratern durch den Wirtschaftsausschuss Kapitel 5 C II.

126 GK – *Oetker*, § 106 Rn. 52; GK – *Oetker*, § 108 Rn. 54 ff.; GK – *Oetker*, § 111 Rn. 202.

127 *Oetker*, NZA 2002, 465, 465.

Entwicklung von Alternativvorschlägen auch im Rahmen der Beratung mit dem Wirtschaftsausschuss stattzufinden habe.[128] Durch die Information über die Beratungen zwischen Unternehmer und Wirtschaftsausschuss, zu der der Wirtschaftsausschuss nach § 108 Abs. 4 BetrVG verpflichtet sei, bedürfe der Betriebsrat selbst in der Regel keines Beraters mehr.[129] Dieser Auffassung ist jedoch nicht zuzustimmen. Der Wirtschaftsausschuss ist grundsätzlich anders besetzt als der Betriebsrat. Betriebsänderungen fallen zwar auch in den Aufgabenbereich des Wirtschaftsausschusses (vgl. § 106 Abs. 3 Nr. 6 ff. BetrVG), die wesentliche Rolle im Rahmen einer Betriebsänderung kommt jedoch dem Betriebsrat als Mitbestimmungsorgan zu (vgl. §§ 111 f. BetrVG). Außerdem wird der Wirtschaftsausschuss bereits zu einem Zeitpunkt beteiligt, in dem die Betriebsänderung noch nicht so konkret geplant ist, wie dies § 111 S. 2 BetrVG verlangt.[130] Der Wirtschaftsausschuss steht daher nicht unter dem gleichen Zeitdruck wie der Betriebsrat und kann das Verfahren nach § 80 Abs. 3 BetrVG inklusive der vorherigen Vereinbarung durchlaufen, ohne dass Nachteile für die Belegschaft zu befürchten sind.[131]

II. Definition des Beraters

Der Begriff des Beraters wurde neu in das Gesetz eingebracht, ohne dass klargestellt wurde, ob und in welchem Umfang ein Unterschied zum Sachverständigenbegriff des § 80 Abs. 3 BetrVG bestehen soll.[132]

Einer kompletten Übertragung der Definition des Sachverständigen widerspricht § 120 Abs. 1 BetrVG, welcher in Nr. 3 und Nr. 3 a zwischen dem Sachverständigen und dem Berater unterscheidet. Eine Gleichsetzung des Beraters mit einer Auskunftsperson, welche im § 120 Abs. 1 Nr. 3 b BetrVG erwähnt wird, scheitert aus demselben Grund.

Ausweislich der Gesetzesbegründung soll der Berater bei der schnellen Entwicklung fundierter Alternativvorschläge im Fall einer Betriebsänderung

128 *Oetker*, NZA 2002, 465, 466.

129 *Oetker*, NZA 2002, 465, 466, 470.

130 *Klapper*, Unterstützung des Betriebsrats, S. 383 f.; vgl. auch die Ausführungen zur mitbestimmungspflichtigen Betriebsänderung als Voraussetzung des § 111 S. 2 BetrVG Kapitel 3 A.

131 *Rose/Grimmer*, DB 2003, 1790, 1791; vgl. zu den Einzelheiten auch die Ausführungen zum Wirtschaftsausschuss Kapitel 5 C II.

132 Kritisch daher *Bauer*, NZA 2001, 375, 376; *Rose/Grimmer*, DB 2003, 1790, 1790.

helfen.[133] Daraus wird in der Literatur überwiegend geschlossen, dass der Berater über entsprechende, für die konkrete Betriebsänderung erforderliche Kenntnisse verfügen muss.[134] Dies wiederum entspricht dem Erfordernis der besonderen Fach- und Sachkunde eines Sachverständigen.[135] Das *Bundesarbeitsgericht* klassifizierte den heutigen Berater vor der Einführung des § 111 S. 2 BetrVG in seiner heutigen Form als Sachverständigen.[136] Daraus kann geschlossen werden, dass Ähnlichkeiten zwischen den beiden Figuren bestehen.

Neben diesen Ähnlichkeiten bestehen jedoch insbesondere hinsichtlich Tätigkeit und Aufgabe deutliche Unterschiede.[137] Es ist daher bei der Figur des Beraters von einer neuen Art von Hilfsperson für den Betriebsrat auszugehen, die allerdings im Vergleich mit dem Sachverständigen im Sinne des § 80 Abs. 3 BetrVG Parallelen aufweist.[138] *Oetker* spricht von einem „neuen Typus von Unterstützerpersonen", betont aber, dass es sich um eine Person handeln muss, die auch als Sachverständiger hinzugezogen werden könnte.[139]

Der Berater kann folglich als eine Person definiert werden, die aufgrund ihrer besonderen Fach- und Sachkunde die Aufgaben, die sich einem Betriebsrat bei einer Betriebsänderung stellen, erfassen und den Betriebsrat bei der Entwicklung von Alternativvorschlägen zu einer vom Unternehmer geplanten Betriebsänderung unterstützten kann.

III. Merkmale des Beraters

Die Definition des Beraters wird durch verschiedene Merkmale konkretisiert und ausgefüllt. Diese weisen Ähnlichkeiten zu den Merkmalen eines Sachverständigen auf, sind jedoch nicht deckungsgleich.

---

133 BT-Drucks. 14/5741, S. 52.

134 *Kleinebrink*, ArbRB 2003, 212, 213; *Oetker*, NZA 2002, 465, 467; *Rose/Grim-mer*, DB 2003, 1790, 1790.

135 *Rose/Grimmer*, DB 2003, 1790, 1790; *Schlichting*, AiB 2002, 464, 468.

136 *BAG*, Beschl. v. 26.02.1992 – 7 ABR 51/90, BAGE 70, 1, 6 ff.

137 Vgl. *Klapper*, Unterstützung des Betriebsrats, S. 388; vgl. auch die Ausführungen den Unterschieden zwischen Sachverständigen und Beratern Kapitel 1 C.

138 Für den Berater als Form des Sachverständigen *Keßler*, AiB 2002, 46, 48; *Klapper*, Unterstützung des Betriebsrats, S. 388.

139 *Oetker*, NZA 2002, 465, 467.

1. Qualifikation

Aufgrund der gesetzlichen Zweckbestimmung muss der Berater, ebenso wie der Sachverständige, eine besondere Qualifikation aufweisen. Er muss über die für die geplante Betriebsänderung erforderlichen Kenntnisse, zum Beispiel im technischen, rechtlichen oder betriebswirtschaftlichen Bereich, verfügen.[140] Dennoch ist – wie bei einem Sachverständigen – keine bestimmte, formell nachgewiesene Qualifikation erforderlich.[141] Auch die Zugehörigkeit zu einem der anerkannten Beratungsberufe ist keine Voraussetzung.[142]

Die Beurteilung der Qualifikation liegt im Rahmen des § 111 S. 2 BetrVG allein beim Betriebsrat, da eine vorherige Vereinbarung mit dem Arbeitgeber im Sinne des § 80 Abs. 3 BetrVG nicht vorgesehen ist.[143] Im Streitfall muss der Betriebsrat die für die Betriebsänderung erforderliche Qualifikation des Beraters jedoch nachweisen können.[144]

2. Neutralität

Berater üben ihre Tätigkeit nach einhelliger Auffassung nicht neutral aus, sondern orientieren sich bei der Entwicklung von Alternativvorschlägen zu einer Betriebsänderung an den Interessen des Betriebsrats.[145]

3. Unternehmensangehörige und -fremde Berater

In der Gesetzesbegründung wird ein unternehmensfremder Berater als Regelfall dargestellt.[146] Die Hinzuziehung eines unternehmesangehörigen Arbeitnehmers als Berater wird jedoch vom Gesetz nicht ausgeschlossen und daher ebenfalls für möglich erachtet.[147] Die Tätigkeit einer unternehmesangehörigen Person als

---

140 GK – *Oetker*, § 111 Rn. 204; *Kleinebrink*, ArbRB 2003, 212, 213; *Oetker*, NZA 2002, 465, 467; *Rupp*, AiB 2002, 478, 478; vgl. auch die Ausführungen zum Inhalt einer Beratung, insbesondere zur Zulässigkeit einer rechtlichen Beratung Kapitel 1 B III 5 b.

141 *Däubler*, AuR 2001, 285, 286; *Manske*, FS 25 Jahre ARGE ArbR im DAV, S. 953, 957; GK – *Oetker*, § 111 Rn. 206.

142 GK – *Oetker*, § 111 Rn. 207; *Oetker*, NZA 2002, 465, 467;

143 *Oetker*, NZA 2002, 465, 471.

144 *Oetker*, NZA 2002, 465, 467.

145 *Klapper*, Unterstützung des Betriebsrats, S. 390; *Lingemann*, NZA 2002, 934, 939.

146 BT-Drucks. 14/5741, S. 52.

147 *Kleinebrink*, ArbRB 2003, 212, 213; *Löwisch*, BB 2001, 1790, 1791; *Löwisch*, NZA 2001, Sonderbeilage Heft 24, 40, 46; GK – *Oetker*, § 111 Rn. 208; *Oetker*, NZA 2002, 465, 468; *Schlichting*, AiB 2002, 464, 468; *Zumbeck*, Mitbestimmung 2004, 63, 64.

Berater muss jedoch unabhängig vom bestehenden Arbeitsverhältnis erfolgen.[148] Interner Sachverstand, wie etwa ein sachkundiger Arbeitnehmer, kann die von einem Berater für den Betriebsrat im Rahmen einer Betriebsänderung zu leistende Hilfe gerade nicht zur Verfügung stellen.[149] Die Abgrenzung zwischen einem Berater und einem sachkundigen Arbeitnehmer im Sinne von § 80 Abs. 2 S. 3 BetrVG ist entsprechend der Abgrenzung von Sachverständigen und sachkundigen Arbeitnehmern vorzunehmen.[150]

4. Natürliche und juristische Personen

Der Berater im Sinne des § 111 S. 2 BetrVG soll grundsätzlich eine natürliche Person sein.[151] Ob auch juristische Personen – insbesondere Beratungsunternehmen und damit Personenmehrheiten – Berater im Sinne des § 111 S. 2 BetrVG sein können, ist umstritten; diese Frage hängt eng mit der Antwort auf die Frage zusammen, ob lediglich ein Berater hinzugezogen werden kann oder ob die Hinzuziehung mehrerer Berater zulässig ist und wird daher später abschließend behandelt.[152]

5. Beratertätigkeit

Die Tätigkeit eines Beraters unterscheidet sich im Vergleich zu der eines Sachverständigen vor allem in Inhalt und Umfang, da sich die Aufgaben des Beraters an der Betriebsänderung als Anlass der Beratertätigkeit orientiert.

---

148 GK – *Oetker*, § 111 Rn. 208; *Oetker*, NZA 2002, 465, 468.

149 Vgl. die Ausführungen zu sachkundigen Arbeitnehmern Kapitel 1 A II 3 b und die Ausführungen zur Beratertätigkeit Kapitel 1 B III 5.

150 Vgl. die entsprechenden Ausführungen zur Abgrenzung von Sachverständigen und sachkundigen Arbeitnehmern Kapitel 1 A II 3.

151 *Däubler*, AuR 2001, 285, 286; *Kleinebrink*, ArbRB 2003, 212, 213; GK – *Oetker*, § 111 Rn. 207; *Oetker*, NZA 2002, 465, 468.

152 Für die Möglichkeit auch eine juristische Person als Berater hinzuzuziehen *LAG Hamm*, Beschl. v. 26.08.2005 – 10 TaBV 152/04, ZIP 2005, 2269, 2270; *Däubler*, AuR 2001, 285, 286; GK – *Oetker*, § 111 Rn. 207; *Oetker*, NZA 2002, 465, 468; *Zumbeck*, Mitbestimmung 2004, 63, 64; a.A. *Kleinebrink*, ArbRB 2003, 212, 213; *Lingemann*, NZA 2002, 934, 939, die eine Umgehung der Beschränkung auf einen Berater befürchten; vgl. auch die Ausführungen zur Anzahl der möglichen Berater und zu den Auswirkungen auf die Frage, ob auch juristische Personen „Berater“ sein können Kapitel 1 B V.

a. Form

Die Beratung kann mündlich oder schriftlich erfolgen, solange der Zweck der Beratung, welcher in der Hilfestellung bei der Entwicklung von Alternativvorschlägen zu einer geplanten Betriebsänderung liegt, erreicht wird.[153] Teilweise wird eine Einschränkung auf die kostengünstigere Form der Beratung mit Verweis auf den Verhältnismäßigkeitsgrundsatz befürwortet, wenn diese dem Zweck gleichermaßen gerecht wird.[154] Eine Entscheidung kann jedoch nur im Einzelfall getroffen werden. Dabei muss auch ein gewisser Beurteilungsspielraum des hinzuziehenden Gremiums beachtet werden.[155]

b. Inhalt, insbesondere Zulässigkeit einer rechtlichen Beratung

Die Tätigkeit eines Beraters ist auf eine Betriebsänderung im Sinne des § 111 BetrVG beschränkt. Der Berater soll dem Betriebsrat helfen, anhand der Information durch den Unternehmer Alternativvorschläge zu der geplanten Betriebsänderung zu entwickeln.[156] Hier besteht ein Unterschied zur Tätigkeit eines Sachverständigen, welche im Wesentlichen auf die Kenntnis- und Wissensvermittlung beschränkt ist. Inhaltlich sind betriebswirtschaftliche und gegebenenfalls auch technische Fragen möglicher Bestandteil der Beratung.[157] Ob dagegen auch rechtliche Fragen von der Beratung umfasst sein können, ist umstritten.

Teilweise wird für die rechtliche Beratung auf den Einsatz eines Sachverständigen nach § 80 Abs. 3 BetrVG verwiesen.[158] Eine rechtliche Beratung im Rahmen einer Betriebsänderung nach § 111 S. 2 BetrVG soll nach dieser Auffassung ausschließlich dann in Erwägung gezogen werden können, wenn besonders schwierige Probleme im rechtlichen Bereich einer Betriebsänderung vorliegen.[159]

Eine solche Einschränkung des Anwendungsbereichs von § 111 S. 2 BetrVG ist jedoch nicht anzuerkennen. Betriebsänderungen werfen häufig rechtliche

---

153 GK – *Oetker*, § 111 Rn. 229; *Oetker*, NZA 2002, 465, 468.

154 *Klapper*, Unterstützung des Betriebsrats, S. 449.

155 Vgl. die Ausführungen zur Beurteilung der Erforderlichkeit eines Beratereinsatzes Kapitel 3 E III.

156 BT-Drucks. 14/5741, S. 52.

157 *Kleinebrink*, ArbRB 2003, 212, 213; *Oetker*, NZA 2002, 465, 467; *Rupp*, AiB 2002, 478, 478.

158 *Kleinebrink*, ArbRB 2003, 212, 213; GK – *Oetker*, § 111 Rn. 204; *Oetker*, NZA 2002, 465, 466 f.

159 *LAG Rheinland-Pfalz*, Beschl. v. 07.11.2011 – 7 TaBV 23/11 und 22/11, juris; *Oetker*, NZA 2002, 465, 467.

Problemstellungen auf.[160] Zudem legen weder Wortlaut noch Gesetzesbegründung die Vermutung nahe, dass eine rechtliche Beratung aus dem Anwendungsbereich des § 111 S. 2 BetrVG ausgenommen sein soll.[161] Durch die vorgeschlagene Ausnahmeregelung entsteht zudem Rechtsunsicherheit, da häufig nicht klar sein wird, ob besonders schwierige rechtliche Probleme zu behandeln sind oder nicht. Daher sollte auch die rechtliche Beratung von § 111 S. 2 BetrVG umfasst sein.[162]

c. *Umfang*

Mit der Einführung des § 111 S. 2 BetrVG wurde beabsichtigt, das Verfahren der Hinzuziehung von Beratern zu beschleunigen, es sollte aber nicht das Interessenausgleichsverfahren selbst beschleunigt werden.[163] Daher ist eine teilweise vertretene Auffassung, die lediglich eine das Verfahren beschleunigende Beratung als zulässig ansieht, abzulehnen.[164]

Fraglich ist jedoch, ob ausschließlich der Interessenausgleich von der Beratung umfasst ist oder ob und inwieweit eine weitergehende Beratung auch im Rahmen des Sozialplans möglich und sinnvoll ist. Die Antwort auf diese Frage ist umstritten. Um einen weitergehenden Beratungsbedarf im Vermittlungs- und Einigungsstellenverfahren aufzufangen, können auch andere Möglichkeiten des Betriebsverfassungsrechts genutzt werden; insbesondere die Bestellung eines Beisitzers in der Einigungsstelle, der zuvor Berater des Betriebsrats war oder die Beauftragung eines Verfahrensbevollmächtigten für das Verfahren vor der Einigungsstelle kommen dabei in Betracht.[165]

aa. *Interessenausgleich und Sozialplan*

Die Möglichkeit der Beteiligung des Betriebsrats nach §§ 111 ff. BetrVG umfasst den Interessenausgleich und den Sozialplan.[166] Beide Phasen gehen in der Praxis

---

160 *Klapper*, Unterstützung des Betriebsrats, S. 390; *Manske*, FS 25 Jahre ARGE ArbR im DAV, S. 953, 957.

161 *Klapper*, Unterstützung des Betriebsrats, S. 390.

162 *LAG Hessen*, Beschl. v. 19.02.2004 – 9 TaBV 95/03, LAGE Nr. 5 zu § 40 BetrVG 2001 (S. 2); *Löwisch*, NZA 2001, Sonderbeilage Heft 24, 40, 46; *Manske*, FS 25 Jahre ARGE ArbR im DAV, S. 953, 957; *Riechers*, dbr 2009, Heft 10, 27, 28.

163 Vgl. die Ausführungen zum Umfang der Beratung in Bezug auf Interessenausgleich und Sozialplan Kapitel 1 B III c aa.

164 *Hanau*, NJW 2001, 2513, 2518.

165 Vgl. die Ausführungen zum Beisitzer in der Einigungsstelle Kapitel 1 B III 5 c bb (2) und zum Verfahrensbevollmächtigten des Betriebsrats vor der Einigungsstelle Kapitel 1 E.

166 *Oetker*, NZA 2002, 465, 469; *Rose/Grimmer*, DB 2003, 1790, 1795; *Wendeling-Schröder/Welkoborsky*, NZA 2002, 1370, 1376.

häufig fließend ineinander über und werden nicht trennscharf voneinander abgegrenzt.[167] Allgemein versteht man unter dem Interessenausgleich im Sinne des § 112 Abs. 1 S. 1 BetrVG die Einigung über die Frage, ob, wann und wie eine geplante Betriebsänderung durchgeführt wird; unter dem Verfahren für den Sozialplan versteht man nach der Legaldefinition des § 112 Abs. 1 S. 2 BetrVG den Ausgleich oder die Milderung eventueller wirtschaftlicher Nachteile für Arbeitnehmer infolge der Betriebsänderung.[168] Ob die Beratung nach § 111 S. 2 BetrVG lediglich den Interessenausgleich oder auch den Sozialplan umfasst, ist umstritten. Die gesetzliche Formulierung „zu seiner Unterstützung" ist für beide Auffassungen offen.[169]

(1) Beratung auch im Rahmen des Sozialplans

Teilweise wird in einer weiten Auffassung die Möglichkeit einer Beratung nach § 111 S. 2 BetrVG im Rahmen des Sozialplans befürwortet.[170] Dies wird mit der systematischen Stellung des § 111 S. 2 BetrVG begründet, der den Arbeitgeber zu Beratungen mit dem Betriebsrat verpflichtet, welche den Abschluss des Interessenausgleichs und des Sozialplans zum Ziel hätten.[171] Der Gesetzgeber habe keine Trennung von Interessenausgleich und Sozialplan herbeiführen wollen.[172] Zudem würden in der Praxis Interessenausgleich und Sozialplan häufig gemeinsam verhandelt werden und die mit dem Berater zu entwickelnden Alternativkonzepte enthielten notwendig auch Bestandteile des Sozialplans.[173]

(2) Beratung nur im Rahmen des Interessenausgleichs

Zwar besteht sowohl im Rahmen des Interessenausgleichs als auch im Rahmen des Sozialplans ein Beratungsbedarf, eine Beratung, die Alternativvorschläge als

---

167 Vgl. *BAG*, Beschl. v. 20.04.1994 – 10 AZR 186/93, BAGE 76, 255, 260 f.; *Rose/Grimmer*, DB 2003, 1790, 1794; *Wendeling-Schröder/Welkoborsky*, NZA 2002, 1370, 1376.

168 *Gajewski*, FS Gaul, S. 189, 189 f.; *Molkenbur/Schulte*, DB 1995, 269, 269; GK – *Oetker*, § 112 Rn. 10 ff.; *Träxler*, Betriebsänderung, S. 16 ff.; *Wißmann*, FS 25 Jahre ARGE ArbR im DAV, S. 1037, 1039.

169 *Klapper*, Unterstützung des Betriebsrats, S. 445.

170 *ArbG Wiesbaden*, Beschl. v. 18.09.2002 – 7 BV 7/02, n.v.; *Däubler*, DB 2001, 1669, 1669; *Manske*, FS 25 Jahre ARGE ArbR im DAV, S. 953, 955 ff.; vor Einführung des § 111 S. 2 BetrVG wohl auch *LAG Frankfurt*, Beschl. v. 31.05.1990 – 12 TaBV 26/90, DB 1990, 2125, 2126.

171 *Manske*, FS 25 Jahre ARGE ArbR im DAV, S. 953, 955 f.

172 *Manske*, FS 25 Jahre ARGE ArbR im DAV, S. 953, 956; *Schulze*, ArbRAktuell 2012, 527, 527.

173 *Manske*, FS 25 Jahre ARGE ArbR im DAV, S. 953, 956; vgl. auch *Wendeling-Schröder/Welkoborsky*, NZA 2002, 1370, 1376.

Ziel verfolgt, ist jedoch im Interessenausgleichsverfahren und vor dem Scheitern der Verhandlungen anzusiedeln.[174] Die Verhandlungen im Rahmen des Interessenausgleichs behandeln das „Ob und Wie“ der Betriebsänderung; der Ausgleich beziehungsweise die Milderung der die Arbeitnehmer treffenden wirtschaftlichen Nachteile ist dagegen Bestandteil des Sozialplans.[175] Überwiegend wird daher zu Recht vertreten, dass lediglich die Phase des Interessenausgleichs von der Beratung umfasst sei.[176] Verschiedene weitere Argumente sprechen für diese Auffassung. Zum einen kann der Betriebsrat auf die Möglichkeit des § 80 Abs. 3 BetrVG zurückgreifen, wenn Beratungsbedarf im Rahmen des Sozialplans besteht.[177] Dies entspricht auch dem Interesse durch eine restriktive Anwendung des § 111 S. 2 BetrVG die Gefahr der Haftung der handelnden Betriebsratsmitglieder zu vermindern.[178] Zum anderen hat der Gesetzgeber eine Hilfe für den Betriebsrat im Rahmen der Betriebsänderung bezweckt, damit dieser schnell Alternativkonzepte entwickeln kann.[179] Diese sind jedoch allein im Bereich des Interessenausgleichs anzusiedeln.[180] Schließlich spricht auch die systematische Stellung des Beratungsanspruchs im § 111 S. 2 BetrVG, der nur den Interessenausgleich zum Thema hat, anstatt im § 112 BetrVG, der neben dem Interessenausgleich auch den Sozialplan behandelt, für die Beschränkung der Beratung auf den Interessenausgleich.[181]

(a) Innerhalb dieser Auffassung wird weiterhin vertreten, dass zunächst die Beratung des Betriebsrats durch den Berater erfolgen müsse, bevor Verhandlungen

---

174 *Klapper*, Unterstützung des Betriebsrats, S. 384; *Oetker*, NZA 2002, 465, 469.

175 *Oetker*, NZA 2002, 465, 469.

176 *LAG Hessen*, Beschl. v. 18.11.2009 – 9 TaBV 39/09, LAGE Nr. 9 zu § 111 BetrVG 2001 (S. 4); *Engels/Trebinger/Löhr-Steinhaus*, DB 2001, 532, 539 f.; *Hinrichs/Plitt*, NZA 2011, 1006, 1007; *Kleinebrink*, ArbRB 2003, 212, 213; GK – *Oetker*, § 111 Rn. 226; *Oetker*, NZA 2002, 465, 469; *Reichold*, NZA 2001, 857, 865; *Rose/Grimmer*, DB 2003, 1790, 1795; *Riechers*, dbr 2009, Heft 10, 27, 28; Richardi – *Thüsing*, § 111 Rn. 52; *Zumbeck*, Mitbestimmung 2004, 63, 64.

177 *LAG Hessen*, Beschl. v. 17.03.2011 – 9 TaBV 59/10, juris; HWK – *Hohenstatt/Willemsen*, § 111 BetrVG Rn. 66; *Oetker*, NZA 2002, 465, 469; *Riechers*, dbr 2009, Heft 10, 27, 28; *Rose/Grimmer*, DB 2003, 1790, 1795; a.A. GK – *Oetker*, § 111 Rn. 226.

178 Ähnlich *Klapper*, Unterstützung des Betriebsrats, S. 384, welche sich im Rahmen des § 111 BetrVG dafür ausspricht, wenn möglich ein vorheriges Einverständnis mit dem Arbeitgeber zu erzielen.

179 Vgl. BT-Drucks, 14/5741, S. 52; GK – *Oetker*, § 111 Rn. 224; *Oetker*, NZA 2002, 465, 469; *Rose/Grimmer*, DB 2003, 1790, 1795.

180 *Kleinebrink*, ArbRB 2003, 212, 214; *Oetker*, NZA 2002, 465, 469.

181 *Klapper*, Unterstützung des Betriebsrats, S. 448; *Oetker*, NZA 2002, 465, 469; *Rose/Grimmer*, DB 2003, 1790, 1795.

mit dem Unternehmer stattfinden könnten.[182] Damit würde faktisch die Beratung als weiterer Verfahrensschritt in das Interessenausgleichsverfahren eingefügt werden. Dennoch ist dieser Auffassung teilweise zuzustimmen. Ein solches Vorgehen hilft, die Verhandlungen mit dem Unternehmer zu beschleunigen und effizienter zu gestalten. Zwar soll der Berater mit dem Betriebsrat fundierte Lösungsvorschläge erarbeiten,[183] in den Verhandlungen mit dem Arbeitgeber kann aber eine Weiterentwicklung der Lösungsvorschläge stattfinden. Damit muss auch während der Verhandlungen eine Beratung des Betriebsrats möglich sein und eine Beratung muss nicht vor den Verhandlungen umfassend oder gar abschließend stattgefunden haben. Dies folgt auch aus der Stellung des Beratungsrechts im § 111 BetrVG, welcher die Information sowie die Beratung mit dem Arbeitgeber umfasst.[184]

(b) Weiterhin wird innerhalb dieser Auffassung vertreten, dass die Dauer der Beratung an der Voraussetzung der Erforderlichkeit zu messen sei.[185] Gemessen an der Komplexität der in Frage stehenden Betriebsänderung und den Kenntnissen der Betriebsratsmitglieder, soll danach die Beratung bereits vor Abschluss des Interessenausgleichs enden können.[186] Diese Meinung ist aus verschiedenen Gründen abzulehnen. Im Rahmen der Verhandlungen mit dem Arbeitgeber können neue Fragen auftauchen, die nur mit Hilfe von externem Sachverstand geklärt werden können. Wurde die Beratung bereits im Vorfeld für nicht mehr erforderlich erklärt, so würde sich nun die Frage stellen, ob eine anschließende Beratung nach § 111 S. 2 BetrVG noch möglich wäre, oder ob nun die Vorschrift des § 80 Abs. 3 BetrVG in Anspruch genommen werden müsste. Die Bewertung der Frage, ob eine Betriebsänderung keine weiteren Probleme aufweist oder ob der Betriebsrat für die sich ihm stellenden Probleme ausreichende eigene Kenntnisse vorweisen kann, führt zudem zu Rechtsunsicherheiten; diese können durch die Anerkennung eines grundsätzlichen Beratungsbedarfs, der nicht im Zeitraum der Verhandlung über den Interessenausgleich wegfallen kann, verhindert werden.

---

182 *Hanau*, ZIP 2001, 1981, 1986; vgl. auch *Klapper*, Unterstützung des Betriebsrats, S. 447.

183 BT-Drucks. 14/5741, S. 52.

184 Vgl. *Klapper*, Unterstützung des Betriebsrats, S. 449.

185 *Däubler*, AuR 2001, 285, 286; *Klapper*, Unterstützung des Betriebsrats, S. 450; *Natzel*, NZA 2001, 872, 874.

186 *Klapper*, Unterstützung des Betriebsrats, S. 450; unter Beschränkung auf die Erforderlichkeit *Däubler*, AuR 2001, 285, 286; *Natzel*, NZA 2001, 872, 874.

bb. Vermittlungs- und Einigungsstellenverfahren

Auch im Rahmen des Vermittlungsverfahrens nach § 112 Abs. 2 BetrVG und des Einigungsstellenverfahrens nach § 112 Abs. 3 BetrVG kann ein Beratungsbedarf des Betriebsrats bestehen.

Eine Erstreckung der Beratung auf das Vermittlungsverfahren oder das Einigungsstellenverfahren ist jedoch aufgrund der Stellung des Beratungsrechts in § 111 S. 2 BetrVG, welches sich auf die Beratung zwischen Unternehmer und Betriebsrat bezieht, abzulehnen.[187] Zwar finden im Einigungsstellenverfahren weiterhin Beratungen zwischen Betriebsrat und Unternehmer statt, im Rahmen des Einigungsstellenverfahrens ist der Beratungsbedarf jedoch nicht so dringend wie zuvor.[188] Die Erarbeitung von Alternativkonzepten findet vor dem Vermittlungs- und Einigungsstellenverfahren statt, so dass der eigentliche Zweck der Inanspruchnahme eines Beraters nun nicht mehr erzielt werden könnte.[189] Spätestens mit Beginn des Vermittlungs- und Einigungsstellenverfahrens endet damit das Recht des Betriebsrats einen Berater nach § 111 S. 2 BetrVG in Anspruch zu nehmen.[190]

Im Einigungsstellenverfahren hat der Betriebsrat aber die Möglichkeit, eine zuvor als Berater tätige Person als sachkundigen Beisitzer zu bestellen. Das Recht, einen Beisitzer zu bestellen, ergibt sich aus § 76 Abs. 2 BetrVG mit Anrufung der Einigungsstelle, wodurch ein besonderes betriebsverfassungsrechtliches Rechtsverhältnis zwischen Unternehmer und Betriebsrat entsteht.[191] Da § 76 Abs. 2 S. 1 BetrVG keine Beschränkung auf betriebsinterne Beisitzer vornimmt, können auch externe Personen zu Beisitzern der Einigungsstelle berufen werden.[192] Der Betriebsrat kann auch Personen beauftragen, die ein Honorar für ihre Tätigkeit fordern, wenn er keine andere geeignete Person seines Vertrauens finden kann.[193] Dabei ist auch

---

187 *LAG München*, Beschl. v. 24.06.2010 – 2 TaBV 121/09, juris; *Oetker*, NZA 2002, 465, 469; a.A. DKKW – *Däubler*, § 111 Rn. 171.

188 *LAG München*, Beschl. v. 24.06.2010 – 2 TaBV 121/09, juris.

189 *Oetker*, NZA 2002, 465, 469.

190 *Kleinebrink*, ArbRB 2003, 212, 214; vgl. zur offen gelassenen Frage, ob ein bereits bestellter Berater weiterhin tätig sein kann *LAG München*, Beschl. v. 24.06.2010 – 2 TaBV 121/09, juris; kritisch *Matthes*, jurisPR-ArbR 39/2010, Anm. 4; vgl. auch die Ausführungen zum Umfang der Beratung in Bezug auf Interessenausgleich und Sozialplan Kapitel 1 B III 5 c aa.

191 *BAG*, Beschl. v. 14.01.1983 – 6 ABR 67/79, AP Nr. 12 zu § 76 BetrVG 1972 (1 der Gründe).

192 *Bauer*, AnwBl 1985, 225, 226.

193 *BAG*, Beschl. v. 15.12.1978 – 6 ABR 93/77, AP Nr. 6 zu § 76 BetrVG 1972 (III 2 b der Gründe); *BAG*, Beschl. v. 14.01.1983 – 6 ABR 67/79, AP Nr. 12 zu § 76 BetrVG 1972 (2 der Gründe).

die Bestellung mehrerer außerbetrieblicher Beisitzer möglich.[194] Der Beisitzer ist als Mitglied der Einigungsstelle nicht an Weisungen der ihn bestellenden Betriebspartei gebunden; er ist ein selbständiges betriebsverfassungsrechtliches Organ.[195] Allerdings werden Beisitzer auch als Interessenvertreter der sie bestellenden Seite angesehen, da sie nur ein bestimmtes Maß an Unabhängigkeit besitzen.[196] In der Praxis stehen die vom Betriebsrat bestellten Beisitzer diesem häufig beratend zur Seite.[197]

IV. Stellung des Beraters

Aus der Aufgabe des Beraters, Alternativvorschläge für eine Betriebsänderung zu entwickeln und den damit verbundenen Einblicken in den Betrieb, folgen Zutritts- und Teilnahmerechte sowie eine Verschwiegenheitspflicht des Beraters.

1. Zutrittsrecht

Durch die ordnungsgemäße Hinzuziehung des Beraters durch den Betriebsrat erhält dieser das Recht, das Betriebsgelände zu betreten.[198]

2. Unterrichtungsrecht

Der Berater hat kein eigenes Recht auf Information gegenüber dem Unternehmer.[199] Die Unterrichtung nach § 111 S. 1 BetrVG richtet sich an den Betriebsrat. Die Informationen, die der Berater benötigt, erhält er ausschließlich vom Betriebsrat, der gegebenenfalls selbst weitere Informationen vom Unternehmer verlangen muss.[200] Diese zwingend einzuhaltende Vorgehensweise kann auch nicht durch eine Bevollmächtigung des Beraters zur eigenen Informationsbeschaffung umgangen werden, da der Betriebsrat seine Beschlüsse nicht durch Dritte ausüben lassen

---

194 *BAG*, Beschl. v. 14.01.1983 – 6 ABR 67/79, AP Nr. 12 zu § 76 BetrVG 1972 (2 b der Gründe) m.w.N.; a.A. *Bauer*, AnwBl 1985, 225, 227.

195 *BAG*, Beschl. v. 14.02.1996 – 7 ABR 25/95, AP Nr. 5 zu § 76 a BetrVG 1972 (B II 2 b der Gründe); *Ziege*, NZA 1990, 926, 927.

196 *BAG*, Beschl. v. 05.11.1981 – 6 ABR 24/78, BAGE 36, 315, 319; *BAG*, Beschl. v. 14.02.1996 – 7 ABR 25/95, AP Nr. 5 zu § 76 a BetrVG 1972 (B II 2 b der Gründe).

197 *LAG München*, Beschl. v. 24.06.2010 – 2 TaBV 121/09, juris.

198 GK – *Oetker*, § 111 Rn. 235; *Oetker*, NZA 2002, 465, 472.

199 GK – *Oetker*, § 111 Rn. 256; *Oetker*, NZA 2002, 465, 473; a.A. *Manske*, FS 25 Jahre ARGE ArbR im DAV, S. 953, 964 f.

200 GK – *Oetker*, § 111 Rn. 258; *Oetker*, NZA 2002, 465, 473.

darf.[201] Problematisch ist, dass der Berater seine Informationen nur aus „zweiter Hand“[202] erhält, was gerade in der Informationsphase zu Ungenauigkeiten führen kann, da der Betriebsrat die Betriebsänderung eventuell noch nicht vollständig wird überblicken können. Daher sollte für die Praxis ein Teilnahmerecht des Beraters an der Information durch den Unternehmer – parallel zum Teilnahmerecht an den Verhandlungen mit dem Unternehmer – angedacht werden.[203]

3. Teilnahmerecht an Verhandlungen mit dem Unternehmer

Vor Einführung des § 111 S. 2 BetrVG wurde ein Teilnahmerecht von Sachverständigen im Sinne des § 80 Abs. 3 BetrVG, die zur Unterstützung des Betriebsrats bei einer Betriebsänderung hinzugezogen wurden, an Verhandlungen mit dem Unternehmer durch das *Bundesarbeitsgericht* verneint.[204] Eine unterinstanzliche Entscheidung des *Arbeitsgerichts Wiesbaden*, die bereits zu Beratern ergangen ist, hat sich vorsichtig für ein Teilnahmerecht ausgesprochen.[205] Das Gericht begründete seine Auffassung mit der Gefahr von zeitlichen Verzögerungen und dem Problem, dass der Berater sein Wissen nur aus zweiter Hand erhalte, was angesichts fehlender Sachkunde des Betriebsrats zu Ungenauigkeiten führen könne.[206] In der Literatur wird diese Frage unterschiedlich beurteilt.

a. Gegner eines Teilnahmerechts

Zum Teil wird ein Teilnahmerecht grundsätzlich abgelehnt.[207] Je mehr Parteien an den Verhandlungen beteiligt seien, desto länger könnten sich diese hinziehen.[208]

---

201 GK – *Oetker*, § 111 Rn. 258; *Oetker*, NZA 2002, 465, 473; GK – *Raab*, § 26 Rn. 70.

202 *Manske*, FS 25 Jahre ARGE ArbR im DAV, S. 953, 964 f., der daher ein eigenes Recht des Beraters auf Information fordert.

203 Vgl. zum Teilnahmerecht des Beraters an den Verhandlungen mit dem Arbeitgeber *ArbG Wiesbaden*, Beschl. v. 18.09.2002 – 7 BV 7/02, n.v.; vgl. auch die Ausführungen zum Teilnahmerecht an Verhandlungen Kapitel 1 B IV 3.

204 *BAG*, Beschl. v. 13.05.1998 – 7 ABR 65/96, AP Nr. 55 zu § 80 BetrVG 1972 (II 3 a der Gründe).

205 *ArbG Wiesbaden*, Beschl. v. 18.09.2002 – 7 BV 7/02, n.v.

206 *ArbG Wiesbaden*, Beschl. v. 18.09.2002 – 7 BV 7/02, n.v.

207 Vgl. zu § 80 BetrVG *BAG*, Beschl. v. 13.05.1998 – 7 ABR 65/96, AP Nr. 55 zu § 80 BetrVG 1972 (II 3 a der Gründe); wohl auch *LAG Hessen*, Beschl. v. 18.11.2009 – 9 TaBV 39/09, LAGE Nr. 9 zu § 111 BetrVG 2001 (S. 5); *Klapper*, Unterstützung des Betriebsrats, S. 442 ff.; *Rose/Grimmer*, DB 2003, 1790, 1793.

208 *Rose/Grimmer*, DB 2003, 1790, 1793.

Insbesondere der Berater, der nach der aufgewendeten Zeit vergütet würde, könnte einen schnellen Konsens verhindern wollen.[209] Mögliche Verzögerungen durch Unterbrechungen der Verhandlungen mit dem Unternehmer seien in Kauf zu nehmen, da § 111 S. 2 BetrVG lediglich den Zweck verfolge, das Verfahren der Hinzuziehung zu beschleunigen.[210] Zudem solle der Betriebsrat der Gesetzesbegründung zufolge zusammen mit dem Berater Lösungs- und Alternativvorschläge erarbeiten; dies seien jedoch klassische Vorarbeiten.[211]

Eine Ausnahme wird auch nach dieser Auffassung anerkannt, wenn der Unternehmer seine Zustimmung zur Teilnahme des Beraters erteilt.[212]

b. Befürworter eines Teilnahmerechts

Festzustellen ist zunächst, dass hier lediglich ein Teilnahmerecht und nicht ein Verhandlungsrecht des Beraters in Frage steht.[213] Die Ausübung der Mitbestimmungsrechte des Betriebsrats verbleibt bei diesem und kann nicht auf den Berater übertragen werden.[214] Ein Teilnahmerecht des Beraters wird unter anderem durch den Zweck des § 111 S. 2 BetrVG als begründet angesehen, da die Norm die Beschleunigung der Mitwirkungsrechte des Betriebsrats bezwecke.[215] Es sei insbesondere zu befürchten, dass die Versagung eines Teilnahmerecht zu Verzögerungen bei den Verhandlungen mit dem Unternehmer führen würde, da diese unterbrochen werden müssten, wenn der Betriebsrat erforderliche Rückfragen zunächst mit dem Berater klären müsste.[216] Das Teilnahmerecht des Beraters ist nach dieser Auffassung folglich allein vom Willen des Betriebsrats abhängig. Dies wird

209 *Rose/Grimmer*, DB 2003, 1790, 1793.

210 *Rose/Grimmer*, DB 2003, 1790, 1793; vgl. auch *Klapper*, Unterstützung des Betriebsrats, S. 443.

211 *Klapper*, Unterstützung des Betriebsrats, S. 444; *Rose/Grimmer*, DB 2003, 1790, 1793.

212 Vgl. zu § 80 BetrVG *BAG*, Beschl. v. 13.05.1998 – 7 ABR 65/96, AP Nr. 55 zu § 80 BetrVG 1972 (II 3 a der Gründe); wohl auch *LAG Hessen*, Beschl. v. 18.11.2009 – 9 TaBV 39/09, LAGE Nr. 9 zu § 111 BetrVG 2001 (S. 5); *Klapper*, Unterstützung des Betriebsrats, S. 442 ff.; *Rose/Grimmer*, DB 2003, 1790, 1793.

213 Vgl. die Ausführungen zum Verhandlungsrecht des Beraters Kapitel 1 B IV 4.

214 Entsprechend zu Sachverständigen vgl. *BAG*, Beschl. v. 13.05.1998 – 7 ABR 65/96, AP Nr. 55 zu § 80 BetrVG 1972 (II 3 a der Gründe).

215 *Oetker*, NZA 2002, 465, 473; vgl. auch *Riechers*, dbr 2009, Heft 10, 27, 28; *Zumbeck*, Mitbestimmung 2004, 63, 64.

216 *Manske*, FS 25 Jahre ARGE ArbR im DAV, S. 953, 964 ff; GK – *Oetker*, § 111 Rn. 259; *Oetker*, NZA 2002, 465, 473.

damit begründet, dass der Betriebsrat der Rechtsinhaber sei und damit derjenige, der über die Ausübung des Beratungsrechts bestimmen könne.[217]

Eine Auslegung des § 111 S. 2 BetrVG führt schließlich zu einer Vereinbarkeit eines zu befürwortenden Teilnahmerechts des Beraters. Bei der Auslegung ist zu beachten, dass das Betriebsverfassungsgesetz zwar nicht aus einem Guss und in den letzten Jahrzehnten mehrfach geändert worden ist, dennoch aber das Betriebsverfassungsrecht umfassend regelt, so dass bei der Auslegung neben der von *Larenz* beschriebenen immanenten Rechtsfortbildung lediglich eine an das Gesetz gebundene Auslegung in Betracht kommt.[218] Dabei soll insbesondere auf Wortlaut sowie Sinn und Zweck des § 111 S. 2 BetrVG eingegangen werden.

aa. Wortlaut des § 111 S. 2 BetrVG

Die Auslegung des Gesetzes muss mit dem Wortlaut beginnen, welcher die in Frage stehenden Auslegungsmöglichkeiten erfassen muss.[219] § 111 S. 2 BetrVG spricht von „Unterstützung". Dieser Wortlaut ermöglicht sowohl die Anerkennung als auch die Versagung eines Teilnahmerechts.[220] Der Begriff des „Beraters" spricht eher für Unterstützungshandlungen, die lediglich im Hintergrund stattfinden,[221] ohne jedoch notwendig ein Teilnahmerecht auszuschließen.

bb. Sinn und Zweck des § 111 S. 2 BetrVG

Sinn und Zweck des § 111 S. 2 BetrVG ist die Schaffung von schneller und unkomplizierter sachverständiger Hilfe für den Betriebsrat, um eine Betriebsänderung zu erfassen und Alternativkonzepte zu entwickeln.[222] Die Entwicklung von Alternativvorschlägen muss zumindest teilweise vor den Verhandlungen mit dem Unternehmer stattfinden. In den Verhandlungen mit dem Arbeitgeber können diese Lösungsvorschläge jedoch weiter angepasst werden, sodass unter diesem Aspekt die Teilnahme des Beraters sinnvoll ist. Das Teilnahmerecht steht auch einer Unterstützungstätigkeit des Beraters, die sich lediglich „im Hintergrund" abspielt, nicht entgegen.[223] Eine Teilnahme des Beraters kann die Verhandlungen mit dem Unternehmer

217 *Manske*, FS 25 Jahre ARGE ArbR im DAV, S. 953, 964 f.

218 *Hanau*, FS Zeuner, S. 53, 54 m.w.N.; *Larenz/Canaris*, Methodenlehre, S. 191 ff.

219 *Larenz/Canaris*, Methodenlehre, S. 141 ff. und 163 f.

220 GK – *Oetker*, § 111 Rn. 259; *Oetker*, NZA 2002, 465, 473.

221 *Rose/Grimmer*, DB 2003, 1790, 1792; a.A. *Manske*, FS 25 Jahre ARGE ArbR im DAV, S. 953, 963.

222 BT-Drucks. 14/5741, S. 28 und 52.

223 Vgl. *Klapper*, Unterstützung des Betriebsrats, S. 444.

beschleunigen, da der Betriebsrat sich nicht bei jeder Rückfrage gezwungen sieht, die Verhandlungen zu unterbrechen. Zudem wird die ausreichende Berücksichtigung der Interessen des Betriebsrats und damit der Arbeitnehmer sichergestellt. Dies liegt sowohl im Interesse des Unternehmers als auch im Interesse des Betriebsrats. Durch die bloße Teilnahme des Beraters entsteht auch keine neue Partei. Der Berater nimmt eine beratende Funktion für die Partei des Betriebsrats wahr.

4. Verhandlungsrecht

Fraglich ist weiterhin, ob dem Berater über ein Teilnahmerecht hinaus auch das Recht zusteht, für den Betriebsrat mit dem Arbeitgeber zu verhandeln. Das *Bundesarbeitsgericht* hat ein Verhandlungsrecht vor Einführung des § 111 S. 2 BetrVG für den Sachverständigen des Betriebsrats abgelehnt.[224] Das *Arbeitsgericht Wiesbaden* hat über ein Teilnahmerecht hinaus auch ein Verhandlungsrecht des Beraters als möglich angesehen, die Entscheidung über diese Frage im Ergebnis aber offen gelassen.[225] Ein Verhandlungsrecht des Beraters ist jedoch abzulehnen. Es ist vom Wortlaut des § 111 S. 2 BetrVG nicht mehr erfasst.[226] Berater sollen den Betriebsrat beraten und ihm Wissen vermitteln, ihn jedoch nicht vertreten.[227] Ein Verhandlungsrecht würde faktisch auf eine Vertretung des Betriebsrats gegenüber dem Unternehmer hinauslaufen. Die eigentliche Ausübung der Mitbestimmungsrechte muss jedoch durch den Betriebsrat selbst erfolgen.

5. Verschwiegenheitspflicht

Der Unternehmer hat ein berechtigtes Interesse daran, seine Betriebs- und Geschäftsgeheimnisse zu bewahren. Daher ist der Berater zur Verschwiegenheit verpflichtet. Die Verschwiegenheitspflicht des Beraters ergibt sich aus dem Verweis in § 111 S. 2 BetrVG auf § 80 Abs. 4 BetrVG, welcher für die Verschwiegenheitspflicht eines Sachverständigen § 79 BetrVG für entsprechend anwendbar erklärt. Die Pflicht zur Verschwiegenheit umfasst die vom Unternehmer als geheimhaltungsbedürftig erklärten Betriebs- und Geschäftsgeheimnisse.[228]

---

224 *BAG*, Beschl. v. 13.05.1998 – 7 ABR 65/96 – AP Nr. 55 zu § 80 BetrVG 1972 (II 3 a der Gründe).

225 *ArbG Wiesbaden*, Beschl. v. 18.09.2002 – 7 BV 7/02, n.v.

226 *Rose/Grimmer*, DB 2003, 1790, 1792; vgl. *Klapper*, Unterstützung des Betriebsrats, S. 443.

227 *Rose/Grimmer*, DB 2003, 1790, 1792 f.; ähnlich *Natzel*, NZA 2001, 872, 874.

228 GK – *Oetker*, § 111 Rn. 236; vgl. auch GK – *Oetker*, § 79 Rn. 15 m.w.N.

Verstößt der Berater gegen die Verschwiegenheitspflicht, indem er Betriebs- und Geschäftsgeheimnisse offenbart oder verwertet, so ist er nach § 120 Abs. 1 Nr. 3 a BetrVG strafbar. Informiert der Betriebsrat den Berater über die anstehende Betriebsänderung und gibt die ihm durch den Unternehmer übermittelten Informationen weiter, verstößt der Betriebsrat wegen der entsprechenden Anwendung des § 79 Abs. 1 S. 4 BetrVG selbst nicht gegen seine Verschwiegenheitspflicht.[229]

V. Anzahl der Berater

Ob lediglich ein einziger Berater beauftragt werden kann oder ob die Beauftragung mehrerer Berater im Rahmen einer Betriebsänderung zulässig ist, ist umstritten. Dieser Streit hat seinen Ursprung in der Formulierung „einen" Berater in § 111 S. 2 BetrVG. Dieser Gesetzeswortlaut ist nicht eindeutig, da die Formulierung als Zahlwort oder als unbestimmter Artikel verstanden werden kann.[230] In der Praxis ist diese Frage Teil der Prüfung der Erforderlichkeit des § 111 S. 2 BetrVG.[231] Zur besseren Übersicht soll sie jedoch bereits hier behandelt werden.

1. Auslegung als unbestimmter Artikel: mehrere Berater

Teilweise wird gefordert, dass die Hinzuziehung von mehreren Beratern zu einem Gegenstand möglich sein müsse. Als Argument wird auf den durch die Gesetzesbegründung festgelegten Zweck der Vorschrift, den Betriebsrat bei der effektiven Wahrnehmung seiner Rechte im Rahmen einer Betriebsänderung zu unterstützten, verwiesen.[232] Auch ein Vergleich mit §§ 16 I S. 2, 39 Abs. 2 EBRG, in denen eine deutliche Beschränkung auf einen einzigen Berater vorgenommen worden sei, unterstütze diese Auslegung.[233] Die Frage, ob mehrere Berater hinzugezogen werden können, bestimmt sich nach dieser Auffassung folglich allein anhand der Erforderlichkeit als Voraussetzung des § 111 S. 2 BetrVG.[234]

---

229 GK – *Oetker*, § 111 Rn. 236; im Ergebnis ebenso *Oetker*, NZA 2002, 465, 473.

230 Vgl. *Klapper*, Unterstützung des Betriebsrats, S. 437.

231 *Oetker*, NZA 2002, 465, 470.

232 *Däubler*, AuR 2001, 285, 286; ebenfalls, obwohl beide streng dem Wortlaut folgend zu einem anderen Ergebnis kommen würden Richardi – *Annuß*, § 111 Rn. 54; *Bauer*, NZA 2001, 375, 376.

233 Vgl. *Oetker*, NZA 2002, 465, 470 f.

234 *LAG Hamm*, Beschl. v. 26.05.2005 – 10 TaBV 152/04, ZIP 2005, 2269, 2270; *Oetker*, NZA 2002, 465, 471; ähnlich *Däubler*, AuR 2001, 285, 286; vgl. auch die Ausführungen zur Erforderlichkeit als Voraussetzung des § 111 S. 2 BetrVG Kapitel 3 E I.

Als Konsequenz wird nach dieser Auffassung auch die Beauftragung eines Beratungsunternehmens als „Berater" im Sinne des § 111 S. 2 BetrVG befürwortet.[235] Zudem soll dem Berater die Befugnis erteilt werden können, seinerseits weitere Personen zu beauftragen.[236]

2. Vermittelnde Ansicht

Eine vermittelnde Ansicht geht zwar davon aus, dass grundsätzlich nur ein Berater hinzugezogen werden könne, eine Ausnahme jedoch dann anzuerkennen sei, wenn die Betriebsänderung unterschiedliche Aspekte umfasse und für die verschiedenen Bereiche unterschiedliche Qualifikationen erforderlich seien.[237] Die Befürworter dieser Auffassung sprechen dem Betriebsrat damit das Recht zu, für jeden Teilaspekt einen Berater hinzuzuziehen. Damit müsste es nach dieser Ansicht bei besonders komplizierten Betriebsänderungen auch möglich sein, ein Beratungsunternehmen zu beauftragen, um die für die Entwicklung von Alternativkonzepten relevanten Qualifikationen abzudecken. Dieser Ansicht ist jedoch nicht zu folgen. Eine Abgrenzung, welche Betriebsänderung besonders komplexe Probleme aufwirft und welche nicht, ist nicht möglich, da jede Betriebsänderung einen Einzelfall darstellt. Die Anerkennung einer Ausnahme würde zu Rechtsunsicherheiten führen und Streitigkeiten provozieren. Gerade diese Probleme und Streitigkeiten im Rahmen des Verfahrens der Hinzuziehung von externem Sachverstand sollten aber durch § 111 S. 2 BetrVG im Vergleich zum Verfahren des § 80 Abs. 3 BetrVG reduziert werden.[238]

3. Auslegung als Zahlwort: lediglich ein Berater

Andere vertreten zu Recht die Auffassung, dass der Betriebsrat im Rahmen einer Betriebsänderung nur einen einzigen Berater über § 111 S. 2 BetrVG hinzuziehen kann. Hierfür werden verschiedene Argumente vorgebracht.

---

235 Vgl. *BGH*, Urteil vom 25.10.2012 – III ZR 266/11, BGHZ 195, 174, 174 ff.; *LAG Hamm*, Beschl. v. 26.08.2005 – 10 TaBV 152/04, ZIP 2005, 2269, 2270; Richardi – *Annuß*, § 111 Rn. 54; *Däubler*, AuR 2001, 285, 286; *Oetker*, NZA 2002, 465, 468.

236 *Weber/Ehrich/Hörchens/Oberthür*, S. 631; DKKW – *Däubler*, § 111 Rn. 176; *Däubler*, AuR 2001, 285, 286.

237 GK – *Oetker*, § 111 Rn. 210; *Fitting*, § 111 Rn. 121; *Oetker*, NZA 2002, 465, 471; unter der Voraussetzung einer Vereinbarung mit dem Arbeitgeber analog zu § 80 Abs. 3 BetrVG auch *Rose/Grimmer*, DB 2003, 1790, 1792.

238 BT-Drucks. 14/5741, S. 51 f.

a. *Wortlaut*

Die Auffassung stützt sich im Wesentlichen auf den Wortlaut des § 111 S. 2 BetrVG, der im Singular verfasst sei, während etwa in § 80 Abs. 3 BetrVG von mehreren Sachverständigen die Rede sei.[239] Dieses Argument ist jedoch zu relativieren. Die Auslegung des Gesetzestextes muss mit dem Wortlaut beginnen, wobei die in Betracht kommenden Auslegungsmöglichkeiten noch vom möglichen Wortsinn erfasst sein müssen.[240] Dies ist der Fall, wenn sie gemessen am Sprachgebrauch des Gesetzgebers gemeint sein können.[241] Die beiden Auslegungsvarianten als unbestimmter Artikel oder als Zahlwort sind vom möglichen Wortsinn noch erfasst, da beide Auslegungsmöglichkeiten im allgemeinen Sprachgebrauch üblich sind.[242] Daher sind grundsätzlich beide Auslegungsmöglichkeiten zulässig. Fraglich ist, welcher unter Anwendung weiterer Auslegungsmethoden der Vorzug einzuräumen ist.

b. *Systematischer Zusammenhang*

Auch die systematische Auslegung führt zu keinem eindeutigem Ergebnis. § 111 S. 2 BetrVG kann sowohl mit § 80 Abs. 3 BetrVG als auch mit §§ 16 Abs. 1 S. 2, 39 Abs. 2 EBRG in Zusammenhang gesetzt werden. § 80 Abs. 3 BetrVG und §§ 16 Abs. 1 S. 2, 39 Abs. 2 EBRG treffen jeweils Regelungen zu Sachverständigen. Setzt man § 111 S. 2 BetrVG als Spezialvorschrift bei Betriebsänderungen[243] in einen Bedeutungszusammenhang mit § 80 Abs. 3 BetrVG, so fällt auf, dass der Gesetzgeber bei § 80 Abs. 3 BetrVG eine Formulierung im Plural gewählt hat und damit die Hinzuziehung von mehreren Sachverständigen zur gleichen Zeit ermöglicht hat. Dies kann – muss jedoch nicht – für die bewusste Entscheidung sprechen, im Rahmen des § 111 S. 2 BetrVG lediglich die Hinzuziehung eines einzigen Beraters zuzulassen.

In den §§ 16 I S. 2, 39 Abs. 2 EBRG wurde ausdrücklich eine Beschränkung auf lediglich einen Sachverständigen vorgenommen. Jedoch ist hier zu beachten, dass Übereinstimmungen in der Normierung, insbesondere wenn nur eines der Gesetze auf europarechtlichen Vorgaben beruht, zwischen zwei Gesetzen unwahrscheinlicher sind als Übereinstimmungen innerhalb eines Gesetzes.[244]

---

239 ErfK – *Kania*, § 111 BetrVG Rn. 25; *Lingemann*, NZA 2002, 934, 939; vgl. auch *Rose/Grimmer*, DB 2003, 1790, 1791.

240 *Larenz/Canaris*, Methodenlehre, S. 141 und 163 f.

241 *Larenz/Canaris*, Methodenlehre, S. 143.

242 A.A. Richardi – *Annuß*, § 111 Rn. 54.

243 BT-Drucks. 14/5741, S. 28; GK – *Oetker*, § 111 Rn. 238; *Rose/Grimmer*, DB 2003, 1790, 1791; vgl. *Schlichting*, AiB 2002, 464, 468.

244 Vgl. *Klapper*, Unterstützung des Betriebsrats, S. 437 f.

Eine Beschränkung auf eine Auslegungsmöglichkeit ergibt sich folglich nicht aus einem systematischen Vergleich mit § 80 Abs. 3 BetrVG und §§ 16 Abs. 1 S. 2, 39 Abs. 2 EBRG.

c. Sinn und Zweck

Wortsinn und Bedeutungszusammenhang lassen zwei verschiedene Möglichkeiten der Auslegung zu. Daher ist der Auslegungsmöglichkeit der Vorzug zu geben, die der Regelungsabsicht und dem Zweck, den der Gesetzgeber der Norm geben wollte, am weitesten entspricht.[245] Der Gesetzgeber gibt zwei tragende Gründe für die Einführung des § 111 S. 2 BetrVG in seiner heutigen Form an. Einerseits soll dem Betriebsrat so schnell wie möglich der erforderliche Sachverstand zur Verfügung stehen, damit dieser seine Beteiligungsrechte im Rahmen einer Betriebsänderung ordnungsgemäß wahrnehmen kann.[246] Andererseits wurde mit Rücksicht auf die Kostenbelastung der betroffenen Unternehmen eine Beschränkung auf Unternehmen mit mehr als dreihundert Arbeitnehmern vorgenommen.[247] Hat der Betriebsrat die Möglichkeit, mehrere sachkundige Personen hinzuzuziehen, so kann er unverzüglich den erforderlichen Sachverstand für sich nutzen. Allerdings ist fraglich, ob dafür die Möglichkeit bestehen muss, mehrere Berater nach § 111 S. 2 BetrVG hinzuzuziehen. Eine Verkürzung der Rechte des Betriebsrats folgt aus dieser Auffassung nicht. Dem Betriebsrat steht die Möglichkeit offen, den Weg über § 80 Abs. 3 BetrVG zu beschreiten, wenn er weitere Personen zu seiner Unterstützung hinzuziehen möchte. Durch die Voraussetzungen des § 80 Abs. 3 BetrVG hat der Unternehmer, der für die Kosten aufkommen muss, die Möglichkeit, Einfluss auf die Beauftragung weiterer Personen zu nehmen, und das Haftungsrisiko des Betriebsrats und seiner Mitglieder wird beschränkt.[248] Das Haftungsrisiko der handelnden Betriebsratsmitglieder hat durch eine Entscheidung des *Bundesgerichtshofs*, in der eine Haftung aus einer analogen Anwendung des § 179 BGB als möglich erachtet wurde, neue Aktualität erhalten.[249] Sinn und Zweck des § 111 S. 2 BetrVG legen daher die Auslegung als Zahlwort und damit die Beschränkung auf einen einzigen Berater nahe.

---

245 *Larenz/Canaris*, Methodenlehre, S. 164.

246 BT-Drucks. 14/5741, S. 51 f.

247 BT-Drucks. 14/5741, S. 52.

248 Vgl. die Ausführungen zur kumulativen und alternativen Anwendung der §§ 80 Abs. 3 und 111 S. 2 BetrVG Kapitel 1 C II; vgl. auch die Ausführungen zur näheren Vereinbarung Kapitel 2 D.

249 Vgl. *BGH*, Urteil vom 25.10.2012 – III ZR 266/11, BGHZ 195, 174, 174 ff.

d. Analoge Anwendung

Eine analoge Anwendung des § 111 S. 2 BetrVG für die Hinzuziehung weiterer Berater ist abzulehnen.[250] Eine planwidrige Regelungslücke besteht nicht. Weiterer Sachverstand kann über die Vorschrift des § 80 Abs. 3 BetrVG hinzugezogen werden.[251]

e. Einsatz eines Beratungsunternehmens

Als Konsequenz ist die Beauftragung eines Beratungsunternehmens als Umgehung des § 111 S. 2 BetrVG abzulehnen.[252] Besteht das Bedürfnis nach weiterer sachverständiger Hilfe, so müssen die Voraussetzungen des § 80 Abs. 3 BetrVG eingehalten werden.[253] Der Einsatz eines Beratungsunternehmens kann lediglich dann in Betracht kommen, wenn sichergestellt ist, dass nur eine natürliche Person dieses Unternehmens den Auftrag tatsächlich übernimmt.[254]

C. Abgrenzung von Sachverständigen und Beratern

Die Hinzuziehung eines Beraters nach § 111 S. 2 BetrVG stellt einen Spezialfall der Inanspruchnahme eines Sachverständigen nach § 80 Abs. 3 BetrVG dar.[255] Aufgrund der besonderen Intention des Gesetzgebers bei Schaffung des § 111 S. 2 BetrVG bestehen jedoch einige Unterschiede zwischen den beiden Vorschriften.

Eine kumulative Anwendungsmöglichkeit, wenn im Rahmen einer Betriebsänderung Sachverstand auf verschiedenen Sachgebieten erforderlich ist, wurde bereits angesprochen. Fraglich ist jedoch, ob eine kumulative Anwendung auch möglich und zulässig ist. Darüber hinaus ist zu klären, ob die Wahlmöglichkeit des Betriebsrats besteht, statt eines Beraters nach § 111 S. 2 BetrVG einen Sachverständigen nach § 80 Abs. 3 BetrVG hinzuzuziehen.

---

250 *Klapper*, Unterstützung des Betriebsrats, S. 439.

251 Vgl. die Ausführungen zur kumulativen Anwendung von § 80 Abs. 3 BetrVG und § 111 S. 2 BetrVG Kapitel 1 C II 1.

252 *Kleinebrink*, ArbRB 2003, 212, 213.

253 *Lingemann*, NZA 2002, 934, 939 wendet § 80 Abs. 3 BetrVG direkt an; für eine Vereinbarung analog zu § 80 Abs. 3 BetrVG *Rose/Grimmer*, DB 2003, 1790, 1792.

254 *Klapper*, Unterstützung des Betriebsrats, S. 438.

255 BT-Drucks. 14/5741, S. 28; GK – *Oetker*, § 111 Rn. 238; *Rose/Grimmer*, DB 2003, 1790, 1791; vgl. *Schlichting*, AiB 2002, 464, 468.

I. Unterschiede zwischen Sachverständigen und Beratern

Unterschiede zwischen Sachverständigen im Sinne des § 80 Abs. 3 BetrVG und Beratern im Sinne des § 111 S. 2 BetrVG ergeben sich insbesondere im Bereich der Voraussetzungen und des Verfahrens der Hinzuziehung. Darüber hinaus bestehen Unterschiede bezüglich des Gegenstands der Hinzuziehung, der Neutralität und der Anzahl der hinzugezogenen Personen.

Der Gesetzgeber wollte das Verfahren der Hinzuziehung externen Sachverstands im Falle von Betriebsänderungen aufgrund der hohen Sensibilität des Themas für Arbeitsplätze vereinfachen.[256] Dabei wurde die Möglichkeit, dieses Ziel durch den Verzicht auf eine vorherige nähere Vereinbarung zu erreichen, gewählt. Unterschiede in den Voraussetzungen zeigen sich insbesondere im Rahmen der Prüfungspunkte der Erforderlichkeit und des Betriebsratsbeschlusses.[257]

Ein Unterschied besteht zunächst im fachlichen Bereich der Hinzuziehung. Im Rahmen des § 111 S. 2 BetrVG kommt eine Hinzuziehung nur anlässlich einer Betriebsänderung in Betracht, während bei § 80 Abs. 3 BetrVG lediglich irgendeine Aufgabe des Betriebsrats bestehen muss. Zudem ergibt sich aus dem Aufgabenfeld eines Beraters, dass dieser interessengebunden handelt, während ein Sachverständiger durchaus mehr der Neutralität verpflichtet sein kann, was jedoch anhand der konkret zu erledigenden Aufgabe beurteilt werden muss. Dies setzt sich bei der Tätigkeit dieser Hilfspersonen fort. Neben der Aufbereitung und Verarbeitung der vom Sachverständigen oder Berater eingebrachten und den vom Arbeitgeber oder Unternehmer zur Verfügung gestellten Informationen nimmt der Berater eine interessenorientierte Beratung vor, die vom Sachverständigen nicht unbedingt im gleichem Umfang geleistet wird.[258] Schließlich sind auch Unterschiede in der möglichen Anzahl der hinzuzuziehenden Personen vorhanden. Im Rahmen des § 80 Abs. 3 BetrVG ist unter Beachtung der Erforderlichkeit eine Hinzuziehung von mehreren Sachverständigen möglich, während im Rahmen des § 111 S. 2 BetrVG lediglich ein einziger Berater hinzugezogen werden kann.[259]

---

256 BT-Drucks. 14/5741, S. 28 und 52.

257 Vgl. die Ausführungen zu den Voraussetzungen von § 80 Abs. 3 BetrVG Kapitel 2 und § 111 S. 2 BetrVG Kapitel 3.

258 Vgl. die Ausführungen zu den Merkmalen eines Sachverständigen Kapitel 1 A II und zu den Merkmalen eines Beraters Kapitel 1 B III.

259 Vgl. die Ausführungen zu der Anzahl der möglichen Sachverständigen Kapitel 1 A IV und zur Anzahl der möglichen Berater Kapitel 1 B V.

II. Kumulative und alternative Anwendung von § 80 Abs. 3 und § 111 S. 2 BetrVG

Es ist umstritten, ob und wie § 80 Abs. 3 BetrVG und § 111 S. 2 BetrVG nebeneinander angewendet werden können. Anknüpfungspunkt für den Streit ist zum einen die Einordnung des § 111 S. 2 BetrVG als Spezialfall des § 80 Abs. 3 BetrVG, zum anderen die gesetzliche Formulierung „im Übrigen bleibt § 80 Abs. 3 unberührt" des § 111 S. 2 Hs. 3 BetrVG. Dieser Halbsatz fand erst durch die Beschlussempfehlung des Ausschusses für Arbeit und Sozialordnung Eingang in das Gesetz und war nicht Bestandteil des ursprünglichen Entwurfs.[260] Zweck der Regelung soll ausweislich der Gesetzesbegründung die Klarstellung sein, dass der Betriebsrat Sachverständige nach § 80 Abs. 3 BetrVG hinzuziehen kann, wenn er mit der Aufgabe einer Betriebsänderung in einem Unternehmen mit dreihundert oder weniger Arbeitnehmern konfrontiert ist.[261] Ein weiterer Zweck wurde nicht formuliert.

1. Kumulative Anwendung

Die Antwort auf die Frage der kumulativen Anwendung von § 80 Abs. 3 BetrVG und § 111 S. 2 BetrVG, ist umstritten. Im Rahmen des Meinungsstreits, ob lediglich ein Berater hinzugezogen werden könne oder ob die Inanspruchnahme mehrerer Berater zulässig sei, erhält diese Frage praktische Bedeutung.

Teilweise wird eine kumulative Anwendung abgelehnt, da das Beschleunigungsziel des Gesetzgebers gefährdet sei, wenn die Hinzuziehung eines Sachverständigen nach § 80 Abs. 3 BetrVG neben der Hinzuziehung eines Beraters nach § 111 S. 2 BetrVG zulässig sei.[262] Dafür spreche auch ein Vergleich zwischen § 80 Abs. 3 BetrVG, der im Plural formuliert sei und § 111 S. 2 BetrVG, der den Singular verwende.[263]

Eine vermittelnde Ansicht verneint ebenfalls grundsätzlich eine kumulative Anwendung, hält aber, zumindest bei einer Betriebsänderung, die von verschiedenen Problemfeldern geprägt ist und die nicht sachgerecht durch einen einzigen Berater und die vorhandenen Kenntnisse des Betriebsrats abgedeckt werden kann, eine analoge Anwendung des § 80 Abs. 3 BetrVG für geboten.[264]

260 BT-Drucks. 14/6352, S. 3 und 25.

261 BT-Drucks. 14/6352, S. 3 und 55.

262 GK – *Oetker*, § 111 Rn. 238; mit Ausnahmen ebenso DKKW – *Däubler*, § 111 Rn. 176, 178.

263 *Rose/Grimmer*, DB 2003, 1790, 1792.

264 *Rose/Grimmer*, DB 2003, 1790, 1792.

Zu Recht wird von anderen Stimmen aus der Literatur in Unternehmen mit mehr als dreihundert Arbeitnehmern § 80 Abs. 3 BetrVG und § 111 S. 2 BetrVG für nebeneinander anwendbar angesehen.[265] Dabei wird zunächst darauf verwiesen, dass die Hinzuziehung eines Sachverständigen für weitere Aufgabenbereiche außerhalb der Betriebsänderung möglich sein muss.[266] Aber auch im Rahmen der Betriebsänderung müssen zusätzlich Sachverständige hinzugezogen werden können, da eine Betriebsänderung schwierige und komplexe Fragen aufwirft und § 111 S. 2 BetrVG die Stellung des Betriebsrats stärken soll.[267] Dieses Ziel wird jedoch nicht erreicht, wenn gerade in dieser schwierigen Situation eine Beschränkung auf eine einzige externe Hilfsperson stattfindet.

Für diese Auffassung spricht zudem die Überlegung, dass der Betriebsrat eines Betriebs, welcher einem Unternehmen mit mehr als dreihundert Arbeitnehmern angehört, lediglich einen Berater hinzuziehen könnte und keine weiteren externen Sachverstand in Anspruch nahmen könnte, während der Betriebsrat, dessen Betrieb nur einem kleineren Unternehmen angehört im Rahmen der Erforderlichkeit des § 80 Abs. 3 BetrVG mehrere Sachverständige hinzuziehen könnte.[268] Zudem steht das Gesetz einer kumulativen Anwendung von § 111 S. 2 BetrVG und § 80 Abs. 3 BetrVG nicht entgegen, wenn man die Regelung des § 111 S. 2 Hs. 3 BetrVG lediglich als Klarstellung ansieht, dass in Unternehmen mit weniger als dreihundert Arbeitnehmern die Zuziehung eines Sachverständigen weiterhin möglich ist.[269] § 111 S. 2 BetrVG als abschließende Regelung für die Inanspruchnahme sachkundiger externer Hilfe bei einer Betriebsänderung in einem Unternehmen mit mehr als dreihundert Arbeitnehmern zu behandeln, würde dem Zweck entgegenstehen, den Betriebsrat in der Situation einer Betriebsänderung besserzustellen.[270] Eine kumulative Anwendung der Vorschriften ist damit generell und nicht nur als Ausnahme geboten.

2. Alternative Anwendung

Da die Hinzuziehung eines Beraters nur in Unternehmen mit mehr als dreihundert Arbeitnehmern in Betracht kommt, stellt sich die Frage nach einer alternativen

---

265 *Oetker*, NZA 2002, 465, 473; *Schlichting*, AiB 2002, 464, 468.

266 *Oetker*, NZA 2002, 465, 473.

267 *Oetker*, NZA 2002, 465, 473; *Schlichting*, AiB 2002, 464, 468.

268 Vgl. die Ausführungen zur Anzahl der möglichen Berater Kapitel 1 B V.

269 *Klapper*, Unterstützung des Betriebsrats, S. 25; vgl. BT-Drucks. 14/6352, S. 3 und 55.

270 *Klapper*, Unterstützung des Betriebsrats, S. 25.

Anwendung des § 80 Abs. 3 BetrVG und des § 111 S. 2 BetrVG nur dort. Dabei ist fraglich, ob der Betriebsrat auf sein Recht, einen Berater einzuschalten, verzichten kann, um stattdessen einen Sachverständigen nach § 80 Abs. 3 BetrVG zu beauftragen. Zwar ist das Verfahren der Hinzuziehung eines Beraters nach § 111 S. 2 BetrVG schneller und der Situation einer anstehenden Betriebsänderung angepasst, das Erfordernis einer näheren Vereinbarung des § 80 Abs. 3 BetrVG hat jedoch den Vorteil, dass mit Abschluss dieser Vereinbarung die Erforderlichkeit einer Sachverständigenhinzuziehung feststeht.[271] Da die feststehende Erforderlichkeit Sicherheit bei eventuell später entstehenden Streitigkeiten bringt und Auswirkungen auf die Frage der Haftung bei einer nicht ordnungsgemäßen Beauftragung von externem Sachverstand hat, wird von Teilen der Literatur zu Recht eine alternative Anwendung befürwortet.[272]

Dem Betriebsrat ein Wahlrecht zwischen der Hinzuziehung eines Beraters nach § 111 S. 2 BetrVG und der Beauftragung eines Sachverständigen nach § 80 Abs. 3 BetrVG zu gewähren, ist mit dem Wortlaut des § 111 S. 2 BetrVG vereinbar, da die Vorschrift nicht abschließend formuliert ist. In einem Betrieb, der einem Unternehmen angehört, welches den Schwellenwert für die Hinzuziehung eines Beraters nicht erreicht, kann der Betriebsrat statt eines Beraters einen Sachverständigen nach § 80 Abs. 3 BetrVG als Hilfe bei einer Betriebsänderung hinzuziehen. Der Sinn und Zweck des § 111 S. 2 BetrVG steht einer alternativen Anwendung des § 80 Abs. 3 BetrVG ebenfalls nicht entgegen.

Erkennt man ein Wahlrecht des Betriebsrats an, externe Hilfe nach § 111 S. 2 BetrVG oder nach § 80 Abs. 3 BetrVG hinzuzuziehen, so muss die Möglichkeit, nach § 111 S. 2 BetrVG vorzugehen, mit Hinzuziehung eines Sachverständigen zu einer Betriebsänderung erlöschen. Wie bereits dargestellt, erlaubt § 111 S. 2 BetrVG die Hinzuziehung eines einzigen Beraters für schnelle und unkomplizierte Hilfe. Hat der Betriebsrat jedoch bereits eine Hilfsperson für die Betriebsänderung an seiner Seite, so muss er, um weitere Personen für die Betriebsänderung hinzuziehen zu können, den Weg über § 80 Abs. 3 BetrVG gehen, denn dem Arbeitgeber muss die Möglichkeit gegeben werden, die Erforderlichkeit des Einsatzes weiterer Hilfspersonen zu überprüfen. Dadurch entsteht auch für die handelnden Betriebsratsmitglieder eine Sicherheit vor späteren Haftungsansprüchen, da durch die nähere Vereinbarung die Erforderlichkeit festgestellt wird.[273]

---

271 Vgl. die Ausführungen zur näheren Vereinbarung Kapitel 2 D.

272 *Klapper*, Unterstützung des Betriebsrats, S. 26.

273 Vgl. die Ausführungen zur näheren Vereinbarung Kapitel 2 D.

D. Abgrenzung zum (Prozess-)vertreter

Weder Sachverständigen noch Beratern steht das Recht zu, den Betriebsrat gegenüber dem Arbeitgeber oder Unternehmer zu vertreten oder Verhandlungen für den Betriebsrat zu führen.[274] Dieses Recht ist dem Vertreter im Sinne des § 40 Abs. 1 BetrVG vorbehalten. Ein Rechtsanwalt kann sowohl als Sachverständiger beziehungsweise Berater als auch als Vertreter des Betriebsrats auftreten. Die Übergänge bei der Abgrenzung können fließend sein. Dies gilt insbesondere für die Abgrenzung zwischen Sachverständigen und Vertretern des Betriebsrats. Die Abgrenzung zum Berater kann dagegen in der Regel leichter, anhand des Kriteriums der Betriebsänderung vorgenommen werden.

I. Der Prozessvertreter

Beauftragt der Betriebsrat einen Vertreter nach § 40 Abs. 1 BetrVG, so kann er einen Rechtsanwalt seiner Wahl einschalten, wenn der Betriebsrat die Rechtsverfolgung für erforderlich hält.[275] Er muss dabei den Grundsatz der Verhältnismäßigkeit und die Erforderlichkeit der Rechtsverfolgung beachten.[276] Dem Betriebsrat steht diesbezüglich jedoch ein Beurteilungsspielraum zu.[277] Für die Erforderlichkeit der Beauftragung eines Prozessvertreters ist auf die Sicht eines vernünftigen Dritten zum Zeitpunkt der Beauftragung abzustellen.[278] Es muss so gehandelt werden, als ob der Betriebsrat oder seine Mitglieder die Kosten tragen müssten.[279] Nach einem entsprechenden Betriebsratsbeschluss erhält der Betriebsrat einen Freistellungsanspruch nach § 40 Abs. 1 BetrVG gegenüber dem

---

274 Vgl. die Ausführungen zur Stellung von Sachverständigen Kapitel 1 A III und zur Stellung von Beratern Kapitel 1 B IV.

275 *Brodtrück*, ArbRAktuell 2009, 143, 143; *Grunsky*, AP Nr. 14 zu § 40 BetrVG 1972; *Klinkhammer*, AuR 1977, 144, 148; *Muratidis*, AiB 2000, 162, 163 f.; *Trittin/Wedde*, AiB 1997, 138, 141.

276 *LAG Schleswig-Holstein*, Beschl. v. 31.03.1998 – 3 TaBV 58/97a, AiB 1998, 472, 473; *Grunsky*, AP Nr. 14 zu § 40 BetrVG 1972; *Klinkhammer*, AuR 1977, 144, 148.

277 *BAG*, Beschl. v. 03.10.1978 – 6 ABR 102/76, BAGE 31, 93, 103; *Schubert*, Anwalt, S. 99 m.w.N.; in diese Richtung ebenfalls *Brodtrück*, ArbRAktuell, 2009, 143, 143.

278 *BAG*, Beschl. v. 16.10.1986 – 6 ABR 2/85, AP Nr. 31 zu § 40 BetrVG 1972 (III 2 der Gründe); *LAG Berlin-Brandenburg*, Beschl. v. 16.04.2010, 10 TaBV 2577/09, juris; *Eich*, AnwBl 1985, 62, 63.

279 *BAG*, Beschl. v. 29.07.2009 – 7 ABR 95/07, AP Nr. 93 zu § 40 BetrVG 1972 (B I 1 a der Gründe) m.w.N.

Arbeitgeber, welchen er an den Rechtsanwalt abtreten kann.[280] Die Kostentragungspflicht des Arbeitgebers ist ausgeschlossen, wenn die Rechtsverfolgung etwa durch einen Parallelprozess oder einen Musterprozess überflüssig ist oder die streitige Frage anderweitig durch eine gleichwertige Möglichkeit kostengünstiger geklärt werden kann.[281] Weiterhin lässt eine offenkundig aussichtslose oder missbräuchliche Rechtsverfolgung die Kostentragungspflicht des Arbeitgebers ebenfalls entfallen.[282] Geht es jedoch um eine bislang nicht geklärte Rechtsfrage, kann die Rechtsverfolgung statthaft sein, wenn der Betriebsrat eine vertretbare Auffassung zu der Rechtsfrage vertritt.[283]

Wird kostenfreier Rechtsschutz durch die Gewerkschaften gewährt, so muss sich der Betriebsrat nicht auf diesen verweisen lassen, wenn kein Vertrauensverhältnis zu der gewerkschaftlichen Prozessvertretung besteht.[284] Dass dem Betriebsrat nach § 11 ArbGG die unter Umständen günstigere Vertretung durch die Gewerkschaft offensteht, ist dabei unbeachtlich, da der Betriebsrat seinen Prozessvertreter grundsätzlich frei wählen kann, solange er die finanziellen Belange des Arbeitgebers mitberücksichtigt.[285] Er ist auch bei einfach gelagerten Fällen nicht darauf angewiesen, sich selbst zu vertreten.[286]

---

280 *BAG*, Beschl. v. 29.07.2009 – 7 ABR 95/07, AP Nr. 93 zu § 40 BetrVG 1972 (B I 1 c und d der Gründe) m.w.N.; *Becker-Schaffner*, BB 1994, 928, 928; *Trittin/Wedde*, AiB 1997, 138, 141; zur Notwendigkeit eines ordnungsgemäßen Beschlusses *Bauer*, FS Deutscher Arbeitsgerichtsverband, S. 285, 295 f.

281 *Hunold*, NZA-RR 2011, 57, 62; *Trittin/Wedde*, AiB 1997, 138, 141.

282 *BAG*, Beschl. v. 03.10.1978 – 6 ABR 102/76, BAGE 31, 93, 99, 102; *BAG*, Beschl. v. 03.04.1979 – 6 ABR 64/76, AP Nr. 1 zu § 13 BetrVG 1972 (III 3 der Gründe); *BAG*, Beschl. v. 19.03.2003 – 7 ABR 15/02, BAGE 105, 311, 313; *BAG*, Beschl. v. 29.07.2009 – 7 ABR 95/07, AP Nr. 93 zu § 40 BetrVG 1972 (B I 1 b der Gründe) m.w.N.

283 *BAG*, Beschl. v. 19.03.2003 – 7 ABR 15/02, BAGE 105, 311, 313; *Roos*, AiB 2011, 177, 184.

284 *LAG Schleswig-Holstein*, Beschl. v. 31.03.1998 – 3 TaBV 58/97a, AiB 1998, 472, 473; *Klinkhammer*, AuR 1977, 144, 146 ff; teilweise a.A. *LAG Düsseldorf*, Beschl. v. 03.05.1976 – 16 TaBV 41/75, LAGE Nr. 9 zu § 40 BetrVG 1972; *Stege*, DB 1974, 2204, 2206 f.

285 *BAG*, Beschl. v. 03.10.1978 – 6 ABR 102/76, BAGE 31, 93, 101; *BAG*, Beschl. v. 16.10.1986 – 6 ABR 2/85, AP Nr. 31 zu § 40 BetrVG 1972 (III 2 der Gründe); *Grunsky*, AP Nr. 14 zu § 40 BetrVG 1972; *Roos*, AiB 2011, 177, 184.

286 *BAG*, Beschl. v. 03.10.1978 – 6 ABR 102/76, BAGE 31, 93, 99 f.

II. Abgrenzung von Sachverständigen, Beratern und Vertretern

Lässt sich der Betriebsrat im arbeitsgerichtlichen Prozess von einem Rechtsanwalt vertreten oder beraten, so ist dies allein nach § 40 Abs. 1 BetrVG zu beurteilen.[287] Da auch die Tätigkeit eines Prozessvertreters eine Information und Beratung des Betriebsrats enthält, wird nach dem Hauptgewicht der Tätigkeit zum Sachverständigen nach § 80 Abs. 3 BetrVG und zum Berater nach § 111 S. 2 BetrVG abgegrenzt; bei der Tätigkeit des Vertreters liegt diese in der Wahrnehmung der Rechte des Betriebsrats.[288] Der Rechtsanwalt wird damit grundsätzlich dann als Sachverständiger tätig, wenn er losgelöst von einer konkreten (arbeitsgerichtlichen) Konfliktsituation für den Betriebsrat handelt; er wird dagegen als Prozessvertreter tätig, wenn er maßgeblich mit der Wahrung oder der Verteidigung von Rechten des Betriebsrats befasst ist.[289] Der Berater im Sinne des § 111 S. 2 BetrVG wird nur im Rahmen einer Betriebsänderung tätig und übernimmt gerade keine Vertretung des Betriebsrats gegenüber Dritten.[290]

Teilweise wird angenommen, dass die Tätigkeit eines Sachverständigen nach § 80 Abs. 3 BetrVG und die Tätigkeit eines Vertreter nach § 40 Abs. 1 BetrVG nebeneinander wahrgenommen werden können.[291] Solange eine klare Trennung der beiden Tätigkeiten vorgenommen wird, damit die Voraussetzungen des § 80 Abs. 3 BetrVG und insbesondere die der näheren Vereinbarung nicht umgangen werden, sprechen keine Gründe gegen ein solches Vorgehen.

III. Abgrenzung bei Tätigkeiten im vorprozessualen Bereich

Herrschend wird auch die Tätigkeit eines Rechtsanwalts im Vorfeld eines Prozesses, die hilft einen solchen zu vermeiden, als von § 40 Abs. 1 BetrVG umfasst

287 *BAG*, Beschl. v. 03.10.1978 – 6 ABR 102/76, BAGE 31, 93, 97 f.; *BAG*, Beschl. v. 21.06.1989 – 7 ABR 78/87, BAGE 62, 139, 147; *LAG Frankfurt*, Beschl. v. 17.06.1993 – 12 TaBV 197/92, LAGE Nr. 10 zu § 80 BetrVG 1972 (S. 2); *Grunsky*, AP Nr. 14 zu § 40 BetrVG 1972.

288 *BAG*, Beschl. v. 12.08.1982 – 6 ABR 95/79, juris; *LAG Schleswig-Holstein*, Beschl. v. 20.07.1999 – 3 TaBV 16/99, LAGE Nr. 63a zu § 40 BetrVG 1972 (S. 2).

289 *LAG Köln*, Beschl. v. 02.02.2007 – 4 TaBV 61/06, juris.

290 Vgl. die Ausführungen zur Stellung des Beraters Kapitel 1 B IV.

291 *Keßler*, AiB 2002, 310, 311.

angesehen.[292] Problematisch einzuordnen ist die Tätigkeit eines Rechtsanwalts dann, wenn sie zwar im vorprozessualen Bereich stattfindet, jedoch noch nicht abzusehen ist, ob durch die Tätigkeit ein Prozess oder ein Einigungsstellenverfahren vermieden werden kann. Wo die Grenze zwischen der Tätigkeit als Sachverständiger und der Tätigkeit als Vertreter des Betriebsrats zu ziehen ist, ist umstritten.

1. Abgrenzung anhand des erteilten Auftrags

Teilweise wird zur Orientierung auf den dem Rechtsanwalt durch den Betriebsrat erteilten Auftrag abgestellt.[293] Ein solches Vorgehen ist jedoch abzulehnen, da die Bestimmung der Vergütungsgrundlage nach dieser Auffassung allein dem Betriebsrat zustehen würde, welcher damit allein durch eine unterschiedliche Formulierung seines Beschlusses die Möglichkeit hätte, die sich aus § 80 Abs. 3 BetrVG ergebende, teilweise ungeliebte Voraussetzung einer näheren Vereinbarung zu umgehen.[294]

2. Abgrenzung anhand der Tätigkeit des Rechtsanwalts

Überwiegend wird die Abgrenzung anhand der Tätigkeit des Rechtsanwalts und der weiteren Umstände vorgenommen. Die Tätigkeit eines Rechtsanwalts bemisst sich nach § 40 Abs. 1 BetrVG, wenn es um die gerichtliche Vertretung, Verfolgung oder Verteidigung von Betriebsratsrechten geht; die reine Wissensvermittlung ohne einen konkreten Streitanlass ist dagegen unter die Vorschrift des § 80 Abs. 3 BetrVG zu fassen.[295] Dabei wird auch die Vorbereitung eines gerichtlichen

---

292 *BAG*, Beschl. v. 15.11.2000 – 7 ABR 24/00, EzA Nr. 92 zu § 40 BetrVG 1972 (B II 1 b der Gründe); *LAG Schleswig-Holstein*, Beschl. v. 20.07.1999 – 3 TaBV 16/99, LAGE Nr. 63a zu § 40 BetrVG 1972 (S. 2); *LAG Köln*, Beschl. v. 02.02.2007 – 4 TaBV 61/06, juris; *Kossens*, AiB 1998, 472, 474; *Thon*, AuR 2005, 396, 396.

293 *Thon*, AuR 2005, 396, 396 f.; ähnlich *Schubert*, Anwalt, S. 100.

294 *Klapper*, Unterstützung des Betriebsrats, S. 212.

295 *BAG*, Beschl. v. 12.08.1982 – 6 ABR 95/79, juris; *BAG*, Beschl. v. 25.04.1978 – 6 ABR 9/75, AP Nr. 11 zu § 80 BetrVG 1972 (II 5 b der Gründe); *LAG Schleswig-Holstein*, Beschl. v. 31.03.1998 – 3 TaBV 58/97a, AiB 1998, 472, 473; *ArbG Lübeck*, Beschl. v. 21.01.1999 – 1 BV 87/98, NZA-RR 1999, 311, 312; *Klapper*, Unterstützung des Betriebsrats, S. 211; zu § 40 BetrVG 1972 *LAG Schleswig-Holstein*, Beschl. v. 20.07.1999 – 3 TaBV 16/99, LAGE Nr. 63a (S. 2).

Verfahrens als von § 40 Abs. 1 BetrVG erfasst angesehen.[296] Selbst wenn noch keine gerichtliche Klärung, sondern zunächst eine außergerichtliche Einigung angestrebt werden soll, soll die Tätigkeit eines Rechtsanwalts zur Vertretung des Betriebsrats gegenüber dem Arbeitgeber unter die Vorschrift des § 40 Abs. 1 BetrVG fallen.[297]

E. Abgrenzung vom Verfahrensbevollmächtigten vor der Einigungsstelle

Im Verfahren vor der Einigungsstelle ist es die Aufgabe des Verfahrensbevollmächtigten, die Interessen des Betriebsrats zu repräsentieren.[298] Im Gegensatz zum Sachverständigen im Sinne des § 80 Abs. 3 BetrVG ist er, wie auch ein Prozessvertreter, Interessenvertreter des Betriebsrats.[299] Der Berater im Sinne des § 111 S. 2 BetrVG kann kein Verfahrensbevollmächtigter des Betriebsrats vor der Einigungsstelle sein.[300] Die Vertretung vor der Einigungsstelle ist nicht von der Tätigkeit als Sachverständiger oder Berater umfasst.[301] Während des Einigungsstellenverfahrens bleibt dem Betriebsrat die Möglichkeit erhalten, einen Sachverständigen nach den Voraussetzungen des § 80 Abs. 3 BetrVG hinzuzuziehen.[302] Einen Berater im Sinne des § 111 S. 2 BetrVG kann der Betriebsrat im Einigungsstellenverfahren, welches sich mit der Betriebsänderung zu welcher der Berater hinzugezogen wurde befasst, nicht mehr hinzuziehen.[303]

---

296 *Pflüger*, NZA 1988, 45, 45.

297 *LAG Schleswig-Holstein*, Beschl. v. 20.07.1999 – 3 TaBV 16/99, LAGE Nr. 63a zu § 40 BetrVG 1972 (S. 2); *ArbG Lübeck*, Beschl. v. 21.01.1999 – 1 BV 87/88, NZA-RR 1999, 311, 312; *Schulze*, ArbRAktuell 2012, 527, 527.

298 Zu Verfahrensbevollmächtigten vor der Einigungsstelle *BAG*, Beschl. v. 05.11.1981 – 6 ABR 24/78, BAGE 36, 315, 320; kritisch *Sowka*, NZA 1990, 91, 91.

299 *BAG*, Beschl. v. 21.06.1989 – 7 ABR 78/87, BAGE 62, 139, 151.

300 *LAG Hessen*, Beschl. v. 19.02.2004 – 9 TaBV 95/03, LAGE Nr. 5 zu § 40 BetrVG 2001; GK – *Oetker*, § 111 Rn. 224; im *Ergebnis* auch *Bauer*, NZA 2001, 375, 377.

301 Vgl. die Ausführungen zur Stellung von Sachverständigen Kapitel 1 A III und zur Stellung von Beratern Kapitel 1 B IV.

302 *LAG München*, Beschl. v. 24.06.2010 – 2 TaBV 121/09, juris.

303 Vgl. die Ausführungen zum Umfang der Beratertätigkeit Kapitel 1 B III 5 c.

I. Der Verfahrensbevollmächtigte

Der Verfahrensbevollmächtigte muss entsprechend den Weisungen des Betriebsrats handeln.[304] Eine Honorarabsprache zwischen Betriebsrat und Verfahrensbevollmächtigtem bedarf keiner vorherigen Vereinbarung im Sinne des § 80 Abs. 3 BetrVG, da nicht diese Vorschrift, sondern allein § 40 Abs. 1 BetrVG die Grundlage für die Beauftragung und die Kostenregelung bildet.[305]

II. Zulässigkeit von Verfahrensbevollmächtigten vor der Einigungsstelle

Ob die Beauftragung eines Verfahrensbevollmächtigten überhaupt zulässig ist, ist jedoch umstritten. Dabei geht es um die grundsätzliche Zulässigkeit sowie um die ausnahmsweise Unzulässigkeit eines Verfahrensbevollmächtigten des Betriebsrats.

1. Grundsätzliche Zulässigkeit

Ein Recht des Betriebsrats, einen Verfahrensbevollmächtigten zu beauftragen, wird teilweise abgelehnt.[306] Diese Auffassung wird damit begründet, dass mit der Einführung des § 76 a BetrVG eine Kostensenkung für das Verfahren vor der Einigungsstelle bezweckt worden sei, welche durch die Möglichkeit des Betriebsrats, sich anwaltlich vertreten zu lassen, nicht erreicht werden würde; wolle der Betriebsrat sicherstellen, dass auch anstehende juristische Fragen in seinem Sinne behandelt würden, so müsse er auf die Besetzung der Beisitzer entsprechenden Einfluss nehmen oder sich Rat bei den Gewerkschaften holen.[307] Dem ist jedoch nicht zuzustimmen. Der Gesetzgeber hat zwar die Vergütung von Vorsitzendem und Beisitzern neu regeln wollen, nicht jedoch die anwaltliche Vertretung vor der Einigungsstelle.[308] Die Vertretung vor der Einigungsstelle entspricht dem

---

304 *BAG*, Beschl. v. 14.02.1996 – 7 ABR 25/95, AP Nr. 5 zu § 76a BetrVG 1972 (B II 2 b der Gründe).

305 *BAG*, Beschl. v. 05.11.1981 – 6 ABR 24/78, BAGE 36, 315, 317, 321; *BAG*, Beschl. v. 21.06.1989 – 7 ABR 78/87, BAGE 62, 139, 147 und 151; *BAG*, Beschl. v. 14.02.1996 – 7 ABR 25/95, AP Nr. 5 zu § 76a BetrVG 1972 (B II 1 der Gründe) m.w.N.; *LAG Frankfurt*, Beschl. v. 17.06.1993 – 12 TaBV 197/92, LAGE Nr. 10 zu § 80 BetrVG 1972 (S. 2); *LAG Köln*, Beschl. v. 02.02.2007 – 4 TaBV 61/06, juris.

306 *Eich*, SAE 1990, Heft 3, 105, 111 f.

307 *Berger-Delhey*, AP Nr. 34 zu § 76 BetrVG 1972.

308 *Ziege*, NZA 1990, 926, 929; vgl. auch *Wlotzke*, DB 1989, 111, 117.

Grundsatz des rechtlichen Gehörs nach Art. 103 Abs. 1 GG.[309] Zudem muss eine ausdrückliche gesetzliche Regelung vorliegen, die den Grundsatz des § 3 Abs. 3 BRAO einschränken kann, welche für die Vertretung vor der Einigungsstelle jedoch nicht gegeben ist.[310]

2. Ausnahmsweise Unzulässigkeit

Von der Frage der grundsätzlichen Zulässigkeit von Verfahrensbevollmächtigten des Betriebsrats ist die Frage zu unterscheiden, ob im Einzelfall die Vertretung durch einen Rechtsanwalt zulässig ist. Eine Vertretung könnte dann unzulässig sein, wenn der Verfahrensgegenstand keine rechtlichen Probleme aufweist.[311] Bei der Frage, ob ein Verfahrensgegenstand besondere juristische Probleme aufweist, ist zu beachten, dass die in Frage stehenden juristischen Probleme so erörtert werden müssen, dass auch juristische Laien dem Verfahren folgen können.[312] Ob der Umstand, dass sich der Arbeitgeber im Verfahren rechtlich vertreten lässt, zu beachten ist, ist umstritten.[313] Für eine Beachtung spricht der Grundsatz der Waffengleichheit,[314] sodass sich der Betriebsrat jedenfalls dann, wenn sich der Arbeitgeber vor der Einigungsstelle vertreten lässt, durch einen Verfahrensbevollmächtigten vertreten lassen kann.

III. Verfahrensbevollmächtigte bei Vorbereitung eines Einigungsstellenverfahrens

Wie die Tätigkeit eines Verfahrensbevollmächtigten bei der Vorbereitung einer Einigungsstelle einzuordnen ist, wird nicht einhellig beurteilt. Entscheidungen des *Bundesarbeitsgerichts* erfassen diese Tätigkeit mit der Regelung des § 80 Abs. 3

---

309 *Bauer*, AnwBl 1985, 225, 227; vgl. *Bauer*, FS Deutscher Arbeitsgerichtsverband, S. 285, 297.

310 *Ziege*, NZA 1990, 926, 929.

311 *BAG*, Beschl. v. 21.06.1989 – 7 ABR 78/87, BAGE 62, 139, 148; *BAG*, Beschl. v. 14.02.1996 – 7 ABR 25/95, AP Nr. 5 zu § 76a BetrVG 1972 (B II 2 b der Gründe); *Ziege*, NZA 1990, 926, 929.

312 *Kamphausen*, NZA 1994, 49, 52.

313 Gegen eine Beachtung, beziehungsweise eine bloß „indizielle" Wirkung annehmend *BAG*, Beschl. v. 21.06.1989 – 7 ABR 78/87, BAGE 62, 139, 148 f.; auf den Einzelfall abstellend *Kamphausen*, NZA 1994, 49, 53.

314 *Kamphausen*, NZA 1994, 49, 52 f.; *Kamphausen*, NZA 1992, 55, 59 f.

BetrVG.[315] Dies wird damit begründet, dass das Verfahren vor der Einigungsstelle gerade kein gerichtliches Verfahren sei.[316] Der Begründung ist zwar zuzustimmen, die unterschiedliche Behandlung der Vorbereitung eines gerichtlichen Verfahrens und der Vorbereitung eines Einigungsstellenverfahrens vermag jedoch nicht zu überzeugen. In beiden Situationen geht es um die Wahrnehmung der Rechte des Betriebsrats gegenüber dem Arbeitgeber.[317] Verlangt man vom Betriebsrat bei der Vorbereitung einer Einigungsstelle die Einhaltung der Voraussetzungen des § 80 Abs. 3 BetrVG, so besteht die Gefahr, ihn in Richtung eines gerichtlichen Verfahrens zu drängen, da das Heranziehen von Sachverstand in Form eines Vertreters nunmehr über die Vorschrift des § 40 Abs. 1 BetrVG einfacher möglich ist.[318] Damit ist die Tätigkeit eines Verfahrensbevollmächtigten auch im Rahmen der Vorbereitungen einer Einigungsstelle nach § 40 Abs. 1 BetrVG zu beurteilen.

Zusammenfassung Kapitel 1

Bei der Beurteilung des Einsatzes von externem Sachverstand sind die beteiligten Interessen, insbesondere die der Arbeitgeberseite, des hinzuziehenden Betriebsratsgremiums und der hinzugezogenen Person zu beachten.

§ 80 Abs. 3 BetrVG stellt als Konkretisierung des § 40 Abs. 1 BetrVG eine allgemeine Regelung für die Hinzuziehung von Sachverständigen für eine konkrete Aufgabe des Betriebsrats dar, während § 111 S. 2 BetrVG als Spezialfall des § 80 Abs. 3 BetrVG als Aufgabe eine Betriebsänderung voraussetzt und die Tätigkeit von Beratern genau auf die im Rahmen einer Betriebsänderung erforderliche Hilfe konkretisiert. In der Regel handelt es sich bei dem nach § 80 Abs. 3 BetrVG und § 111 S. 2 BetrVG hinzugezogenen Sachverstand um betriebs- und unternehmensfremden Sachverstand.

Ein Sachverständiger im Sinne von § 80 Abs. 3 BetrVG ist eine Person, die aufgrund ihrer besonderen Sachkunde Rechts- und Erfahrungssätze vermitteln, Tatsachen feststellen oder aus einem feststehenden Sachverhalt Schlussfolgerungen ziehen kann. Der Sachverständige übt seine Tätigkeit an den Interessen des Betriebsrats ausgerichtet aus.

---

315 *BAG*, Beschl. v. 05.11.1981 – 6 ABR 24/78, BAGE 36, 315, 322 f.; *BAG*, Beschl. v. 14.02.1996 – 7 ABR 25/95, AP Nr. 5 zu § 76a BetrVG 1972 (B II 2 a der Gründe).

316 *BAG*, Beschl. v. 05.11.1981 – 6 ABR 24/78, BAGE 36, 315, 323.

317 Vgl. *Pflüger*, NZA 1988, 45, 45.

318 *Klapper*, Unterstützung des Betriebsrats, S. 214.

Ein Berater im Sinne von § 111 S. 2 BetrVG ist eine Person, die aufgrund ihrer besonderen Fach- und Sachkunde die sich einem Betriebsrat bei einer Betriebsänderung stellenden Aufgaben erfassen und die den Betriebsrat bei der Entwicklung von Alternativvorschlägen zu einer vom Unternehmer geplanten Betriebsänderung unterstützen kann. Besteht im Rahmen einer Betriebsänderung die Notwendigkeit, mehrere sachkundige Personen zur Unterstützung des Betriebsrats heranzuziehen, können neben einem Berater auch Sachverständige nach § 80 Abs. 3 BetrVG hinzugezogen werden. Eine Beratung im Sinne von § 111 S. 2 BetrVG findet nur im Interessenausgleichsverfahren statt. Besteht nach Abschluss des Interessenausgleichsverfahrens weiterer Beratungsbedarf, können Sachverständige nach § 80 Abs. 3 BetrVG hinzugezogen werden.

§ 111 S. 2 BetrVG und § 80 Abs. 3 BetrVG sind kumulativ anwendbar. Einer alternativen Anwendung in Unternehmen mit mehr als dreihundert Arbeitnehmern steht das Gesetz nicht entgegen.

Der Prozessvertreter des Betriebsrats ist maßgeblich mit der Wahrung und Verteidigung der Rechte des Betriebsrats befasst und zur Vertretung des Betriebsrats gegenüber Dritten befugt.

Die Beauftragung eines Verfahrensbevollmächtigten zur Vertretung vor der Einigungsstelle ist grundsätzlich zulässig.

Kapitel 2: Hinzuziehung von Sachverständigen durch den Betriebsrat

Nach § 80 Abs. 3 BetrVG kann der Betriebsrat bei der Durchführung seiner Aufgaben nach einer näheren Vereinbarung mit dem Arbeitgeber Sachverständige hinzuziehen, soweit dies zur ordnungsgemäßen Ausübung seiner Aufgaben erforderlich ist. Das Verfahren zur Einschaltung von Sachverständigen ist maßgeblich durch die Rechtsprechung des *Bundesarbeitsgerichts* zu den Anspruchsvoraussetzungen geprägt. Um eine übersichtliche Darstellung zu gewährleisten, werden daher die Voraussetzungen und das Verfahren der Hinzuziehung zusammen bearbeitet. Die Rechtsprechung des *Bundesarbeitsgerichts* ist in der Literatur, aber auch in der unterinstanzlichen Rechtsprechung auf zum Teil heftige Kritik gestoßen. Diese Kritik wie auch die daraus resultierenden Streitigkeiten zu Inhalt, Umfang und Reichweite der Voraussetzungen werden ebenfalls dargestellt. Dabei soll eine durchgängige Lösung für die bestehenden Streitigkeiten und die durch die Bearbeitung aufgeworfenen Probleme gefunden werden. Anschließend wird auf einige Sonderfragen bei der Durchsetzung der Hinzuziehung eines Sachverständigen eingegangen.

Die zu erfüllenden Voraussetzungen für die Hinzuziehung von Sachverständigen sind Erforderlichkeit, ordnungsgemäßer Betriebsratsbeschluss, Verhältnismäßigkeit und nähere Vereinbarung zwischen Arbeitgeber und Betriebsrat.

A. Erforderlichkeit

Der Betriebsrat hat einen Rechtsanspruch auf die Hinzuziehung von Sachverständigen, soweit dies erforderlich ist.[319] Zielsetzung der Erforderlichkeit als Tatbestandsmerkmal ist die Verhinderung einer willkürlichen Ausübung von Ansprüchen.[320] Die Erforderlichkeit muss für jeden Einzelfall neu betrachtet und kann nicht allgemein festgelegt werden.[321] Es ist jedoch möglich bestimmte Richtlinien aufzustellen.

Zwar findet sich auch in anderen Vorschriften die Voraussetzung der Erforderlichkeit als Maßstab für das Handeln des Betriebsrats, – teilweise sogar mit

319 DKKW – *Buschmann*, § 80 Rn. 152.

320 Ähnlich *Wolter*, Der Betriebsrat 1987, 649, 660.

321 Vgl. zur Erforderlichkeit im Rahmen des § 37 BetrVG *BAG*, Urteil v. 21.05.1974 – 1 AZR 279/73, AP Nr. 13 zu § 37 BetrVG 1972 (3 der Gründe).

der gleichen Zielsetzung[322] – eine so umfassende und einschränkende Auslegung wurde jedoch nur im Rahmen des § 80 Abs. 3 BetrVG vorgenommen.[323] Soweit übertragbar, werden Fundstellen zu anderen Normen, die ebenfalls die Voraussetzung der Erforderlichkeit aufweisen, genutzt. Dies dient einer einheitlichen Auslegung der Erforderlichkeit im Rahmen des Betriebsverfassungsgesetzes, jedoch ohne die Besonderheiten des § 80 Abs. 3 BetrVG aus dem Auge zu verlieren.

I. Die Erforderlichkeit als Voraussetzung des § 80 Abs. 3 BetrVG

Für die Hinzuziehung von Sachverständigen durch den Betriebsrat wird § 80 Abs. 3 BetrVG als Konkretisierung der Generalnorm § 40 Abs. 1 BetrVG für die Kostentragungspflicht des Arbeitgebers angesehen.[324]

Bei der Prüfung der Erforderlichkeit findet ein Vergleich zwischen den verschiedenen Mitteln statt, wobei sich letztlich ein erforderliches Mittel für das verfolgte Ziel ergibt.[325] Es muss demnach geprüft werden, welche Mittel dem Betriebsrat zur Verfügung stehen, um die notwendigen Fach- und Sachkenntnisse zu erlangen und welches dieser Mittel am besten für diesen Zweck geeignet ist.[326]

II. Inhaltliche Voraussetzungen der Erforderlichkeit

Allgemein wird die Hinzuziehung eines Sachverständigen dann als erforderlich angesehen, wenn ohne dessen Hilfe die ordnungsgemäße Erfüllung von Betriebsratsaufgaben nicht gewährleistet ist.[327]

Die Voraussetzung der Erforderlichkeit wird anhand verschiedener Merkmale überprüft. Zunächst muss eine Aufgabe des Betriebsrats vorliegen, dann müssen

---

322 *Trittin*, AuR 1988, 289, 292.

323 Vgl. *Wagner*, AiB 1992, 316, 319; *Wagner*, AuR 1993, 70, 74; a.A. die Erforderlichkeit soll wie im Rahmen von §§ 37 Abs. 1, 40 Abs. 1 BetrVG beurteilt werden nach *Lubitz*, Rechtsanwalt, S. 28; *Matthiesen*, CR 1988, 478, 479.

324 *BAG*, Beschl. v. 26.02.1992 – 7 ABR 51/90, BAGE 70, 1, 7 f.; *Pflüger*, NZA 1988, 45, 45; *Schierbaum*, AiB 1996, 217, 217; GK – *Weber*, § 40 Rn. 45.

325 *Matthiessen*, CR 1988, 478, 480; *Trittin*, AuR 1988, 289, 291; ähnlich unter Verwendung des Begriffs „Verhältnismäßigkeit der Mittel" *Linnenkohl/Kilz*, RDV 1988, 189, 190.

326 *Matthiessen*, CR 1988, 478, 480.

327 *Fahlbusch*, Der Betriebsrat 1993, 11, 12 f.; *Trittin*, AiB 1985, 90, 91; GK – *Weber*, § 80 Rn. 131 m.w.N.

andere Informationsmöglichkeiten gegebenenfalls vorrangig genutzt werden und schließlich muss der Betriebsrat für die sich ihm stellende Aufgabe, trotz Nutzung der vorrangigen Informationsmöglichkeiten, keine ausreichenden Fach- oder Sachkenntnisse aufweisen. Aus der Formulierung „ordnungsgemäß“ wird teilweise geschlossen, dass im Rahmen des § 80 Abs. 3 BetrVG ein besonders strenger Erforderlichkeitsmaßstab anzuwenden sei, welcher eine bloße Sachdienlichkeit der Hinzuziehung nicht genügen lasse.[328]

1. Aufgabe des Betriebsrats

Zunächst muss es sich bei dem Gegenstand der Hinzuziehung um eine dem Betriebsrat obliegende Aufgabe handeln. Diese Voraussetzung kann als Bestandteil der Erforderlichkeit oder aber aufgrund der Formulierung des § 80 Abs. 3 BetrVG „bei der Durchführung seiner Aufgaben“ als eigenständige Voraussetzung angesehen werden. Im Ergebnis führt dies zu keinem Unterschied in Inhalt und Ausgestaltung der Voraussetzung, sodass die Frage, wo die Voraussetzung der Aufgabe des Betriebsrats dogmatisch einzuordnen ist, offen bleiben kann.

Die Hinzuziehung eines Sachverständigen ist bei allen dem Betriebsrat zugewiesenen Aufgaben möglich.[329] Damit kann der Betriebsrat im Zusammenhang mit allen seinen Informations-, Beratungs-, Überwachungs- und Mitbestimmungsrechten und -aufgaben nach dem Betriebsverfassungsgesetz einen Sachverständigen hinzuziehen.[330]

a. Konkreter, aktuell vorliegender Sachverhalt

Für die Hinzuziehung muss ein konkreter Sachverhalt als Beratungsgegenstand, in Form einer konkreten Aufgabe des Betriebsrats, bestehen.[331] Geht es lediglich um die Vermittlung von fehlenden allgemeinen Kenntnissen, ohne dass ein konkreter Anlass besteht, kommt der Einsatz eines Sachverständigen nicht in Betracht.[332]

---

328 *Natzel*, NZA 2001, 872, 872.

329 *Jobs/Rauschenberg*, RDV 1990, 77, 77; *Linnenkohl/Kilz*, RDV 1988, 189, 190; *Schierbaum*, CR 1995, 742, 742.

330 *Schierbaum*, AiB 1996, 217, 217; *Wagner*, AiB 1992, 316, 316; vgl. auch *Rudolph*, AiB 2010, 324, 324 ff.

331 *BAG*, Beschl. v. 17.03.1987 – 1 ABR 59/85, BAGE 54, 278, 296; *BAG*, Beschl. v. 25.07.1989 – 1 ABR 41/88, AP Nr. 38 zu § 80 BetrVG 1972 (III 2 der Gründe); *BAG*, Beschl. v. 16.11.2005 – 7 ABR 12/05, BAGE 116, 192, 199; *Natzel*, NZA 2001, 872, 873; *Reitze*, ZBVR online 2007, Ausgabe 6, 23, 23.

332 *Natzel*, NZA 2001, 872, 873.

Solche Kenntnisse sollen in Schulungsveranstaltungen nach § 37 Abs. 6 und Abs. 7 BetrVG erworben werden.[333] Ein Begehren des Betriebsrats, welches damit begründet wird, Fragen der Arbeitnehmer in der Betriebsversammlung nicht sachgerecht beantworten zu können, reicht ebenfalls nicht aus, um einen Sachverständigen hinzuziehen zu können.[334]

In zeitlicher Hinsicht muss die Wissensvermittlung durch einen Sachverständigen nach dem Wortlaut des § 80 Abs. 3 BetrVG „bei" der Durchführung der Betriebsratsaufgaben vorgenommen werden. Auch damit ist eine Wissensvermittlung auf Vorrat ausgeschlossen.[335]

b. Bestehende Aufgabe / bestehendes Mitbestimmungsrecht

Ist unklar, ob überhaupt eine Aufgabe des Betriebsrats vorliegt oder ob ein Mitbestimmungsrecht besteht, kann der Betriebsrat grundsätzlich einen Sachverständigen zu Rate ziehen. Die Rechtsprechung ermöglicht dem Betriebsrat zudem die Einschaltung eines Sachverständigen, wenn eine mögliche Aufgabe des Betriebsrats erkennbar ist und dieser ohne die Hilfe eines Sachverständigen nicht in der Lage ist festzustellen, ob ein Mitbestimmungsrecht besteht.[336] In der Literatur wird wohl herrschend der Einsatz eines Sachverständigen bereits dann als zulässig erachtet, wenn eine Aufgabe des Betriebsrats nur möglicherweise gegeben ist.[337] Es existiert zwar ein Unterschied zwischen der Frage, ob überhaupt eine Aufgabe des Betriebsrats vorliegt oder ob im Rahmen einer bestimmten Aufgabe des Betriebsrats ein Mitbestimmungsrecht besteht, letztlich führen die häufig als divergierende Meinungen dargestellten Auffassungen jedoch zu keinem unterschiedlichen Ergebnis.[338] Die Hinzuziehung eines Sachverständigen zu den Fragen, ob eine

---

333 *BAG*, Beschl. v. 17.03.1987 – 1 ABR 59/85, BAGE 54, 278, 296; *BAG*, Beschl. v. 16.11.2005 – 7 ABR 12/05, BAGE 116, 192, 200; *Schierbaum*, AiB 1996, 217, 218; vgl. auch die Ausführungen zur Abgrenzung zu Schulungen Kapitel 1 A II 4 c.

334 Vgl. *BAG*, Beschl. v. 25.07.1989 – 1 ABR 41/88, AP Nr. 38 zu § 80 BetrVG 1972 (III 2 der Gründe).

335 *BAG*, Beschl. v. 25.07.1989 – 1 ABR 41/88, AP Nr. 38 zu § 80 BetrVG 1972 (III 2 der Gründe); *BAG*, Beschl. v. 16.11.2005 – 7 ABR 12/05, BAGE 116, 192, 200.

336 Offen gelassen von *BAG*, Beschl. v. 17.03.1987 – 1 ABR 59/85, BAGE 54, 278, 296; *LAG Hamm*, Beschl. v. 08.08.2008 – 10 TaBV 21/08, juris.

337 *Knauber-Bergs*, AiB 1987, 160, 161; auf den Einzelfall abstellend *Weckbach*, NZA 1988, 305, 307; ähnlich *Jobs*, RDV 1987, 125, 128; *Jobs/Rauschenberg*, RDV 1990, 77, 79; *Trittin*, AiB 1985, 90, 91; a.A. *Bohr*, ZfA 1995, 433, 435; GK – *Weber*, § 80 Rn. 130.

338 Vgl. *Klapper*, Unterstützung des Betriebsrats, S. 250 f.; ähnlich *Jobs/Rauschen-berg*, RDV 1990, 77, 79.

Aufgabe des Betriebsrats vorliegt und ob ein Mitbestimmungsrecht gegeben ist, ist damit möglich. Gegenstand der Hinzuziehung ist die Hilfe bei der Prüfung, ob eine konkrete Aufgabe beziehungsweise ein Mitbestimmungsrecht besteht.[339]

2. Andere Informationsmöglichkeiten

Der umfangreichste und umstrittenste Prüfungspunkt im Rahmen der Erforderlichkeit ist die Frage, welche anderen Informationsmöglichkeiten für den Betriebsrat bestehen und in welchem Umfang diese vom Betriebsrat vorrangig in Anspruch zu nehmen sind. Das *Bundesarbeitsgericht* hat zur Ausfüllung des Begriffs der Erforderlichkeit in § 80 Abs. 3 BetrVG ein sogenanntes Stufenmodell entwickelt, welches in der Literatur und teilweise auch in der unterinstanzlichen Rechtsprechung auf breite Kritik gestoßen ist.

a. Das Stufenmodell

Das Stufenmodell entstammt vornehmlich einer Reihe von Entscheidungen, in denen der Antrag des Betriebsrats auf Information durch den Arbeitgeber nach § 80 Abs. 2 S. 1 BetrVG mit einem Antrag auf Hinzuziehung eines Sachverständigen nach § 80 Abs. 3 BetrVG verbunden wurde oder in denen die Ersetzung der Zustimmung des Arbeitgebers zu der nach § 80 Abs. 3 BetrVG erforderlichen näheren Vereinbarung beantragt wurde.[340] Das Stufenmodell wurde mit dem Grundsatz der vertrauensvollen Zusammenarbeit, der in § 2 Abs. 1 BetrVG gesetzlich niedergelegt ist, und dem Grundsatz der Verhältnismäßigkeit begründet. Entwickelt wurde es für die Informationsvermittlung bezüglich neuer EDV-Systeme, es ist jedoch ebenfalls auf andere Aufgaben des Betriebsrats anwendbar.[341]

aa. Grundsatz der vertrauensvollen Zusammenarbeit

Der Grundsatz der vertrauensvollen Zusammenarbeit bildet eine Auslegungsregel für die Rechte und Pflichten, die durch die Betriebsverfassung begründet werden.[342] Er regelt das Verhältnis zwischen Arbeitgeber und Betriebsrat, welches auch als

---

339 *Klapper*, Unterstützung des Betriebsrats, S. 250.

340 Etwa *BAG*, Beschl. v. 17.03.1987 – 1 ABR 59/85, BAGE 54, 278; *BAG*, Beschl. v. 04.06.1987 – 6 ABR 63/85, AP Nr. 30 zu § 80 BetrVG 1972; *BAG*, Beschl. v. 26.02.1992 – 7 ABR 51/90, BAGE 70, 1.

341 *LAG Hamburg*, Beschl. v. 24.02.2005 – 3 TaBV 11/03, AuR 2003, 465 (1. Leitsatz), juris.

342 MüHa – *Joost,* § 214 Rn. 8; Richardi – *Richardi*, § 2 Rn. 18; zu § 49 BetrVG 1952 *Bulla*, RdA 1965, 121, 130 f.

Betriebsverhältnis[343] bezeichnet wird, und anderen Beteiligten der Betriebsverfassung, und ist eine Spezialisierung des Grundsatzes von Treu und Glauben nach § 242 BGB.[344] Der Grundsatz gilt für Arbeitgeber und Betriebsrat gleichermaßen, begründet gesteigerte Verhaltenspflichten und verpflichtet unter anderem zu Ehrlichkeit und Offenheit sowie zu Rücksichtnahme, Loyalität und Kooperation.[345] Der Betriebsrat ist insbesondere kein einseitiger Vertreter der Belegschaft.[346] Er muss bei der Einschaltung von Sachverständigen neben dem Wohl der Beschäftigten auch das Wohl des Betriebs berücksichtigen.[347] Teilweise wird gefolgert, dass äußere Einflüsse, wie beispielsweise ein externer Sachverständiger, in der Betriebsverfassung grundsätzlich unerwünscht sind.[348] Dem entspricht die im Stufenmodell zum Ausdruck kommende Pflicht des Betriebsrats, zunächst vorhandenen internen Sachverstand zu nutzen.[349]

bb. Grundsatz der Verhältnismäßigkeit

Der Grundsatz der Verhältnismäßigkeit ist ein allgemeines Rechtsprinzip des Betriebsverfassungsrechts.[350] Er ist ein wesentlicher Teil der vertrauensvollen Zusammenarbeit und verpflichtet den Betriebsrat dazu, den Arbeitgeber nur mit

---

343 *BAG*, Beschl. v. 03.05.1994 – 1 ABR 24/93, BAGE 76, 364, 373; *Chen*, § 2 Abs. 1 BetrVG, S. 21; *Trittin*, AuR 1988, 289, 292; ausführlich *v. Hoyningen-Huene*, NZA 1989, 121, 122 f; *v. Hoyningen-Huene*, FS Wiese, S. 175, 175 ff.

344 *BAG*, Beschl. v. 21.04.1983 – 6 ABR 70/82, BAGE 42, 259, 272; *Buchner*, DB 1974, 530, 533; *v. Hoyningen-Huene*, FS Wiese, S. 175, 183; Richardi – *Richardi*, § 2 Rn. 7; *Trittin*, BB 1984, 1169, 1173; *Witt*, BB 1986, 2194, 2194; zu § 49 BetrVG 1952 *Bulla*, RdA 1965, 121, 130; teilweise a.A. *Heinze*, ZfA 1988, 53, 74.

345 *LAG Niedersachsen*, Beschl. v. 06.04.2004 – 1 TaBV 64/03, LAGE Nr. 2 zu § 78 BetrVG 2001 (S. 4); *Brachmann/Diepold*, AuA 2010, 270, 270; *Chen*, § 2 Abs. 1 BetrVG, S. 21, 34 f.; *Freckmann/Koller-van Delden*, BB 2006, 490, 491; *v. Hoyningen-Huene*, NZA 1989, 121, 122; zu § 49 BetrVG 1952 *Bulla*, RdA 1965, 121, 124 und 126.

346 GK – *Franzen*, § 2 Rn. 13 m.w.N.; *Müller*, FS Herschel 85. Geburtstag, S. 269, 287.

347 *Bulla*, RdA 1965, 121, 126; *Brachmann/Diepold*, AuA 2010, 270, 270; *Chen*, § 2 Abs. 1 BetrVG, S. 28 ff. m.w.N.; *Heinze*, ZfA 1988, 53, 73; *Neumann-Duesberg*, NJW 1954, 617, 617; *Thannheiser*, AiB 2010, 320, 320; ausführlich *Kruse*, Rechte des Arbeitgebers, S. 26 ff. und 31 ff.

348 *LAG Berlin*, Beschl. v. 30.07.1985 – 3 TaBV 6/85, LAGE Nr. 4 zu § 80 BetrVG 1972 (S. 5); ähnlich *Meisel*, SAE 1993, Heft 3, 120, 124 f.

349 Vgl. *v. Hoyningen-Huene*, RdA 1992, 355, 366.

350 *Blomeyer*, FS 25 Jahre BAG, S. 17, 23 ff.; a.A. *Weiss*, ArbR der Gegenwart 1985, Band 22, 37, 39 f.

zumutbaren Kosten zu belasten.[351] Die Verhältnismäßigkeit ist ein eigenständiger Prüfungspunkt im Rahmen der Voraussetzungen des § 80 Abs. 3 BetrVG neben der Prüfung der Erforderlichkeit und wird dort näher beleuchtet.[352]

cc. Prüfungsreihenfolge nach dem Stufenmodell des Bundesarbeitsgerichts

Vor der Hinzuziehung eines Sachverständigen muss der Betriebsrat die Nutzung verschiedener anderer Informationsmöglichkeiten in Betracht ziehen.[353]

(1) Gemäß § 80 Abs. 2 S. 1 BetrVG muss der Arbeitgeber den Betriebsrat umfassend und rechtzeitig über geplante Maßnahmen unterrichten.

(2) Sind die Informationen, die der Arbeitgeber dem Betriebsrat gegeben hat, nicht vollständig oder für den Betriebsrat nicht verständlich, ist der Betriebsrat verpflichtet, weitere Fragen an den Arbeitgeber zu richten.

(3) Ist interner Sachverstand vorhanden und besteht die Möglichkeit, diesen hinzuzuziehen, so muss der Betriebsrat diesen nutzen.

(4) Es besteht für den Betriebsrat weiterhin die Pflicht, sich nach Möglichkeit selbst das erforderliche Wissen anzueignen, etwa durch den Besuch von Schulungen oder die Lektüre von Fachliteratur.

(5) Schließlich sollen auch die von den Gewerkschaften zur Verfügung gestellten Informationen genutzt werden.

dd. Erläuterungen zum Stufenmodell und dessen Behandlung

Zwischen den einzelnen Stufen wird häufig nicht genau unterschieden, was zu begrifflichen Ungenauigkeiten führen kann.

(1) Festlegung der Begrifflichkeiten

Insbesondere die Unterrichtungspflicht des Arbeitgebers und die Selbstunterrichtungspflicht des Betriebsrats sind zu unterscheiden.

---

351 *BAG*, Beschl. v. 27.09.1974 – 1 ABR 71/73, BAGE 26, 269, 278; vgl. zur Verhältnismäßigkeit von Schulungen *BAG*, Beschl. v. 08.10.1974 – 1 ABR 72/73, AP Nr. 7 zu § 40 BetrVG 1972 (III 5 der Gründe).

352 Vgl. die Ausführungen zur Verhältnismäßigkeit Kapitel 2 B.

353 Vgl. zum Stufenmodell etwa *BAG*, Beschl. v. 17.03.1987 – 1 ABR 59/85, BAGE 54, 278; *BAG*, Beschl. v. 04.06.1987 – 6 ABR 63/85, AP Nr. 30 zu § 80 BetrVG 1972; *BAG*, Beschl. v. 26.02.1992 – 7 ABR 51/90, BAGE 70, 1.

(a) Die vom *Bundesarbeitsgericht* im Rahmen des Stufenmodells entwickelte Unterrichtung des Betriebsrats umfasst mehrere Unterrichtungsmöglichkeiten. Unstreitig erfasst ist die Unterrichtungspflicht des Arbeitgebers im Sinne des § 80 Abs. 2 S. 1 BetrVG. Auch die sich aus § 80 Abs. 2 S. 2 BetrVG ergebende Pflicht des Arbeitgebers, dem Betriebsrat die notwendigen Unterlagen zur Verfügung zu stellen, zählt zur Unterrichtungspflicht des Arbeitgebers im Sinne des Stufenmodells. Die Information durch sachkundige Arbeitnehmer wurde vor Neufassung des Betriebsverfassungsgesetzes in 2001 ebenfalls als Teil der Unterrichtungspflicht des Arbeitgebers angesehen.[354] Hiervon ist auch nach der Einführung des § 80 Abs. 2 S. 3 BetrVG, zumindest im Rahmen der Voraussetzungen des § 80 Abs. 3 BetrVG, weiterhin auszugehen.[355]

Zu beachten ist, dass die Unterrichtungspflicht nach § 80 Abs. 2 S. 1 BetrVG, die hier im Punkt (1) aufgeführt ist, streng genommen keine eigenständige Voraussetzung im Rahmen der Hinzuziehung eines Sachverständigen ist.[356] Dennoch wird sie häufig im Rahmen des Stufenmodells dargestellt und soll daher auch in dieser Bearbeitung behandelt werden.

(b) Die Punkte (2) bis (5) stellen Möglichkeiten des Betriebsrats dar, sich auf verschiedenen Wegen selbständig Informationen zu beschaffen. Die Möglichkeiten, Nachfragen an den Arbeitgeber zu richten, Schulungsveranstaltungen zu besuchen, Fachliteratur zu konsultieren und die von den Gewerkschaften zur Verfügung gestellten Informationen zu nutzen, sind nicht Bestandteil der Unterrichtungspflicht des Arbeitgebers nach § 80 Abs. 2 S. 1 BetrVG, obwohl zum Teil die Diskussion, ob der Betriebsrat verpflichtet ist, Nachfragen an den Arbeitgeber zu richten, im Rahmen der Unterrichtungspflicht geführt wird. Die Inanspruchnahme von internem Sachverstand gehört auch im Rahmen der Hinzuziehung eines Sachverständigen zur Unterrichtungspflicht des Arbeitgebers im weiteren Sinne.[357] Unter die Möglichkeiten der eigenständigen Unterrichtung gehören damit die Konsultation von Fachliteratur, die Nutzung von Informationen durch Gewerkschaften, Nachfragen zur Klärung von offen gebliebenen Fragen im Rahmen der Unterrichtungspflicht sowie der Besuch von Schulungen und die Inanspruchnahme der von den Gewerkschaften zur Verfügung gestellten Informationen.

---

354 *BAG*, Beschl. v. 04.06.1987 – 6 ABR 63/85, AP Nr. 30 zu § 80 BetrVG 1972 (B II 3 b der Gründe); *Kort*, CR 1988, 487, 490.

355 Vgl. die Ausführungen zu sachkundigen Arbeitnehmern Kapitel 2 A II 2 d.

356 *Jobs/Rauschenberg*, RDV 1990, 77, 78.

357 Vor Einführung des § 80 Abs. 2 S. 3 BetrVG entschieden durch *BAG*, Beschl. v. 04.06.1987 – 6 ABR 63/85, AP Nr. 30 zu § 80 BetrVG 1972 (B II 3 b der Gründe); vgl. *Klapper*, Unterstützung des Betriebsrats, S. 282, *Oetker*, NZA 2003, 1233, 1237; a.A. *Fahlbusch*, Der Betriebsrat 1993, 11, 13; *Pflüger*, NZA 1988, 45, 47.

(2) Verfügbarkeit anderer Informationsmöglichkeiten

Die weiteren Informationsmöglichkeiten, die in den Punkten (2) bis (5) dargestellt sind, sind durch den Betriebsrat nur dann zu nutzen, wenn sie ihm zur Verfügung stehen. Wenn die Möglichkeit, weitere Informationen zu erhalten, für den Betriebsrat nicht besteht, verstößt es gegen den Grundsatz der vertrauensvollen Zusammenarbeit, wenn der Arbeitgeber dem Betriebsrat die Hinzuziehung eines Sachverständigen bei Vorliegen der anderen Voraussetzungen verwehrt.[358] Stehen andere Informationsmöglichkeiten also nicht zur Verfügung oder werden sie durch den Arbeitgeber nicht zur Verfügung gestellt, so ist die Voraussetzung der Erforderlichkeit nicht aus diesem Grund abzulehnen.[359]

(3) Behandlung im Rahmen der Bearbeitung

Zunächst soll die Unterrichtungspflicht des Arbeitgebers im engeren Sinne des § 80 Abs. 2 S. 1 BetrVG dargestellt werden. Im Anschluss daran wird die Frage behandelt, ob der Betriebsrat zu weiteren Fragen verpflichtet ist. Die Zurverfügungstellung von Unterlagen nach § 80 Abs. 2 S. 2 BetrVG weist im Rahmen des § 80 Abs. 3 BetrVG keine besonderen Probleme auf und wird daher nicht näher behandelt. Die Inanspruchnahme sachkundiger Arbeitnehmer war vor Einführung des § 80 Abs. 2 S. 3 BetrVG bereits stark umstritten; sie ist auch heute noch Teil einer lebhaften Diskussion und soll im weiteren Teil der Bearbeitung neben den weiteren Pflichten des Betriebsrats, sich selbst zu unterrichten, dargestellt werden. Aus Platzgründen wird sich die Bearbeitung der einzelnen Informationsmöglichkeiten auf die für den Einsatz eines Sachverständigen relevanten Problemen beschränken. Die Auswahl der Probleme orientiert sich insbesondere an den in den späteren Kapiteln zu behandelnden Beteiligten des Betriebsverfassungsrechts.

b. Die Unterrichtungspflicht des Arbeitgebers nach § 80 Abs. 2 S. 1 BetrVG

Die Vorschrift des § 80 Abs. 2 S. 1 BetrVG ist eine Generalnorm für die Informationsansprüche des Betriebsrats und eine Konkretisierung des Gebots der vertrauensvollen Zusammenarbeit.[360] Nach § 80 Abs. 2 S. 1 BetrVG muss der Betriebsrat vom Arbeitgeber rechtzeitig und umfassend unterrichtet werden. Dabei müssen

---

358 *BAG*, Beschl. v. 27.09.1974 – 1 ABR 67/73, AP Nr. 8 zu § 40 BetrVG 1972 (III 3 der Gründe); *Jobs*, RDV 1987, 125, 125

359 Vgl. zu sachkundigen Arbeitnehmern *Reitze*, ZBVR online 2007, Ausgabe 6, 23, 24.

360 *Rudolph*, AiB 2010, 324, 324; *Trittin/Wedde*, AiB 1997, 138, 139; *Tuchbreiter*, Beteiligungsrechte, S. 36; GK – *Weber*, § 80 Rn. 53.

ihm auch die nach § 80 Abs. 2 S. 2 BetrVG erforderlichen Unterlagen vorgelegt werden.[361] Es besteht eine Pflicht des Arbeitgebers, den Betriebsrat zu unterrichten; dieser Pflicht steht ein durchsetzbares Recht des Betriebsrats auf Information gegenüber.[362] Die Unterrichtung muss bereits stattfinden, wenn die Beteiligungsrechte des Betriebsrats berührt sein könnten, da sie die erste Voraussetzung für die Wahrnehmung von Rechten durch den Betriebsrat darstellt.[363] Grundsätzlich muss die Unterrichtung unaufgefordert vorgenommen werden.[364]

aa. Zweck der Unterrichtungspflicht

Zweck der Unterrichtung durch den Arbeitgeber ist es, dem Betriebsrat die erforderlichen Informationen zu geben, damit dieser selbst prüfen kann, ob sein Aufgabenbereich betroffen ist und ob und wie er tätig werden muss, um seine Aufgaben ordnungsgemäß erfüllen zu können.[365] Zwischen Betriebsrat und Arbeitgeber soll ein „Informationsgleichgewicht" hergestellt werden.[366] Zudem soll der Rechtsfrieden im Betrieb geschützt werden.[367] Informationen können lediglich dann nicht verlangt werden, wenn ein Beteiligungsrecht des Betriebsrats offensichtlich nicht in Betracht kommt.[368]

bb. Art und Weise der Unterrichtung

Nach § 80 Abs. 1 S. 1 BetrVG ist der Betriebsrat rechtzeitig, um-fassend und inhaltlich abschließend zu unterrichten.

---

361 *BAG*, Beschl. v. 11.07.1972 – 1 ABR 2/72, BAGE 24, 349, 352; DKKW – *Buschmann*, § 80 Rn. 79.

362 GK – *Weber*, § 80 Rn. 55 f.; DKKW – *Buschmann*, § 80 Rn. 83; vgl. auch die Ausführungen zu den Durchsetzungsmöglichkeiten im Betriebsverfassungsrecht Kapitel 2 F I.

363 Vgl. *BAG*, Beschl. v. 26.01.1988 – 1 ABR 34/86, AP Nr. 31 zu § 80 BetrVG 1972 (II 1 der Gründe); *Thannheiser*, AiB 2005, 348, 349; GK – *Weber*, § 80 Rn. 60 f.

364 *BAG*, Beschl. v. 17.03.1987 – 1 ABR 59/85, BAGE 54, 278, 286; *Boewer*, RDV 1985, 22, 25; *Linnenkohl*, AuR 1988, 92, 96; *Linnenkohl/Kilz*, RDV 1988, 189, 191; GK – *Weber*, § 80 Rn. 69, *Wiese*, FS Wiedemann, S. 617, 619.

365 *BAG*, Beschl. v. 17.03.1987 – 1 ABR 59/85, BAGE 54, 278, 288; *BAG*, Beschl. v. 26.01.1988 – 1 ABR 34/86, AP Nr. 31 zu § 80 BetrVG 1972 (II 1 der Gründe); *BAG*, Beschl. v. 31.01.1989 – 1 ABR 72/87, AP Nr. 33 zu § 80 BetrVG 1972 (B I 1 a der Gründe); *BAG*, Beschl. v. 15.12.1998 – 1 ABR 9/98, BAGE 90, 288, 296; *Linnenkohl/Kilz*, RDV 1988, 189, 191; *Wiese*, FS Wiedemann, S. 617, 619 m.w.N.

366 *BAG*, Beschl. v. 17.05.1983 – 1 ABR 21/80, BAGE 42, 366, 378 f.; *Thannheiser*, AiB 2010, 320, 323; *Trittin/Weber*, AiB 1986, 182, 183; vgl. *Venema*, NZA 1993, 252, 253.

367 *BAG*, Beschl. v. 15.12.1998 – 1 ABR 9/98, BAGE 90, 288, 296.

368 *BAG*, Beschl. v. 15.12.1998 – 1 ABR 9/98, BAGE 90, 288, 296; zustimmend *Gaul/Bonanni*, ArbRB 2003, 241, 241.

(1) Um rechtzeitig zu sein, muss die Unterrichtung zu einer Zeit erfolgen, in der die in Frage stehende Maßnahme noch gestaltungsfähig ist.[369] Der Betriebsrat muss sich mit der sich ihm stellenden Aufgabe auseinandersetzen können und die Zeit haben, sich zu beraten und eigene Positionen zu erarbeiten.[370] Damit muss die Unterrichtung bereits in der Phase der Planung durch den Arbeitgeber erfolgen.[371] Der genaue Zeitpunkt bestimmt sich anhand des jeweiligen Einzelfalls.[372]

(2) Umfassende Unterrichtung bedeutet eine vollständige Vermittlung der für die Meinungsbildung relevanten Informationen.[373] Der Arbeitgeber muss den Betriebsrat so unterrichten, dass dieser dazu in der Lage ist, die Informationen für sich zu nutzen und einzuordnen.[374] Die Information muss für den Betriebsrat verständlich sein.[375] Der Umfang bemisst sich dabei anhand der Komplexität der Informationen, die mit einem der Schwierigkeit entsprechenden Zeitaufwand und gegebenenfalls durch Wiederholungen und Einzelaufklärungen für den Betriebsrat aufbereitet und erläutert werden müssen.[376] Es kann auch nötig sein, dem Betriebsrat die Informationen schriftlich aufzubereiten sowie die zum Verständnis notwendigen Unterlagen und bereits vom Arbeitgeber genutzte Literatur und Rechtsprechung zur Verfügung zu stellen.[377] Der Unterrichtungsanspruch steht nicht unter dem Korrektiv des Verhältnismäßigkeitsgrundsatzes und somit kommt es auf den für den Arbeitgeber mit der Unterrichtung verbundenen Aufwand nicht

---

369 *BAG*, Beschl. v. 17.03.1987 – 1 ABR 59/85, BAGE 54, 278, 293; *Boewer*, RDV 1985, 22, 25; *Thannheiser*, AiB 2005, 348, 349; *Wiese*, FS Wiedemann, S. 617, 619 f. m.w.N.; *Wolter*, Der Betriebsrat 1987, 649, 656.

370 GK – *Weber*, § 80 Rn. 70; eine Unterrichtung im Planungsstadium fordert *Schwarzbach*, AiB 2011, 151, 152.

371 *LAG Hamburg*, Beschl. v. 20.06.1985 – 7 TaBV 10/84, BB 1985, 2110, 2111; *ArbG Dortmund*, Beschl. v. 21.08.2001 – 7 BvGa 12/01, n.v. (II 2 der Gründe); *Weckbach*, CR 1986, 476, 480 f.

372 *Wiese*, FS Wiedemann, S. 617, 620.

373 Vgl. *BAG*, Beschl. v. 11.07.1972 – 1 ABR 2/72, BAGE 24, 349, 353; *BAG*, Beschl. v. 17.03.1987 – 1 ABR 59/85, BAGE 54, 278, 288; *Boewer*, RDV 1985, 22, 25; *Thannheiser*, AiB 2005, 348, 349; Richardi – *Thüsing*, § 80 Rn. 54.

374 *BAG*, Beschl. v. 17.03.1987 – 1 ABR 59/85, BAGE 54, 278, 296.

375 *BAG*, Beschl. v. 17.03.1987 – 1 ABR 59/85, BAGE 54, 278, 296; *BAG*, Beschl. v. 04.06.1987 – 6 ABR 63/85, AP Nr. 30 zu § 80 BetrVG 1972 (B II 1 a der Gründe); *Matthiessen*, CR 1988, 478, 483; GK – *Weber*, § 80 Rn. 71.

376 *BAG*, Beschl. v. 17.03.1987 – 1 ABR 59/85, BAGE 54, 278, 296; *Jobs*, RDV 1987, 125, 126; *Kort*, CR 1988, 487, 490; *Venema*, NZA 1993, 252, 254.

377 *BAG*, Beschl. v. 16.11.2005 – 7 ABR 12/05, BAGE 116, 192, 204.

an.[378] Einzelne Informationen können zudem nicht mit dem Hinweis auf Betriebs- und Geschäftsgeheimnisse verweigert werden.[379]

(3) Der Begriff der abschließenden Unterrichtung ist nicht eindeutig. Sinn und Zweck der Unterrichtungspflicht legen eine weite Auslegung nahe. Insbesondere bei umfangreichen Projekten sind jedoch zu Beginn noch nicht alle Entwicklungen und Informationen absehbar, wenn zunächst eine erste Phase in Angriff genommen wird. Es ist daher davon auszugehen, dass eine abschließende Unterrichtung bezüglich jedes einzelnen Schrittes gemeint ist, wenn anderenfalls die Beteiligungsrechte des Betriebsrats mangels Informationen nicht ordnungsgemäß ausgeübt werden können.[380]

cc. Nutzung externer Personen für die Unterrichtung

Der Arbeitgeber muss seine Unterrichtungspflicht grundsätzlich selbst erfüllen.[381] Teilweise wird dem Betriebsrat angeboten, sich zum Beispiel durch einen Mitarbeiter einer Firma unterrichten zu lassen, welche ein neues EDV-System im Betrieb einführen soll.[382] Dies wird zum Teil als unzulässig abgelehnt.[383] Dem ist jedoch nicht zu folgen. Eine Einschätzung der Folgen für die Arbeitnehmer in rechtlicher und arbeitsorganisatorischer Hinsicht wird diese Person zwar nicht vornehmen können, die Information kann aber zu einem besseren technischen Verständnis des Betriebsrats für technische Neuerungen im Betrieb führen.[384] Daher ist eine Unterrichtung durch andere Personen als Erfüllungsgehilfen des Arbeitgebers im Rahmen seiner Pflicht nach § 80 Abs. 2 S. 1 BetrVG anzuerkennen.[385]

Auch die Unterrichtung durch sachkundige Arbeitnehmer gehörte bis zur Einführung des § 80 Abs. 2 S. 3 BetrVG im Jahr 2001 zur Unterrichtung durch den Arbeitgeber nach § 80 Abs. 2 S. 1 BetrVG.[386]

---

378 *LAG Baden-Württemberg*, Beschl. v. 14.07.2006 – 5 TaBV 6/05, AuA 2007, 568, 568.

379 GK – *Weber*, § 80 Rn. 77 und 81.

380 *Wagner*, AiB 1992, 316, 320.

381 *Jobs*, RDV 1987, 125, 128.

382 Z.B. *ArbG Nürnberg*, Beschl. v. 22.12.1986 – 3 BVGa 16/86, AiB 1987, 144.

383 *Jobs*, RDV 1987, 125, 128.

384 *ArbG Nürnberg*, Beschl. v. 22.12.1986 – 3 BVGa 16/86, AiB 1987, 144, 144.

385 Vgl. GK – *Weber*, § 80 Rn. 56.

386 Vgl. die Ausführungen zu sachkundigen Arbeitnehmern Kapitel 2 A II 2 d.

dd. Vorrangigkeit der Unterrichtungspflicht

Ob und in welchem Umfang ein Vorrang der Unterrichtungspflicht nach § 80 Abs. 2 S. 1 BetrVG zur Sachverständigenhinzuziehung nach § 80 Abs. 3 BetrVG besteht, ist stark umstritten. Im Wortlaut des Gesetzes finden sich weder Anhaltspunkte für noch gegen eine Vorrangigkeit. Lediglich die systematische Stellung der Absätze könnte als ein Indiz für eine Vorrangigkeit der Unterrichtungspflicht gewertet werden.

(1) Vorrangigkeit der Unterrichtungspflicht nach dem Stufenmodell

Das *Bundesarbeitsgericht* entwickelte im Rahmen des Stufenmodells ein Stufenverhältnis zwischen den Absätzen 2 und 3 des § 80 BetrVG.[387] Das Gericht und zum Teil auch die unterinstanzliche Rechtsprechung gehen davon aus, dass die Frage, ob der Einsatz eines Sachverständigen erforderlich ist, grundsätzlich erst nach der Unterrichtung im Sinne des § 80 Abs. 2 S. 1 BetrVG beantwortet werden kann.[388] Der *1. Senat des Bundesarbeitsgerichts* schloss die Tätigkeit eines Sachverständigen als „Lese- und Verständnishilfe" in der bloßen Informationsphase aus, wobei der Einsatz eines Sachverständigen in dieser Phase nicht gänzlich abgelehnt wurde.[389]

In der Rechtsprechung wird wohl überwiegend die Hinzuziehung eines Sachverständigen erst nach der Unterrichtung durch den Arbeitgeber als zulässig angesehen.[390] Der Einwand, der Arbeitgeber würde – etwa aufgrund seines bisherigen Verhaltens – Grund zu der Annahme geben, keine verständliche und umfassende Unterrichtung vorzunehmen, soll nicht beachtet werden.[391] Könnte der Betriebsrat bereits allein wegen der Befürchtung, der Arbeitgeber werde ihn nicht richtig oder umfassend informieren, einen Sachverständigen hinzuziehen, würde letztlich der Sachverständige die Unterrichtung, welche eigentlich dem Arbeitgeber obliege, vornehmen.[392] *Jobs*,

---

387 Vgl. die Ausführungen zum Stufenmodell Kapitel 2 A II 2 a und die Ausführungen zu den einzelnen Informationspflichten Kapitel 2 A II 2 b-e.

388 *BAG*, Beschl. v. 17.03.1987 – 1 ABR 59/85, BAGE 54, 278, 296 f.; *BAG*, Beschl. v. 04.06.1987 – 6 ABR 63/85, AP Nr. 30 zu § 80 BetrVG 1972 (B II 1 der Gründe); *BAG*, Beschl. v. 26.02.1992 – 7 ABR 51/90, BAGE 70, 1, 9 ff.; *LAG Berlin*, Beschl. v. 30.07.1985 – 3 TaBV 6/85, LAGE Nr. 4 zu § 80 BetrVG 1972 (S. 7).

389 *BAG*, Beschl. v. 17.03.1987 – 1 ABR 59/85, BAGE 54, 278, 296; zustimmend *Kort*, CR 1988, 487, 490.

390 Vgl. *BAG*, Beschl. v. 17.03.1987 – 1 ABR 59/85, BAGE 54, 278, 297; *LAG Berlin*, Beschl. v. 30.07.1987 – 3 TaBV 6/85, LAGE Nr. 4 zu § 80 BetrVG 1972 (S. 7).

391 *BAG*, Beschl. v. 17.03.1987 – 1 ABR 59/85, BAGE 54, 278, 297; *LAG Berlin*, Beschl. v. 30.07.1985 – 3 TaBV 6/85, LAGE Nr. 4 zu § 80 BetrVG 1972 (S. 7).

392 *BAG*, Beschl. v. 17.03.1987 – 1 ABR 59/85, BAGE 54, 278, 297.

der an einigen Entscheidungen des Bundesarbeitsgerichts zur Hinzuziehung von Sachverständigen beteiligt war, betont, dass sich die Frage der Erforderlichkeit eines Sachverständigeneinsatzes erst nach einer vollständigen Unterrichtung als tatsächliche Voraussetzung der Hinzuziehung eines Sachverständigen beantworten ließe.[393]

(2) Kritik an der Vorrangigkeit der Unterrichtungspflicht

Eine vorrangige Unterrichtung durch den Arbeitgeber wird durch große Teile der Literatur mit verschiedenen Begründungen abgelehnt. Zum einen sei die Informationsphase in der Praxis schwer eingrenzbar.[394] Zum anderen würden der Zweck des § 80 Abs. 2 S. 1 BetrVG, die Information des Betriebsrats durch den Arbeitgeber, und der Zweck des § 80 Abs. 3 BetrVG, die Verarbeitung der Informationen durch den Betriebsrat, unzulässig miteinander vermischt.[395] Zudem bestehe die Gefahr, dass der Betriebsrat eine unvollständige Informationsvermittlung durch den Arbeitgeber oder ihm obliegende Aufgaben aufgrund seines fehlenden Fachwissens nicht erkennen könne.[396] Dieses Wissen sei jedoch die Voraussetzung dafür, dass der Betriebsrat die zur vollständigen Information noch erforderlichen Fragen stellen und die ihm mitgeteilten Informationen richtig bewerten könne.[397] Schließlich könne bereits eine unvollständige Information erkennen lassen, dass die Hilfe eines Sachverständigen erforderlich sei.[398]

Kritiker des Stufenmodells bemängeln weiterhin eine zu arbeitgeberfreundliche Auslegung. Ein Arbeitgeber würde durch das Stufenverhältnis zu regelwidrigem Verhalten angehalten werden, da er durch eine unvollständige oder schleppende Information des Betriebsrats die Hinzuziehung eines Sachverständigen hinauszögern oder sogar blockieren könnte und dafür auch noch belohnt werde.[399] Es wird

393 *Jobs*, RDV 1987, 125, 127; vgl. auch *BAG*, Beschl. v. 17.03.1987 – 1 ABR 59/85, BAGE 54, 278, 296 f.; teilweise a.A. *Jobs/Rauschenberg*, RDV 1990, 77, 79.

394 *Wagner*, AiB 1992, 316, 320.

395 *Linnenkohl*, BB 1988, 766, 767; *Trittin*, AuR 1988, 289, 291.

396 *ArbG Hamburg*, Beschl. v. 28.05.1985 – 1 GaBV 3/85, AiB 1986, 192, 192; *Jobs/Rauschenberg*, RDV 1990, 77, 79; *Knauber-Bergs*, AiB 1987, 160, 161; *Linnenkohl*, AuR 1988, 92, 95, *Linnenkohl*, BB 1988, 766, 767; *Linnenkohl/Kilz*, RDV 1988, 189, 192; *Pflüger*, NZA 1988, 45, 47; *Schierbaum*, AiB 1996, 217, 219; *Trittin*, AuR 1988, 289, 291.

397 *Knauber-Bergs*, AiB 1987, 160, 161; *Trittin/Weber*, AiB 1986, 182, 182; *Wolter*, Der Betriebsrat 1987, 649, 654; ausführlich *Plessner*, AiB 2006, 758, 759 ff.

398 *Matthiessen*, CR 1988, 478, 481; *Schierbaum*, AiB 1996, 217, 219.

399 *Linnenkohl*, BB 1988, 766, 767; *Schneider*, AiB 2000, 605, 608; *Trittin*, AuR 1988, 290, 291; *Wolter*, Der Betriebsrat 1987, 649, 657.

bemängelt, dass das *Bundesarbeitsgericht* von der Situation der vollständigen und richtigen Unterrichtung ausgehe und unzutreffenderweise den gesetzestreuen Arbeitgeber oder eine Informationsparität zwischen Arbeitgeber und Betriebsrat als gegeben ansehe.[400]

Andere geben zu bedenken, dass sich der Arbeitgeber jederzeit der Hilfe von Sachverständigen bedienen könnte, weshalb Betriebsrat und Arbeitgeber nicht auf gleicher Augenhöhe miteinander kommunizieren könnten, wenn nicht auch der Betriebsrat jederzeit sachverständige Hilfe in Anspruch nehmen könnte.[401] Schließlich würden durch das Modell des *Bundesarbeitsgerichts* die Kosten lediglich kurzfristig gering gehalten, tatsächlich würden diese jedoch weit höher ausfallen, da letztlich nach Nutzung aller vorrangigen Informationsmöglichkeiten dennoch die Hinzuziehung eines Sachverständigen erforderlich sei.[402]

(3) Vermittelnde Ansicht

Für eine vorrangige Unterrichtung durch den Arbeitgeber spricht, dass durch diese eine Kommunikation zwischen den Betriebsparteien gewährleistet wird. Zudem können unnötige Kosten für den Arbeitgeber vermieden werden, da der Einsatz eines Sachverständigen durch die Unterrichtung verkürzt oder sogar vermieden werden kann.[403]

Der Kritikpunkt, Betriebsrat und Arbeitgeber könnten in der Informationsphase nicht auf gleicher Augenhöhe miteinander kommunizieren, vermag im Ergebnis nicht zu überzeugen. In der Phase der Unterrichtung durch den Arbeitgeber findet zunächst nur eine Information statt. Der Arbeitgeber muss bei der Vermittlung der Informationen zwar auf die Vorkenntnisse des Betriebsrats Rücksicht nehmen, er ist jedoch nicht für die Einordnung der vermittelten Informationen bezüglich einer mitbestimmungsrechtlichen Relevanz des Problems verantwortlich.[404] Auch die Kritiker geben zu bedenken, dass viele Arbeitgeber an einem guten Verhältnis zum Betriebsrat und an der schnellen Durchführung geplanter Maßnahmen interessiert seien und daher den Einsatz von Sachverständigen nicht unnötig hinauszögern würden.[405]

Entgegen der Auffassung einiger Kritiker werden durch das Stufenmodell des *Bundesarbeitsgerichts* die Phase der Informationsbeschaffung nach § 80 Abs. 2 BetrVG

400 *Linnenkohl*, BB 1988, 766, 767; *Wagner*, AiB 1992, 316, 319.
401 *Weckbach*, NZA 1988, 305, 307; vgl. auch *Trittin*, AiB 1990, 36, 36.
402 *Wolter*, Der Betriebsrat 1987, 649, 651.
403 Vgl. *LAG Hamm*, Beschl. v. 22.02.2008 – 10 TaBVGa 3/08, juris; *Schlömp*, AiB 1986, 69, 70.
404 *Matthiessen*, CR 1988, 478, 481.
405 *Wagner*, AiB 1992, 316, 320; dazu auch *Lubitz*, Rechtsanwalt, S. 36 ff.

und die Phase der Auswertung der Informationen nach § 80 Abs. 3 BetrVG nicht vermischt; es findet sogar eine explizite Trennung der beiden Phasen statt.[406] In der Praxis ist dagegen keine klare Trennung zwischen Informationsbeschaffung und Informationsverarbeitung möglich.[407] Daraus folgt jedoch nicht zwingend die generelle Ablehnung einer vorrangigen Unterrichtung. Eine Überlappung von Informationsbeschaffung und -verarbeitung wird durch das Stufenmodell nicht ausgeschlossen und ist bei näherer Betrachtung auch mit diesem vereinbar.[408] Es ist festzuhalten, dass die abschließende Unterrichtung – insbesondere bei mehrgliedrigen Projekten – nicht zwingend das gesamte Projekt umfassen muss, sondern dass die Unterrichtung aufgeteilt und somit bezüglich einer Projektphase abgeschlossen sein kann.[409] Demnach steht eine bezüglich des Gesamtprojekts noch nicht abgeschlossene Unterrichtung der Hinzuziehung eines Sachverständigen zu einer bestimmten Projektphase nicht entgegen.[410] Dem entspricht auch die Definition des Sachverständigen, der unter anderem Tatsachen feststellen soll und nicht bloß einen bereits feststehenden Sachverhalt bearbeiten soll.[411] Eine vorrangige Unterrichtung durch den Arbeitgeber ist damit anzuerkennen. Allerdings ist gerade bei langfristigen Projekten die Hinzuziehung eines Sachverständigen nach einer ersten Unterrichtung durch den Arbeitgeber denkbar, sodass eine strikte Vorrangigkeit insoweit nicht mehr besteht.

c. Mitwirkungspflicht des Betriebsrats

Im Rahmen der Hinzuziehung eines Sachverständigen muss sich der Betriebsrat nach dem Stufenmodell des *Bundesarbeitsgerichts* aktiv um die Klärung noch offener Fragen zu bemühen. Die Frage, ob dies tatsächlich von Betriebsrat verlangt werden kann, ist eng mit der Frage verbunden, ob im Rahmen des § 80 Abs. 2 S. 1 BetrVG eine aktive Mitwirkungspflicht des Betriebsrats besteht.

aa. Das *Bundesarbeitsgericht* und Teile der Literatur nehmen zu Recht eine Pflicht des Betriebsrats an, weitere Einzelauskünfte anzufordern, wenn nach der

406 Vgl. *Lunk*, RdA 2007, 44, 46.

407 Vgl. *Linnenkohl*, AuR 1988, 92, 96; *Linnenkohl/Kilz*, RDV 1988, 189, 192.

408 *Klapper*, Unterstützung des Betriebsrats, S. 261 geht von einer unzulässigen Verallgemeinerung, beruhend auf einem falschen Verständnis der Auffassung des *Bundesarbeitsgerichts* durch die Literatur, aus.

409 *Jobs/Rauschenberg*, RDV 1990, 77, 77; *Wagner*, AiB 1992, 316, 320; vgl. auch die Ausführungen zur abschließenden Unterrichtung Kapitel 2 A II 2 b bb.

410 *Jobs/Rauschenberg*, RDV 1990, 77, 77; *Wagner*, AiB 1992, 316, 320 f.

411 Vgl. die Ausführungen zur Definition des Sachverständigen Kapitel 1 A I; vgl. auch *Wolter*, Der Betriebsrat 1987, 649, 659.

Unterrichtung durch den Arbeitgeber noch offene Fragen bestehen.[412] Dadurch besteht für den Arbeitgeber die Möglichkeit, den Betriebsrat weiter zu informieren und Fragen zu klären, da dem Arbeitgeber die genauen im Gremium vorhandenen Kenntnisse häufig gar nicht bekannt sein werden. Dabei muss der Betriebsrat die nach seiner Meinung offen gebliebenen Fragen konkret formulieren.[413] Dieser Verpflichtung kann sich der Betriebsrat nicht durch die Behauptung entziehen, er sei nicht in der Lage, die gewonnenen Erkenntnisse zu bewerten.[414] Auch mangelndes Vertrauen gegenüber dem Arbeitgeber entbindet den Betriebsrat nicht von der Verpflichtung, weitere Nachfragen zu stellen.[415] Formuliert der Betriebsrat Fragen, so müssen diese durch den Arbeitgeber beantwortet werden.[416]

bb. Eine solche Mitwirkungspflicht des Betriebsrats im Rahmen von § 80 Abs. 2 S. 1 BetrVG und § 80 Abs. 3 BetrVG wird zum Teil heftig kritisiert und als Beschneidung der Rechte des Betriebsrats abgelehnt. Festgemacht wird die Kritik an der gesetzlichen Konzeption einer „Bringschuld" in § 80 Abs. 2 S. 1 BetrVG.[417] Mit der Anerkennung einer Fragepflicht des Betriebsrats würde diese Intention des § 80 Abs. 2 S. 1 BetrVG umgangen und in eine „Holschuld" gewandelt werden.[418] Dem Betriebsrat würde die Pflicht auferlegt werden, sich alle erforderlichen Informationen selbst zu beschaffen.[419] Diese Kritik ist abzulehnen. Zum einen ist die Terminologie ungenau, denn grundsätzlich wird unter dem Begriff der Leistungsort im Schuldverhältnis verstanden.[420] Zum anderen wird, wenn im allgemeinen Zivilrecht eine Bringschuld angemahnt wird, auch nicht davon ausgegangen, dass sich diese Bringschuld nun in eine Holschuld wandelt.[421] Die Situation, in der der Betriebsrat aufgrund einer fehlenden oder unvollständigen Unterrichtung ein

---

412 *BAG*, Beschl. v. 26.02.1992 – 7 ABR 51/90, BAGE 70, 1, 11; *BAG*, Beschl. v. 16.11.2005 – 7 ABR 12/05, BAGE 116, 192, 201; *Jobs*, RDV 1987, 125, 127; *Lubitz*, Rechtsanwalt, S. 36; *Lunk*, RdA 2007, 44, 46; teilweise auch *Jobs/Rau-schenberg*, RDV 1990, 77, 79.

413 *Hunold*, NZA 2006, 583, 584.

414 *Hunold*, NZA 2006, 583, 584.

415 *Jobs/Rauschenberg*, RDV 1990, 77, 79.

416 Vgl. *BAG*, Beschl. v. 26.02.1992 – 7 ABR 51/90, BAGE 70, 1, 11; *Jobs*, RDV 1987, 125, 127.

417 *Linnenkohl*, BB 1988, 766, 766; *Schierbaum*, CR 1995, 742, 743; *Schierbaum*, AiB 1996, 217, 219; *Trittin*, AuR 1988, 290, 291; *Wagner*, AiB 1992, 316, 318.

418 *Linnenkohl*, BB, 1988, 766, 767; *Schierbaum*, CR 1995, 742, 743 f.; *Schierbaum*, AiB 1996, 217, 219; *Trittin*, AuR 1988, 289, 291.

419 *Trittin*, AuR 1988, 289, 291.

420 *Lunk*, RdA 2007, 44, 46.

421 *Klapper*, Unterstützung des Betriebsrats, S. 289.

Verfahren anstrebt, ist mit der Situation vergleichbar, in der ein Betriebsrat zunächst weitere Fragen direkt an den Arbeitgeber richtet, nur dass in diesem Fall kein Gericht eingeschaltet wird.[422] Der Betriebsrat wird in beiden Fällen selbst tätig, um sich die gewünschten Informationen zu beschaffen. Eine selbständige Beschaffung von Informationen ist zudem in der Praxis nicht unüblich.[423]

Zudem besteht die Befürchtung, dass ein unvollständig informierender Arbeitgeber auftretende Informationslücken, die vom Betriebsrat unbemerkt blieben, nicht aufklären würde und sich der Betriebsrat somit gar nicht der Erforderlichkeit der Hinzuziehung eines Sachverständigen bewusst werden würde.[424] Außerdem hätten Betriebsräte nicht immer das nötige Fachwissen, um zu erkennen, ob und welche Fragen erforderlich seien.[425] Das Gesetz sehe zwar eine Trennung von § 80 Abs. 2 und Abs. 3 BetrVG vor, diese sei jedoch nicht zeitlicher Natur, sondern stelle klar, dass das „Ausschöpfen betriebsinterner Informationsquellen“ dem Arbeitgeber im Rahmen seiner Informationspflicht obliege.[426] Diesen Kritikpunkten ist jedoch aus verschiedenen Gründen nicht zu folgen. Ist der Betriebsrat der Überzeugung, er sei noch nicht umfassend unterrichtet worden, so ist ihm grundsätzlich ein Nachfragen in Verbindung mit einer angemessenen Fristsetzung für die Antwort des Arbeitgebers zumutbar.[427] Dies folgt bereits aus dem Grundsatz der vertrauensvollen Zusammenarbeit.[428] Die Anforderungen müssen jedoch an die Komplexität und das Fachwissen des jeweiligen Betriebsrats angepasst werden. Zumutbar erscheint es den Betriebsrat zu verpflichten, die Zweifel an der Vollständigkeit mitzuteilen und je nach Kenntnisstand genauere Angaben zu machen, an welchen Punkten ein Nachholbedarf an Information durch den Arbeitgeber besteht. Dies belastet den Betriebsrat nicht über die Gebühr und ermöglicht es dem Arbeitgeber einzuschätzen, an welcher Stelle weiterer Erklärungsbedarf besteht.

---

422 *Klapper*, Unterstützung des Betriebsrats, S. 288 f.

423 *Wagner*, AiB 1992, 316, 321.

424 *Schierbaum*, CR 1995, 742, 744; ähnlich *Trittin*, EWiR 1988, 535, 535.

425 *Kittner*, EzA Nr. 40 zu § 80 BetrVG 1972, S. 13; *Linnenkohl*, BB 1988, 766, 767; *Trittin*, AuR 1988, 289, 291.

426 *Linnenkohl/Kilz*, RDV 1988, 189, 191; *Linnenkohl*, BB 1988, 766, 767; *Trittin*, EWiR 1988, 535, 536; gegen eine strenge zeitliche Trennung auch *Jobs/Rau-schenberg*, RDV 1990, 77, 80.

427 Vgl. *BAG*, Beschl. v. 16.11.2005 – 7 ABR 12/05, BAGE 116, 192, 204; *Schierbaum*, AiB 1996, 217, 221.

428 *BAG*, Beschl. v. 16.11.2005 – 7 ABR 12/05, BAGE 116, 192, 201.

d. Sachkundige Arbeitnehmer

Mit dem Betriebsverfassungs-Reformgesetz wurde im Jahr 2001 mit § 80 Abs. 2 S. 3 BetrVG ein Anspruch des Betriebsrats auf Hinzuziehung von sachkundigen Arbeitnehmern geschaffen.[429] Zuvor hatte bereits das *Bundesarbeitsgericht* im Rahmen des Stufenmodells die Ausschöpfung des innerbetrieblichen Sachverstands als vorrangig zum Einsatz von Sachverständigen angesehen.[430]

Zweck des § 80 Abs. 2 S. 3 BetrVG ist die Vermittlung von Informationen und Kenntnissen, damit der Betriebsrat seine Aufgaben ordnungsgemäß erfüllen kann.[431] Durch die Nutzung von internem Sachverstand soll der Betriebsrat die Möglichkeit erhalten, diesen in seine Arbeit einzubeziehen.[432] Darüber hinaus sollen Arbeitnehmer stärker in die betriebliche Interessenvertretung eingebunden werden, um ihnen die Möglichkeit zu geben, an Prozessen der Mitbestimmung teilzuhaben und ihre eigenen Vorstellungen einzubringen.[433] Dadurch soll eine bessere Kommunikation und eine engere Verbindung zwischen Betriebsräten und Arbeitnehmern hergestellt werden.[434]

Die Voraussetzungen und das Verfahren der Hinzuziehung von sachkundigen Arbeitnehmern erinnern an die des § 80 Abs. 3 BetrVG. Ist im Zusammenhang mit einer konkreten Aufgabe des Betriebsrats die Information durch einen sachkundigen Arbeitnehmer erforderlich und verhältnismäßig, damit der Betriebsrat seine Arbeit ordnungsgemäß erfüllen kann, so muss dieser einen entsprechenden Beschluss fassen.[435] Für die Erforderlichkeit kann entsprechend auf die Erforderlichkeit der Sachverständigenhinzuziehung verwiesen werden.[436] Bezüglich der Person des sachkundigen Arbeitnehmers steht dem Betriebsrat ein Vorschlagsrecht zu, welches durch betriebliche Notwendigkeiten eingeschränkt sein kann.[437]

---

429 Gesetz v. 23.07.2001, BGBl. 2001 Teil I, S. 1852 (am 28.07.2001 in Kraft getreten).

430 Vgl. *BAG*, Beschl. v. 16.11.2005 – 7 ABR 12/05, BAGE 116, 192, 203 mit Verweisen auf die bisherige Rechtsprechung.

431 *Oetker*, NZA 2003, 1233, 1235.

432 BT-Drucks. 14/5741, 46 f.; *Becker/Kunz/Schneider*, AiB 2002, 537, 537; *Eder*, AiB 2010, 302, 305; *Hayen*, AiB 2010, 287, 288; *Wendeling-Schröder*, NZA 2001, 357, 359.

433 BT-Drucks. 14/5741, S. 25 und 30; *Wendeling-Schröder*, NZA 2001, 357, 359.

434 *Hayen*, AiB 2010, 287, 288, 289; *Schoof*, AiB 1990, 463, 463.

435 Vgl. GK – *Weber* § 80 Rn. 116 ff. m.w.N.

436 Richardi – *Thüsing*, § 80 Rn. 90; vgl. auch die Ausführungen zur Erforderlichkeit der Sachverständigenhinzuziehung Kapitel 2 A II.

437 Vgl. GK – *Weber* § 80 Rn. 121 ff. m.w.N.

aa. Auswirkungen auf § 80 Abs. 3 BetrVG

Ob und in welchem Umfang die Einführung des § 80 Abs. 2 S. 3 BetrVG Auswirkungen auf die Voraussetzungen des § 80 Abs. 3 BetrVG hat, ist umstritten. Insbesondere das Verhältnis zur Rechtsprechung des *Bundesarbeitsgerichts* und die rechtliche Beurteilung der Einführung des § 80 Abs. 2 S. 3 BetrVG müssen dabei geklärt werden.

(1) Nach der Rechtsprechung des *Bundesarbeitsgerichts* zum Stufenmodell, welches vor der Einführung des § 80 Abs. 2 S. 3 BetrVG im Jahr 2001 entwickelt wurde, war die vorrangige Inanspruchnahme von sachkundigen Arbeitnehmern eine zwingende Voraussetzung, damit die Erforderlichkeit der Hinzuziehung eines Sachverständigen nach § 80 Abs. 3 BetrVG bejaht werden konnte.[438] Der Arbeitgeber konnte sich darauf berufen, dass zunächst der interne Sachverstand genutzt werden musste und so die Hinzuziehung eines Sachverständigen behindern oder verzögern, beziehungsweise effizienter und damit kostengünstiger gestalten. Im Ergebnis wurde der Betriebsrat zur Inanspruchnahme verpflichtet und der Arbeitgeber erhielt einen Anspruch darauf, dass der Betriebsrat zunächst internen Sachverstand nutzte.[439]

(2) Die rechtliche Einordnung des § 80 Abs. 2 S. 3 BetrVG ist, wie auch das Verhältnis der Regelung zum Stufenmodell des *Bundesarbeitsgerichts*, umstritten. Die Auffassungen schließen sich nicht alle gegenseitig aus. Bislang existieren nur wenige Urteile des *Bundesarbeitsgerichts* zu dieser Frage.

(a) Teilweise wird vertreten, dass mit der Einführung des § 80 Abs. 2 S. 3 BetrVG die Pflicht des Betriebsrats in das Gesetz gebracht worden sei, vor der Hinzuziehung eines Sachverständigen selbst den Arbeitgeber um internen Sachverstand zu ersuchen.[440] Dem ist entgegenzuhalten, dass im Gesetz lediglich ein Anspruch ausdrücklich formuliert ist. Das *Bundesarbeitsgericht* lässt die Frage unter Berufung auf die bisherige Rechtsprechung ausdrücklich offen.[441]

(b) Es wird auch vertreten, dass die Rechtsprechungspraxis durch die neue gesetzliche Regelung ersetzt worden sei.[442] Dabei wird teilweise angenommen, dass in bewusster Abkehr von der Rechtsprechung zu § 80 Abs. 3 BetrVG ein

---

438 Vgl. *BAG*, Beschl. v. 16.11.2005 – 7 ABR 12/05, BAGE 116, 192, 203 mit Verweisen auf die bisherige Rechtsprechung.

439 *Klapper*, Unterstützung des Betriebsrats, S. 45.

440 So im Ergebnis *LAG Hamburg*, Beschl. v. 24.02.2005 – 3 TaBV 11/03, AuR 2005, 465 (1. Leitsatz), juris.

441 *BAG*, Beschl. v. 16.11.2005 – 7 ABR 12/05, BAGE 116, 192, 203.

442 DKKW – *Buschmann*, § 80 Rn. 146.

Vorrang der Inanspruchnahme sachkundiger Arbeitnehmer zum Einsatz eines Sachverständigen nicht mehr bestehe.[443] Eine Abkehr von der Rechtsprechung hätte jedoch nur dann stattgefunden, wenn die gesetzliche Lage nunmehr dem Stufenmodell widersprechen würde. Das wäre der Fall, wenn die Formulierung des § 80 Abs. 2 S. 3 BetrVG einer Pflicht des Betriebsrats, internen Sachverstand zu nutzen, widersprechen würde. Ein Vergleich mit § 80 Abs. 2 S. 1 BetrVG spricht jedoch gegen eine solche Annahme, da die Mitwirkungspflicht im Rahmen der Unterrichtungspflicht– wenn auch nicht unbestritten – anerkannt ist.[444]

(c) Teilweise wird die Einführung des § 80 Abs. 2 S. 3 BetrVG als Festschreibung der bisherigen Rechtsprechung zu § 80 Abs. 3 BetrVG und damit auch des Vorrangs sachkundiger Arbeitnehmer angesehen.[445] Diese Auffassung ließe sich jedenfalls mit der Stellung der Vorschrift im Rahmen des Abs. 2 des § 80 BetrVG begründen.

(d) Andere sehen in der Regelung des § 80 Abs. 2 S. 3 BetrVG eine deutliche Verbesserung der Rechte des Betriebsrats.[446] Der Arbeitgeber könne nicht, wie im Rahmen seiner Unterrichtungspflicht nach § 80 Abs. 2 S. 1 BetrVG, die Person des Arbeitnehmers selbst bestimmen, sondern sei grundsätzlich an die Vorschläge des Betriebsrats gebunden.[447] Dieser Auffassung ist zuzustimmen. Forderte der Betriebsrat vor Einführung des § 80 Abs. 2 S. 3 BetrVG eine umfassende Unterrichtung durch den Arbeitgeber, so konnte dieser der Unterrichtungspflicht auch nachkommen, indem er dem Betriebsrat sachkundige Arbeitnehmer zur Verfügung stellte.[448] Das Auswahlrecht lag und liegt im Rahmen der Unterrichtungspflicht beim Arbeitgeber. Neu ist jedoch, dass der Betriebsrat selbst einen Anspruch auf Inanspruchnahme eines sachkundigen Arbeitnehmers und auch ein – gewissen Beschränkungen unterliegendes – Auswahlrecht hat.[449] Insoweit liegt eine Verbesserung der Rechte des Betriebsrats vor.

(e) Teilweise wird die neue gesetzliche Regelung als überflüssig angesehen, da der Arbeitgeber auch nach der bisherigen Rechtslage sachkundige Arbeitnehmer

---

443 DKKW – *Buschmann*, § 80 Rn. 146.

444 Vgl. dazu die Ausführungen zur Mitwirkungspflicht Kapitel 2 A II 2 c.

445 *Natzel*, NZA 2001, 872, 872; HWK – *Schrader*, § 80 BetrVG Rn. 85; GK – *Weber*, § 80 Rn. 112; *Zumbeck*, Ratgeber des Betriebsrats, S. 11; ähnlich *Neef*, NZA 2001, 361, 364.

446 *Becker/Kunz/Schneider*, AiB 2002, 537, 537; *Oetker*, NZA 2003, 1233, 1239; *Klapper*, Unterstützung des Betriebsrats, S. 32.

447 Vgl. GK – *Weber*, § 80 Rn. 113.

448 Vgl. z.B. *BAG*, Beschl. v. 16.11.2005 – 7 ABR 12/05, BAGE 116, 192, 203.

449 *Natzel*, NZA 2001, 872,873; BT-Drucks. 14/5741, S. 47.

für die Information des Betriebsrats hätte nutzen können.[450] Dem ist jedoch nicht zuzustimmen. Die Einführung des § 80 Abs. 2 S. 3 BetrVG ist nicht überflüssig. Es ist zwar richtig, dass der Betriebsrat durch § 80 Abs. 2 S. 3 BetrVG keine neuen Informationsquellen erhalten hat,[451] der Betriebsrat hat aber einen Anspruch auf die Inanspruchnahme von internem Sachverstand und ein (begrenzbares) Auswahlrecht erhalten. Damit wurde die bislang praktizierte Rechtsprechung nicht lediglich ersetzt, sondern es wurden neue Elemente in das Gesetz aufgenommen.

(f) Zusammenfassend ist festzustellen, dass die Neueinführung keine direkte Festschreibung des Stufenmodells ist. Für die Voraussetzungen und das Verfahren des § 80 Abs. 3 BetrVG bedeutet dies, dass sich der Betriebsrat nur dann auf sachkundige Arbeitnehmer verweisen lassen muss, wenn diese rechtzeitig verfügbar sind, ähnlich wie bei den anderen durch das Stufenmodell als vorrangig ausgewiesenen Informationsmöglichkeiten. Es ist daher richtig, im Rahmen des § 80 Abs. 3 BetrVG von sachkundigen Arbeitnehmern im Sinne des § 80 Abs. 2 S. 3 BetrVG zu sprechen. Definition und Auskunftsumfang sind auf den Anspruch aus § 80 Abs. 3 BetrVG übertragbar. § 80 Abs. 3 BetrVG wird aber nicht um die Voraussetzungen des § 80 Abs. 2 S. 3 BetrVG erweitert.

bb. Sachkundige Arbeitnehmer im Rahmen des § 80 Abs. 3 BetrVG

Ein sachkundiger Arbeitnehmer ist durch die Vermittlung von Informationen für das Informationsbedürfnis und die Entscheidungsfindung des Betriebsrats hilfreich.[452] Er muss über das dem Betriebsrat fehlende Wissen verfügen.[453] Im Rahmen des § 80 Abs. 3 BetrVG werden, anders als überwiegend im Rahmen des § 80 Abs. 2 S. 3 BetrVG vertreten, auch unternehmensangehörige Arbeitnehmer als erfasst angesehen.[454] Der Arbeitgeber kann dem Betriebsrat folglich einen betriebsfremden Arbeitnehmer zur Verfügung stellen. Sollte er dies etwa aus Kostengründen nicht tun wollen, so kann er sich jedoch nicht auf eine vorherige Nutzung dieser Informationsmöglichkeit

---

450 *Neef*, NZA 2001, 361, 364.

451 *Oetker*, NZA 2003, 1233, 1239.

452 Vgl. die Ausführungen zur Abgrenzung von Sachverständigen und sachkundigen Arbeitnehmern Kapitel 1 A II 3.

453 GK – *Weber*, § 80 Rn. 119.

454 *BAG*, Beschl. v. 16.11.2005 – 7 ABR 12/05, BAGE 116, 192, 201; *LAG Hamburg*, Beschl. v. 24.02.2005 – 3 TaBV 11/03, AuR 2005, 465 (1. Leitsatz), juris; a.A. *Keßler*, AiB 2002, 46, 47; vgl. zum Streitstand im Rahmen des § 80 Abs. 2 S. 3 BetrVG GK – *Weber*, § 80 Rn. 118 m.w.N.; vgl. auch die Ausführungen zu sachkundigen Arbeitnehmern Kapitel 1 A II 3.

berufen. Eine Grenze muss dann gezogen werden, wenn durch die Zurverfügungstellung von unternehmensangehörigen Arbeitnehmern dem Betriebsrat erkennbar Steine in den Weg gelegt werden sollen. Dies kann dann der Fall sein, wenn der Betriebsrat durch lange Wartezeiten in seiner Arbeit behindert werden würde.

Die im Bereich des § 80 Abs. 2 S. 3 BetrVG ebenfalls umstrittene Frage, ob leitende Angestellte sachkundige Arbeitnehmer sein können, stellt sich im Rahmen der Hinzuziehung eines Sachverständigen nicht.[455] Der Arbeitgeber kann dem Betriebsrat leitende Angestellte für die Information zur Verfügung stellen. Tut er dies nicht, kann er sich auch nicht auf eine eventuelle Vorrangigkeit berufen.

(1) Aufgabe des sachkundigen Arbeitnehmers

Die Aufgabe des sachkundigen Arbeitnehmers besteht in der Information des Betriebsrats. Er hat nicht die Kompetenz an der Beschlussfassung des Betriebsrats mitzuwirken.[456] Auch eine Beratung des Betriebsrats ist nicht von der Tätigkeit des sachkundigen Arbeitnehmers umfasst.[457] In der Praxis ist zwar eine exakte Trennung von Informationsvermittlung und Beratung schwer durchzuführen,[458] dennoch entspricht sie sowohl dem Gesetzeswortlaut, als auch der systematischen Stellung des § 80 Abs. 2 S. 3 BetrVG im Bezug auf Satz 1 des § 80 Abs. 2 BetrVG, welcher die Unterrichtungspflicht des Arbeitgebers regelt.

(2) Inhalt und Umfang der Information

Das Informaitonsrecht des Betriebsrats nach § 80 Abs. 2 S. 3 BetrVG hat den gleichen Umfang wie die Unterrichtungspflicht des Arbeitgebers nach § 80 Abs. 2 S. 1 BetrVG.[459] Der sachkundige Arbeitnehmer erfüllt bei Auskunftserteilung und Information eine Pflicht des Arbeitgebers.[460] Dabei ist er jedoch kein Vertreter des Arbeitgebers und ist auch nicht dazu verpflichtet, dem Betriebsrat die Position des Arbeitgebers darzulegen oder zu vermitteln.[461]

---

455 Vgl. zum Streit im Rahmen des § 80 Abs. 2 S. 3 GK – *Weber*, § 80 Rn. 119 m.w.N.

456 *Löwisch*, NZA 2001 Sonderbeilage Heft 24, 40, 41.

457 *Löwisch*, NZA 2001 Sonderbeilage Heft 24, 40, 40; *Natzel*, NZA 2001, 872, 873; GK – *Weber*, § 80 Rn. 114; a.A. „Beratungstätigkeit" DKKW – *Buschmann*, § 80 Rn. 144.

458 So auch *Klapper*, Unterstützung des Betriebsrats, S. 73 ff.

459 *Natzel*, NZA 2001, 872, 873; Richardi – *Thüsing*, § 80 Rn. 86; vgl. *Hanau*, RdA 2001, 65, 71 f.

460 *Becker/Kunz/Schneider*, AiB 2002, 537, 540; vor Einführung des § 80 Abs. 2 S. 3 BetrVG *Schierbaum*, CR 1995, 742, 744; *Venema*, NZA 1993, 252, 253.

461 DKKW – *Buschmann*, § 80 Rn. 143 f.

Umstritten ist, ob der Arbeitnehmer bei der Auskunftserteilung dem Weisungsrecht des Arbeitgebers unterliegt und ob dieser folglich Weisungen – etwa zur Verschwiegenheit in einzelnen Punkten – erteilen kann.[462] Grundlage dieser Problematik ist die Frage, inwieweit der Arbeitnehmer dazu verpflichtet werden kann, sich in die Betriebsratsarbeit einbinden zu lassen. Eine Verpflichtung zur Auskunftserteilung an den Betriebsrat kann sich aus dem Arbeitsvertrag in Verbindung mit dem Weisungsrecht des Arbeitgebers ergeben.[463] Der Arbeitnehmer hat als sachkundige Auskunftsperson kein eigenes Recht Auskünfte zu verweigern.[464] Bezüglich der Frage, ob eine Auskunft erteilt werden muss, wird überwiegend mit Blick auf § 106 GewO ein Weisungsrecht anerkannt.[465] Im Hinblick auf den Inhalt der Auskunftserteilung wird ebenfalls überwiegend ein Weisungsrecht anerkannt, jedoch mit der Einschränkung, dass nur eine Beschränkung auf den Rahmen des § 80 Abs. 2 S. 1 BetrVG zulässig sei.[466] Dies wird damit begründet, dass der Umfang der Informationen, die an den Betriebsrat gelangen sollen, durch § 80 Abs. 2 S. 3 BetrVG nicht eingeschränkt werden solle.[467]

cc. Vorrangigkeit der Information durch sachkundige Arbeitnehmer

Zunächst ist die Frage zu klären, was genau als vorrangig anzusehen ist. Es geht hier um den Anspruch des Arbeitgebers, dass der Betriebsrat zunächst internen Sachverstand vor der Hinzuziehung von externem Sachverstands nutzen soll. Entscheidend muss es dabei darauf ankommen, dass der Arbeitgeber dem Betriebsrat geeigneten internen Sachverstand zur Verfügung stellen kann und möchte.[468]

(1) Nach dem Stufenmodell sollen sachkundige Arbeitnehmer zu Recht vorrangig vor externen Sachverständigen hinzugezogen werden.[469] Dies gilt jedoch nur

---

462 Für ein Weisungsrecht Richardi – *Thüsing*, § 80 Rn. 86 m.w.N.; gegen ein Weisungsrecht *Becker/Kunz/Schneider*, AiB 2002, 537, 540; DKKW – *Buschmann*, § 80 Rn. 144.

463 DKKW – *Buschmann*, § 80 Rn. 149.

464 Richardi – *Thüsing*, § 80 Rn. 86; *Natzel*, NZA 2001, 872, 873; a.A. *Löwisch*, BB 2001, 1790, 1790; *Becker/Kunz/Schneider*, AiB 2002, 537, 540.

465 *Klapper*, Unterstützung des Betriebsrats, S. 83; *Natzel*, NZA 2001, 872, 873; *Oetker*, NZA 2003, 1233, 1237; *Reitze*, ZBVR online 2006, Ausgabe 7, 22, 24 f.; a.A. *Franzen*, ZfA 2001, 432, 439; *Löwisch*, BB 2001, 1790, 1791.

466 *Oetker*, NZA 2003, 1233, 1237; vgl. auch *Natzel*, NZA 2001, 872, 873; ähnlich *Reitze*, ZBVR online 2006, Ausgabe 7, 22, 25.

467 Vgl. *Natzel*, NZA 2001, 872, 873; wohl auch *Hanau*, RdA 2001, 65, 71 f.

468 Vgl. *Reitze*, ZBVR online 2007, Ausgabe 6, 23, 24.

469 *BAG*, Beschl. v. 04.06.1987 – 6 ABR 63/85, AP Nr. 30 zu § 80 BetrVG 1972 (B II 2 und 3 der Gründe); *BAG*, Beschl. v. 26.02.1992 – 7 ABR 51/90, BAGE 70, 1, 10; vgl. *BAG*, Beschl. v. 16.11.2005 – 7 ABR 12/05, BAGE 116, 192, 203.

unter der Voraussetzung, dass geeigneter interner Sachverstand vom Arbeitgeber auch tatsächlich bereitgestellt werden kann und wird. Der Betriebsrat hat dabei die Möglichkeit, dem Arbeitgeber eine Frist zu setzen.[470]

Das *LAG Hamburg* fordert darüber hinaus, dass der Betriebsrat selbst die Initiative zur Nutzung von internem Sachverstand nach § 80 Abs. 2 S. 3 BetrVG ergreifen soll.[471] Diese Forderung geht jedoch zu weit. Die Voraussetzungen des § 80 Abs. 3 BetrVG würden faktisch um die des § 80 Abs. 2 S. 3 BetrVG erweitert werden, was zu einem noch aufwendigeren Verfahren bei der Hinzuziehung eines Sachverständigen führen würde. Das Gericht stellte zudem selbst fest, dass der Gesetzgeber mit Schaffung des § 80 Abs. 2 S. 3 BetrVG keine weiteren Voraussetzungen für die Hinzuziehung von Sachverständigen schaffen wollte.[472]

(2) Vor und nach der Einführung des § 80 Abs. 2 S. 3 BetrVG wurde der vorrangige Einsatz von sachkundigen Arbeitnehmern vor der Hinzuziehung von Sachverständigen mit verschiedenen Begründungen kritisiert. Zum einen könnten interne Fachleute die relevanten Problemfelder nicht kritisch genug betrachten.[473] Aufgrund ihrer Abhängigkeit vom Arbeitgeber sei ihre Beratung immer an dessen Interessen orientiert und sie könnten leicht in einen Loyalitätskonflikt geraten.[474] Dem ist jedoch entgegenzuhalten, dass der Arbeitnehmer im Anwendungsbereich des § 80 Abs. 2 S. 3 BetrVG im Rahmen der Pflicht des Arbeitgebers, den Betriebsrat zu informieren, für diesen tätig wird.[475] Er ist kein Sachverständiger, sondern informiert im Rahmen der arbeitgeberseitigen Unterrichtungspflicht.[476] Zudem muss festgehalten werden, dass § 80 Abs. 2 S. 3 BetrVG, auch wenn ein sachkundiger

---

470 Mit dem Rat zugleich auf eine eventuelle Einleitung eines Zustimmungsersetzungsverfahrens zu verweisen *Klapper*, Unterstützung des Betriebsrats, S. 287; *Wagner*, AiB 1992, 316, 322.

471 *LAG Hamburg*, Beschl. v. 24.02.2005 – 3 TaBV 11/02, AuR 2005, 465 (1. Leitsatz), juris; ausdrücklich offen gelassen durch *BAG*, Beschl. v. 16.11.2005 – 7 ABR 11/05, BAGE 116, 192, 203.

472 *LAG Hamburg*, Beschl. v. 24.02.2005 – 3 TaBV 11/03, AuR 2005, 465 (1. Leitsatz), juris.

473 *ArbG Braunschweig*, Beschl. v. 14.11.1984 – 2 BV 52/84, AiB 1986, 192, 192; *ArbG Hamburg*, Beschl. v. 28.05.1985 – 1 GaBV 3/85, AiB 1986, 192, 192.

474 *Däubler*, AuR 2001, 285, 286; *Franzen*, ZfA 2001, 423, 439; *Hanau*, RdA 2001, 65, 72; *Schneider*, AiB 2000, 605, 606; *Trittin*, AiB 1985, 90, 92.

475 *Becker/Kunz/Schneider*, AiB 2002, 537, 540; *Oetker*, NZA 2003, 1233, 1237; *Lubitz*, Rechtsanwalt, S. 36.

476 Vor Einführung des § 80 Abs. 2 S. 3 BetrVG entschieden durch *BAG*, Beschl. v. 04.06.1987 – 6 ABR 63/85, AP Nr. 30 zu § 80 BetrVG 1972 (B II 3 b der Gründe);

Arbeitnehmer im Rahmen des § 80 Abs. 3 BetrVG eingesetzt wird, lediglich die Information des Betriebsrats zum Gegenstand hat; eine Beratung, die möglicherweise einen Loyalitätskonflikt in sich tragen könnte, findet nicht statt.[477] Außerdem sollen die Beteiligten nach der Konzeption des Betriebsverfassungsgesetzes in umstrittenen Fragen gerade auf eine Einigung hinarbeiten.[478] Eine engere Zusammenarbeit zwischen dem Betriebsrat und den von ihm vertretenen Arbeitnehmern kann zu einer stärkeren Akzeptanz des Betriebsrats führen.[479] Zudem können so Arbeitnehmer einbezogen werden, die kein Betriebsratsamt übernehmen möchten, ihr Wissen und ihre Fähigkeiten aber trotzdem zur Verfügung stellen wollen.[480]

Weiterhin wird angeführt, dass zum anderen der Beurteilungsspielraum des Betriebsrats bei Hinzuziehung eines Sachverständigen vollkommen ausgehöhlt werden würde.[481] Auch dieses Argument vermag nicht zu überzeugen. Nimmt man einen Beurteilungsspielraum des Betriebsrats bei der Hinzuziehung eines Sachverständigen an,[482] so ist nicht ersichtlich, wie dieser durch die vorrangige Inanspruchnahme von internem Sachverstand ausgehöhlt werden könnte. Macht der interne Sachverstand die Hinzuziehung eines externen Sachverständigen überflüssig, so entsteht gar nicht die Möglichkeit, einen diesbezüglichen Beurteilungsspielraum auszuüben; können nicht alle offenen Fragen geklärt werden, so kann nun ein Beurteilungsspielraum hinsichtlich der Hinzuziehung eines Sachverständigen voll ausgeschöpft werden.[483] Auch wenn die Inanspruchnahme von internem Sachverstand die Hinzuziehung eines Sachverständigen nicht entbehrlich macht, so kann sie jedenfalls die Dauer und damit die Kosten des Sachverständigeneinsatzes senken.[484]

Auch das Argument, dass der Arbeitgeber den Betriebsrat bereits nach dem Grundsatz der vertrauensvollen Zusammenarbeit vollständig hätte informieren

---

Klapper, Unterstützung des Betriebsrats, S. 282; *Oetker*, NZA 2003, 1233, 1237; a.A. *Fahlbusch*, Der Betriebsrat, 1993, 11, 13; *Pflüger*, NZA 1988, 45, 47.

477 Vgl. *Löwisch*, BB 2001, 1790, 1791; Löwisch, NZA 2001 Sonderbeilage Heft 24, 40, 40 f.; *Natzel*, NZA 2001, 872, 873; a.A. DKKW – *Buschmann*, § 80 Rn. 144 „Beratungstätigkeit".

478 *Lunk*, RdA 2007, 44, 46.

479 *Becker/Thomas*, AiB 2005, 209, 213.

480 Bereits vor Einführung des § 80 Abs. 2 S. 3 BetrVG *Burghardt/Hinrichs/Hummel u.a.*, AuR 2000, 205, 208.

481 *Knauber-Bergs*, AiB 1987, 160, 161; ähnlich *Wolter*, Der Betriebsrat 1987, 649, 660.

482 Vgl. die Ausführungen zum Beurteilungsspielraum Kapitel 2 A IV.

483 *Klapper*, Unterstützung des Betriebsrats, S. 285 f.

484 *BAG*, Beschl. v. 16.11.2005 – 7 ABR 12/05, BAGE 116, 192, 204; *LAG Köln*, Beschl. v. 18.10.2006 – 2 TaBV 408/06, LAGE Nr. 4 zu § 80 BetrVG 2001 (S. 1).

müssen, wird angeführt.[485] Hierzu ist anzumerken, dass eine vollständige Information zwar wünschenswert ist, der Einsatz von sachkundigen Arbeitnehmern aber, wie bereits dargestellt, zur Unterrichtungspflicht des Arbeitgebers gehört.[486]

Schließlich sei zu bedenken, dass letztlich der Weg über eine vorrangige Inanspruchnahme sachkundiger Arbeitnehmer nicht notwendig der kostengünstigere Weg sei.[487] Diesem Argument ist letztlich entgegenzuhalten, dass es lediglich das Kosteninteresse der Arbeitgeberseite berücksichtigt und die weiteren zu beachtenden Interessen nicht ausreichend würdigt.[488]

dd. Vorrangigkeit im Bereich der rechtlichen Informationsvermittlung

Teilweise wird zwar grundsätzlich die Pflicht zu einer vorrangigen Inanspruchnahme sachkundiger Arbeitnehmer vor der Hinzuziehung eines Sachverständigen anerkannt, jedoch wird eine Ausnahme bei Rechts- und Wirtschaftsberatern gefordert.[489] Dies wird damit begründet, dass es dem Betriebsrat nicht zuzumuten sei, sich von einem beim Arbeitgeber beschäftigten Rechtsanwalt beraten zu lassen; zudem seien für den betroffenen Arbeitnehmer standesrechtliche Probleme zu befürchten.[490]

Dieser Einschränkung ist nicht zu folgen. Auch Rechts- und Wirtschaftsberater können als sachkundige Arbeitnehmer vorrangig in Anspruch zu nehmen sein. Einerseits greifen die bereits genannten Argumente für eine Vorrangigkeit der Inanspruchnahme sachkundiger Arbeitnehmer, andererseits ist zu beachten, dass die Tätigkeit eines sachkundigen Arbeitnehmers als Auskunftsperson gerade nicht eine Beratung beinhaltet, sondern lediglich eine Informationsvermittlung in dem Umfang, wie sie auch durch den Arbeitgeber geschuldet ist, umfasst.[491]

e. Weitere Informationsmöglichkeiten des Betriebsrats

Wenn der Arbeitgeber seine Unterrichtungspflicht nach § 80 Abs. 2 S. 1 BetrVG erfüllt, der Betriebsrat eventuell Nachfragen gestellt und die Hilfe von sachkundigen

---

485 *Kittner*, EzA Nr. 40 zu § 80 BetrVG, S. 13; vgl. zu den anderen Kritikpunkten die entsprechenden Ausführungen zur Unterrichtungspflicht Kapitel 2 A II 2 b dd.

486 Vgl. die Ausführungen zum Stufenmodell des *Bundesarbeitsgerichts* Kapitel 2 A II 2 a.

487 *Schulze*, ArbRAktuell 2012, 527, 528; *Wolmerath*, juris PR-ArbR 50/2005, Anm. 2.

488 Vgl. zu den zu beachtenden Interessen die Einleitung.

489 *Reitze*, ZBVR online 2007, Ausgabe 6, 23, 24 f.

490 *Reitze*, ZBVR online 2007, Ausgabe 6, 23, 24 f.

491 Vgl. die Ausführungen zu Inhalt und Umfang der Information durch sachkundige Arbeitnehmer Kapitel 2 A II 2 d dd (2).

Arbeitnehmern in Anspruch genommen hat, diese Informationen nach Auffassung des Betriebsrats jedoch nicht ausreichend sind, um die anstehenden Aufgaben ordnungsgemäß erfüllen zu können, muss sich der Betriebsrat nach dem Stufenmodell selbst weitere Informationen beschaffen.[492] Als vorrangig zu nutzende Informationsmöglichkeiten kommen Schulungen sowie die Konsultation von Fachliteratur und Gewerkschaften in Betracht. Die Pflicht des Betriebsrats zu weiteren Nachfragen im Rahmen des § 80 Abs. 2 S. 1 BetrVG als Pflicht selbst tätig zu werden wurde bereits behandelt.[493]

aa. Vorrangigkeit von Schulungen

Die umfassende Vermittlung von Kenntnissen über ganze Themengebiete findet im Rahmen von Schulungen statt.[494] Schulungsveranstaltungen zu Fragestellungen, zu denen auch ein Sachverständiger hinzugezogen werden könnte, müssen rechtzeitig stattfinden und für den Betriebsrat verfügbar sein, um überhaupt im Rahmen der Vorrangigkeit zu Sachverständigen Relevanz entfalten zu können.[495]

Eine Vorrangigkeit von Schulungen wird mit dem Argument kritisiert, dass diese weder intensiv noch konkret genug seien, um einen Sachverständigen ersetzen zu können.[496] Der Sachverständige erlange seine Kenntnisse häufig erst durch ein mehrjähriges Studium; dieses Wissen könne nicht durch den bloßen Besuch von Schulungsveranstaltungen einiger Betriebsratsmitglieder erlernt werden.[497] Außerdem bedeuteten Schulungen enorme zeitliche Verzögerungen bei der letztendlichen Hinzuziehung eines Sachverständigen.[498] Als Konsequenz würden nur noch die Arbeitnehmer in den Betriebsrat gewählt, die bereits über die nötigen Vorkenntnisse für die auf sie zukommenden Aufgaben verfügten.[499] Zudem verursache eine auf

---

492 *BAG*, Beschl. v. 04.06.1987 – 6 ABR 63/85, AP Nr. 30 zu § 80 BetrVG 1972 (B II 1 b der Gründe); vgl. auch *LAG Berlin*, Beschl. v. 30.07.1985 – 3 TaBV 6/85, LAGE Nr. 4 zu § 80 BetrVG 1972 (S. 7); *Jobs*, RDV 1987, 125, 126 f.; vgl. auch die Ausführungen zum Stufenmodell Kapitel 2 A II 2 a.

493 Vgl. die Ausführungen zur Mitwirkungspflicht Kapitel 2 A II 2 c.

494 Vgl. die Ausführungen zu Schulungen Kapitel 1 A II 4 c.

495 *Klapper*, Unterstützung des Betriebsrats, S. 278; *Lubitz*, Rechtsanwalt, S. 31; *Pflüger*, NZA 1988, 45, 47.

496 *Schierbaum*, AiB 1996, 217, 219; *Schneider*, AiB 2000, 605, 606; *Trittin/Weber*, AiB 1986, 182, 184; *Wolter*, Der Betriebsrat 1987, 649, 654.

497 *Trittin*, AiB 1985, 90, 92; *Trittin*, EWiR 1988, 535, 536.

498 Vgl. *Pflüger*, NZA 1988, 45, 47.

499 *Linnenkohl*, BB 1988, 766, 767.

die Belange des Betriebsrats zugeschnittene Schulung ebenfalls beachtliche Kosten, welche deutlich über den Kosten eines Sachverständigeneinsatzes liegen könnten.[500]

Dieser Kritik ist nicht zu folgen. Schulungsveranstaltungen sind als Informationsmöglichkeit des Betriebsrats vorrangig vor der Hinzuziehung eines Sachverständigen in Anspruch zu nehmen, soweit diese verfügbar sind und sinnvoll genutzt werden können. Zwar brauchen Betriebsräte gerade keine besondere Qualifikation vorzuweisen, sie sind jedoch als Mitglieder des Betriebsrats dazu verpflichtet, sich entsprechend ihrer Aufgaben im gewissen Rahmen fortzubilden.[501] Zumindest Grundkenntnisse in vielen Bereichen der Betriebsratsarbeit können in didasch aufbereiteten Schulungen erlernt werden.[502] Dennoch können Schulungsveranstaltungen insbesondere bei komplexen Themengebieten lediglich ein grundlegendes Verständnis schaffen, welches die zusätzliche Hinzuziehung eines Sachverständigen nicht entbehrlich machen kann.[503] Die in einer Schulung erlangten Grundkenntnisse können jedoch gleichwohl zu einem effektiveren oder kürzeren Sachverständigeneinsatz führen.[504]

bb. Vorrangige Nutzung von Fachliteratur

Zu der vom Betriebsrat zu nutzenden Fachliteratur können etwa Gesetzestexte, Kommentare sowie Fachzeitschriften gehören, welche ihm grundsätzlich zur alleinigen Nutzung zur Verfügung zu stellen sind.[505] Der Betriebsrat muss keine „neutrale" Literatur für seine Information wählen sondern darf sich insbesondere auch solcher Literatur bedienen, die auf die Bedürfnisse von Betriebsräten zugeschnitten ist.[506]

Auch der Verweis auf die Lektüre von Fachliteratur wird kritisiert. Die Komplexität einzelner Sachgebiete erfordere die Fachkenntnisse von speziell vorgebildeten Sachverständigen, weshalb der Kenntnisstand der einzelnen

---

500 *Schierbaum*, AiB 1996, 217, 219; *Wagner*, AuR 1993, 70, 72 f.

501 *BAG*, Beschl. v. 04.06.1987 – 6 ABR 63/85, AP Nr. 30 zu § 80 BetrVG 1972 (B II 1 b der Gründe); *ArbG Hanau*, Beschl. v. 15.12.1988 – 3 BVGa 1/88, juris; *Däubler*, AiB 2004, 525, 525; *Lunk*, RdA 2007, 44, 46.

502 Vgl. *LAG Rheinland-Pfalz*, Beschl. v. 15.06.2012 – 9 TaBV 1/12, juris; *Klapper*, Unterstützung des Betriebsrats, S. 277.

503 *Jobs*, RDV 1987, 125, 127; *Klapper*, Unterstützung des Betriebsrats, S. 279.

504 *LAG Rheinland-Pfalz*, Beschl. v. 15.06.2012 – 9 TaBV 1/12, juris; vgl. *Klapper*, Unterstützung des Betriebsrats, S. 280; *Lubitz*, Rechtsanwalt, S. 31; ähnlich *Boewer*, RDV 1985, 22, 26.

505 Vgl. *Ehrich/Hoß*, NZA 1996, 1075, 1082; *Trittin/Wedde*, AiB 1997, 138, 140 f.; zum Umfang der zur Verfügung zu stellenden Literatur *Hunold*, NZA-RR 1999, 113, 115 f.

506 *BAG*, Beschl. v. 21.04.1983 – 6 ABR 70/82, BAGE, 42, 259, 268 f.

Betriebsräte, die keine besondere Vorbildung zur Ausübung des Betriebsratsmandats benötigen würden, auch für eine weitere Eigeninformation nicht ausreichen könne.[507] Auch scheitere die Informationsgewinnung durch Fachliteratur in der Praxis häufig bereits an deren mangelnden Verfügbarkeit.[508]

Auch bei der Nutzung von Fachliteratur vermag die Kritik an deren vorrangiger Nutzung nicht zu überzeugen. Die Konsultation von Fachliteratur ist vorrangig vor einem Sachverständigeneinsatz, da sie den Einsatz eines Sachverständigen auf offen gebliebene Fragen beschränken kann. Einfache Fragen können auf diese Weise schnell geklärt werden. Bei komplexeren Fragen kann der einem Sachverständigen erteilte Auftrag konkretisiert werden. Bei der zur Verfügung stehenden Literatur ist jedoch zu unterscheiden. Die Lektüre von Fachliteratur, welche das Vorwissen einer Fachrichtung zwingend voraussetzt, kann nicht gefordert sein. Die Nutzung von Literatur, die speziell auf Betriebsräte zugeschnitten ist, ist dagegen durchaus zumutbar.[509] Zu beachten ist jedoch, dass auch im Rahmen von zu nutzender Fachliteratur diese dem Betriebsrat überhaupt zur Verfügung stehen muss, um eine Pflicht zur vorrangigen Nutzung entfalten zu können.[510]

cc. Vorrangige Nutzung von Informationen durch Gewerkschaften

Schließlich kommt eine vorrangige Nutzungspflicht bezüglich der von den Gewerkschaften angebotenen Informationen in Betracht. Auch im Rahmen der Information durch Gewerkschaften ist die grundlegende Voraussetzung, dass diese Informationsmöglichkeit dem Betriebsrat überhaupt zur Verfügung steht.[511]

Eine Pflicht, vorrangig die von den Gewerkschaften angebotenen Informationen zu nutzen, wird vornehmlich mit dem Argument kritisiert, dass die Kostenverteilung, die nach §§ 40 Abs. 1, 80 Abs. 3 BetrVG beim Arbeitgeber liege, aufgehoben und auf die Gewerkschaften übertragen werde.[512] Zudem würde eine Abhängigkeit der Betriebsräte von den Gewerkschaften gefördert.[513] Damit die betriebliche

507 *Linnenkohl*, BB 1988, 766, 767; *Linnenkohl/Kilz*, RDV 1988, 189, 192; *Schierbaum*, AiB 1996, 217, 219; *Schneider*, AiB 2000, 605, 607.

508 *Schierbaum*, AiB 1996, 217, 219.

509 Vgl. *Klapper*, Unterstützung des Betriebsrats, S. 279.

510 Vgl. *Klapper*, Unterstützung des Betriebsrats, S. 278.

511 Vgl. *Klapper*, Unterstützung des Betriebsrats, S. 278; *Lubitz*, Rechtsanwalt, S. 47.

512 *Linnenkohl/Kilz*, RDV 1988, 189, 193; *Schierbaum*, CR 1995, 742, 744; *Schierbaum*, AiB 1996, 217, 219; *Schneider*, AiB 2000, 605, 607 f.; *Trittin*, AuR 1988, 289, 292; *Trittin*, EWiR 1988, 525, 526.

513 *Linnenkohl*, BB 1988, 766, 767; *Linnenkohl/Kilz*, RDV 1988, 189, 193.

Interessenvertretung neutral bleibe, könne es lediglich im Ermessen des Betriebsrats liegen, ob dieser die Hilfe von Gewerkschaften in Anspruch nehmen wolle.[514]

Dieser Kritik ist ebenfalls nicht zu folgen. Für eine Vorrangigkeit der von den Gewerkschaften angebotenen Informationen spricht, dass lediglich ein geringer Zeitverlust durch die Information durch Gewerkschaften zu befürchten ist.[515] Auch eine Unzumutbarkeit der Nutzung von gewerkschaftlichen Informationen – etwa bei einem zerstörten Vertrauensverhältnis zwischen Betriebsrat und Gewerkschaft – kann lediglich in Ausnahmefällen zu einem anderen Ergebnis führen.[516]

3. Fehlende Sach- und Fachkenntnis des Betriebsrats

Bleibt nach der Unterrichtung durch den Arbeitgeber und nach Inanspruchnahme sachkundiger Arbeitnehmer, dem Besuch von Schulungen, der Lektüre von Fachliteratur und der Information durch die Gewerkschaften ein Kenntnisdefizit des Betriebsrats bestehen, kommt die Hinzuziehung eines Sachverständigen in Betracht. Allerdings sind die fehlenden Kenntnisse des Betriebsrats nur dann beachtlich, wenn der Betriebsrat ohne die Hinzuziehung aufgrund seiner Kenntnisdefizite nicht dazu in der Lage ist, die sich ihm stellenden, aktuellen Aufgaben ordnungsgemäß zu erfüllen.[517] Auch durch diese Voraussetzung wird deutlich, dass eine Kenntnisvermittlung auf Vorrat durch den Sachverständigen nicht erfolgen kann.[518]

III. Beurteilung der Erforderlichkeit

Nach § 80 Abs. 3 BetrVG kann der Betriebsrat „Sachverständige hinzuziehen, soweit dies zur ordnungsgemäßen Erfüllung seiner Aufgaben erforderlich ist."

1. Beurteilungsspielraum des Betriebsrats

Ob dem Betriebsrat ein Beurteilungsspielraum zusteht, ist umstritten und eng mit der Frage verbunden, an welchem Maßstab der Begriff der Erforderlichkeit zu messen ist.

---

514 *Däubler*, Gläserne Belegschaften?, S. 353.

515 *Lubitz*, Rechtsanwalt, S. 45.

516 Vgl. *Lubitz*, Rechtsanwalt, S. 47.

517 *BAG*, Beschl. v. 18.07.1978 – 1 ABR 34/75, AP Nr. 1 zu § 108 BetrVG 1972 (B II 2 der Gründe); *Jobs*, RDV 1987, 125, 126.

518 Vgl. die Abgrenzung zur Kenntnisvermittlung durch Schulungen Kapitel 1 A II 4 c.

a. Gegner

Gegen die Annahme eines Beurteilungsspielraums wird angeführt, dass die Erforderlichkeit nach objektiven Kriterien zu bewerten sei.[519] Eine andere Handhabung führe letztlich dazu, dass die Interessen des Betriebsrats im Zweifel vorgingen.[520] Dies entspreche nicht der gesetzlichen Konzeption, da bei einer Ersetzung der näheren Vereinbarung durch das Arbeitsgericht dieses die Erforderlichkeit vollumfänglich prüfen würde.[521]

b. Befürworter

Von der ständigen Rechtsprechung wird dagegen ein Beurteilungsspielraum des Betriebsrats im Rahmen des § 80 Abs. 3 BetrVG anerkannt.[522] Auch in der Literatur wird überwiegend ein Beurteilungsspielraum befürwortet.[523] Es wird zwar eine gewisse objektive Komponente gefordert, da die Sachverständigenhinzuziehung gesetzlich nicht an das subjektive Ermessen des Betriebsrats, sondern an die Erforderlichkeit geknüpft sei.[524] Dabei sei aber kein rein objektiver Maßstab anzulegen, sondern der Betriebsrat müsse aus der Sicht eines vernünftigen Dritten prüfen, ob er aufgrund seines Kenntnisdefizits unter Zugrundelegung des ihm bekannten Sachverhalts die Hilfe eines Sachverständigen benötige.[525] Teilweise wird darüber hinaus die Anerkennung eines Beurteilungsspielraums bis zur Missbrauchsgrenze gefordert.[526]

---

519 *Klapper*, Unterstützung des Betriebsrats, S. 301; zwar für einen Beurteilungsspielraum, jedoch ohne subjektive Komponente *LAG Berlin*, Beschl. v. 30.07.1985 – 3 TaBV 6/85, LAGE Nr. 4 zu § 80 BetrVG 1972 (S. 5 f.).

520 *Klapper*, Unterstützung des Betriebsrats, S. 302.

521 *Klapper*, Unterstützung des Betriebsrats, S. 302.

522 *BAG*, Beschl. v. 18.07.1978 – 1 ABR 34/75, AP Nr. 1 zu § 108 BetrVG 1972 (B II 2 der Gründe); *BAG*, Beschl. v. 16.10.1986 – 6 ABR 14/84, BAGE 53, 187, 190; *LAG Baden-Württemberg*, Beschl. v. 22.11.1985 – 5 TaBV 5/85, AiB 1986, 261, 261; *LAG Hamm*, Beschl. v. 15.03.1994 – 13 TaBV 16/94, LAGE Nr. 12 zu § 80 BetrVG 1972 (S. 3).

523 *Becker/Kunz/Schneider*, AiB 2002, 537, 538; *Herschel*, AuR 1980, 21, 22; *Jobs*, RDV 1987, 125, 126; *Kittner*, EzA Nr. 40 zu § 80 BetrVG 1972, S. 14; *Pflüger*, NZA 1988, 45, 46; *Reitze*, ZBVR online 2007, Ausgabe 6, 23, 25; *Roos*, AiB 2011, 177, 184; *Schierbaum*, CR 1995, 742, 745; *Trittin/Weber*, AiB 1986, 182, 184; GK – *Weber* § 80 Rn. 131; zu § 40 Abs. 1 BetrVG *Maiß*, FA 2010, 164, 165; *Weiss*, ArbR der Gegenwart 1985, Band 22, 37, 41.

524 *BAG*, Beschl. v. 16.10.1986 – 6 ABR 14/84, BAGE 53, 187, 190; *Venema*, NZA 1993, 252, 255; ähnlich *Jobs*, RDV 1987, 125, 126.

525 *Matthiessen*, CR 1988, 478, 479; GK – *Weber*, § 80 Rn. 131.

526 *Kittner*, EzA Nr. 40 zu § 80 BetrVG 1972, S. 14.

Ein Beurteilungsspielraum des Betriebsrats ist zu Recht anzuerkennen. Bei der Informationsbeschaffung und –auswertung muss sich der Betriebsrat zunächst mit den ihm zur Verfügung stehenden Informationsmöglichkeiten befassen, um dann unter Berücksichtigung des Gebots der vertrauensvollen Zusammenarbeit zu entscheiden, welche Quellen sinnvoll und gewinnbringend genutzt werden können.[527] Untrennbar mit dem Sammeln von Informationen ist deren Auswertung verbunden. Dabei muss der Betriebsrat, wenn er den Einsatz eines Sachverständigen in Betracht zieht, die Erforderlichkeit bewerten. Die objektiv nachprüfbaren Kriterien nehmen dabei, wie von *Klapper* betont, eine übergeordnete Rolle ein.[528]

Ein Beurteilungsspielraum des Betriebsrats rechtfertigt sich aus verschiedenen Gründen. Das Betriebsratsamt wird als „Laienamt" von den unterschiedlichsten Arbeitnehmern wahrgenommen.[529] Die Erforderlichkeit muss sich nach den vorhandenen Kenntnissen und Fähigkeiten der Betriebsratsmitglieder richten. Diese können nicht vollständig objektiviert werden. Der Betriebsrat muss sich daher bei der Beurteilung der Erforderlichkeit am Standpunkt eines vernünftigen Dritten orientieren, der gleichermaßen die Interessen von Arbeitgeber, Belegschaft und Betriebsrat betrachtet und gegeneinander abwägt.[530] Eine gerichtliche Überprüfung kann sich nur mit der Frage befassen, ob der Beschluss des Betriebsrats aus Sicht eines vernünftigen Dritten angemessen ist.[531]

Die Befürchtung, die Interessen des Betriebsrats würden bei Anerkennung eines Beurteilungsspielraums im Zweifel immer vorgehen, führt zu keiner anderen Bewertung, da der Arbeitgeber im Rahmen der nach § 80 Abs. 3 BetrVG erforderlichen näheren Vereinbarung selbst die Möglichkeit hat, die Erforderlichkeit eines Sachverständigeneinsatzes zu überprüfen.[532]

---

527 Ähnlich zum Beurteilungsspielraum im Rahmen des § 40 Abs. 2 BetrVG *Wittig*, Beurteilungsspielräume, S. 234; vgl. auch die Ausführungen zur vertrauensvollen Zusammenarbeit Kapitel 2 A II 2 a aa.

528 *Klapper*, Unterstützung des Betriebsrats, S. 301 f.

529 Vgl. *Kittner*, EzA Nr. 40 zu § 80 BetrVG 1972, S. 13; *Müller/Seebacher*, AiB 2000, 687, 688; *Wagner*, AiB 1992, 316, 316.

530 *Däubler*, AiB 2004, 525, 530; *Ehrich/Hoß*, NZA 1996, 1075, 1076; GK – *Weber*, § 80 Rn. 131; zum Beurteilungsspielraum bei Schulungen *BAG*, Beschl. v. 27.09.1974 – 1 ABR 71/73, BAGE 26, 269, 277 m.w.N.; *BAG*, Beschl. v. 08.10.1974 – 1 ABR 72/73, AP Nr. 7 zu § 40 BetrVG 1972 (III 4 der Gründe).

531 Zum Beurteilungsspielraum bei Schulungen *BAG*, Beschl. v. 27.09.1974 – 1 ABR 71/73, BAGE 26, 269, 277 f.; *BAG*, Beschl. v. 08.10.1974 – 1 ABR 72/73, AP Nr. 7 zu § 40 BetrVG 1972 (III 4 der Gründe).

532 Vgl. die Ausführungen zum Zweck der näheren Vereinbarung Kapitel 2 D I.

2. Ausübung des Beurteilungsspielraums

Die Frage, was von den Aufgaben des Betriebsrats umfasst ist, ist eine Rechtsfrage und damit objektiv zu beurteilen.[533] Der weitere Inhalt der Erforderlichkeit unterliegt einem Beurteilungsspielraum, innerhalb dessen der Betriebsrat zu prüfen hat, ob der Sachverständigeneinsatz vom Standpunkt eines objektiven Dritten unter Berücksichtigung der Interessen der Betriebsparteien erforderlich ist.[534]

3. Folge des Beurteilungsspielraums

Als Folge des Beurteilungsspielraums ist es unbeachtlich, ob sich nachträglich herausstellt, dass die Erforderlichkeit der Hinzuziehung eines Sachverständigen nicht vorgelegen hat, solange der Betriebsrat zum relevanten Zeitpunkt berechtigterweise vom Vorliegen der Erforderlichkeit ausgehen konnte.[535]

4. Zeitpunkt der Beurteilung der Erforderlichkeit

Ebenfalls umstritten ist die Frage, zu welchem Zeitpunkt die Erforderlichkeit vorliegen muss. In Betracht kommen der Zeitpunkt der Beschlussfassung durch den Betriebsrat und der Zeitpunkt der näheren Vereinbarung mit dem Arbeitgeber.

Klapper vertritt die Auffassung, dass der maßgebliche Zeitpunkt die nähere Vereinbarung mit dem Arbeitgeber sei, da dies das Ereignis sei, dass der Sachverständigenhinzuziehung unmittelbar vorgelagert sei.[536] Der Arbeitgeber könne nicht zu einer Vereinbarung mit dem Betriebsrat verpflichtet werden, wenn die

---

533 *BAG*, Beschl. v. 18.07.1978 – 1 ABR 34/75, AP Nr. 1 zu § 108 BetrVG 1972 (B II 2 der Gründe); *LAG Baden-Württemberg*, Beschl. v. 22.11.1985 – 5 TaBV 5/85, AiB 1986, 261, 261; *Jobs*, RDV 1987, 125, 126; *Natzel*, NZA 2001, 872, 872; GK – *Weber*, § 80 Rn. 131 m.w.N.; vgl. zu Schulungen *Steckhan*, ArbR der Gegenwart 1997, Bd. 34, 111, 139 m.w.N.

534 *Däubler*, AiB 2004, 525, 530; *Ehrich/Hoß*, NZA 1996, 1075, 1076; GK – *Weber*, § 80 Rn. 131; zum Beurteilungsspielraum bei Schulungen *BAG*, Beschl. v. 27.09.1974 – 1 ABR 71/73, BAGE 26, 269, 277 m.w.N.; *BAG*, Beschl. v. 08.10.1974 – 1 ABR 72/73, AP Nr. 7 zu § 40 BetrVG 1972 (III 4 der Gründe); *Steckhan*, ArbR der Gegenwart 1997, Bd. 34, 111, 139 m.w.N.

535 *BAG*, Urteil v. 15 02.1995 – 7 AZR 670/94, AP Nr. 106 zu § 37 BetrVG 1972 (1 a der Gründe) m.w.N.; *Däubler*, Gläserne Belegschaften?, S. 351; zur Erforderlichkeit bei Schulungen *BAG*, Urteil v. 16.03.1988 – 7 AZR 557/87, AP Nr. 63 zu § 37 BetrVG 1972 (II 2 der Gründe); a.A. *Kort*, AP Nr. 66 zu § 40 BetrVG 1972.

536 *Klapper*, Unterstützung des Betriebsrats, S. 303.

Erforderlichkeit zum Zeitpunkt des Betriebsratsbeschlusses zwar vorgelegen habe, zwischenzeitlich aber weggefallen sei.[537]

Herrschend wird dagegen zu Recht auf den Zeitpunkt der Beschlussfassung des Betriebsrats abgestellt.[538] Der Betriebsrat muss in seinem Beschluss eine Entscheidung über einzelne Bereiche der Erforderlichkeit treffen; ergeben sich Änderungen, ist ein neuer Beschluss erforderlich.[539] Damit ist die nähere Vereinbarung zwar die zeitlich letzte zu erfüllende Voraussetzung vor der Beauftragung eines Sachverständigen, wenn aber nach dem Beschluss des Betriebsrats Änderungen eingetreten sind, muss der Arbeitgeber seine Zustimmung zur näheren Vereinbarung nicht erteilen, da nunmehr ein neuer Betriebsratsbeschluss erforderlich ist. Faktisch muss damit zwar die Erforderlichkeit zum Zeitpunkt der näheren Vereinbarung mit dem Arbeitgeber vorliegen, der relevante Zeitpunkt der Beurteilung und Meinungsbildung ist jedoch der Zeitpunkt des Betriebsratsbeschlusses.

Dieses Ergebnis steht zudem im Einklang mit der Beurteilung der Erforderlichkeit anderer Informationsmöglichkeiten wie etwa Schulungen.[540]

5. Interessenabwägung

Bestandteil der Erforderlichkeit und damit deren Beurteilung ist außerdem eine Interessenabwägung. Dabei ist zu fragen, ob der Betriebsrat aus der Sicht eines vernünftigen Dritten, unter Berücksichtigung des ihm zustehenden Beurteilungsspielraums bei der Beurteilung der Erforderlichkeit seinem Interesse – einen Sachverständigen hinzuzuziehen – den Vorrang einräumen durfte.[541] Hierbei sind neben dem eigenen Interesse an einer effektiven Hilfestellung insbesondere die

---

537 *Klapper*, Unterstützung des Betriebsrats, S. 303; entsprechend zum Sachmittelanspruch des Betriebsrats aus § 40 Abs. 2 BetrVG *Kort*, AP Nr. 66 zu § 40 BetrVG 1972.

538 Zu § 40 Abs. 1 BetrVG *BAG*, Beschl. v. 15.11.2000 – 7 ABR 24/00, EzA Nr. 92 zu § 40 BetrVG 1972 (B I 3 der Gründe); *BAG*, Beschl. v. 10.10.2007 – 7 ABR 51/06, BAGE 124, 188, 193; zu Schulungen *BAG*, Beschl. v. 08.02.1977 – 1 ABR 124/74, AP Nr. 26 zu § 37 BetrVG 1972 (II 2 der Gründe); *BAG*, Urteil v. 15.02.1995 – 7 AZR 670/94, AP Nr. 106 zu § 37 BetrVG 1972 (1 a der Gründe) m.w.N.

539 Vgl. die Ausführungen zum Betriebsratsbeschluss Kapitel 2 C.

540 Vgl. die Ausführungen zu Schulungen Kapitel 1 A II 4 c aa.

541 *BAG*, Beschl. v. 16.10.1986 – 6 ABR 14/84, BAGE 53, 187, 190; *LAG Hamburg*, Beschl. v. 24.02.2005 – 3 TaBV 11/03, AuR 2005, 465 (1. Leitsatz), juris; vom „unvernünftigen Dritten" sprechend, aber wohl den „vernünftigen Dritten" meinend *LAG Berlin*, Beschl. v. 30.07.1985 – 3 TaBV 6/85, LAGE Nr. 4 zu § 80 BetrVG 1972 (S. 5); GK – *Weber*, § 80 Rn. 131.

Interessen der Arbeitgeberseite und die der durch den Betriebsrat vertretenen Arbeitnehmer zu beachten.[542]

IV. Initiativrecht des Betriebsrats

Besonderheiten bei der Erforderlichkeit einer Sachverständigenhinzuziehung können sich dann ergeben, wenn dem Betriebsrat ein Initiativrecht zusteht, welches er ausüben möchte. Der Betriebsrat kann in diesem Fall bereits dann einen Sachverständigen hinzuziehen, wenn noch keine konkrete, aktuelle Aufgabe vorliegt, sondern er die Ausübung eines Initiativrechts lediglich beabsichtigt.[543] Will er aufgrund eines Initiativrechts tätig werden, so kann es möglich sein, dass der Arbeitgeber ihm keine Informationen geben kann. Eine vorrangige Unterrichtungspflicht scheidet dann aus oder ist auf die Informationen beschränkt, die der Betriebsrat benötigt, um selbst prüfen zu können, ob er ein Initiativrecht ausüben möchte.[544] Entsprechendes gilt, wenn das Gesetz vorsieht, dass Arbeitgeber und Betriebsrat eine freiwillige Regelung treffen können.[545]

Die Hinzuziehung eines Sachverständigen ist jedoch auch in diesem Fall nicht automatisch erforderlich.[546] Es müssen gegebenenfalls weitere Informationsmöglichkeiten ausgeschöpft werden.

B. Verhältnismäßigkeit der Hinzuziehung eines Sachverständigen

Der Grundsatz der Verhältnismäßigkeit ist vom Betriebsrat im Rahmen des § 80 Abs. 3 BetrVG zu beachten.[547] Er dient als Korrektiv im Hinblick auf die dem

542 Vgl. zu den zu beachtenden Interessen die Einleitung.

543 Offen gelassen von *BAG*, Beschl. v. 17.03.1987 – 1 ABR 59/85, BAGE 54, 278, 296; mit der Forderung, dass zumindest eine konkrete Aufgabe möglich ist *BAG*, Beschl. v. 25.07.1989 – 1 ABR 41/88, AP Nr. 38 zu § 80 BetrVG 1972 (III 2 der Gründe); *Wolter*, Der Betriebsrat 1987, 649, 659; a.A. *LAG Berlin-Brandenburg*, Beschl. v. 29.05.2012 – 7 TaBV 576/12, ZTR 2012, 604, 605.

544 *Wagner*, AiB 1992, 316, 321; GK – *Weber*, § 80 Rn. 66; für einen kompletten Verzicht auf eine vorrangige Unterrichtungspflicht in diesem Fall *Wolter*, Der Betriebsrat 1987, 649, 659.

545 GK – *Weber*, § 80 Rn. 63.

546 Missverständlich *Wagner*, AiB 1992, 316, 321.

547 Vgl. *Venema*, NZA 1993, 252, 254.

Arbeitgeber zumutbaren Kosten,[548] denn der Betriebsrat hat bei der Hinzuziehung von externem Sachverstand das Recht, Beschlüsse zu fassen, die den Arbeitgeber belasten, indem dieser die Kosten für die Tätigkeit des Betriebsrats zu tragen hat.[549]

Der Grundsatz der Verhältnismäßigkeit ist ein allgemeines Rechtsprinzip des Betriebsverfassungsrechts[550] und ist neben der Erforderlichkeit zu prüfen.[551] Die Unterscheidung zwischen Erforderlichkeit und Verhältnismäßigkeit wird nicht immer konsequent eingehalten. Teilweise wird der Grundsatz der Verhältnismäßigkeit im Rahmen der Erforderlichkeit als deren Unterpunkt behandelt.[552] Andere sehen die Erforderlichkeit als Unterpunkt der Verhältnismäßigkeit an.[553] Es wird daher zunächst eine Abgrenzung zwischen Erforderlichkeit und Verhältnismäßigkeit vorgenommen. Danach wird auf die inhaltlichen Voraussetzungen der Verhältnismäßigkeit eingegangen.

I. Abgrenzung zwischen Erforderlichkeit und Verhältnismäßigkeit

Zunächst sind der verfolgte Zweck und mögliche Mittel zur Zweckerreichung festzulegen. Der verfolgte Zweck ist vorliegend die Ausübung der ordnungsgemäßen Betriebsratstätigkeit. Die möglichen Mittel zur Erreichung dieses Zwecks sind die soeben dargestellten Informationsmöglichkeiten inklusive der Hinzuziehung eines Sachverständigen. Praktisch ergeben sich recht große Überschneidungen der Verhältnismäßigkeit mit der Voraussetzung der Erforderlichkeit.[554] In der theoretischen Behandlung bestehen jedoch deutliche Unterschiede.[555]

---

548 Zu Schulungen *BAG*, Beschl. v. 27.09.1974 – 1 ABR 71/73, BAGE 26, 269, 278; *BAG*, Beschl. v. 08.10.1974 – 1 ABR 72/73, AP Nr. 7 zu § 40 BetrVG 1972 (III 5 der Gründe).

549 *Hanau*, FS Zeuner, S. 53, 60.

550 *Blomeyer*, FS 25 Jahre BAG, S. 17, 23 ff.; a.A. *Weiss*, ArbR der Gegenwart 1985, Band 22, 37, 39 f.

551 Vgl. BT-Drucks. 14/5741, S. 47; zu Schulungen *BAG*, Beschl. v. 27.09.1974 – 1 ABR 71/73, BAGE 26, 269, 278; *BAG*, Beschl. v. 08.02.1977 – 1 ABR 124/74, AP Nr. 26 zu § 37 BetrVG 1972 (II 3 der Gründe); *Däubler*, AiB 2004, 621, 622.

552 Z.B. *ArbG Nürnberg*, Beschl. v. 22.12.1986 – 3 BVGa 16/86, AiB 1987, 144.

553 Z.B. *BAG*, Beschl. v. 27.09.1974 – 1 ABR 67/73, AP Nr. 8 zu § 40 BetrVG 1972 (III 3 der Gründe).

554 Die terminologische Differenzierung wird daher häufig nicht eingehalten. Z.B. *LAG Berlin*, Beschl. v. 30.07.1985 – 3 TaBV 6/85, LAGE Nr. 4 zu § 80 BetrVG 1972 (S. 7).

555 *Matthiessen*, CR 1988, 478, 480.; vgl. zum Verhältnis Verhältnismäßigkeit – Erforderlichkeit im Privatrecht *Blomeyer*, FS 25 Jahre BAG, 17, 19 m.w.N.

1. Erforderlichkeit

Bei der Prüfung der Erforderlichkeit findet ein Vergleich zwischen verschiedenen Mitteln statt, bei dem sich letztlich ein für ein festgesetztes Ziel erforderliches Mittel ergibt.[556] Dabei hat der Betriebsrat seinen Kenntnisstand zu ermitteln und bei fehlendem Fachwissen die notwendigen Informationsmöglichkeiten festzustellen.[557] Die verschiedenen Mittel zur Informationsgewinnung müssen unter Berücksichtigung der gefundenen Ergebnisse abgewogen werden.[558] In der rechtlichen Prüfung des § 80 Abs. 3 BetrVG kommt der Erforderlichkeit der größere Umfang als der Verhältnismäßigkeit zu.[559]

2. Verhältnismäßigkeit

Bei der Prüfung der Verhältnismäßigkeit wird ein Mittel-Zweck-Vergleich vorgenommen, bei dem die zur Zielerfüllung möglichen Mittel gegeneinander abgewogen und gegebenenfalls als nicht verhältnismäßig verworfen werden müssen, mit der Konsequenz, dass das Ziel möglicherweise nicht mit verhältnismäßigen Mitteln erreicht werden kann.[560] Unter den geeigneten Mitteln muss letztlich das den Arbeitgeber am wenigsten belastende, also kostengünstigste Mittel, bevorzugt werden.[561] Der Anlass der Hinzuziehung soll im Verhältnis zu den hervorgerufenen Kosten stehen.[562] Es findet letztlich eine Güterabwägung zwischen dem Zweck und der Belastung eines Dritten statt.[563] Dies ergibt sich unter anderem auch aus dem durch § 2 Abs. 1 BetrVG gebotenem Grundsatz der vertrauensvollen Zusammenarbeit. Insofern stellt der Grundsatz der Verhältnismäßigkeit eine Konkretisierung des § 2 Abs. 1 BetrVG dar.[564]

---

556 Vgl. die Ausführungen zur Erforderlichkeit Kapitel 2 A.

557 *Klapper*, Unterstützung des Betriebsrats, S. 295.

558 *Trittin*, AuR 1988, 289, 291; in einzelnen mit einer Aufzählung welche Aspekte auf Seiten von Betriebsrat und Arbeitgeber zu beachten sind *Klapper*, Unterstützung des Betriebsrats, S. 296 ff.

559 Vgl. *Trittin*, AuR 1988, 289, 291.

560 *Blomeyer*, FS 25 Jahre BAG, S. 17, 18; *Matthiessen*, CR 1988, 478, 480; *Natzel*, NZA 2001, 872, 872.

561 Zur Erforderlichkeit von Schulungen *BAG*, Beschl. v. 08.10.1974 – 1 ABR 72/73, AP Nr. 7 zu § 40 BetrVG 1972 (III 5 der Gründe); *Matthiessen*, CR 1988, 478, 480; zur Verhältnismäßigkeit von Schulungen *BAG*, Beschl. v. 31.10.1972 – 1ABR 7/72, BAGE 24, 459, 466.

562 Pflüger, NZA 1988, 45, 48.

563 Vgl. *Blomeyer*, FS 25 Jahre BAG, S. 17, 18.

564 *Becker-Schaffner*, BB 1994, 928, 928.

3. Folgen für die Prüfung

Die Erforderlichkeit der Hinzuziehung eines Sachverständigen muss vorliegen, damit überhaupt die Prüfung der Verhältnismäßigkeit vorgenommen werden kann.[565] Damit stellt sich die Frage des „Ob“ einer Sachverständigenhinzuziehung vornehmlich im Bereich der Erforderlichkeit, während die Frage des „Wie“, also Honorar, Dauer des Einsatzes sowie Anzahl der Sachverständigen, eher im Bereich der Verhältnismäßigkeit anzusiedeln ist, obwohl Überschneidungen möglich sind.[566]

II. Inhaltliche Voraussetzungen der Verhältnismäßigkeit

Dem Betriebsrat kommt im Rahmen der Verhältnismäßigkeit die Aufgabe zu einzuschätzen, ob die Kosten in einem für den Betrieb realisierbaren Bereich liegen[567] und ob der Zweck im Verhältnis zu den bereits aufgewendeten und den noch zu erwartenden Kosten steht.[568] Einschränkungen können sich etwa dann ergeben, wenn sich der Betrieb in einer wirtschaftlich schlechten Lage befindet oder sogar die Existenz des Betriebs bedroht ist.[569]

Da der Betriebsrat sich nicht auf den kostengünstigsten Sachverständigen verweisen lassen muss, darf er lediglich nicht rechtsmissbräuchlich handeln oder mutwillig höhere Kosten als notwendig verursachen.[570] Aufgrund der Vielfältigkeit der Fälle gibt es keine generellen Kostengrenzen.[571]

---

565 So auch *Klapper*, Unterstützung des Betriebsrats, S. 295.

566 Ähnlich *Klapper*, Unterstützung des Betriebsrats, S. 308.

567 Zur Verhältnismäßigkeit bei Schulungen *BAG*, Beschl. v. 27.09.1974 – 1 ABR 71/73, BAGE 26, 269, 278; *BAG*, Beschl. v. 08.10.1974 – 1 ABR 72/73, AP Nr. 7 zu § 40 BetrVG 1972 (III 5 der Gründe).

568 *BAG*, Beschl. v. 08.02.1977 – 1 ABR 124/74, AP Nr. 26 zu § 37 BetrVG 1972 (II 3 der Gründe).

569 Vgl. *Lubitz*, Rechtsanwalt, S. 48 ff.

570 *LAG Baden-Württemberg*, Beschl. v. 22.11.1985 – 5 TaBV 5/85, AiB 1986, 261, 261; *Pflüger*, NZA 1988, 45, 48; zu Prozessvertretern *BAG*, Beschl. v. 03.10.1978 – 6 ABR 102/76, BAGE 31, 93, 102; *Grunsky*, AP Nr. 14 zu § 40 BetrVG 1972.

571 Für Schulungskosten *Däubler*, AiB 2004, 621, 621 f.

C. Beschluss des Betriebsrats

Der Betriebsrat trifft seine Entscheidungen durch Beschluss.[572] Die für die Hinzuziehung eines Sachverständigen wesentlichen Punkte des Beschlusses sind insbesondere die Bezeichnung der Aufgabe, bei der ein Kenntnisdefizit besteht und zu der der Sachverständige hinzugezogen werden soll, sowie die Benennung des fachlichen Themas und der voraussichtlichen Kosten.[573] Diese Angaben sollen möglichst präzise sein, damit der Arbeitgeber im Rahmen der näheren Vereinbarung die Möglichkeit erhält zu beurteilen, ob eine konkrete Aufgabe des Betriebsrats, bei der ein Kenntnisdefizit besteht, gegeben ist und ob die Hinzuziehung eines Sachverständigen für die ordnungsgemäße Erfüllung der Betriebsratsaufgaben geboten und er folglich zum Abschluss der Vereinbarung verpflichtet ist.[574] Ob über die notwendigen Angaben hinaus die Benennung der Person des Sachverständigen im Betriebsratsbeschluss erforderlich ist, wird nach einer kurzen Darstellung des Verfahrens der Beschlussfassung geklärt.

Zusätzlich werden die Probleme, die sich bei nachträglichen Veränderungen sowie bei einem fehlerhaften Beschluss ergeben, dargestellt.

I. Verfahren der Beschlussfassung

Das Verfahren für eine ordnungsgemäße Beschlussfassung und die Beschlussfähigkeit des Betriebsrats sind in §§ 29, 33 BetrVG abschließend geregelt.[575] Der Betriebsrat muss sich mit dem in Frage stehenden Sachverhalt befasst und darüber abgestimmt haben.[576] Dabei kommt es entscheidend darauf an, dass das Gremium als Ganzes an der Meinungs- und Willensbildung mitgewirkt hat.[577]

---

572 *Reitze*, Betriebsratsbeschluss, S. 1 m.w.N.; *Richardi*, Kollektives Arbeitsrecht, § 20 Rn. 5.

573 DKKW – *Buschmann*, § 80 Rn. 152; *Wassermann*, dbr 2006, Heft 10, 26, 27; mit Ausnahme der voraussichtlichen Kosten auch *BAG*, Beschl. v. 04.06.1987 – 6 ABR 63/85, AP Nr. 30 zu § 80 BetrVG 1972 (B II 2 der Gründe); *LAG Köln*, Beschl. v. 02.02.2007 – 4 TaBV 61/06, juris; *Jobs*, RDV 1987, 126, 127; GK – *Weber*, § 80 Rn. 133.

574 *BAG*, Beschl. v. 04.06.1987 – 6 ABR 63/85, AP Nr. 30 zu § 80 BetrVG 1972 (B II 2 der Gründe); vgl. auch *BAG*, Beschl. v. 19.04.1989 – 7 ABR 87/87, BAGE 61, 333, 337; vgl. auch *Oetker*, NZA 2002, 465, 471.

575 *Fitting*, § 33 Rn. 7.

576 *BAG*, Beschl. v. 18.01.2006 – 7 ABR 25/05, ZBVR online 2006, Ausgabe 7, 8, 9.

577 *Ilbertz*, ZBVR online 2006, Ausgabe 7, 8, 10.

1. Ordnungsgemäße Ladung

Ein ordnungsgemäßer, wirksamer Beschluss kann nur bei einer ordnungsgemäßen Ladung aller Mitglieder des Betriebsrats gefasst werden.[578] Nach § 29 Abs. 2 S. 3 BetrVG muss bei der Ladung die Tagesordnung mitgeteilt werden. Diese muss den zu beschließenden Sachverhalt so wiedergeben, dass eine Vorbereitung auf den Beschluss möglich ist.[579] Für ein verhindertes Mitglied muss der Vorsitzende gemäß § 29 Abs. 2 S. 6 BetrVG ein Ersatzmitglied laden. Die Heilung einer nicht vollständigen Ladung kann nur dann erfolgen, wenn der vollzählig anwesende Betriebsrat einstimmig erklärt, noch einen weiteren Gegenstand auf die Tagesordnung zu setzen.[580]

2. Beschlussfähigkeit

Für das Vorliegen der Beschlussfähigkeit muss nach § 33 Abs. 2 BetrVG bei der Abstimmung mindestens die Hälfte der Betriebsratsmitglieder anwesend sein. Die Beschlussfähigkeit muss für jede Abstimmung erneut festgestellt werden.[581] Dies hat zur Folge, dass ein Mitglied die Beschlussunfähigkeit herbeiführen kann, indem es erklärt nicht an der Abstimmung teilzunehmen.[582] Davon ist die bloße Stimmenthaltung zu unterscheiden, welche die Beschlussfähigkeit nicht berührt.[583]

3. Beschlussfassung

Die Beschlussfassung umfasst die Beratung und Abstimmung.[584] In der Praxis wird häufig ein sogenanntes Umlaufverfahren praktiziert, welches jedoch grundsätzlich als unzulässig abzulehnen ist.[585] Die Modalitäten der Stimmabgabe sind

---

578 *BAG*, Beschl. v. 14.02.1996 – 7 ABR 25/95, AP Nr. 5 zu § 76a BetrVG 1972 (B II 4 der Gründe) m.w.N.; *BAG*, Beschl. v. 18.01.2006 – 7 ABR 25/05, ZBVR online, 2006, Ausgabe 7, 8, 9.

579 *Ulrich*, AiB 2010, 309, 309.

580 *LAG Hessen*, Beschl. v. 01.06.2006 – 9 TaBV 164/05, AiB Newsletter 2007, Ausgabe 6, 5 (Leitsatz), juris.

581 Vgl. GK – *Raab*, § 33 Rn. 18; *Reitze*, Betriebsratsbeschluss, S. 49 m.w.N.

582 *Ulrich*, AiB 2010, 309, 310.

583 Vgl. zur Abgrenzung zum Schweigen *Reitze*, Betriebsratsbeschluss, S. 50 f. m.w.N.; *Ulrich*, AiB 2010, 309, 311.

584 *Ulrich*, AiB 2010, 309, 310.

585 Vgl. zum Sitzungserfordernis und zu Umlaufbeschlüssen *Reitze*, Betriebsratsbeschluss, S. 46 ff. m.w.N.; *Ulrich*, AiB 2010, 309, 310.

nicht im Gesetz geregelt, können aber in der Geschäftsordnung des Betriebsrats bestimmt werden.[586]

II. Benennung der Person des Sachverständigen

Die umstrittene Frage, ob die Benennung der Person des Sachverständigen Bestandteil des Betriebsratsbeschlusses sein muss, ist eng mit der auf den Beschluss folgenden näheren Vereinbarung mit dem Arbeitgeber verbunden.

1. Person des Sachverständigen als wesentlicher Bestandteil

Teilweise wird eine Notwendigkeit, die Person des Sachverständigen bereits im Betriebsratsbeschluss zu benennen, abgelehnt. Vertreter dieser Auffassung verweisen darauf, dass es ausreichend sei, wenn eine Benennung im Rahmen der näheren Vereinbarung mit dem Arbeitgeber erfolge.[587]

Diese Auffassung vermag jedoch nicht zu überzeugen. Die Benennung der Person des Sachverständigen ist ein wesentlicher Bestandteil des Betriebsratsbeschlusses.[588] Der Betriebsrat kann nach § 26 Abs. 2 S. 1 BetrVG als Kollegialorgan nur aufgrund von Beschlüssen handeln.[589] Da dem Betriebsrat das Auswahlrecht für die Person des Sachverständigen zusteht,[590] könnte er einen in der Vereinbarung mit dem Arbeitgeber benannten Sachverständigen lediglich nachträglich billigen, was das Auswahlrecht aushöhlen würde. Darüber hinaus kann das Vorhandensein der notwendigen Sachkunde bei dem vom Betriebsrat ausgewählten Sachverständigen nicht ohne Kenntnis seiner Person beurteilt werden.[591]

2. Entscheidungsspielraum des Vorsitzenden

Fraglich ist, ob der Betriebsrat seinem Vorsitzenden das Recht einräumen kann, die Benennung der Person des Sachverständigen allein vorzunehmen. Dies hätte

---

586 GK – *Raab*, § 33 Rn. 36; *Ulrich*, AiB 2010, 309, 311.

587 *Jobs*, RDV 1987, 125, 127, *Schierbaum*, AiB 1996, 217, 220; *Schierbaum*, dbr 2006, Heft 3, 27, 28; *Zumbeck*, Ratgeber des Betriebsrats, S. 27.

588 Für die Pflicht, den Sachverständigen zu benennen DKKW – *Buschmann*, § 80 Rn. 152; *Wassermann*, dbr 2006, Heft 10, 26, 27; die Person zu benennen empfehlen *Trittin*, AiB 1985, 90, 91; GK – *Weber*, § 80 Rn. 133.

589 *BAG*, Beschl. v. 14.02.1996 – 7 ABR 25/95, AP Nr. 5 zu § 76a BetrVG 1972 (B II 4 der Gründe); *Ulrich*, AiB 2010, 309, 309.

590 Vgl. die Ausführungen zum Wahlrecht des Betriebsrats Kapitel 2 D IV.

591 *BAG*, Beschl. v. 19.04.1989 – 7 ABR 87/87, BAGE 61, 333, 337.

den Vorteil, dass bei Bedenken des Arbeitgebers gegen die konkrete Person des Sachverständigen die Zeit für einen erneuten Betriebsratsbeschluss eingespart werden könnte. Zunächst ist festzustellen, dass der Vorsitzende eine Entscheidung nicht anstelle des Betriebsrats treffen kann, da das Entscheidungsrecht beim Betriebsrat bleiben muss; der Vorsitzende muss nach § 26 Abs. 2 S. 1 BetrVG im Rahmen der vom Betriebsrat gefassten Beschlüsse handeln.[592] Der Betriebsrat könnte einen Beschluss fassen, in dem die Rahmenbedingungen, nach denen sich der Vorsitzende richten muss, festgelegt werden würden.[593] Als Folge müsste der Betriebsrat das Vorgehen des Vorsitzenden nicht nachträglich genehmigen, wenn dieser sich im Rahmen der Vorgaben gehalten hat.[594] Gerade im Rahmen des § 80 Abs. 3 BetrVG erscheint dieses Vorgehen jedoch fraglich, da die Sachkunde untrennbar mit der Person des Sachverständigen verbunden ist. Stattdessen könnte der Betriebsrat vorsorglich einen Beschluss über einen alternativen Sachverständigen fassen. Dies kann, wenn der eigentlich vom Betriebsrat gewünschte Sachverständige nicht vom Arbeitgeber akzeptiert wird – etwa wenn erhebliche Zweifel an dessen Eignung für den konkreten Einsatz bestehen – zu einer Beschleunigung des Verfahrens führen, da kein erneuter Betriebsratsbeschluss erforderlich ist, wenn sich der Betriebsratsvorsitzende und der Arbeitgeber auf den alternativen Sachverständigen einigen können. Bedenken gegen ein solches Vorgehen bestehen nicht, da der Betriebsrat sich mit der Person des alternativen Sachverständigen und damit dessen Sachkunde auseinandersetzen konnte. Bei pflichtgemäßer Ausübung des Wahlrechts des Betriebsrats muss der Arbeitgeber jedoch grundsätzlich den vom Betriebsrat vorgeschlagenen Sachverständigen akzeptieren, so dass sich dieses Problem selten stellen wird.[595]

III. Nachträgliche Veränderungen

Treten Veränderungen ein – hat etwa der Betriebsrat auf Verlangen des Arbeitgebers zunächst internen Sachverstand in Anspruch genommen – so muss der Beschluss, einen Sachverständigen hinzuziehen zu wollen, erneut gefasst werden.[596]

592 GK – *Raab*, § 26 Rn. 36; *Reitze*, Betriebsratsbeschluss, S. 13 f. m.w.N.

593 Vgl. GK – *Raab*, § 26 Rn. 35; *Reitze*, Betriebsratsbeschluss, S. 17 m.w.N.; a.A. DKKW – *Wedde*, § 26 Rn. 21.

594 Vgl. GK – *Raab*, § 26 Rn. 35; vgl. auch zur Haftung des Betriebsratsvorsitzenden im Rahmen der Hinzuziehung eines Beraters im Sinne von § 111 S. 2 BetrVG BGH, Urteil v. 25.10.2012 – III ZR 266/11, juris.

595 Vgl. die Ausführungen zum Wahlrecht des Betriebsrats Kapitel 2 D IV.

596 *LAG Hessen*, Beschl. v. 17.06.2004 – 9/4/2 TaBV 4/04, FA 2004, 305, 305.

IV. Fehlerhafter Beschluss

Fraglich ist, wie die Situation eines fehlerhaft zustande gekommenen Betriebsratsbeschluss zu behandeln ist.

1. Allgemeine Behandlung fehlerhafter Betriebsratsbeschlüsse

Betriebsratsbeschlüsse können bezüglich ihrer Rechtmäßigkeit, jedoch nicht bezüglich ihrer Zweckmäßigkeit überprüft werden.[597] Verstößt ein Beschluss gegen ein Gesetz, eine Rechtsverordnung, eine Unfallverhütungsvorschrift oder einen Tarifvertrag, so ist er rechtswidrig.[598] Bei einem Verstoß gegen eine Formvorschrift ist zu unterscheiden. Liegt ein grober Verstoß gegen die Grundsätze der Beschlussfassung vor – etwa bei Missachtung der Beschlussfähigkeit – so ist der Beschluss grundsätzlich unwirksam.[599] Hat ein Verstoß gegen eine wesentliche Verfahrensvorschrift keine Auswirkung auf den gefassten Beschluss, so kann ausnahmsweise der Verstoß unbeachtet bleiben.[600] Die Heilung eines wesentlichen Verfahrensfehlers bewirkt, dass der bereits fehlerhaft gefasste Beschluss seine Wirksamkeit entfaltet.[601] Wurde trotz eines fehlerhaften Beschlusses durch den Vorsitzenden gehandelt, kann grundsätzlich eine nach § 177 Abs. 1 BGB schwebend unwirksame Vereinbarung durch eine Genehmigung nach § 184 Abs. 1 BGB wirksam werden.[602] Dabei ist nach überwiegender Auffassung ein Betriebsratsbeschluss erforderlich, da der Betriebsrat nur durch einen Beschluss wirksam seinen Willen bilden kann.[603] Es tritt keine Rückwirkung auf den Zeitpunkt des fehlerhaften Beschlusses ein; jedoch wirkt die Genehmigung nach § 184 Abs. 1 BGB auf den Zeitpunkt der Handlung des Vorsitzenden zurück.[604]

---

597 GK – *Raab*, § 33 Rn. 47; *Ulrich*, AiB 2010, 309, 311.

598 Vgl. GK – *Raab*, § 33 Rn. 52; *Ulrich*, AiB 2010, 309, 311.

599 Vgl. *LAG Nürnberg*, Beschl. v. 14.10.1997 – 6 Sa 242/96, LAGE Nr. 2 zu § 29 BetrVG 1972 (S. 2); *Ulrich*, AiB 2010, 309, 311.

600 *Reitze*, Betriebsratsbeschluss, S. 95 f. m.w.N.

601 Vgl. *Reitze*, Betriebsratsbeschluss, S. 96; zu den Voraussetzungen der Heilung S. 99 ff. m.w.N.

602 Vgl. *BAG*, Beschl. v. 10.10.2007 – 7 ABR 51/06, BAGE 124, 188, 191; ausführlich *Reitze*, Betriebsratsbeschluss, S. 135 m.w.N.

603 *Reitze*, Betriebsratsbeschluss, S. 136 ff. m.w.N.

604 *BAG*, Beschl. v. 10.10.2007 – 7 ABR 51/06, BAGE 124, 188, 191 f.; *Reitze*, Betriebsratsbeschluss, S. 142 f. m.w.N.

2. Ausnahmen

Fraglich ist jedoch, ob im Hinblick auf einen Beschluss des *Bundesarbeitsgerichts* vom 08.03.2000,[605] welcher die rückwirkende Heilung fehlerhafter Betriebsratsbeschlüsse im Rahmen von §§ 37, 40 BetrVG ausschließt, eine von der grundsätzlichen Behandlung fehlerhafter Beschlüsse abweichende Handhabung auch hier vorzugswürdig ist. Der Betriebsratsbeschluss soll dieser Entscheidung zufolge nicht mehr nachgeholt werden können, wenn die Kosten bereits entstanden sind, wenn etwa wie in dem zu entscheidenden Sachverhalt eine Freistellung zu einer Schulungsveranstaltung bereits in Anspruch genommen worden ist.[606] Entsprechend wurde in Bezug auf die Bestellung von Einigungsstellenmitgliedern durch das *LAG Hessen* entschieden.[607] *Reitze* schließt aus der Entscheidung, dass bei fehlerhaften Beschlüssen, die den Arbeitgeber so belasten würden, wie es im Rahmen der §§ 37, 40 BetrVG der Fall sei, konsequenterweise nunmehr ein Rückwirkungsverbot für „heilende" Beschlüsse anzuerkennen sei.[608] Eine Ausnahme solle nur gelten, wenn der Arbeitgeber den Inhalt des gewollten Betriebsratsbeschluss bereits vorher gekannt habe und damit nicht schutzwürdig sei.[609] Alles andere würde eine nicht zu rechtfertigende Benachteiligung des Arbeitgebers darstellen.[610] Dem entspricht auch ein Beschluss des *Bundesarbeitsgerichts* vom 10.10.2007.[611] Eine rückwirkende Genehmigung soll nach dieser Entscheidung ausgeschlossen sein, wenn der Beschluss zeitlich erst nach dem für die Beurteilung maßgeblichen Zeitpunkt erfolgt.[612] Dies soll vor allem dann gelten, wenn der Arbeitgeber mit Kosten belastet wird.[613]

605 *BAG*, Beschl. v. 08.03.2000 – 7 ABR 1/98, BAGE 94, 42 ff.

606 *BAG*, Beschl. v. 08.03.2000 – 7 ABR 1/98, BAGE 94, 42, 44; kritisch *Bertzbach*, jurisPR-ArbR 41/2006, Anm. 5.

607 *LAG Hessen*, Beschl. v. 01.06.2006 – 9 TaBV 164/05, AiB Newsletter 2007, Ausgabe 6, 5 (Leitsatz), juris; kritisch *Bertzbach*, jurisPR-ArbR 41/2006, Anm. 5; a.A. mit Verweis auf die fehlende Erforderlichkeitsprüfung *LAG Hessen*, Beschl. v. 04.09.2008 – 9 TaBV 71/08, juris.

608 *Reitze*, NZA 2002, 492, 493.

609 *Reitze*, NZA 2002, 492, 493 f.

610 *Reitze*, NZA 2002, 493, 494.

611 *BAG*, Beschl. v. 10.10.2007 – 7 ABR 51/06, BAGE 124, 188 ff.

612 *BAG*, Beschl. v. 10.10.2007 – 7 ABR 51/06, BAGE 124, 188, 193.

613 *BAG*, Beschl. v. 10.10.2007 – 7 ABR 51/06, BAGE 124, 188, 193.

3. Folgen eines fehlerhaften Beschlusses bei § 80 Abs. 3 BetrVG

Ist ein Beschluss, einen Sachverständigen hinzuzuziehen, fehlerhaft, hat dies Auswirkungen auf das weitere Hinzuziehungsverfahren. Im Rahmen der allgemeinen Kostentragungspflicht des § 40 Abs. 1 BetrVG, dessen Konkretisierung § 80 Abs. 3 BetrVG ist, muss der Betriebsrat vor Kostenverursachung eine Entscheidung über die Erforderlichkeit dieser Kosten treffen.[614] Der maßgebliche Zeitpunkt für die Beurteilung der Erforderlichkeit im Rahmen des § 80 Abs. 3 BetrVG ist der Zeitpunkt der Beschlussfassung.[615] Im Weiteren muss bei § 80 Abs. 3 BetrVG unterschieden werden.

Eine nähere Vereinbarung mit dem Arbeitgeber kann noch nachträglich genehmigt werden, denn durch diese wird der Arbeitgeber nicht direkt mit Kosten belastet. Beauftragt der Vorsitzende jedoch einen Sachverständigen, so wird der Arbeitgeber über den Freistellungsanspruch des Betriebsrats mit Kosten belastet. Eine rückwirkende Genehmigung kann nicht mehr erfolgen. Dies folgt im Rahmen des § 80 Abs. 3 BetrVG bereits aus dem Umstand, dass der Betriebsratsbeschluss die Grundlage der näheren Vereinbarung ist. Die nachträgliche Änderung eines fehlerhaften Beschlusses würde aber den Abschluss einer neuen näheren Vereinbarung mit dem Arbeitgeber erforderlich machen.[616]

D. Nähere Vereinbarung mit dem Arbeitgeber

Betriebsrat und Arbeitgeber müssen eine Vereinbarung über die Hinzuziehung eines Sachverständigen treffen. Hierbei handelt es sich um den „Vollzug" des entsprechenden Betriebsratsbeschlusses.[617] Der Vorsitzende des Betriebsrats handelt dabei als dessen Vertreter.[618] Er kann nach § 26 Abs. 2 S. 1 BetrVG nur im Rahmen der vom Betriebsrat gefassten Beschlüsse tätig werden.

Die nähere Vereinbarung ist keine Betriebsvereinbarung; sie ist aber auch kein bloßer Zustimmungsvorbehalt des Arbeitgebers.[619] Liegen die bisher behandelten

614 Vgl. *BAG*, Beschl. v. 10.10.2007 – 7 ABR 51/06, BAGE 124, 188, 193.

615 Vgl. die Ausführungen zum Zeitpunkt der Beurteilung der Erforderlichkeit Kapitel 2 A IV 4.

616 Vgl. die Ausführungen zur näheren Vereinbarung Kapitel 2 D.

617 Vgl. *Reitze*, Betriebsratsbeschluss, S. 2.

618 GK – *Raab*, § 26 Rn. 31 f.; vgl. auch zum Streitstand *Reitze*, Betriebsratsbeschluss, S. 13 m.w.N. und S. 19 f. m.w.N.; Richardi – *Thüsing*, § 26 Rn. 33 ff. m.w.N.

619 *Rieble*, SAE 1990 Heft 1, 8, 12; *Schierbaum*, AiB 1996, 217, 220; vgl. auch GK – *Kreutz*, § 77 Rn. 8.

Voraussetzungen des § 80 Abs. 3 BetrVG vor, so ist der Arbeitgeber grundsätzlich dazu verpflichtet, seine Zustimmung zur näheren Vereinbarung erteilen.[620] Dies gilt selbst dann, wenn der Arbeitgeber selbst kein Vertrauen zu dem vom Betriebsrat vorgeschlagenen Sachverständigen hat.[621] Nur in besonderen Ausnahmefällen steht dem Arbeitgeber ein Widerspruchsrecht zu.[622]

Den Betriebsrat trifft die Pflicht, die nähere Vereinbarung mit dem Arbeitgeber abzuschließen, um einen Sachverständigen ordnungsgemäß beauftragen zu können; korrespondierend zu dieser Pflicht soll auch ein Anspruch des Arbeitgebers bestehen.[623]

I. Zweck des Vereinbarungserfordernisses

Der Normalfall der Kostenerstattung nach § 40 Abs. 1 BetrVG ist das „Prinzip der Kostenerstattung auf eigene Faust".[624] Das heißt, dass der Betriebsrat den Arbeitgeber nach Erzeugung der Kosten in Anspruch nehmen kann, wenn diese erforderlich und verhältnismäßig waren; eine Ausnahme wird nur selten und wenn es sich um besonders hohe Ausgaben handelt gemacht.[625] Dabei trägt der Betriebsrat das Risiko der richtigen Einschätzung allein.[626] Das Erfordernis der näheren Vereinbarung in § 80 Abs. 3 BetrVG stellt damit eine Sonderregelung zu § 40 Abs. 1 BetrVG dar, da der Betriebsrat hier gerade nicht ohne Mitwirkung des Arbeitgebers Kosten verursachen kann.[627] Hierfür werden verschiedene Gründe angeführt. Diese schließen sich nicht aus, sondern ergänzen sich gegenseitig.

1. Risikoverteilung

Durch die nähere Vereinbarung wird das Risiko der Beurteilung der Sachverständigenhinzuziehung auf beide Betriebsparteien verteilt.[628] Der Arbeitgeber soll eine

---

620 Vgl. *BAG*, Beschl. v. 26.02.1992 – 7 ABR 51/90, BAGE 70, 1, 8.

621 *Trittin/Weber*, AiB 1986, 182, 183; vgl. auch die Ausführungen zum Wahlrecht des Betriebsrats Kapitel 2 D IV.

622 *Pflüger*, NZA 1988, 45, 48.

623 *Kruse*, Rechte des Arbeitgebers, S. 127.

624 *Rieble*, SAE 1990, Heft 1, 8, 11.

625 *BAG*, Beschl. v. 18.04.1967 – 1 ABR 11/66, BAGE 19, 314, 318 f.; *Rieble*, SAE 1990 Heft 1, 8, 11.

626 *Rieble*, SAE 1990, Heft 1, 8, 11.

627 *Ehrich/Hoß*, NZA 1996, 1075, 1077; vgl. *BAG*, Beschl. v. 25.04.1978 – 6 ABR 9/75, AP Nr. 11 zu § 80 BetrVG 1972 (II 5 der Gründe).

628 *Linnenkohl/Kilz*, RDV 1988, 189, 193; *Pflüger*, NZA 1988, 45, 47 f.

Kontrollmöglichkeit für die entstehenden Kosten erhalten.[629] Wird eine nähere Vereinbarung getroffen, steht die Erforderlichkeit fest und kann später nicht erfolgreich angegriffen werden.[630] Die Vereinbarung mit dem Arbeitgeber liegt damit auch im Interesse der Betriebsratsmitglieder, da diese durch die Vereinbarung von möglichen Haftungsansprüchen frei werden.[631]

2. Geheimnisschutz

Zum Teil wird auch der Schutz von Betriebs- und Geschäftsgeheimnissen als Grund angegeben.[632] Zweck der näheren Vereinbarung ist es damit, das Interesse des Arbeitgebers, seine betrieblichen Verhältnisse nicht jedem offen zu legen, zu schützen und ihm die Möglichkeit zu geben (in geringem Umfang) Einfluss auf die Person des Sachverständigen zu nehmen.[633] Ein vom Betriebsrat hinzugezogener Sachverständiger muss gegebenenfalls in den Betrieb oder dessen Unterlagen Einblick nehmen, um seine Aufgabe wahrnehmen zu können. Betriebs- und Geschäftsgeheimnisse werden ebenfalls durch die Verschwiegenheitspflicht des Sachverständigen nach § 80 Abs. 4 BetrVG in Verbindung mit § 79 BetrVG und die Strafbewehrung des § 120 Abs. 1 Nr. 3 Var. 1 BetrVG geschützt.[634]

3. Schutzbedürftigkeit des Rechtsverkehrs

Andere sehen die Schutzbedürftigkeit des Rechtsverkehrs als entscheidendes Kriterium für das Erfordernis einer näheren Vereinbarung an.[635] Der Sachverständige soll sicher sein können, dass er die Vergütung für die von ihm geleistete Arbeit vom Arbeitgeber verlangen kann.[636]

---

629 ähnlich *BAG,* Beschl. v. 11.11.2009 – 7 ABR 26/08, BAGE 132, 232, 237; kritisch *Linnenkohl/Kilz*, RDV 1988, 189, 190, 193.

630 *Pflüger*, NZA 1988, 45, 47 f.

631 *Linnenkohl/Kilz*, RDV 1988, 189, 194; *Lubitz*, Rechtsanwalt, S. 52; *Pflüger*, NZA 1988, 45, 47 f.; vgl. auch zur Haftung im Rahmen der Beauftragung eines Beraters *BGH*, Urteil v. 25.10.2012 – III ZR 266/11, juris.

632 Vgl. *BAG*, Beschl. v. 19.04.1989 – 7 ABR 87/87, BAGE 61, 333, 337; kritisiert von *Rieble*, SAE 1990, Heft 1, 8, 12.

633 *BAG*, Beschl. v. 19.04.1989 – 7 ABR 87/87, BAGE 61, 333, 337.

634 Vgl. die Ausführungen zur Verschwiegenheitspflicht des Sachverständigen Kapitel 1 A III 3 a.

635 *Jahnke*, RdA 1975, 343, 346; kritisiert von *Rieble*, SAE 1990, Heft 1, 8, 12.

636 *Jahnke*, RdA 1975, 343, 346; kritisiert von *Rieble*, SAE 1990, Heft 1, 8, 12.

4. Unterschiedliche Behandlung von Personal- und Sachaufwand

Rieble sieht diese Ausnahme vom Normalfall der Kostenerstattung nach § 40 Abs. 1 BetrVG in der unterschiedlichen Behandlung von Sachaufwand, den der Arbeitgeber zu tragen habe, und Personalaufwand, der nur mittelbar vom Arbeitgeber zu tragen sei (etwa über die Vorschriften der Arbeitsbefreiung).[637] Dieses System der unterschiedlichen Behandlung von Personal- und Sachaufwand würde unterlaufen werden, wenn eine nähere Vereinbarung mit dem Arbeitgeber nicht erforderlich wäre, da in diesem Fall die Kosten eines Sachverständigeneinsatzes auf dieselbe Weise verursacht werden würden wie etwa die Kosten für einen Drucker des Betriebsrats.[638]

Es ist aber zu beachten, dass der Gesetzgeber eine Durchbrechung dieses von *Rieble* beschriebenen Systems selbst geschaffen hat, indem er das Verfahren der Hinzuziehung eines Beraters nach § 111 S. 2 BetrVG ohne eine nähere Vereinbarung ausgestaltet hat. Dafür wurden jedoch besondere Gründe genannt, die § 111 S. 2 BetrVG insoweit den Charakter einer Ausnahmevorschrift geben.[639] Damit steht der § 111 S. 2 BetrVG der Annahme eines besonderen Systems innerhalb des Betriebsverfassungsgesetzes zur Kostentragung durch den Arbeitgeber nicht entgegen.

5. Kontrollmöglichkeit und Objektivierung des Beurteilungsspielraums

Zudem soll dem Arbeitgeber durch die nähere Vereinbarung die Möglichkeit gegeben werden, zu überprüfen, ob der Einsatz eines Sachverständigen überhaupt erforderlich und verhältnismäßig ist und ob der Sachverständige die erforderliche Sachkunde besitzt.[640] In einer älteren Entscheidung des *1. Senats des Bundesarbeitsgerichts* wird auch die Möglichkeit des Arbeitgebers, die Neutralität des Sachverständigen prüfen zu können, als Zweck der näheren Vereinbarung angesehen.[641] Diese Möglichkeit ist jedoch durch die grundsätzliche Anerkennung der Möglichkeit des Sachverständigen

---

637 *Rieble*, SAE 1990, Heft 1, 8, 12; ähnlich *BAG*, Beschl. v. 11.11.2009 – 7 ABR 26/08, BAGE 132, 232, 237.

638 Vgl. *Rieble*, SAE 1990, Heft 1, 8, 12.

639 Vgl. die Ausführungen zu den Voraussetzungen und dem Verfahren des § 111 S. 2 BetrVG Kapitel 3.

640 Vgl. *BAG*, Beschl. v. 19.04.1989 – 7 ABR 87/87, BAGE 61, 333, 337; ähnlich *BAG*, Beschl. v. 11.11.2009 – 7 ABR 26/08, BAGE 132, 232, 237; *Lubitz*, Rechtsanwalt, S. 52.

641 *BAG*, Beschl. v. 13.09.1977 – 1 ABR 67/75, BAGE 29, 281, 289 f.; wohl zustimmend *Rieble*, SAE 1990, Heft 1, 8, 12; vgl. auch die Ausführungen zur Frage, ob ein Sachverständiger neutral sein muss Kapitel 1 A II 2.

an den Interessen des Betriebsrats ausgerichtet tätig zu werden, überholt.[642] Ausweislich einer neueren Entscheidung des *7. Senats des Bundesarbeitsgerichts* soll der Arbeitgeber zudem die Möglichkeit erhalten, dem Betriebsrat eigene sachkundige Personen oder eigene Kenntnisse anzubieten und den Gegenstand der Beauftragung begrenzen zu können.[643] Schließlich wird eine Objektivierung des Beurteilungsspielraums als Zweck des Vereinbarungserfordernisses angegeben.[644]

II. Kritik am Vereinbarungserfordernis und Alternativvorschläge

Das Erfordernis einer näheren Vereinbarung wird als die größte Hürde bei der Hinzuziehung eines Sachverständigen in der betrieblichen Praxis kritisiert.[645] Der Arbeitgeber hätte die Möglichkeit, in die Arbeit des Betriebsrats in nicht hinzunehmender Weise eingreifen zu können.[646] Zum Teil wurde daher vor der Neufassung des § 80 Abs. 3 BetrVG gefordert, auf das Erfordernis einer näheren Vereinbarung zu verzichten.[647] Als Alternative wurde ein Vetorecht des Arbeitgebers vorgeschlagen.[648] Auch ein Verfahren wie im § 98 Abs. 1 ArbGG wurde statt einer näheren Vereinbarung in Betracht gezogen.[649]

Allerdings schafft es die Voraussetzung der näheren Vereinbarung die verschiedenen beteiligten Interessen zu berücksichtigen und teilweise zu einem Ausgleich zu bringen. Das Verfahren des § 80 Abs. 3 BetrVG und insbesondere Verhandlungen zwischen den Betriebsparteien über eine nähere Vereinbarung kosten Zeit. Dafür entsteht aber für die Beteiligten Rechtssicherheit, da die nähere Vereinbarung als Grundlage für die Hinzuziehung herangezogen werden kann. Die vorgeschlagenen Alternativen schaffen diese Art von Interessenausgleich nicht. Auch die Idee, dem Betriebsrat jährlich ein gewisses Kontingent zur Verfügung zu stellen, mit dem er frei wirtschaften kann, ist im Rahmen des § 80 Abs. 3 BetrVG und der

642 Vgl. die Ausführungen zur Neutralität des Sachverständigen Kapitel 1 A II 2.

643 *BAG*, Beschl. v. 11.11.2009 – 7 ABR 26/08, BAGE 132, 232, 237.

644 *Matthissen*, CR 1988, 478, 480.

645 *Linnenkohl/Kilz*, RDV 1988, 189, 193.

646 *Schneider*, AiB 2000, 605, 606.

647 *Däubler*, AuR 2001, 1, 5; *DGB-Bundesvorstand*, NZA 2001, 135, 137; *Schneider*, AiB 2000, 605, 608.

648 *Schneider*, AiB 2000, 605, 608; später schlug *Hayen*, AiB 2008, 36, 43 eine Fristsetzung für eine ablehnende Äußerung des Arbeitgebers vor.

649 *Däubler*, AuR 2001, 1, 5.

näheren Vereinbarung nicht zielführend.[650] Neben möglicher allgemeiner Kritik, stößt man auf das Problem, dass die nähere Vereinbarung und damit die Festsetzung der Erforderlichkeit vorweggenommen werden müsste, damit ein freies Wirtschaften möglich ist. Dies nimmt der Arbeitgeberseite jedoch alle Möglichkeiten, im Rahmen des § 80 Abs. 3 BetrVG Einfluss zu nehmen und ihre Interessen zu wahren. Sieht man eine nähere Vereinbarung nicht als automatisch erteilbar an, besteht bei einem Handeln ohne vorherige Absprache mit der Arbeitgeberseite die Gefahr der Haftung der handelnden Betriebsratsmitglieder. Schließlich besteht die Gefahr, dass die Qualität der Hilfe für die Mitbestimmung sinkt, wenn Betriebsräte sich gezwungen sehen, auf billigere, nicht genau passende Angebote von Sachverständigen zurückzugreifen, wenn das Kontingent erschöpft ist.

III. Inhalt der näheren Vereinbarung

Zum Inhalt der näheren Vereinbarung können der Beratungsgegenstand, die voraussichtlichen Kosten, Zeitpunkt und Zeitraum der Hinzuziehung und die Person des Sachverständigen gehören. Ob alle Punkte für eine wirksame Vereinbarung erforderlich sind, wird jedoch nicht einheitlich beurteilt.

1. Beratungsgegenstand, Zeitpunkt und Zeitraum der Beratung

Der Beratungsgegenstand wird unstreitig als zwingender Bestandteil der näheren Vereinbarung angesehen.[651] Durch ihn wird festgelegt, zu welcher Aufgabe der Sachverständige hinzugezogen werden soll und in welchem Bereich ein Kenntnisdefizit des Betriebsrats besteht.[652] Auch Zeitpunkt und Zeitraum der Beratung werden zu Recht teilweise als zwingender Bestandteil der näheren Vereinbarung angesehen.[653] Zumindest der voraussichtliche Zeitraum der Hinzuziehung sollte Bestandteil der näheren Vereinbarung sein, damit die zu erwartenden Kosten des Sachverständigeneinsatzes für den Arbeitgeber abschätzbar und überprüfbar sind.[654]

---

650 Vgl. zur praktischen Handhabung etwa *Haas*, Anwaltliches Mandatsverhältnis, S. 40.

651 *BAG*, Beschl. v. 19.04.1989 – 7 ABR 87/87, BAGE 61, 333, 337; *BAG*, Beschl. v. 26.02.1992 – 7 ABR 51/90, BAGE 70, 1, 7; *Pflüger*, NZA 1988, 45, 48; *Schoof*, AiB 1990, 463, 463; *Trittin*, AiB 1985, 90, 91; Richardi – *Thüsing*, § 80 Rn. 89.

652 *Pflüger*, NZA 1988, 45, 48.

653 *Schneider*, AiB 2000, 605, 605; *Schoof*, AiB 1990, 463, 463; a.A. nur bei zeitlichen Besonderheiten *Klapper*, Unterstützung des Betriebsrats, S. 313.

654 Vgl. die Ausführungen zu den voraussichtlichen Kosten als Inhalt der näheren Vereinbarung Kapitel 2 D III 2.

2. Voraussichtliche Kosten

Fraglich ist, ob die zu erwartenden Kosten ebenfalls Bestandteil der Vereinbarung sein müssen. Die Kosten sind eng mit dem zeitlichen Umfang der Sachverständigenhinzuziehung verbunden. Wohl überwiegend werden daher die voraussichtlichen Kosten als zwingender Bestandteil der näheren Vereinbarung angesehen.[655] Dies ist mit Blick auf die möglicherweise erhebliche Kostenbelastung des Arbeitgebers auch sachgerecht. Teilweise wird darüber hinaus vorgeschlagen, dass bei Überschreitung einer Kostenobergrenze eine neue Vereinbarung mit dem Arbeitgeber abzuschließen sei.[656] Diesbezüglich kann es sinnvoll sein, die Modalitäten einer weiteren näheren Vereinbarung bereits im Vorfeld abzuklären, um späteren Streitigkeiten vorzubeugen.

3. Person des Sachverständigen

Allgemein wird auch die Benennung der Person des Sachverständigen als wesentlicher Bestandteil der näheren Vereinbarung angesehen.[657] Dem Arbeitgeber soll durch die nähere Vereinbarung unter anderem die Möglichkeit gegeben werden, zu prüfen, ob der Sachverständigeneinsatz erforderlich ist.[658] Ohne die Person des Sachverständigen zu kennen, kann der Arbeitgeber jedoch nicht feststellen, ob dieser die erforderliche Sachkunde für den in Frage stehenden Beratungsgegenstand besitzt.[659] Der Arbeitgeber kann jedoch keinen geeigneten Sachverständigen ablehnen, der das Vertrauen des Betriebsrats besitzt.[660]

---

655 *BAG*, Beschl. v. 25.04.1978 – 6 ABR 9/75, AP Nr. 11 zu § 80 BetrVG 1972 (II 5 c der Gründe); *BAG*, Beschl. v. 26.02.1992 – 7 ABR 51/90, BAGE 70, 1, 7; Richardi – *Thüsing*, § 80 Rn. 89; *Pflüger*, NZA 1988, 45, 48; *Schoof*, AiB 1990, 463, 463; *Klapper*, Unterstützung des Betriebsrats, S. 313 f.; *Reitze*, ZBVR online 2007, Ausgabe 6, 23, 25; lediglich als möglichen Inhalt angesehen durch *Trittin*, AiB 1985, 90, 91.

656 *Klapper*, Unterstützung des Betriebsrats, S. 314.

657 *BAG*, Beschl. v. 25.04.1978 – 6 ABR 9/75, AP Nr. 11 zu § 80 BetrVG 1972 (II 5 a der Gründe); *BAG*, Beschl. v. 26.02.1992 – 7 ABR 51/90, BAGE 70, 1, 7; *Jobs*, RDV 1987, 126, 127; *Pflüger*, NZA 1988, 45, 48; *Schierbaum*, AiB 1996, 217, 220; *Schoof*, AiB 1990, 463, 463; Richardi – *Thüsing* § 80 Rn. 89; *Trittin*, AiB 1985, 90, 91.

658 *Lubitz*, Rechtsanwalt, S. 52.

659 Vgl. *BAG*, Beschl. v. 19.04.1989 – 7 ABR 87/87, BAGE 61, 333, 337.

660 *Pflüger*, NZA 1988, 45, 48; die hiermit zusammenhängende Frage, ob der Betriebsrat berechtigt ist, die Person des Sachverständigen nachträglich zu wechseln, soll später bearbeitet werden: vgl. die Ausführungen zur Ersetzungsbefugnis des Betriebsrats Kapitel 2 E.

IV. Wahlrecht des Betriebsrats

Der Betriebsrat kann grundsätzlich einer Person seiner Wahl das Vertrauen schenken, damit diese für ihn als Sachverständiger tätig wird.[661] Das Wahlrecht des Betriebsrats wird auch nicht durch das Erfordernis einer näheren Vereinbarung berührt.[662] Der Betriebsrat ist nicht dazu verpflichtet, den für den Arbeitgeber kostengünstigsten Sachverständigen zu wählen; er soll seine Auswahl jedoch anhand einer pflichtgemäßen und verständigen Abwägung der jeweiligen Umstände treffen.[663] Grundlage dieses Wahlrechts ist die Geschäftsführungsbefugnis des Betriebsrats, welche bei einer verantwortungsbewussten, eigenverantwortlichen und unabhängigen Ausübung die Kostenfolge des § 40 Abs. 1 BetrVG nach sich zieht.[664] Dabei steht dem Betriebsrat ein gerichtlich überprüfbarer Ermessensspielraum zu, in dem er dieselbe Sorgfalt anzuwenden hat, die er auch in eigenen Angelegenheiten anwenden würde.[665]

V. Form der näheren Vereinbarung

Durch die nähere Vereinbarung erfolgt keine normative Gestaltung.[666] Sie ist daher an keine bestimmte Form gebunden und muss nicht in der Form einer Betriebsvereinbarung erfolgen, sondern kann als formlose Betriebsabsprache abgeschlossen werden.[667] Arbeitgeber und Betriebsrat müssen lediglich zu einer Willensübereinstimmung kommen.[668]

Ob die Vereinbarung auch konkludent getroffen werden kann, ist fraglich. Insbesondere dann, wenn noch nicht alle wesentlichen Bestandteile von Betriebsrat und Arbeitgeber festgelegt worden sind, kann nicht von einer konkludenten Vereinbarung ausgegangen werden.[669] Teilweise wird darüber hinaus die Möglichkeit einer konkludent abgeschlossenen näheren Vereinbarung ganz abgelehnt.[670]

---

661 *LAG Baden-Württemberg*, Beschl. v. 22.11.1985 – 5 TaBV 5/85, AiB 1986, 261, 261.

662 *LAG Baden-Württemberg*, Beschl. v. 22.11.1985 – 5 TaBV 5/85, AiB 1986, 261; *Trittin/Weber*, AiB 1986, 182, 183; wohl a.A. *Rieble*, SAE 1990, Heft 1, 8, 12.

663 *LAG Baden-Württemberg*, Beschl. v. 22.11.1985 – 5 TaBV 5/85, AiB 1986, 261, 261.

664 *LAG Baden-Württemberg*, Beschl. v. 22.11.1985 – 5 TaBV 5/85, AiB 1986, 261, 261.

665 *LAG Baden-Württemberg*, Beschl. v. 22.11.1985 – 5 TaBV 5/85, AiB 1986, 261, 261.

666 Richardi – *Thüsing*, § 80 Rn. 89.

667 *Schierbaum*, AiB 1996, 217, 220; Richardi – *Thüsing*, § 80 Rn. 89; *Trittin*, AiB 1985, 90, 91; *Trittin/Wedde*, AiB 1997, 138, 142; *Wagner*, AiB 1992, 316, 317

668 GK – *Kreutz*, § 77 Rn. 9.

669 Richardi – *Thüsing*, § 80 Rn. 89.

670 Richardi – *Thüsing*, § 80 Rn. 89.

Dagegen nimmt das *LAG Hamm* eine konkludent abgeschlossene nähere Vereinbarung bereits in dem Fall an, wenn dem Arbeitgeber die Tätigkeit des Sachverständigen mitgeteilt wurde, dieser nicht widersprochen hat und sich die Kosten aus allgemeingültigen Bestimmungen erkennen lassen.[671] Grundsätzlich ist die Möglichkeit einer konkludent abgeschlossenen näheren Vereinbarung anzuerkennen. Das bloße Dulden oder das bloße Schweigen ist allerdings nicht als konkludente Zustimmung des Arbeitgebers zu deuten.[672] Es müssen darüber hinaus noch weitere Umstände vorliegen, die auf eine konkludent erteilte Zustimmung schließen lassen.[673] Das *LAG Hessen* nimmt solche Umstände etwa bei der Teilnahme des Sachverständigen an Beratungen mit dem Arbeitgeber an, schränkt dies jedoch dann ein, wenn dem Arbeitgeber diese Tätigkeit im Vorfeld nicht mitgeteilt wurde.[674] Im Ergebnis muss die Entscheidung, ob eine nähere Vereinbarung konkludent abgeschlossen wurde, Frage des Einzelfalls sein.

VI. Zeitliche Lage der näheren Vereinbarung

Die Frage, wann die nähere Vereinbarung zwischen Betriebsrat und Arbeitgeber abgeschlossen werden muss, ist stark umstritten. Der Wortlaut des § 80 Abs. 3 BetrVG „nach näherer Vereinbarung" ist nicht eindeutig gewählt. Die gesetzliche Formulierung kann im Sinne eines „nachdem" verstanden werden, mit der Folge, dass eine vorherige Vereinbarung erforderlich ist. Der Formulierung kann aber auch eine bloß verknüpfende Bedeutung zugemessen werden, die keine zeitliche Komponente hinsichtlich der Lage der näheren Vereinbarung enthält.

1. Bloße Verknüpfung

Teile der Literatur und der unterinstanzlichen Rechtsprechung sprechen sich mit unterschiedlichen Begründungen gegen eine vorherige Vereinbarung aus und

671 *LAG Hamm*, Beschl. v. 28.10.1981 – 12 TaBV 103/81, juris.

672 Vgl. *BAG*, Beschl. v. 25.04.1978 – 6 ABR 9/75, AP Nr. 11 zu § 80 BetrVG 1972 (II 5 c der Gründe); *BAG*, Beschl. v. 12.08.1982 – 6 ABR 95/79, juris; *BAG*, Beschl. v. 19.04.1989 – 7 ABR 87/87, BAGE 61, 333, 340; a.A. *ArbG Köln*, Beschl. v. 05.07.1988 – 17 BV 59/88, AuR 1989, 150 (laut Leitsatz, Gründe widersprechen dem).

673 Vgl. *BAG*, Beschl. v. 19.04.1989 – 7 ABR 87/87, BAGE 61, 333, 340; *ArbG Köln*, Beschl. v. 05.07.1988 – 17 BV 59/88, AuR 1989, 150 (Leitsatz), n.v.; *Wagner*, AiB 1992, 316, 317.

674 *LAG Hessen*, Beschl. v. 17.03.2011 – 9 TaBV 59/10, juris.

sehen den Gesetzestext damit als bloße Verknüpfung an.[675] Nach dieser Auffassung soll die Möglichkeit der Hinzuziehung eines Sachverständigen lediglich an der Erforderlichkeit zu messen sein, sodass die Vereinbarung zu einem bloßen feststellenden Akt wird, anstatt ein konstitutives Ereignis zu sein.[676] Da die Erforderlichkeit nicht erst mit dem Zeitpunkt ihrer Feststellung entstehe, habe eine gerichtliche Ersetzung dann zu erfolgen, wenn die Erforderlichkeit vorliege.[677] Die Ersetzung müsse dann auf den Zeitpunkt des Antragseingangs bei Gericht zurückwirken.[678] Daraus wird geschlossen, dass eine vorherige Vereinbarung zumindest dann entbehrlich sei, wenn sie später nachträglich gerichtlich ersetzt werden soll.[679]

Außerdem hätte der Gesetzgeber eine zeitliche Verknüpfung durch eine andere Formulierung deutlich machen müssen; da dies nicht erfolgt sei, sei nur die Klarstellung geregelt worden, dass die Kosten eines Sachverständigen durch den Arbeitgeber zu tragen seien.[680] Zudem würde der Arbeitgeber durch eine spätere Entscheidung über die Erforderlichkeit nicht beschwert werden, da auch die Sachkunde eines bereits hinzugezogenen Sachverständigen ohne Beschwer für den Arbeitgeber später beurteilt werden könne.[681] Ein Vergleich mit der Kostentragungspflicht des Arbeitgebers für einen Prozessvertreter des Betriebsrats, bei welcher die Erforderlichkeit nachträglich überprüft werden könne, spreche ebenfalls gegen die Pflicht eine vorherige nähere Vereinbarung herbeizuführen.[682]

Schließlich sei das Interesse des Arbeitgebers an der Geheimhaltung von Betriebs- und Geschäftsgeheimnissen über die Vorschrift des § 120 Abs. 1 Nr. 3 Var. 1 BetrVG ausreichend gewahrt.[683] Wenn man von marktüblichen Vergütungssätzen ausgehe, so bedürfe auch die Bestimmung eines Honorars keiner vorherigen Vereinbarung zwischen Arbeitgeber und Betriebsrat.[684] Das Argument, dass

675 *LAG Hessen*, Beschl. v. 11.11.1986 – 5 TaBV 121/86, Der Betriebsrat 1987, 621, 622; DKKW – *Buschmann*, § 80 Rn. 155; *Klebe*, EWiR 1987, 433, 434; *Knauber-Bergs*, AiB 1987, 160, 160; *Pflüger*, NZA 1988, 45, 48; *Rieble*, SAE 1990, Heft 1, 8, 12; ähnlich *Ehrich/Hoß*, NZA 1996, 1075, 1077.

676 DKKW – *Buschmann*, § 80 Rn. 155.

677 *LAG Hessen*, Beschl. v. 11.11.1986 – 5 TaBV 121/86, Der Betriebsrat 1987, 621, 622; DKKW – *Buschmann*, § 80 Rn. 155.

678 *LAG Hessen*, Beschl. v. 11.11.1986 – 5 TaBV 121/86, Der Betriebsrat 1987, 621, 622; DKKW – *Buschmann*, § 80 Rn. 155.

679 DKKW – *Buschmann*, § 80 Rn. 55; *Klebe*, EWiR 1987, 433, 434.

680 *Knauber-Bergs*, AiB 1987, 160, 160.

681 *Knauber-Bergs*, AiB 1987, 160, 160.

682 *Klebe*, EWiR 1987, 433, 434.

683 *Rieble*, SAE 1990, Heft 1, 8, 12.

684 *Knauber-Bergs*, AiB 1987, 160, 161.

der Betriebsrat durch die nähere Vereinbarung einem geringeren Haftungsrisiko ausgesetzt sei, sei unbeachtlich, da es denkbar sei, dass der Betriebsrat bewusst auf die Wirkung des Haftungsausschlusses verzichten wolle.[685]

2. Nach vorheriger Vereinbarung

Für eine zeitliche Verknüpfung sprechen sich insbesondere das *Bundesarbeitsgericht* aber auch Teile der unterinstanzlichen Rechtsprechung und der Literatur aus.[686] Während der Wortlaut des § 80 Abs. 3 BetrVG für beide Auslegungen offen ist, sprechen eine systematische Auslegung und der Sinn und Zweck des § 80 Abs. 3 BetrVG für eine vorherige Vereinbarung. Ein systematischer Vergleich mit § 111 S. 2 BetrVG zeigt, dass der Gesetzgeber dort einen Unterschied zur Regelung des § 80 Abs. 3 BetrVG normieren wollte.[687] Auf Grund der besonderen Situation einer Betriebsänderung sollte das Verfahren der Hinzuziehung von externem Sachverstand beschleunigt werden.[688] Auch Sinn und Zweck des Vereinbarungserfordernisses sprechen für dieses Ergebnis. Gerade die Zwecke der Kontrollmöglichkeit des Arbeitgebers bezüglich der Kosten und das Interesse des Sachverständigen zu wissen, ob er sein Honorar vom Arbeitgeber erhalten wird, können nur durch eine vorherige Vereinbarung effektiv gewährleistet werden.[689] Würde man vom Erfordernis einer näheren Vereinbarung absehen, könnte in der Praxis das Recht des Betriebsrats aus § 80 Abs. 3 BetrVG geschwächt werden, da entweder die Mitglieder des Betriebsrats selbst oder der potentielle Sachverständige nicht bereit sein könnten, das Risiko der Kostentragung einzugehen.[690] Der Arbeitgeber kann prüfen, ob er die Kosten eines Sachverständigen tragen, ob er es auf die Kosten eines Beschlussverfahrens ankommen lassen oder ob er sogar ganz von der geplanten Maßnahme

685 *Pflüger*, NZA 1988, 45, 48; ähnlich *Ehrich/Hoß*, NZA 1996, 1075, 1077.

686 *BAG*, Beschl. v. 26.02.1992 – 7 ABR 51/90, BAGE 70, 1, 10; *BAG*, Beschl. v. 19.04.1989 – 7 ABR 87/87, BAGE 61, 333, 338; *BAG*, Beschl. v. 25.04.1978 – 6 ABR 9/75, AP Nr. 11 zu § 80 BetrVG 1972 (II 5 c der Gründe); *BAG*, Beschl. v. 12.08.1982 – 6 ABR 95/79, juris; *LAG Hessen*, Beschl. v. 17.06.1993 – 12 TaBV 197/92, LAGE Nr. 10 zu § 80 BetrVG 1972 (S. 3); *Klapper*, Unterstützung des Betriebsrats, S. 320 ff.; *Lubitz*, Rechtsanwalt, S. 54; *Venema*, NZA 1993, 253, 256; vgl. auch GK – *Weber*, § 80 Rn. 135 m.w.N.

687 Vgl. *Klapper*, Unterstützung des Betriebsrats, S. 323.

688 BT-Drucks. 14/5741, S. 28 und 51.

689 *Klapper*, Unterstützung des Betriebsrats, S. 320.

690 *Klapper*, Unterstützung des Betriebsrats, S. 323; a.A. *Pflüger*, NZA 1988, 45, 48.

absehen will.[691] Eine nachträgliche Vereinbarung wäre lediglich eine überflüssige Formvorschrift.[692] Zudem hat der Arbeitgeber durch die nähere Vereinbarung die Möglichkeit, auf die Hinzuziehung im gewissen Rahmen Einfluss zunehmen, was durch die Anerkennung einer rückwirkenden Ersetzung vereitelt werden würde,[693] denn wenn es zu einer gerichtlichen Ersetzung der näheren Vereinbarung kommen würde, würde das Gericht den Sachverständigen benennen, der bereits für den Betriebsrat tätig ist.[694] Folge dieser Auffassung ist, dass eine fehlende oder verweigerte Zustimmung vor der Hinzuziehung eines Sachverständigen durch eine Entscheidung des Arbeitsgerichts ersetzt werden muss.[695] Auch eine Rückwirkung der ersetzten Vereinbarung kann nach dieser Auffassung nicht möglich sein.

VII. Wirkung der näheren Vereinbarung

Mit Abschluss der näheren Vereinbarung steht die Erforderlichkeit eines Sachverständigeneinsatzes fest und kann auch gerichtlich nicht mehr außer Kraft gesetzt werden.[696] Damit schafft die nähere Vereinbarung Rechtssicherheit für die Betriebsparteien und den Sachverständigen.

VIII. Überschreitung der Vertretungsmacht des Vorsitzenden

Besteht kein Betriebsratsbeschluss, kann eine nähere Vereinbarung mit dem Arbeitgeber nicht zustande kommen. Die nähere Vereinbarung ist der „Vollzug“ des Betriebsratsbeschlusses und damit untrennbar mit diesem verbunden.[697] Als Betriebsabsprache wird sie überwiegend als Vertrag angesehen.[698] Bestand ein Beschluss des Betriebsrats

---

691 *LAG Frankfurt*, Beschl. v. 17. 06.1993 – 12 TaBV 197/92, LAGE Nr. 10 zu § 80 BetrVG 1972 (S. 3); *Klapper*, Unterstützung des Betriebsrats, S. 320.

692 *Klapper*, Unterstützung des Betriebsrats, S. 323; *Lubitz*, Rechtsanwalt, S. 54.

693 *Venema*, NZA 1993, 252, 256; vgl. dazu auch *BAG*, Beschl. v. 19.04.1989 – 7 ABR 87/87, BAGE 61, 333, 337 f.

694 Vgl. *Rieble*, SAE 1990 Heft 1, 8, 12.

695 *BAG*, Beschl. v. 26.02.1992 – 7 ABR 51/90, BAGE 70, 1, 8; *BAG*, Beschl. v. 25.04.1978 – 6 ABR 9/75, AP Nr. 11 zu § 80 BetrVG 1972 (II 5 c der Gründe).

696 *Pflüger*, NZA 1988, 45, 48.

697 Vgl. *Reitze*, Betriebsratsbeschluss, S. 2.

698 Vgl. GK – *Kreutz*, § 77 Rn. 10 m.w.N.

und hat der Vorsitzende des Betriebsrats nicht im Rahmen der Vorgaben des Beschlusses gehandelt, so besteht die Möglichkeit der Genehmigung durch den Betriebsrat. Die nähere Vereinbarung kann durch einen ordnungsgemäßen Beschluss entsprechend § 177 Abs. 1 BGB durch den Betriebsrat genehmigt werden, sodass sie nach § 184 Abs. 1 BGB von Anfang an als wirksam behandelt wird.[699]

E. Ersetzungsbefugnis des Betriebsrats

Der Betriebsrat hat die Möglichkeit, den eigenen Sachverständigen zu ersetzen, wenn dies für eine ordnungsgemäße Aufgabenerfüllung notwendig ist. Dieses Recht folgt aus § 80 Abs. 3 BetrVG.[700] Fraglich ist in diesem Zusammenhang insbesondere, ob der Betriebsrat einen neuen Beschluss fassen und eine neue nähere Vereinbarung mit dem Arbeitgeber abschließen muss.

I. Betriebsratsbeschluss

Nach der hier vertretenen Auffassung ist die Benennung der Person des Sachverständigen im Betriebsratsbeschluss erforderlich.[701] Daher ist auch bei einem Wechsel der Person des Sachverständigen zuvor ein Betriebsratsbeschluss herbeizuführen.[702] Der Betriebsrat muss die Erforderlichkeit des Einsatzes eines Sachverständigen feststellen. Dabei sind die Person des Sachverständigen und ihre Sachkunde wesentliche Gesichtspunkte.

II. Nähere Vereinbarung mit dem Arbeitgeber

Ungeklärt ist, ob bei einem Wechsel der Person des Sachverständigen eine erneute nähere Vereinbarung mit dem Arbeitgeber erforderlich ist. Das *LAG Baden-Württemberg* verweist darauf, dass auch der Arbeitgeber einen von ihm

---

699 Vgl. GK – *Kreutz*, § 77 Rn. 11; GK – *Raab*, § 26 Rn. 39 f.; differenzierend Richardi – *Thüsing*, § 26 Rn. 48.

700 Ähnlich *LAG Baden-Württemberg*, Beschl. v. 22.11.1985 – 5 TaBV 5/85, AiB 1986, 261, 261.

701 Vgl. die Ausführungen zur Benennung der Person des Sachverständigen im Betriebsratsbeschluss Kapitel 2 C II.

702 Ähnlich *Klapper*, Unterstützung des Betriebsrats, S. 300 f., die eine neue Verhältnismäßigkeitsprüfung zumindest dann für erforderlich hält, wenn neue Kosten anfallen.

hinzugezogenen Sachverständigen jederzeit wechseln könne, jedoch ohne klarzustellen, ob für einen Wechsel durch den Betriebsrat eine erneute nähere Vereinbarung erforderlich sein soll oder nicht.[703] Die Zwecke der näheren Vereinbarung sprechen dafür, die Zustimmung des Arbeitgebers zu einer erneuten näheren Vereinbarung bei einem Wechsel als erforderlich anzusehen.[704] Durch die nähere Vereinbarung kann der Arbeitgeber an der Bestellung eines Sachverständigen mitwirken. Insbesondere die Person des Sachverständigen ist dabei für den Arbeitgeber, etwa im Hinblick auf Betriebs- und Geschäftsgeheimnisse, wesentlich. Zudem können höhere Kosten durch den Wechsel der Person des Sachverständigen entstehen, wenn sich dieser zunächst einarbeiten muss.[705] Demnach hat der Betriebsrat zwar jederzeit das Recht, einem anderen Sachverständigen sein Vertrauen zu schenken, jedoch muss zuvor eine erneute nähere Vereinbarung mit dem Arbeitgeber getroffen werden.[706]

F. Durchsetzung des Anspruchs auf Hinzuziehung eines Sachverständigen

In der Praxis ist die Frage nach der Durchsetzung des Anspruchs auf Hinzuziehung eines Sachverständigen eine wesentliche Frage für Betriebsratsgremien. Dabei geht es im Wesentlichen um die Ersetzung der Zustimmung des Arbeitgebers zur näheren Vereinbarung. Neben dieser Frage werden weitere Durchsetzungsmöglichkeiten des Betriebsverfassungsrechts kurz dargestellt.

I. Durchsetzungsmöglichkeiten im Betriebsverfassungsrecht

Bei Streitigkeiten über die Unterrichtungspflicht des Arbeitgebers im Sinne des § 80 Abs. 2 S. 1 BetrVG oder über die Hinzuziehung eines Sachverständigen nach § 80 Abs. 3 BetrVG entscheidet das Arbeitsgericht im Beschlussverfahren nach § 2 a Abs. 1 Nr. 1, Abs. 2 ArbGG in Verbindung mit §§ 80 ff. ArbGG. Es besteht

703 *LAG Baden-Württemberg*, Beschl. v. 22.11.1985 – 5 TaBV 5/85, AiB 1986, 261, 261.
704 Vgl. die Ausführungen zum Zweck der näheren Vereinbarung Kapitel 2 D I.
705 A.A. *Däubler*, Gläserne Belegschaften?, S. 355.
706 Vgl. *LAG Baden-Württemberg*, Beschl. v. 22.11.1985 – 5 TaBV 5/85, AiB 1986, 261, 261, welches die nähere Vereinbarung ersetzt hat.

auch die Möglichkeit für den Betriebsrat, eine einstweilige Verfügung nach § 85 Abs. 2 ArbGG in Verbindung mit § 926 ff. ZPO zu beantragen.[707]

Im Rahmen der Mitbestimmungsrechte des § 87 BetrVG kommt ein Unterlassungsanspruch des Betriebsrats gegenüber dem Arbeitgeber auf Unterlassung einer Maßnahme bis zur ordnungsgemäßen Beteiligung des Betriebsrats in Betracht.[708] Ob darüber hinaus Unterlassungsansprüche des Betriebsrats anzuerkennen sind, ist umstritten.[709]

Bei groben Verstößen des Arbeitgebers gegen seine Pflichten aus dem Betriebsverfassungsgesetz ist ein Vorgehen nach § 23 Abs. 3 BetrVG möglich. Zweck dieses Verfahrens ist es, ein Handlungsmittel gegen künftiges rechtsuntreues Verhalten des Arbeitgebers zu erhalten.[710] Hierbei muss zunächst die Rechtsverletzung im Beschlussverfahren nach § 23 Abs. 3 S. 1 BetrVG festgestellt werden, um dann bei Nichtbeachtung der Entscheidung ein Vollstreckungsverfahren nach § 23 Abs. 3 S. 2 und S. 3 BetrVG anzustreben.[711] Ein grober Verstoß im Sinne der Vorschrift liegt vor, wenn der Arbeitgeber bei objektiv eindeutiger Rechtslage gegen die Regelungen des Betriebsverfassungsgesetzes verstößt; zudem darf unter Beachtung des Gebots der vertrauensvollen Zusammenarbeit die Einleitung eines gerichtlichen Verfahrens nicht unbillig erscheinen.[712]

Daneben kann auch eine Straftat im Sinne des § 119 Abs. 2 Nr. 2 BetrVG vorliegen.[713] § 119 BetrVG soll die Amtsausübung des Betriebsrats schützen und insbesondere die Einhaltung der vertrauensvollen Zusammenarbeit sicherstellen.[714] Eine Straftat im Sinne des § 119 BetrVG ist jeder vorsätzliche Eingriff, der zu einer Behinderung oder Störung des Betriebsrats führt.[715]

---

707 Vgl. zu den Voraussetzungen der einstweiligen Verfügung im Einzelnen GMP – *Matthes*, § 85 Rn. 29 ff.

708 Vgl. *BAG,* Beschl. v. 03.05.1994 – 1 ABR 24/93, BAGE 76, 364, 369 ff.

709 Vgl. zum Streitstand etwa GK – *Franzen,* § 2 Rn. 11; GK – *Oetker,* § 23 Rn. 167 ff.; zum allgemeinen Unterlassungsanspruch auch *Walker,* DB 1995, 1961, 1961 ff.

710 *Roos*, AiB 2011, 177, 179; Richardi – *Thüsing*, § 23 Rn. 74; Beispiele bei *Trittin,* Betriebsratsrechte, S. 36 ff.; kritisch insgesamt zur Anwendung der Vorschrift *Derleder*, AuR 1985, 65, 66f.

711 *Roos*, AiB 2011, 177, 179.

712 *Roos*, AiB 2011, 177, 179; Richardi – *Thüsing*, § 80 Rn. 95, ausführlich *Konzen,* Leistungspflichten, S. 72 f.

713 *Rudolph*, AiB 2010, 324, 324.

714 *Roos*, AiB 2011, 177, 183.

715 Richardi – *Annuß*, § 119 Rn. 19 ff. m.w.N.

Schließlich kommt mangels einer gesetzlichen Regelung für ein erzwingbares Einigungsstellenverfahren im Rahmen der Durchsetzung der Hinzuziehung eines Sachverständigen nur die Möglichkeit eines freiwilligen Einigungsstellenverfahrens bezüglich der sich im Zuge der Beauftragung eines Sachverständigen stellenden Rechtsfragen in Betracht.[716] Das freiwillige Einigungsstellenverfahren nach § 76 Abs. 6 BetrVG findet jedoch nur statt, wenn beide Seiten dies beantragen oder mit dem Tätigwerden der Einigungsstelle einverstanden sind.

II. Ersetzung der Zustimmung zur näheren Vereinbarung

Weigert sich der Arbeitgeber, eine nähere Vereinbarung mit dem Betriebsrat über die Hinzuziehung eines Sachverständigen abzuschließen, muss diese gerichtlich ersetzt werden.

1. Beschlussverfahren

Soll das Arbeitsgericht im Beschlussverfahren über die Ersetzung der Zustimmung des Arbeitgebers zur näheren Vereinbarung entscheiden, so muss der Betriebsrat beantragen, dass der Arbeitgeber zur Zustimmung hinsichtlich der Beauftragung eines konkreten Sachverständigen zu einen bestimmten Beratungsgegenstand und zu einem bestimmten Honorar verpflichtet wird.[717] Der Streitgegenstand des Verfahrens ist der Betriebsratsbeschluss, der die Absicht des Betriebsrats feststellt, einen bestimmten Sachverständigen zu einer bestimmen Betriebsratsaufgabe hinzuzuziehen.[718] Da der Arbeitgeber das Recht hat, den Beschluss zunächst darauf zu überprüfen, ob er dazu verpflichtet ist, der näheren Vereinbarung mit dem Betriebsrat zuzustimmen, darf der Betriebsratsbeschluss zwischenzeitlich nicht verändert worden sein.[719] Im Prozess muss der Betriebsrat konkret darlegen, warum der Einsatz eines Sachverständigen erforderlich ist.[720] Der Beschluss des Arbeitsgerichts ersetzt die Zustimmung des Arbeitgebers zur näheren Vereinbarung mit

716 Vgl. *BAG,* Beschl. v. 20.11.1990 – 1 ABR 45/89, BAGE 66, 243, 253.

717 Vgl. *BAG,* Beschl. v. 26.02.1992 – 7 ABR 51/90, BAGE 70, 1, 3 ff.

718 *Jobs,* RDV 1987, 125, 128.

719 *Jobs,* RDV 1987, 125, 128.

720 *BAG,* Beschl. v. 04.06.1987 – 6 ABR 63/85, AP Nr. 30 zu § 80 BetrVG 1972 (B I und II der Gründe); *BAG,* Beschl. v. 16.11.2005 – 7 ABR 12/05, BAGE 116, 192, 197; ähnlich *Natzel,* NZA 2001, 872, 872.

dem Betriebsrat.[721] Dabei legt das Arbeitsgericht in seinem Beschluss den notwendigen Inhalt der näheren Vereinbarung fest.[722]

2. Einstweilige Verfügung

Ob bei einer besonderen Dringlichkeit eine einstweilige Verfügung zur Ersetzung der Zustimmung des Arbeitgebers zur näheren Vereinbarung im Rahmen des § 80 Abs. 3 BetrVG zulässig ist, wird unterschiedlich beurteilt. Teilweise wird die Möglichkeit einer einstweiligen Verfügung, die auf die Ersetzung der Zustimmung des Arbeitgebers zur näheren Vereinbarung gerichtet ist, abgelehnt, da hierdurch die Hauptsache letztlich vorweggenommen werden würde.[723] Herrschend wird dagegen zu Recht eine einstweilige Verfügung als zulässig erachtet, um die Möglichkeit des Sachverständigeneinsatzes nach § 80 Abs. 3 BetrVG nicht (fast) komplett zu verhindern, wenn anderenfalls die Rechte des Betriebsrats vereitelt werden würden.[724] Zwar wird die Hauptsache letztlich vorweggenommen, dies ist hier jedoch in Kauf zu nehmen.[725] Die einstweilige Verfügung kommt insbesondere dann in Betracht, wenn die Mitbestimmungsrechte, für deren Ausübung die Hilfe eines Sachverständigen benötigt wird, nicht mehr ausgeübt werden können, etwa weil der Arbeitgeber bereits vor dem Abschluss eines Beschlussverfahrens vollendete Tatsachen schaffen würde.[726]

---

721 Vgl. *BAG*, Beschl. v. 25.04.1978 – 6 ABR 9/75, AP Nr. 11 zu § 80 BetrVG 1972 (II 5 c der Gründe); *LAG Hamm*, Beschl. v. 15.03.1994 – 13 TaBV 16/94, LAGE Nr. 12 zu § 80 BetrVG 1972 (S. 1).

722 Vgl. *BAG*, Beschl. v. 25.07.1989 – 1 ABR 41/88, AP NR. 38 zu § 80 BetrVG 1972 (II der Gründe); vgl. auch die Ausführungen zum Inhalt der näheren Vereinbarung Kapitel 2 D III.

723 Vgl. *LAG Köln*, Beschl. v. 05.03.1986 – 5 TaBV 4/86, juris; ähnlich *Meisel*, SAE, 1993, Heft 3,120, 125.

724 Vgl. *LAG Baden-Württemberg*, Beschl. v. 22.11.1985 – 5 TaBV 5/85, AiB 1986, 261, 261; *LAG Hamm*, Beschl. v. 15.03.1994 – 13 TaBV 16/94, LAGE Nr. 12 zu § 80 BetrVG 1972 (S. 1 ff.); *LAG Hamm*, Beschl. v. 02.10.2001 – 13 TaBV 106/01, AiB 2002, 114, 114; *ArbG Nürnberg*, Beschl. v. 22.12.1986 – 3 BVGa 16/86, AiB 1987, 144, 144; *ArbG Wesel*, Beschl. v. 16.05.1997 – 1 BVGa 6/97, AiB 1997, 538, 538 f.; *ArbG Leipzig*, Beschl. v. 08.02.2000 – 14 BVGa 55/99, AiB 2002, 46, 46; *Bell*, AiB 1997, 538, 539; *Boewer*, RDV 1985, 22, 26; *Klapper*, Unterstützung des Betriebsrats, S. 371 ff.; *Lubitz*, Rechtsanwalt, S. 57 ff.; *Schierbaum*, AiB 1996, 217, 220; *Wagner*, AiB 1992, 316, 317.

725 Vgl. *Wenzel*, NZA 1984, 112, 115 f.

726 *Däubler*, Gläserne Belegschaften?, S. 355.

3. Beurteilungsspielraum des Gerichts

Ersetzt das Arbeitsgericht die nähere Vereinbarung zwischen Arbeitgeber und Betriebsrat, so ist umstritten, ob es selbst einen Beurteilungsspielraum bezüglich der Erforderlichkeit der Sachverständigenhinzuziehung hat.[727] Im Ergebnis ist ein Beurteilungsspielraum des die Zustimmung des Arbeitgebers ersetzenden Gerichts anzuerkennen. Zwar nehmen die objektiv überprüfbaren Kriterien bei der Beurteilung der Erforderlichkeit einen wesentlichen Platz ein, der Arbeitgeber hat im Rahmen der näheren Vereinbarung jedoch die Möglichkeit, selbst die Erforderlichkeit zu überprüfen. Das Gericht, welches seine Zustimmung ersetzt, befindet sich diesbezüglich in einer ähnlichen Position. Das Arbeitsgericht muss im Rahmen des Beurteilungsspielraums aus der Sicht eines verständigen Dritten beurteilen, ob eine objektive Wissenslücke des Betriebsrats festzustellen ist, welche die Hilfe eines Sachverständigen als erforderlich erscheinen lässt.[728] Dabei soll der Beurteilungsspielraum aber nur den Tatsachengerichten zukommen, während die Revisionsinstanz lediglich prüft, ob keine Rechtsirrtümer, Widersprüche oder Verstöße gegen allgemeine Erfahrungssätze vorliegen.[729]

4. Wirkung der Ersetzung

Mit der Ersetzung der Zustimmung zur näheren Vereinbarung gilt diese als erteilt. Umstritten ist jedoch, ab welchem Zeitpunkt die Ersetzung der näheren Vereinbarung wirksam wird.

Insbesondere das *Bundesarbeitsgericht* sieht die nähere Vereinbarung zu Recht erst dann als ersetzt an, wenn der Rechtsstreit rechtskräftig beendet ist.[730] Andere sehen eine Notwendigkeit für die Rückwirkung der Ersetzung auf den

727 Für einen Beurteilungsspielraum bei der Erforderlichkeit von Schulungen *BAG*, Beschl. v. 16.10.1986 – 6 ABR 14/84, BAGE 53, 187, 190; *Matthiessen*, CR 1988, 478, 480; a.A. *Jobs*, RDV 1987, 125, 128, der lediglich den Betriebsratsbeschluss als Streitgegenstand ansieht, der dann auf Beurteilungsfehler überprüft wird.

728 *Matthiessen*, CR 1988, 478, 480.

729 Im Rahmen der Erforderlichkeit von Schulungen *BAG*, Beschl. v. 16.10.1986 – 6 ABR 14/84, BAGE 53, 187, 190; *BAG*, Urteil v. 16.03.1988 – 7 AZR 557/87, AP Nr. 63 zu § 37 BetrVG 1972 (II der Gründe) m.w.N.

730 *BAG*, Beschl. v. 19.04.1989 – 7 ABR 87/87, BAGE 61, 333, 338; *BAG*, Beschl. v. 25.04.1978 – 6 ABR 9/75, AP Nr. 11 zu § 80 BetrVG 1972 (II 5 c der Gründe); ebenso GK – *Weber*, § 80 Rn. 135.

Zeitpunkt des Eingangs des Ersetzungsantrags bei Gericht.[731] Begründet wird diese Auffassung damit, dass der böswillige Arbeitgeber anderenfalls die Möglichkeit hätte, den Betriebsrat zu behindern.[732] Zudem wird darauf verwiesen, dass der Arbeitgeber durch eine Rückwirkung nicht benachteiligt werden würde.[733]

Dieser Auffassung ist entgegenzuhalten, dass zwar eine Rückwirkung aus Sicht des Betriebsrats bei Obsiegen durchaus wünschenswert ist, allerdings auch das Haftungsrisiko der Betriebsratsmitglieder und des Sachverständigen bei Unterliegen beachtet werden muss.[734] Ist der Sachverständige im Vertrauen darauf, dass das Arbeitsgericht die Zustimmung zur näheren Vereinbarung ersetzen wird, schon einige Zeit für den Betriebsrat tätig geworden, so können bereits hohe Kosten entstanden sein, die entweder durch die Betriebsratsmitglieder selbst zu tragen sind oder auf denen der Sachverständige sitzen bleiben könnte. Daher ist in Einklang mit der Rechtsprechung des *Bundesarbeitsgerichts* die nähere Vereinbarung erst dann als ersetzt anzusehen, wenn der Rechtsstreit rechtskräftig entschieden wurde.

5. Einigungsstelle

Die Einigungsstelle kann lediglich nach § 76 Abs. 6 BetrVG im Rahmen des freiwilligen Einigungsstellenverfahrens tätig werden. Darüber hinaus wird teilweise eine grundsätzliche Zuständigkeit der Einigungsstelle für die Ersetzung der Zustimmung zur näheren Vereinbarung vorgeschlagen, da die Einigungsstelle die größere Sachnähe aufweise.[735]

III. Weitere Durchsetzungsmöglichkeiten

Neben der Möglichkeit, das Arbeitsgericht einzuschalten, werden in der Literatur verschiedene andere Möglichkeiten diskutiert, um den Einsatz eines Sachverständigen gegenüber dem Arbeitgeber durchzusetzen. Dabei werden in der Literatur auch „betriebspolitische" Durchsetzungsmöglichkeiten – wie eine aktive

---

731 *LAG Hessen*, Beschl. v. 11.11.1986 – 5 TaBV 121/86, Der Betriebsrat 1987, 621, 622; DKKW – *Buschman*, § 80 Rn. 155; *Kittner*, EzA Nr. 40 zu § 80 BetrVG 1972, S. 15; *Trümner*, Der Betriebsrat 1987, 621, 622.

732 *LAG Hessen*, Beschl. v. 11.11.1986 – 5 TaBV 121/86, Der Betriebsrat 1987, 621, 622; DKKW – *Buschmann*, § 80 Rn. 155; *Trümner*, Der Betriebsrat 1987, 621, 622.

733 *LAG Hessen*, Beschl. v. 11.11.1986 – 5 TaBV 121/86, Der Betriebsrat 1987, 621, 622.

734 Vgl. *Trümner*, Der Betriebsrat 1987, 621, 623.

735 *Schneider*, AiB 2000, 605, 609.

Verweigerungshaltung des Betriebsrats in anderen Bereichen der Mitbestimmung, in denen der Arbeitgeber nicht ohne die Zustimmung des Betriebsrats handeln kann – empfohlen.[736]

Die Vorschläge der Literatur, die im Zuge der Diskussion um das Betriebsverfassungs-Reformgesetz diskutiert wurden, sind bislang nicht vom Gesetzgeber umgesetzt worden. Zum einen wurde ein dem § 98 Abs. 1 ArbGG nachempfundenes Verfahren vorgeschlagen.[737] Zum anderen wurde eine besonders beschleunigte Behandlung durch die Arbeitsgerichtsbarkeit erwogen.[738] Schließlich wurde die Schaffung von Fristen für die Zustimmung des Arbeitgebers zur näheren Vereinbarung als wirksames Mittel zur Durchsetzung der Hinzuziehung eines Sachverständigen empfohlen.[739]

Weiterhin wird eine betriebsverfassungsrechtliche Abmahnung des Arbeitgebers als sinnvoll erachtet.[740] Die Möglichkeit hierzu soll sich aus der Pflicht des Betriebsrats zur Wahrnehmung der allgemeinen Aufgaben im Sinne des § 80 Abs. 1 BetrVG und dem Grundsatz der vertrauensvollen Zusammenarbeit ergeben.[741]

IV. Umgehung der Voraussetzungen des § 80 Abs. 3 BetrVG

Um die Voraussetzungen des § 80 Abs. 3 BetrVG zumindest teilweise umgehen zu können, werden verschiedene andere Handlungsoptionen vorgeschlagen. Diese Möglichkeiten stellen jedoch keine Umgehungsmöglichkeiten der Voraussetzungen des § 80 Abs. 3 BetrVG dar. Es werden andere Situationen angesprochen, in denen bereits die Erforderlichkeit eines Sachverständigeneinsatzes fraglich ist.[742] Wer als Referent für eine Spezialschulung, Beisitzer einer Einigungsstelle oder als Vertreter für den Betriebsrat handelt, ist gerade kein Sachverständiger im Sinne des § 80 Abs. 3 BetrVG.[743]

---

736 *Thannheiser*, AiB 2005, 348, 352; *Däubler*, Gläserne Belegschaften?, S. 356; Beispiele bei *Trittin*, Betriebsratsrechte, S. 26 f.

737 *Däubler*, AuR 2001, 1, 5.

738 *DGB-Bundesvorstand*, NZA 2001, 135, 137.

739 *DGB-Bundesvorstand*, NZA 2001, 135, 137.

740 Vgl. *Teuber*, AiB 2002, 114, 116; *Roos*, AiB 2011, 174, 174; allgemein auch *Lassmann/Rupp*, AiB 2011, 528, 528 f.

741 *Roos*, AiB 2011, 174, 174.

742 Vgl. dazu die Ausführungen zur Abgrenzung des Sachverständigen Kapitel 1 A II.

743 Vgl. zu den Vorschlägen *Klapper*, Unterstützung des Betriebsrats, S. 357 ff. m.w.N.

Zusammenfassung Kapitel 2

Die Voraussetzungen des § 80 Abs. 3 BetrVG sind neben dem Vorliegen einer Aufgabe des Betriebsrats sowie der Erforderlichkeit und Verhältnismäßigkeit des Sachverständigeneinsatzes, ein ordnungsgemäßer Betriebsratsbeschluss und eine nähere Vereinbarung zwischen Betriebsrat und Arbeitgeber.

Die Erforderlichkeit wird durch das vom *Bundesarbeitsgericht* entwickelte Stufenmodell ausgefüllt. Dabei wird der Betriebsrat auf vorrangige Informationsmöglichkeiten verwiesen. Dies ist jedoch nicht möglich, wenn die Informationsmöglichkeiten nicht in absehbarer Zeit zur Verfügung stehen oder der Arbeitgeber sie nicht zur Verfügung stellen möchte. Dem Betriebsrat steht ein Beurteilungsspielraum zu Bewertung der Erforderlichkeit eines Sachverständigeneinsatzes zu. Die Erforderlichkeit muss grundsätzlich zum Zeitpunkt der Beschlussfassung des Betriebsrats vorliegen.

Die Unterrichtung durch den Arbeitgeber nach § 80 Abs. 2 S. 1 BetrVG muss grundsätzlich vorrangig vor der Hinzuziehung eines Sachverständigen erfolgen. Eine abschließende Unterrichtung kann auch hinsichtlich einer einzelnen Projektphase erfolgt sein und muss sich nicht auf ein gesamtes, langfristiges Projekt beziehen. Der Betriebsrat muss sich aktiv um die Klärung offen gebliebener Fragen bemühen, wobei sich die Genauigkeit der Nachfragen an seinen Kenntnissen zu orientieren hat. Sachkundige Arbeitnehmer sind vorrangig vor der Hinzuziehung eines Sachverständigen als Informationsquelle zu nutzen. Ebenfalls vorrangig sind Schulungen zu besuchen, vorhandene Literatur zu konsultieren und von den Gewerkschaften angebotene Informationen zu nutzen, um den Einsatz eines Sachverständigen entbehrlich zu machen oder diesen zumindest effektiver und kostengünstiger zu gestalten.

Neben der Erforderlichkeit der Sachverständigenhinzuziehung ist deren Verhältnismäßigkeit zu prüfen, welche ein Korrektiv im Hinblick auf die dem Arbeitgeber zumutbaren Kosten darstellt.

Im Betriebsratsbeschluss zur Hinzuziehung eines Sachverständigen ist die Person des Sachverständigen zu benennen. Unter Beachtung der Belange des Arbeitgebers kann der Betriebsrat die Person des Sachverständigen frei auswählen. Der Betriebsratsvorsitzende hat beim Abschluss der näheren Vereinbarung mit dem Arbeitgeber lediglich einen sehr eingeschränkten Entscheidungsspielraum.

§ 80 Abs. 3 BetrVG sieht zwingend den Abschluss einer näheren Vereinbarung zwischen Betriebsrat und Arbeitgeber vor der Hinzuziehung eines Sachverständigen vor. Die mit der näheren Vereinbarung verfolgten Zwecke sind eine Risikoverteilung zwischen den Betriebsparteien, Geheimnisschutz, der Schutz des

Rechtsverkehrs, die vom Gesetz vorgegebene unterschiedliche Behandlung von Personal- und Sachaufwand des Betriebsrats, eine Objektivierung des Beurteilungsspielraums des Betriebsrats und schließlich die Möglichkeit des Arbeitgebers, Erforderlichkeit und Verhältnismäßigkeit des Sachverständigeneinsatzes zu überprüfen. Durch die nähere Vereinbarung wird ein Ausgleich der verschiedenen betroffenen Interessen erreicht.

Die nähere Vereinbarung mit dem Arbeitgeber oder die Ersetzung der Zustimmung des Arbeitgebers zur näheren Vereinbarung ist vor der Hinzuziehung des Sachverständigen herbeizuführen. Die Zustimmung des Arbeitgebers kann im Rahmen eines Beschlussverfahrens oder einer einstweiligen Verfügung durch das Arbeitsgericht ersetzt werden. Die Einigungsstelle kann nur tätig werden, wenn beide Betriebsparteien zustimmen.

Kapitel 3: Beauftragung eines Beraters durch den Betriebsrat

Der Betriebsrat kann nach § 111 S. 2 BetrVG einen Berater zu seiner Unterstützung bei einer Betriebsänderung hinzuziehen. Der Verhandlungspartner des Betriebsrats bei einer Betriebsänderung ist nach §§ 111 ff. BetrVG der Unternehmer. Der Begriff des Unternehmers in den §§ 111 ff. BetrVG ist mit dem des Arbeitgebers identisch; erfasst ist die Rechtsperson, die das Unternehmen führt, in dem die von der Betriebsänderung betroffenen Arbeitnehmer beschäftigt sind.[744] Bei den unterschiedlichen Begriffen handelt es sich „lediglich [um] unterschiedliche Funktionen, Tätigkeiten und Rechtsbeziehungen derselben Person".[745] Die zu erfüllenden Voraussetzungen sind zunächst das Vorliegen einer mitbestimmungspflichtigen Betriebsänderung, das Überschreiten des Schwellenwerts von § 111 S. 2 BetrVG und die Vornahme einer Unterrichtung durch den Unternehmer. Wie bei § 80 Abs. 3 BetrVG muss weiterhin die Voraussetzung der Verhältnismäßigkeit erfüllt sein und der Betriebsrat muss einen wirksamen Beschluss über den Einsatz eines Beraters gefasst haben. Ob die Erforderlichkeit eine Voraussetzung im Rahmen des § 111 S. 2 BetrVG ist, wird nicht einheitlich beantwortet. Eine nähere Vereinbarung wie im Rahmen des § 80 Abs. 3 BetrVG ist für die Hinzuziehung eines Beraters nicht erforderlich; ob stattdessen eine Mitteilung an den Arbeitgeber erfolgen muss, ist jedoch streitig. Auch hier werden Voraussetzungen und Verfahren gemeinsam behandelt, um eine übersichtliche Darstellung zu gewährleisten. Schließlich wird auf einige Sonderprobleme bei der Durchsetzung des Anspruchs auf Hinzuziehung eines Beraters eingegangen.

---

744 *BAG*, Urteil v. 15.01.1991 – 1 AZR 94/90, AP Nr. 21 zu § 113 BetrVG 1972 (I 2 der Gründe).

745 *BAG*, Urteil v. 15.01.1991 – 1 AZR 94/90, AP Nr. 21 zu § 113 BetrVG 1972 (I 2 der Gründe) m.w.N.

A. Mitbestimmungspflichtige Betriebsänderung

Zunächst muss überhaupt eine konkrete Betriebsänderung vorliegen.[746] Eine gesetzliche Definition der Betriebsänderung besteht nicht.[747] Das Gesetz gibt in § 111 S. 3 BetrVG katalogmäßig vor, was als Betriebsänderung im Sinne des § 111 S. 1 BetrVG gelten soll, ohne die beschriebenen Maßnahmen und ihre Voraussetzungen zu konkretisieren oder klarzustellen, ob diese Auflistung abschließend sein soll. Die Frage, ob eine Betriebsänderung vorliegt, ist damit bezogen auf den Einzelfall und den jeweiligen Betrieb zu beurteilen.[748] Damit eine konkrete Betriebsänderung bejaht werden kann, muss die Planung für die Betriebsänderung bereits so weit fortgeschritten sein, dass die geplanten Maßnahmen im Wesentlichen feststehen. Die Planungen und Vorüberlegungen müssen damit bereits abgeschlossen sein.[749] Sind unvorhergesehene, nicht geplante Betriebsänderungen durchzuführen, so sind die Beteiligungsrechte des Betriebsrats ebenfalls zu beachten und so gut wie möglich zu gewährleisten.[750]

Es ist umstritten, ob ausschließlich die in § 111 S. 3 BetrVG beschriebenen Maßnahmen mitbestimmungspflichtige Betriebsänderungen darstellen oder ob darüber hinaus auch Betriebsänderungen, die zwar nicht unter § 111 S. 3 BetrVG, dafür aber unter § 111 S. 1 BetrVG fallen, mitbestimmungspflichtige Betriebsänderungen sein können. An diesen Streit schließt sich die Frage an, inwieweit wesentliche Nachteile für die betroffenen Arbeitnehmer zu befürchten sein müssen, damit die Beteiligungsrechte des Betriebsrats ausgelöst werden. Zudem hat der Gesetzgeber das Entstehen der Beteiligungsrechte an den Schwellenwert des § 111 S. 1 BetrVG geknüpft, der insbesondere im Hinblick auf den gemeinsamen Betrieb mehrerer Unternehmen im Sinne von § 1 Abs. 1 S. 2, Abs. 2 BetrVG Probleme aufwirft.

---

746 *Oetker*, NZA 2002, 465, 467; *Rose/Grimmer*, DB 2003, 1790, 1791.

747 Richardi – *Annuß*, § 111 Rn. 39; vgl. insbesondere zur Abgrenzung zur vorherigen Planung *Baeck/Diller*, NZA 1997, 689, 689 ff.

748 Vgl. BT-Drucks. 14/5741, S. 51.

749 Zur Unterrichtungspflicht des Unternehmers *LAG Baden-Württemberg*, Beschl. v. 08.08.2008 – 10 TaBV 21/08, juris; *LAG Hamm*, Beschl. v. 06.03.2009 – 10 TaBV 143/08, juris; GK – *Oetker*, § 111 Rn. 197 m.w.N.

750 *Wiese*, FS Wiedemann, S. 617, 628.

I. Verhältnis zwischen Satz 1 und Satz 3 des § 111 BetrVG

Die Rechte des Betriebsrats sind an die in § 111 S. 3 BetrVG katalogmäßig umschriebenen Maßnahmen des Unternehmers geknüpft.[751] Umstritten ist, ob darüber hinaus auch andere Maßnahmen im Sinne des § 111 S. 1 BetrVG mitbestimmungspflichtige Betriebsänderungen darstellen können. Dabei ist die Frage zu beantworten, ob § 111 S. 3 BetrVG als abschließend anzusehen ist; dies wurde vom *Bundesarbeitsgericht* bislang offen gelassen.[752]

Befürworter einer engen Auslegung, die § 111 S. 3 BetrVG als abschließend ansehen, verweisen auf dessen systematische Stellung und den Normzweck, der gerade bestimmte Arten der Betriebsänderung hervorhebe, um eine Grenze zwischen mitbestimmungspflichtigen und mitbestimmungsfreien Betriebsänderungen zu ziehen.[753] Auch das Fehlen der Formulierung „insbesondere" im § 111 S. 3 BetrVG wird als Begründung angegeben.[754] Folge dieser Auffassung ist, dass lediglich die katalogmäßig beschriebenen Maßnahmen des § 111 S. 3 BetrVG Beteiligungsrechte des Betriebsrats bei Betriebsänderungen auslösen können.

Andere sehen in § 111 S. 1 BetrVG zu Recht eine Generalklausel.[755] § 111 S. 3 BetrVG legt lediglich Maßnahmen des Arbeitgebers fest, die ohne gesonderte Prüfung der zu befürchtenden Nachteile für die Belegschaft mitbestimmungspflichtige Betriebsänderungen darstellen.[756] Zudem legt der Gesetzeswortlaut des § 111 S. 3 BetrVG „Betriebsänderungen im Sinne des Satzes 1" nahe, dass über den Katalog des § 111 S. 3 BetrVG hinaus weitere, als Betriebsänderungen zu qualifizierende Maßnahmen des Unternehmers in Betracht kommen können.[757]

---

751 *BAG*, Beschl. v. 07.08.1990 – 1 AZR 445/89, AP Nr. 34 zu § 111 BetrVG 1972 (I der Gründe); *Schlichting*, AiB 2002, 464, 464.

752 Vgl. *BAG*, Beschl. v. 17.08.1982 – 1 ABR 40/80, BAGE 40, 37, 41; *BAG*, Beschl. v. 06.12.1988 – 1 ABR 47/87, BAGE 60, 237, 243.

753 Richardi – *Annuß*, § 111 Rn. 41 ff. m.w.N.; *Matthes*, DB 1972, 286, 286; *Tuchbreiter*, Beteiligungsrechte, S. 141 f.

754 *Hölscher*, Lean management, S. 13.

755 *LAG Baden-Württemberg*, Beschl. v. 16.06.1987 – 8 (14) TaBV 21/86, LAGE Nr. 6 zu § 111 BetrVG 1972 (S. 27); *LAG Berlin*, Beschl. v. 27.06.2000 – 7 TaBV 1044/00, n.v.; GK – *Oetker*, § 111 Rn. 55 ff. m.w.N.; *Rumpff*, BB 1972, 325, 326.

756 GK – *Oetker*, § 111 Rn. 56 und 60 ff. zu der Frage, ob auch im Rahmen des § 111 S. 3 BetrVG eine gesonderte Prüfung der Nachteile für die Belegschaft erforderlich ist m.w.N.; in diese Richtung bereits BR-Drucks. 715/70, S. 54.

757 DKKW – *Däubler*, § 111 Rn. 46 m.w.N.

Außerdem können mit dieser Auffassung auch Betriebsänderungen erfasst werden, die zwar nicht unter den Katalog des § 111 S. 3 BetrVG fallen, jedoch wesentliche Nachteile für die Belegschaft mit sich bringen und so für die Belegschaft ähnlich schwere Auswirkungen haben wie die in § 111 S. 3 BetrVG beschriebenen Maßnahmen.[758] Dieser Meinung zu Folge kann auch dann eine mitbestimmungspflichtige Betriebsänderung vorliegen, wenn die Voraussetzungen des § 111 S. 3 BetrVG nicht erfüllt sind, aber eine Betriebsänderung im Sinne des § 111 S. 1 BetrVG geplant ist, welche wesentliche Nachteile für die Belegschaft mit sich bringt.[759]

II. Eintritt wesentlicher Nachteile für die Belegschaft

Der zu befürchtende Eintritt wesentlicher Nachteile muss für Betriebsänderungen im Sinne des § 111 S. 1 BetrVG gesondert festgestellt werden; im Rahmen des Katalogs von § 111 S. 3 BetrVG wird das Vorliegen wesentlicher Nachteile dagegen überwiegend angenommen.[760] Dies wird mit dem Wortlaut des § 111 S. 3 BetrVG „Betriebsänderungen im Sinne des Satzes 1" begründet, der lediglich auf die im Satz 1 beschriebenen Betriebsänderungen verweist.[761]

1. Wesentliche Nachteile

Zu den möglichen Nachteilen für die Belegschaft gehören wirtschaftliche und immaterielle Nachteile.[762] Wesentlich sind diese Nachteile, wenn sie entweder qualitativ mit den in § 111 S. 3 BetrVG genannten Nachteilen (wie Einschränkungen des Betriebs oder grundlegende Änderungen der Betriebsorganisation) vergleichbar sind oder erhebliche Teile der Belegschaft in quantitativer Hinsicht betroffen sind.[763] Sie müssen zumindest mittelbare Folge der Betriebsänderung sein.[764] Zu beachten ist, dass bereits die Möglichkeit eines wesentlichen Nachteils für die Belegschaft

---

758 DKKW – *Däubler*, § 111 Rn. 46.

759 *LAG Berlin*, Beschl. v. 27.06.2000 – 7 TaBV 1044/00, n.v.; GK – *Oetker*, § 111 Rn. 56 f.

760 *BAG*, Beschl. v. 17.08.1982 – 1 ABR 40/80, BAGE 40, 36, 39; *LAG Rheinland-Pfalz*, Beschl. v. 10.09.2009 – 11 TaBV 13/09, ArbRAktuell 2010, 24, 24; *Bissels*, jurisPR-ArbR 6/2010, Anm. 2; a.A. *Hölscher*, Lean management, S. 17 f. m.w.N.

761 *Bissels*, jurisPR-ArbR 6/2010, Anm. 2; vgl. auch die Ausführungen zum Verhältnis zwischen § 111 S. 1 und S. 3 BetrVG Kapitel 3 A I.

762 GK – *Oetker*, § 111 Rn. 177 ff. m.w.N.

763 GK – *Oetker*, § 111 Rn. 180.

764 GK – *Oetker*, § 111 Rn. 182.

ausreichend ist, um den Anwendungsbereich des § 111 S. 1 BetrVG zu eröffnen.[765] Die Beurteilung, ob Nachteile in quantitativer Hinsicht für einen wesentlichen Teil der Belegschaft zu befürchten sind, richtet sich nach den Werten des § 17 KSchG mit der Maßgabe, dass mindestens fünf Prozent der Arbeitnehmer betroffen sein müssen.[766]

2. Auswirkungen auf die Hinzuziehung eines Beraters

Fraglich ist, ob ein Berater nur dann zu einer Betriebsänderung im Sinne von § 111 S. 1 BetrVG hinzugezogen werden kann, wenn die Möglichkeit besteht, dass wesentliche Nachteile für die Belegschaft zu befürchten sind oder ob unabhängig hiervon zu jeder Betriebsänderung ein Berater hinzugezogen werden kann. *Däubler* sieht im Rahmen der Hinzuziehung eines Beraters den drohenden Eintritt wesentlicher Nachteile für die Belegschaft nicht als erforderliche Voraussetzung an; bereits die geplante Betriebsänderung soll für das Bestehen des Anspruchs genügen.[767] Dieser Ausweitung des Anspruchs des Betriebsrats, einen Berater hinzuzuziehen, ist jedoch nicht zu folgen. Der Anspruch ist in § 111 S. 2 BetrVG geregelt. § 111 S. 3 BetrVG wie auch § 111 S. 1 BetrVG beschreiben die mitbestimmungspflichtige Betriebsänderung, zu der wesentliche Nachteile für die Belegschaft gehören, entweder dadurch, dass sie im Fall des § 111 S. 3 BetrVG durch das Gesetz als vorliegend angenommen werden oder dass sie im Fall des § 111 S. 1 BetrVG gesondert festgestellt werden. Eine andere Beurteilung hätte aufgrund der systematischen Stellung des § 111 S. 2 BetrVG eines Hinweises im Gesetz bedurft. Voraussetzung für die Hinzuziehung eines Beraters ist damit eine mitbestimmungspflichtige Betriebsänderung und nicht bloß eine Betriebsänderung. Zudem hat der Betriebsrat die Möglichkeit, bei einer Betriebsänderung im Sinne des § 111 S. 1 BetrVG, die keine wesentlichen Nachteile für die Arbeitnehmer aufweist und die Beteiligungsrechte nach § 111 BetrVG gerade nicht auslöst, einen Sachverständigen nach § 80 Abs. 3 BetrVG hinzuzuziehen. Ein Vorgehen unter Beachtung der Voraussetzungen hat zudem den Vorteil für die handelnden Betriebsratsmitglieder, dass die Gefahr der Haftung reduziert wird.[768]

---

765 Vgl. *BAG*, Beschl. v. 23.04.1985 – 1 ABR 3/81, BAGE 48, 294, 303 f.; *Matthes*, DB 1972, 286, 286; GK – *Oetker*, § 111 Rn. 181.

766 *BAG*, Urteil v. 07.08.1990 – 1 AZR 445/89, AP Nr. 34 zu § 111 BetrVG 1972 (II der Gründe) m.w.N.; vgl. *LAG Baden-Württemberg*, Beschl. v. 16.06.1987 – 8 (14) TaBV 21/86, AP Nr. 6 zu § 111 BetrVG 1972; GK – *Oetker*, § 111 Rn. 184.

767 *Däubler*, Gläserne Belegschaften?, S. 357.

768 Vgl. zur Haftung der Betriebsratsmitglieder im Rahmen von § 111 S. 2 BetrVG *BGH*, Urteil vom 25.10.2012 – III ZR 266/11, BGHZ 195, 174, 174 ff.

III. Schwellenwert des § 111 S. 1 BetrVG

Die Beteiligungsrechte des Betriebsrats im Rahmen einer Betriebsänderung richten sich in ihrem Entstehen nach dem Schwellenwert des § 111 S. 1 BetrVG. Einem Urteil des *Bundesverfassungsgerichts* folgend, entschied sich der Gesetzgeber, die Beurteilung der Frage nach dem Beteiligungsrecht des Betriebsrats nunmehr statt an der Größe des betroffenen Betriebs an der Größe des Unternehmens festzumachen.[769] Nach § 111 S. 1 BetrVG entsteht das Beteiligungsrecht des Betriebsrats in „Unternehmen mit in der Regel mehr als zwanzig wahlberechtigten Arbeitnehmern". Zwar hatte das *Bundesarbeitsgericht* erklärt, es sehe die Herausnahme kleinerer Betriebe aus dem Anwendungsbereich der §§ 111 ff. BetrVG als verfassungsgemäß an, bei dem zu entscheidenden Sachverhalt handelte es sich jedoch um den einzigen Betrieb eines Unternehmens, welches selbst den Schwellenwert von zwanzig Arbeitnehmern nicht überschritten hatte.[770] In einer neueren Entscheidung hat das *Bundesarbeitsgericht* die Frage des Schwellenwerts in Bezug auf Kleinbetriebe, die einem größeren Unternehmen angehören, differenzierter betrachtet und auf die wirtschaftliche Belastbarkeit des Unternehmens abgestellt.[771] Dabei wurde in ergänzender Auslegung des § 111 S. 1 BetrVG für den Schwellenwert auf das Unternehmen abgestellt, wenn mehrere Kleinbetriebe eines Unternehmens betroffen sind und ausnahmsweise der Gesamtbetriebsrat zuständig ist.[772]

Für die Beurteilung des Schwellenwerts des § 111 S. 1 BetrVG muss nunmehr auf den Rechtsträger des Betriebs und auf dessen regelmäßige Beschäftigtenzahl abgestellt werden.[773] Umstrittene Fragen stellen sich insbesondere dann, wenn ein gemeinsamer Betrieb mehrerer Unternehmen nach § 1 Abs. 1 S. 2, Abs. 2 BetrVG betroffen ist oder das fragliche Unternehmen einem Konzern angehört.

---

769 BT-Drucks, 14/5741, S. 51; *BVerfG*, Beschl. v. 27.01.1998 – 1 BvL 15/87, BVerfGE 97, 169, 184; zuvor bereits für den Gesamtbetriebsrat gefordert von *Mothes*, AuR 1974, 325, 330; sehr kritisch *Wolf*, FS Wissmann, S. 489, 496 f.

770 *BAG*, Beschl. v. 17.10.1989 – 1 ABR 80/88, BAGE 63, 162, 165 ff.; zustimmend *Hess*, AP Nr. 47 zu § 111 BetrVG 1972.

771 *BAG*, Urteil v. 08.06.1999 – 1 AZR 831/98, BAGE 92, 11, 20; zustimmend *Hess*, AP Nr. 47 zu § 111 BetrVG 1972; als über den Wortlaut hinausgehend kritisiert von *Löwisch*, SAE 2000, Heft 5, 169, 175.

772 *BAG*, Urteil v. 08.06.1999 – 1 AZR 831/98, BAGE 92, 11, 19 f.; darüber hinaus auch wenn der Betriebsrat zuständig ist *Hess*, AP Nr. 47 zu § 111 BetrVG 1972.

773 GK – *Oetker*, § 111 Rn. 12; vgl. auch *BAG*, Beschl. v. 01.08.1990 – 7 ABR 91/88, BAGE 65, 304, 309.

1. Regelmäßige Beschäftigtenzahl

Durch die Formulierung „in der Regel“ ist auf die regelmäßige Beschäftigtenzahl des Unternehmens abzustellen. Dies macht sowohl einen Rückblick als auch eine Einschätzung der künftigen Entwicklung des Unternehmens erforderlich, um das Entstehen der Beteiligungsrechte des Betriebsrats prüfen zu können.[774] Dabei ist grundsätzlich auf den Zeitpunkt abzustellen, zu dem die Beteiligungsrechte des Betriebsrats entstanden sind.[775]

2. Gemeinsamer Betrieb mehrerer Unternehmen

Schwierigkeiten bei der Anknüpfung an das Unternehmen ergeben sich bei einer Betriebsänderung in einem Betrieb mehrerer Unternehmen im Sinne von § 1 Abs. 1 S. 2, Abs. 2 BetrVG.[776] Für einen gemeinsamen Betrieb mehrerer Unternehmen müssen unter einer einheitlichen Leitung der beteiligten Unternehmen die Betriebsmittel einer Betriebsstätte für einen arbeitstechnischen Zweck verbunden worden sein.[777]

Überschreiten die Trägerunternehmen alle den Schwellenwert, so ist die Hinzuziehung eines Beraters bei einer Betriebsänderung unstreitig möglich. Die Konstellationen, in denen zwar der Betrieb, nicht aber die Trägerunternehmen, lediglich eines der Trägerunternehmen oder der gemeinsame Betrieb und eines der Trägerunternehmen den Schwellenwert nicht erreichen, werden jedoch unterschiedlich beurteilt.[778] Die dargestellten Auffassungen widersprechen sich nicht zwangsläufig; teilweise ergänzen sie sich. Die Darstellung beschränkt sich aus Platzgründen auf eine Auswahl an Auffassungen. Für umfassendere Informationen wird auf die Fußnoten verwiesen.

a. Rechtsprechung des Bundesarbeitsgerichts

Eine Entscheidung des *Bundesarbeitsgerichts* zum Schwellenwert des § 111 S. 1 BetrVG in seiner neuen Fassung steht noch aus.

774 *BAG*, Beschl. v. 09.05.1995 – 1 ABR 51/94, AP Nr. 33 zu § 111 BetrVG 1972 (B II der Gründe).

775 *BAG*, Beschl. v. 09.05.1995 – 1 ABR 51/94, AP Nr. 33 zu § 111 BetrVG 1972 (B II 1 der Gründe) zu den Besonderheiten bei Betriebsstillegungen (B II 2 der Gründe).

776 *LAG Berlin*, Beschl. v. 23.01.2003 – 18 TaBV 2141/02, NZA-RR 2003, 477, 478; *Annuß*, NZA 2001, 367, 369; *Lingemann*, NZA 2002, 934, 936 f.; *Löwisch*, NZA 2001, Sonderbeilage Heft 24, 40, 46.

777 Vgl. *BAG*, Beschl. v. 13.08.2008 – 7 ABR 21/07, NZA-RR 2009, 255, 255 ff; *Fischer*, ZfA 2010, 259, 341.

778 Vgl. die Ausführungen zum Schwellenwert des § 111 S. 2 BetrVG Kapitel 3 D.

aa. Vor Änderung des Anknüpfungspunktes hatte das *Bundesarbeitsgericht* entschieden, dass ein Betrieb im Sinne des § 111 S. 1 BetrVG auch ein gemeinsamer Betrieb sein konnte, mit der Folge, dass für den Schwellenwert auf die Gesamtzahl der Arbeitnehmer im gemeinsamen Betrieb abzustellen war.[779] Dies wurde mit der Einheitlichkeit der Organisationsstruktur im gemeinsamen Betrieb, auch und gerade in wirtschaftlichen Angelegenheiten, begründet.[780] Durch die Änderung des Anknüpfungspunktes ist diese Rechtsprechung jedoch nicht unbesehen übertragbar.

bb. In einer Entscheidung zu § 106 BetrVG hatte das *Bundesarbeitsgericht* es als ausreichend für die Bildung eines Wirtschaftsausschusses in einem gemeinsamen Betrieb mehrerer Unternehmen erachtet, wenn die den Betrieb tragenden Unternehmen den erforderlichen Schwellenwert zwar nicht jedes für sich erreichen, aber der gemeinsame Betrieb selbst.[781] Die Entscheidung wurde damit begründet, dass dem Gesetzgeber die Figur eines gemeinsamen Betriebs mehrerer Unternehmen nicht bekannt war und damit eine planwidrige Gesetzeslücke vorlag.[782] Die Figur des gemeinsamen Betriebs mehrerer Unternehmen fand jedoch 2001 Eingang in das Gesetz und ist heute in § 1 Abs. 1 S. 2, Abs. 2 BetrVG geregelt.[783] Ob nunmehr davon auszugehen ist, dass dem Gesetzgeber die Figur des gemeinsamen Betriebs bei der Neuregelung des § 111 BetrVG bekannt war und eine Regelung der Betriebsänderung in einem gemeinsamen Betrieb mehrerer Unternehmen bewusst unterblieben ist, ist umstritten.[784]

cc. Nach Einführung des gemeinsamen Betriebs in das Gesetz erging eine Entscheidung des *Bundesarbeitsgerichts* zu § 99 BetrVG.[785] Auch im Rahmen dieser Vorschrift ist die Behandlung des Schwellenwerts – der ebenfalls seit 2001 an der Größe des Unternehmens und nicht mehr an der Größe des Betriebs festgemacht wird – bei gemeinsamen Betrieben mehrerer Unternehmen umstritten. Das Gericht vertrat in diesem Fall die Ansicht, dass eine analoge Anwendung

---

779 *BAG*, Beschl. v. 11.11.1997 – 1 ABR 6/97, AP Nr. 42 zu § 111 BetrVG 1972 (II 1 b der Gründe) m.w.N.

780 *BAG*, Beschl. v. 11.11.1997 – 1 ABR 6/97, AP Nr. 42 zu § 111 BetrVG 1972 (II 1 b der Gründe).

781 *BAG*, Beschl. v. 01.08.1990 – 7 ABR 91/88, BAGE 65, 304, 309.

782 *BAG*, Beschl. v. 01.08.1990 – 7 ABR 91/88, BAGE 65, 304, 309 f.

783 Gesetz vom 23.07.2001, BGBl. 2001 Teil I S. 1852 (in Kraft getreten am 28.07.2001).

784 Für eine bewussten Nichtregelung wohl *Löwisch*, NZA 2001, Sonderbeilage Heft 24, 40, 46; *Löwisch*, BB 2001, 1790, 1797; a.A. *BAG*, Beschl. v. 29.09.2004 – 1 ABR 39/03, BAGE 112, 100, 111; *Klapper*, Unterstützung des Betriebsrats, S. 411 f.

785 *BAG*, Beschl. v. 29.09.2004 – 1 ABR 39/03, BAGE 112, 100 ff.

auch dann geboten ist, wenn lediglich der gemeinsame Betrieb den Schwellenwert überschreite, da der Gesetzgeber die Stellung der Arbeitnehmer eines gemeinsamen Betriebs nicht hätte verschlechtern wollen.[786]

b. Literatur und unterinstanzliche Rechtsprechung

In der Literatur wird teilweise verlangt, dass alle Trägerunternehmen den Schwellenwert überschreiten müssen, damit die Beteiligungsrechte bei einer Betriebsänderung entstehen können.[787] Folge dieser sehr engen Meinung ist, dass in Betrieben, die zwar selbst den Schwellenwert überschreiten, die jedoch von mehreren Unternehmen getragen werden, von denen eines nicht die in der Regel erforderliche Arbeitnehmeranzahl beschäftigt, keine Beteiligungsrechte des Betriebsrats bei Betriebsänderungen entstehen können.

Andere sehen es als ausreichend an, wenn lediglich ein Trägerunternehmen den Schwellenwert überschreitet.[788] Dabei wird ein Beteiligungsrecht des gesamten Betriebsrats angenommen.[789] Teilweise wird dann jedoch gefordert, dass ein Beteiligungsrecht des Betriebsrats lediglich im Verhältnis zu dem Trägerunternehmen, welches den Schwellenwert überschreitet, besteht, allerdings beschränkt auf die Arbeitnehmer, die von der Betriebsänderung betroffen sind und in einem Arbeitsverhältnis zu dem den Schwellenwert überschreitenden Trägerunternehmen stehen.[790] Nach dieser recht weiten Auffassung entstehen die Beteiligungsrechte des Betriebsrats bereits dann, wenn unabhängig von der Größe des betroffenen Betriebs nur eines der Trägerunternehmen in der Regel mehr als zwanzig wahlberechtigte Arbeitnehmer beschäftigt.

Eine weitere Auffassung stimmt der zuerst genannten engen Auffassung zwar insoweit zu, dass keine direkte Anwendung der §§ 111 ff. BetrVG in Betracht kommt, wenn in dem betroffenen Betrieb selbst der Schwellenwert überschritten wird; die Vertreter dieser Auffassung fordern jedoch eine analoge Anwendung mit der Argumentation des *Bundesarbeitsgerichts* entsprechenden Begründung,

---

786 *BAG*, Beschl. v. 29.09.2004 – 1 ABR 39/03, BAGE 112, 106, 111.

787 *Annuß*, NZA 2001, 367, 369; *Reichold*, NZA 2001, 857, 864 f.; für den Sozialplan auch *Wißmann*, FS 25 Jahre ARGE ArbR im DAV, S. 1037, 1050.

788 Richardi – *Annuß*, § 111 Rn. 26; GK – *Oetker*, § 111 Rn. 16; *Lingemann*, NZA 2002, 934, 937; *Löwisch*, BB 2001, 1790, 1797; *Löwisch*, NZA 2001, Sonderbeilage Heft 24, 40, 46.

789 *Klapper*, Unterstützung des Betriebsrats, S. 409.

790 *Löwisch*, NZA 2001 Sonderbeilage Heft 24, 40, 46; ähnlich Richardi – *Annuß*, § 111 Rn. 26; *Lingemann*, NZA 2002, 934, 937.

der Gesetzgeber habe die Rechtsstellung der Arbeitnehmer von gemeinsamen Betrieben mehrerer Unternehmen nicht verschlechtern wollen.[791] Zudem müssten die Trägerunternehmen neben den Vorteilen auch die mit einem gemeinsamen Betrieb verbundenen Nachteile in Kauf nehmen.[792] Mit dieser Auffassung müssen für die Entstehung der Beteiligungsrechte entweder alle Trägerunternehmen den Schwellenwert überschreiten oder der betroffene Betrieb selbst muss die erforderliche Anzahl an regelmäßigen Beschäftigten aufweisen.

Schließlich wird vertreten, dass auf die Gesamtzahl der in den Trägerunternehmen beschäftigten Arbeitnehmer abzustellen ist und nicht auf die Arbeitnehmerzahlen der einzelnen Unternehmen, wenn der gemeinsame Betrieb den Schwellenwert überschreitet.[793] Im Endeffekt wird dabei für die Entstehung der Beteiligungsrechte des Betriebsrats auf die Arbeitnehmerzahl des gemeinsamen Betriebs abgestellt.[794]

Eine Untermeinung will generell, auch wenn der gemeinsame Betrieb nicht den Schwellenwert erreicht, auf die Gesamtzahl der Arbeitnehmer in den beteiligten Unternehmen abstellen.[795] Dies wird damit begründet, dass die Unternehmen die Betriebsänderung gemeinsam planen und ausführen.[796] Diese ebenfalls sehr weite Auffassung lässt es für die Entstehung der Beteiligungsrechte des Betriebsrats folglich ausreichen, wenn alle Trägerunternehmen gemeinsam in der Regel mehr als zwanzig wahlberechtigte Arbeitnehmer beschäftigen.

c. Stellungnahme

aa. Die zuerst genannte Auffassung, welche die Entstehung der Beteiligungsrechte des Betriebsrats nur dann annimmt, wenn jedes der Trägerunternehmen den Schwellenwert überschreitet, ist abzulehnen. Sie verschlechtert die Rechtsstellung der Arbeitnehmer, die einem Betrieb mehrerer Unternehmen angehören, von denen lediglich ein Trägerunternehmen mehr als zwanzig Arbeitnehmer beschäftigt. Sie führt zu einer Privilegierung von Unternehmen, die zwar selbst

791 Im Rahmen des Interessenausgleichs GK – *Oetker*, § 111 Rn. 15; *Fitting*, § 111 Rn. 23; *Wißmann*, FS 25 Jahre ARGE ArbR im DAV, S. 1037, 1051; offen gelassen, ob eine direkte oder analoge Anwendung in Betracht kommt *Däubler*, AuR 2001, 285, 291; für eine direkte Anwendung *Boecken*, FS 50 Jahre BAG, S. 931, 936.

792 *Däubler*, AuR 2001, 285, 291.

793 *LAG Berlin*, Beschl. v. 23.01.2003 – 18 TaBV 2141/02, NZA-RR 2003, 477, 479.

794 *Klapper*, Unterstützung des Betriebsrats, S. 407.

795 *Gaul*, NZA 2003, 695, 695.

796 *Gaul*, NZA 2003, 695, 695.

den Schwellenwert überschreiten, aber zusammen mit kleineren Unternehmen einen gemeinsamen Betrieb betreiben.[797]

bb. Es ist der Auffassung zu folgen, die es als ausreichend ansieht, wenn bereits ein Trägerunternehmen den Schwellenwert überschreitet. Der Wortlaut des § 111 S. 1 BetrVG erlaubt diese Auslegung, denn der gemeinsame Betrieb ist Teil des den Schwellenwert überschreitenden Trägerunternehmens, auch wenn zusätzlich kleinere Unternehmen an ihm beteiligt sind.[798] Betriebsräte sind an einen Betrieb gebunden und werden in diesem und nicht in einem Unternehmen gewählt.[799] Durch diese Auslegung des § 111 S. 1 BetrVG werden zwar auch die Trägerunternehmen, die selbst den Schwellenwert nicht erreichen, belastet, da die Beteiligung des Betriebsrats eine Betriebsänderung insgesamt verzögern kann; anderenfalls könnten die Besonderheiten des gemeinsamen Betriebs mehrerer Unternehmen jedoch nicht ausreichend berücksichtigt werden und die Rechte des Betriebsrats des gemeinsamen Betriebs würden zu sehr beschnitten werden.[800]

cc. Fraglich ist, ob es darüber hinaus auch ausreichen kann, wenn lediglich der gemeinsame Betrieb oder alle Trägerunternehmen gemeinsam den Schwellenwert überschreiten und gerade keines der Trägerunternehmen allein die erforderliche Anzahl an regelmäßigen Beschäftigten aufweist.

(1) Eine direkte Anwendung des § 111 S. 1 BetrVG, wenn lediglich der gemeinsame Betrieb den Schwellenwert überschreitet, scheidet aus. Die Grenze der Auslegung ist der mögliche Wortsinn.[801] Danach kommt es auf die Zahl der Arbeitnehmer des Unternehmens an, welches selbst die erforderliche Anzahl von Arbeitnehmern beschäftigen muss.[802] Durch die bewusste Änderung des Gesetzeswortlauts ist eine weite Auslegung des Begriffs „Unternehmen“ als „Betrieb“ nicht mehr möglich.[803] Auch die Situation, dass lediglich alle Trägerunternehmen gemeinsam den

---

797 Vgl. zu dem Schwellenwert des § 111 S. 2 BetrVG *Klapper*, Unterstützung des Betriebsrats, S. 408.

798 Zu § 99 BetrVG *BAG*, Beschl. v. 29.09.2004 – 1 ABR 39/03, BAGE 112, 100, 106 f.

799 Zu § 99 BetrVG *BAG*, Beschl. v. 29.09.2004 – 1 ABR 39/03, BAGE 112, 110, 106 f.

800 *Schubert*, ZfA 2004, 253, 277 m.w.N.

801 *BVerfG*, Beschl. v. 09.02.1982 – 1 BvR 799/78, BVerfGE 59, 330, 334; *BVerfG*, Beschl. v. 24.05.1995 – 2 BvF 1/92, BVerfGE 93, 37, 81 m.w.N.; *Larenz/Canaris*, Methodenlehre, S. 163 f.

802 Zu § 99 BetrVG *BAG*, Beschl. v. 29.09.2004 – 1 ABR 39/03, BAGE 112, 100, 106.

803 Vgl. zu § 99 BetrVG *BAG*, Beschl. v. 29.09.2004 – 1 ABR 39/03, BAGE 112, 100, 106.

Schwellenwert überschreiten ist nicht vom Wortsinn des § 111 S. 1 BetrVG gedeckt. Die Vorschrift erfasst nur „Unternehmen mit in der Regel mehr als zwanzig wahlberechtigten Arbeitnehmern" und stellt nicht auf eine Mehrheit von Unternehmen ab.

(2) Dennoch könnte über den Wortsinn hinaus eine analoge Anwendung in Betracht kommen. Eine analoge Anwendung setzt voraus, dass einen Sachverhalt, der vom Gesetzeswortlaut nicht erfasst ist, die gleiche Rechtsfolge treffen muss wie einen gesetzlich geregelten Sachverhalt, um Wertungswidersprüche zu vermeiden.[804] Ein solcher Wertungswiderspruch könnte sich im Hinblick auf den Sinn und Zweck der neuen Anknüpfung an das Unternehmen statt an dem Betrieb ergeben. Der Sinn des veränderten Anknüpfungspunkts liegt unter anderem darin, die wirtschaftliche Belastbarkeit eines Unternehmens erfassen zu können. Die Kosten für die Beteiligung des Betriebsrats im Rahmen einer Betriebsänderung sind von den Unternehmen zu tragen, sodass nur ihre wirtschaftliche Belastbarkeit für die Frage, ob ein Beteiligungsrecht besteht oder nicht, relevant sein kann.[805]

(a) Bei Betriebsänderungen in einem Betrieb, der lediglich von einem Unternehmen getragen wird, ist der Betriebsrat zu beteiligen, wenn das Unternehmen mehr als zwanzig wahlberechtigte Arbeitnehmer regelmäßig beschäftigt. Nach dem Wortsinn ist der Betriebsrat eines gemeinsamen Betriebs mehrerer Unternehmen jedoch nicht zu beteiligen, wenn zwar in dem Betrieb mehr als zwanzig Arbeitnehmer regelmäßig beschäftigt sind, die ihn tragenden Unternehmen jedoch jeweils zwanzig oder weniger Arbeitnehmer beschäftigen oder die Trägerunternehmen nur gemeinsam mehr als zwanzig wahlberechtigte Arbeitnehmer beschäftigen.

(b) Unterstellt man als einen Zweck der Änderung des Anknüpfungspunktes die Erfassung der wirtschaftlichen Belastbarkeit eines Unternehmens, so ist zu bedenken, dass die Leitung eines gemeinsamen Betriebs von den beteiligten Unternehmen im Bereich der Mitbestimmung häufig gemeinsam wahrgenommen wird.[806] Die finanziellen Folgen der Mitbestimmung treffen die einzelnen Unternehmen folglich gemeinsam.[807] Berücksichtigt man, dass der Fall, dass lediglich ein Unternehmen den Schwellenwert überschreitet, vom Wortlaut des § 111 S. 1 BetrVG erfasst ist, so muss eine analoge Anwendung in dem Fall, in dem lediglich der gemeinsame Betrieb den Schwellenwert

---

804 Zu § 99 BetrVG *BAG*, Beschl. v. 29.10.2004 – 1 ABR 39/03, BAGE 112, 100, 107; vgl. auch *Reichold*, NZA 2005, 622, 623; a.A: *Boecken*, FS 50 Jahre BAG, S. 931, 937.

805 Vgl. *Schubert*, ZfA 2004, 253, 277.

806 *BAG*, Beschl. v. 29.09.2004 – 1 ABR 39/03, BAGE 112, 100, 109.

807 *LAG Berlin*, Beschl. v. 23.01.2003 – 18 TaBV 2141/02, NZA-RR 2003, 477, 478; *Boecken*, FS 50 Jahre BAG, S. 931, 939; teilweise a.A. *Schubert*, ZfA 2004, 253, 277 und 279 f.

überschreitet, auch möglich sein. Dieses Ergebnis wird zudem durch die Auffassung des *Bundesarbeitsgerichts* zum Schwellenwert des § 99 BetrVG gestützt. Das Gericht hatte eine analoge Anwendung des § 99 BetrVG befürwortet, wenn lediglich der gemeinsame Betrieb den Schwellenwert überschreitet. Dasselbe gilt, wenn lediglich die Trägerunternehmen gemeinsam den Schwellenwert überschreiten.[808]

(3) Fraglich ist, ob dieses Ergebnis im Hinblick auf die Einführung der Figur des gemeinsamen Betriebs in das Betriebsverfassungsgesetz 2001[809] zu revidieren ist, da der Gesetzgeber die Regelungsbedürftigkeit des gemeinsamen Betriebs erkannt hat und die Problematik im Rahmen des § 111 BetrVG nicht aufgenommen und geregelt hat. Anhaltspunkte für ein sogenanntes „beredtes Schweigen" des Gesetzgebers, dass er gemeinsame Betriebe mehrerer Unternehmen aus dem Anwendungsbereich des § 111 BetrVG herausnehmen wollte, sind jedoch nicht ersichtlich.[810] Der Gesetzgeber hat nicht nur im Rahmen des § 111 S. 1 und S. 2 BetrVG die Problematik des Gemeinschaftsbetriebs nicht geregelt; auch im Rahmen des § 99 BetrVG ist eine Regelung unterblieben. Daher wird vom *Bundesarbeitsgericht* gefolgert, dass der Gesetzgeber, der die Rechtsprechung des *Bundesarbeitsgerichts* bereits kannte, die Regelung bewusst der Rechtsprechung überlassen wollte.[811]

dd. Damit ist es ausreichend, wenn lediglich eines der am gemeinsamen Betrieb beteiligten Unternehmen den Schwellenwert überschreitet, um die Beteiligungsrechte des Betriebsrats des gemeinsamen Betriebs bei einer Betriebsänderung auszulösen. In analoger Anwendung entstehen die Beteiligungsrechte des Betriebsrats, wenn der gemeinsame Betrieb allein oder die beteiligten Unternehmen gemeinsam den Schwellenwert überschreiten.

3. Konzernbindung von Unternehmen

Grundsätzlich ist auf den Rechtsträger des Betriebs, in dem die Betriebsänderung durchgeführt werden soll, abzustellen.[812] Wenn das Unternehmen, welches der Rechtsträger des fraglichen Betriebs ist, ein konzernabhängiges ist, ist die Rechtslage umstritten.

---

808 Vgl. *BAG*, Beschl. v. 29.09.2004 – 1 ABR 39/03, BAGE 112, 110 ff.

809 Gesetz v. 23.07.2001, BGBl. 2001 Teil I S. 1852 (am 28.07.2001 in Kraft getreten).

810 Zu § 99 BetrVG *BAG*, Beschl. v. 29.09.2004 – 1 ABR 39/03, BAGE 112, 100, 111.

811 Zu § 99 BetrVG *BAG*, Beschl. v. 29.09.2004 – 1 ABR 39/03, BAGE 112, 100, 110 f.; vgl. zur Problematik im Rahmen des § 106 BetrVG *BAG*, Beschl. v. 01.08.1990 – 7 ABR 91/88 – BAGE 65, 304, 309; vgl. auch die Ausführungen zur Rechtsprechung des *Bundesarbeitsgerichts* Kapitel 3 A III 2 a.

812 GK – *Oetker*, § 111 Rn. 214.

Zum Teil wird in diesem Fall eine analoge Anwendung des § 111 S. 1 BetrVG befürwortet, da nur bei Abstellen auf den Konzern das Ziel des Gesetzgebers, die wirtschaftliche Belastbarkeit zu erfassen, verwirklicht werden könne; zudem könnten nur auf diese Weise die Möglichkeit einer Manipulation in Bezug auf die organisatorische Aufteilung oder die „zufällige" Form einer dezentralen Einheit als Niederlassung oder rechtlich verselbständigte GmbH verhindert werden.[813] Dafür spreche auch, dass im Rahmen von Interessenausgleich und Sozialplan an die wirtschaftliche Belastbarkeit angeknüpft werde.[814]

Dieser Auffassung ist jedoch nicht zuzustimmen. Eine Ausweitung würde zu einem Systembruch im Betriebsverfassungsrecht führen, da dieses grundsätzlich nicht an den Konzern, sondern lediglich an den Betrieb oder das Unternehmen anknüpft.[815] Sollte der Gesetzgeber Handlungsbedarf sehen, um einer Manipulation vorzubeugen, so muss eine Änderung des Gesetzes erfolgen.[816] Damit ist auch bei konzerngebundenen Unternehmen für die Bestimmung, ob der Schwellenwert des § 111 S. 1 BetrVG überschritten ist, auf das Unternehmen abzustellen.

B. Unterrichtung nach § 111 S. 1 BetrVG

Der Unternehmer hat den Betriebsrat nach § 111 S. 1 BetrVG über geplante Betriebsänderungen „rechtzeitig und umfassend zu unterrichten". Ob es sich bei der Unterrichtung um eine Pflicht direkt aus § 111 S. 1 BetrVG handelt, ob sich eine Pflicht aus dem Grundsatz der vertrauensvollen Zusammenarbeit ergibt oder ob es sich bei der Unterrichtung um eine bloße Obliegenheit handelt, wird unterschiedlich beurteilt.[817] Die Annahme einer Pflicht erscheint jedoch sachgerecht, da Betriebsänderungen aufgrund der möglichen schwerwiegenden Veränderungen zu Unsicherheiten in der Belegschaft wie auch beim Betriebsrat führen können, die durch die Unterrichtung aufgefangen und abgemildert werden können, was

---

813 DKKW – *Däubler*, § 111 Rn. 34.

814 *Däubler*, AuR 2001, 285, 291.

815 *Junker/Dietrich*, NZA 2003, 1057, 1060; im Ergebnis ebenso *LAG Rheinland-Pfalz*, Beschl. v. 09.04.2005 – 5 TaBV 18/05, juris.

816 *Klapper*, Unterstützung des Betriebsrats, S. 413; i.E. auch *Löwisch*, NZA 2001, Sonderbeilage Heft 24, 40, 46.

817 Pflicht aus dem Gesetz DKKW – *Däubler*, § 111 Rn. 159 ff.; GK – *Oetker*, § 111 Rn. 269 m.w.N.; wohl auch *Seeberger*, Sicherung der Beteiligungsrechte, S. 165; Pflicht aus dem Grundsatz der vertrauensvollen Zusammenarbeit GK – *Oetker*, § 111 Rn. 218; Obliegenheit *Klapper*, Unterstützung des Betriebsrats, S. 433.

letztlich zu einer Sicherung des Betriebsfriedens führt und die vertrauensvolle Zusammenarbeit zwischen Betriebsrat und Unternehmer fördert.[818] Für diese Auffassung spricht auch der Wortlaut des § 111 S. 1 BetrVG.[819] Die Pflicht des Unternehmers ergibt sich damit sowohl aus dem Grundsatz der vertrauensvollen Zusammenarbeit als auch aus dem § 111 S. 1 BetrVG.

Wenn ein Wirtschaftsausschuss im Unternehmen besteht, findet vor der Unterrichtung durch den Unternehmer eine Unterrichtung durch den Wirtschaftsausschuss nach § 108 Abs. 4 BetrVG statt.

I. Umfassende Unterrichtung

Eine umfassende Unterrichtung enthält neben den Angaben zu Art und Umfang der geplanten Betriebsänderung auch die Gründe für die Betriebsänderung sowie die Auswirkungen auf die betroffenen Arbeitnehmer und ermöglicht es dem Betriebsrat, aufgrund dieser Informationen die Beratungen im Sinne des § 111 S. 1 BetrVG mit dem Unternehmer zu führen.[820] Dabei sind vom Unternehmer in Betracht gezogene Alternativen ebenfalls dem Betriebsrat mitzuteilen.[821] Die Unterrichtung kann nicht mit dem Verweis auf Betriebs- und Geschäftsgeheimnisse verweigert werden.[822]

II. Rechtzeitige Unterrichtung

Die Unterrichtung muss vor dem Beginn der Durchführung der Betriebsänderung erfolgen, damit der Betriebsrat noch Einfluss auf die Betriebsänderung nehmen kann.[823] Die Vorüberlegungen und Planungen zur Betriebsänderung, in deren Stadium der Betriebsrat noch nicht nach § 111 BetrVG beteiligt werden muss, müssen

---

818 DKKW – *Däubler*, § 111 Rn. 158 m.w.N.

819 Vgl. GK – *Oetker*, § 111 Rn. 269.

820 BeckOK – *Besgen*, § 111 BetrVG Rn. 31; GK – *Oetker*, § 111 Rn. 190 m.w.N.; *Schlichting*, AiB 2002, 464, 467; *Träxler*, Betriebsänderung, S. 15.

821 GK – *Oetker*, § 111 Rn. 191 und 198 m.w.N.; *Seeberger*, Sicherung der Beteiligungsrechte, S. 10 m.w.N.

822 GK – *Oetker*, § 111 Rn. 192 m.w.N.; *Schlichting*, AiB 2002, 464, 467; *Seeberger*, Sicherung der Beteiligungsrechte, S. 10 m.w.N.

823 *LAG Baden-Württemberg*, Beschl. v. 27.09.2004 – 4 TaBV 3/04, NZA-RR 2005, 195, 195; BeckOK – *Besgen*, § 111 BetrVG Rn. 30; *Leinemann*, ZIP 1989, 552, 552; GK – *Oetker*, § 111 Rn. 195 f. m.w.N.

jedoch bereits im Wesentlichen abgeschlossen sein,[824] damit sich der Betriebsrat ein genaues Bild von der konkret geplanten Betriebsänderung machen und zu diesen Planungen Alternativvorschläge entwickeln kann.

III. Form der Unterrichtung

Die Form der Unterrichtung muss so gewählt werden, dass sie ihren Zweck – den Betriebsrat mit den Informationen zu versorgen, welche er für eine Einschätzung der Betriebsänderung, die eventuelle Entwicklung von Alternativvorschlägen und die Beratung mit dem Unternehmer benötigt – erfüllt.[825] Eventuell erforderliche Unterlagen sind dem Betriebsrat nach § 80 Abs. 2 S. 2 BetrVG zur Verfügung zu stellen.[826] Dies gilt insbesondere für die vom Unternehmer zur Planung verwendeten Daten und Unterlagen.[827]

C. Beratung zwischen Unternehmer und Betriebsrat

Die nach § 111 S. 1 BetrVG erforderliche Beratung zwischen Unternehmer und Betriebsrat soll im Sinne des § 74 Abs. 1 S. 2 BetrVG und mit dem Ziel, einen Interessenausgleich zu versuchen und sich auf einen Sozialplan zu einigen, geführt werden.[828] Nach § 74 Abs. 1 S. 2 BetrVG sollen die Betriebsparteien „mit dem ernsten Willen zur Einigung“ verhandeln. Die Beratung ist genauso wie die Unterrichtung durch das Gesetz als Pflicht des Unternehmers ausgestaltet worden.[829] Gegenstand der Beratung ist die geplante Betriebsänderung sowie

---

824 *LAG Baden-Württemberg*, Beschl. v. 27.09.2004 – 4 TaBV 3/04, NZA-RR 2005, 195, 195; *LAG Hamm*, Beschl. v. 08.08.2008 – 10 TaBV 21/08, juris; *LAG Hamm*, Beschl. v. 06.03.2009 – 10 TaBV 143/08, juris; GK – *Oetker*, § 111 Rn. 197 m.w.N.; a.A. *Wiese*, FS Wiedemann, S. 617, 628 m.w.N.

825 GK – *Oetker*, § 111 Rn. 190 und 193 m.w.N.

826 BeckOK – *Besgen*, § 111 BetrVG Rn. 31.

827 *Seeberger*, Sicherung der Beteiligungsrechte, S. 10 f. m.w.N.

828 Vgl. BeckOK – *Besgen*, § 111 BetrVG Rn. 32; GK – *Oetker*, § 111 Rn. 240 m.w.N.; Art. 4 Abs. 4e der Richtlinie 2002/14/EG; vgl. auch die Ausführungen zu Teilnahmerecht des Beraters Kapitel 1 B IV 3 und dem Verhandlungsrecht des Beraters Kapitel 1 B IV 4.

829 GK – *Oetker*, § 111 Rn. 263.

deren Durchführung und Folgen, soweit diese wirtschaftliche Nachteile für die Arbeitnehmer umfassen.[830] Die Beratung setzt voraus, dass der Betriebsrat als Verhandlungspartner des Unternehmers gut unterrichtet ist und die Hintergründe und Zusammenhänge, welche die Grundlage der geplanten Betriebsänderung darstellen, nachvollziehen kann.[831] Die Beratung ist mit der Einigung über einen Interessenausgleich und/oder einen Sozialplan abgeschlossen; sie ist ebenfalls bei einem Scheitern der Verhandlungen nach § 112 Abs. 2 BetrVG abgeschlossen.[832]

D. Schwellenwert des § 111 S. 2 BetrVG für die Hinzuziehung eines Beraters

In § 111 S. 2 BetrVG ist ein weiterer Schwellenwert aufgestellt worden, der die Möglichkeit der Hinzuziehung eines Beraters einschränkt. Der Betriebsrat kann einen Berater lediglich „in Unternehmen mit mehr als 300 Arbeitnehmern" hinzuziehen. Die Aufnahme des Schwellenwertes begründete der Gesetzgeber mit Kostengesichtspunkten.[833] Um den Schwellenwert zu überschreiten, ist es ausreichend, wenn das Unternehmen, dem der Betrieb angehört, mehr als dreihundert Arbeitnehmer beschäftigt; es können damit auch deutlich weniger Arbeitnehmer im konkreten Betrieb von der Betriebsänderung betroffen sein.[834]

Bei kleineren Unternehmen muss für die Inanspruchnahme von externem Sachverstand auf § 80 Abs. 3 BetrVG zurückgegriffen werden.[835] Dies ist aufgrund des § 111 S. 2 Hs. 3 BetrVG, der feststellt, dass § 80 Abs. 3 BetrVG unberührt bleibt, auch unstreitig möglich.

---

830 GK – *Oetker*, § 111 Rn. 241 f. m.w.N.

831 *Eisemann*, FS Hanau, S. 387, 391.

832 GK – *Oetker*, § 111 Rn. 243 ff. m.w.N.

833 BT-Drucks. 14/5741, S. 52; die Regelung war wohl kein Bestandteil des ursprünglichen Referentenentwurfs, sondern erst des Regierungsentwurfs, vgl. *Bauer*, NZA 2001, 375, 376; kritisch zum Schwellenwert *Hayen*, AiB 2008, 36, 43; *Oetker*, NZA 2002, 465, 466.

834 *Kleinebrink*, ArbRB 2003, 212, 212; *Lingemann*, NZA 2002, 934, 938; GK – *Oetker*, § 111 Rn. 211.

835 Vgl. BT-Drucks. 14/6352, S. 3 und 55; vgl. auch die Ausführungen zur kumulativen und alternativen Anwendung von § 80 Abs. 3 BetrVG und § 111 S. 2 BetrVG Kapitel 1 C II.

I. Zeitpunkt der Überschreitung des Schwellenwerts

Im Gegensatz zum Schwellenwert des § 111 S. 1 BetrVG, der auf Grund seiner Formulierung auf die regelmäßige Beschäftigtenzahl abstellt, fehlt in § 111 S. 2 BetrVG ein solcher Hinweis. Daher ist umstritten, zu welchem Zeitpunkt der Schwellenwert des § 111 S. 2 BetrVG erreicht sein muss, um das Recht des Betriebsrats entstehen zu lassen, einen Berater hinzuzuziehen. Es könnte einerseits auf den Zeitpunkt der Geltendmachung des Rechts, einen Berater hinzuzuziehen, abzustellen sein. Andererseits könnte, wie beim Schwellenwert des § 111 S. 1 BetrVG, die regelmäßige Beschäftigtenzahl maßgeblich sein.

Teilweise wird auf die Anzahl der Arbeitnehmer zu einem bestimmten Zeitpunkt abgestellt. Maßgeblich soll der Zeitpunkt der Geltendmachung des Rechts aus § 111 S. 2 BetrVG sein; lediglich bei einem Personalabbau soll eine Ausnahme gemacht und auf dessen Beginn abgestellt werden.[836] Diese Auffassung berücksichtigt damit die unterschiedlichen Formulierungen der Sätze 1 und 2 des § 111 BetrVG.

Herrschend wird dagegen zu Recht das Fehlen des Zusatzes „in der Regel" im § 111 S. 2 BetrVG als Redaktionsversehen angesehen.[837] Diese Auffassung wird mit der Intention des Gesetzgebers begründet, den Beratungsanspruch des Betriebsrats zwar an der wirtschaftlichen Leistungsfähigkeit des Unternehmens festzumachen, grundsätzlich jedoch auf die Zahl der regelmäßigen Beschäftigten abzustellen.[838] Noch weitere Argumente sprechen für diese Auffassung. Wird auf die regelmäßige Beschäftigtenzahl abgestellt, können Unternehmer einerseits die Zuziehung eines Beraters nicht durch Personalabbau verhindern, andererseits erhält der Unternehmer die Möglichkeit eines kurzfristigen Personalaufbaus, ohne mit steigenden Kosten bei einer anstehenden Betriebsänderung kalkulieren zu müssen.[839] Die wirtschaftliche Leistungsfähigkeit wird damit nicht in einer bloßen Momentaufnahme bestimmt, sondern in einem größeren Zeitraum betrachtet. Für diese Auffassung spricht schließlich ein Vergleich mit anderen Schwellenwerten des Betriebsverfassungsgesetzes wie § 106 BetrVG oder § 99 BetrVG, die beide auf die regelmäßige Beschäftigtenzahl abstellen.

---

836 Richardi – *Annuß*, § 111 Rn. 53; *Kleinebrink*, ArbRB 2003, 212, 213.

837 *Bauer*, NZA 2001, 375, 376; *Fitting*, § 111 Rn. 118; *Lingemann*, NZA 2002, 934, 938; GK – *Oetker*, § 111 Rn. 211 stellt dennoch auf den Zeitpunkt der Geltendmachung des Anspruchs ab in Rn. 212; differenzierend *Oetker*, NZA 2002, 465, 467.

838 *Junker/Dietrich*, NZA 2003, 1057, 1061.

839 *Klapper*, Unterstützung des Betriebsrats, S. 402.

II. Gemeinsamer Betrieb mehrerer Unternehmen

Auch im Rahmen des § 111 S. 2 BetrVG stellt sich die Frage, wie nunmehr ein gemeinsamer Betrieb mehrerer Unternehmen im Sinne des § 1 Abs. 1 S. 2, Abs. 2 BetrVG zu behandeln ist. Auch hier sind die oben dargestellten Konstellationen streitig. Die vertretenen Meinungen decken sich größtenteils mit denen der parallelen Problematik im Rahmen des § 111 S. 1 BetrVG.[840] Sie sollen daher hier nur überblicksartig dargestellt werden.

1. In der Literatur vertretene Auffassungen

In der Literatur werden verschiedene Auffassungen zum Schwellenwert des § 111 S. 2 BetrVG vertreten. Nach einer sehr engen Auffassung kann ein Berater nur dann hinzugezogen werden, wenn jedes der Trägerunternehmen den Schwellenwert von mehr als dreihundert Arbeitnehmern überschreitet.[841] Andere sehen den Beratereinsatz bereits dann als möglich an, wenn zumindest eines der Trägerunternehmen den Schwellenwert überschreitet.[842] Eine analoge Anwendung des § 111 S. 2 BetrVG, wenn lediglich der gemeinsame Betrieb den Schwellenwert überschreitet, wird auch im Rahmen des Schwellenwerts von § 111 S. 2 BetrVG befürwortet.[843] Eine weitere Ansicht lässt es für eine analoge Anwendung ausreichen, wenn die beteiligten Unternehmen zusammen den Schwellenwert überschreiten.[844]

2. Stellungnahme

Es ist sachgerecht, von einem einheitlichen Unternehmensbegriff im Rahmen von § 111 S. 1 BetrVG und § 111 S. 2 BetrVG auszugehen.[845] Wie oben bereits

---

840 Vgl. die Ausführungen zur Anknüpfung an das Unternehmen bei einem gemeinsamen Betrieb mehrerer Unternehmen im Rahmen des Schwellenwerts des § 111 S. 1 BetrVG Kapitel 3 A III 2.

841 *Annuß*, NZA 2001, 367, 369.

842 Teilweise wird auch hier eine Beschränkung des Rechts, einen Berater hinzuzuziehen, auf das den Schwellenwert überschreitende Trägerunternehmen angenommen vgl. *Kleinebrink*, ArbRB 2003, 212, 213; ebenso wohl auch *Lingemann*, NZA 2002, 934, 939; *Zumbeck*, Ratgeber des Betriebsrats, S. 19.

843 *Fitting*, § 111 Rn. 118; *Klapper*, Unterstützung des Betriebsrats, S. 410.

844 *Oetker*, NZA 2002, 465, 466; für eine direkte Anwendung in diesem Fall *Schubert*, ZfA 2004, 253, 279 f.

845 Vgl. *Oetker*, NZA 2002, 465, 466.

ausgeführt, ist eine direkte Anwendung des § 111 S. 2 BetrVG bei einem Betrieb mehrerer Unternehmen auch dann anzunehmen, wenn lediglich eines der Trägerunternehmen den Schwellenwert überschreitet. Die Auffassung, die es als erforderlich ansieht, dass alle Trägerunternehmen für sich den Schwellenwert überschreiten, führt zu einer zu starken Verkürzung der Rechte des Betriebsrats und ist abzulehnen.

Darüber hinaus ist über eine analoge Anwendung des § 111 S. 2 BetrVG das Recht, einen Berater hinzuzuziehen ebenfalls eröffnet, wenn der gemeinsame Betrieb selbst oder alle Trägerunternehmen gemeinsam den Schwellenwert des § 111 S. 2 BetrVG überschreiten. Dies wurde bereits für den Schwellenwert des § 111 S. 1 BetrVG festgestellt und muss aufgrund der Unterschiede des § 111 S. 1 und S. 2 BetrVG erst recht im Rahmen des § 111 S. 2 BetrVG gelten. *Schubert* sieht den Unterschied zum Schwellenwert des § 111 S. 1 BetrVG darin, dass die Kosten für einen Berater des Betriebsrats von den Trägerunternehmen gemeinsam zu tragen sind, während die Kosten, die sich etwa aus einem Sozialplan ergeben, von den einzelnen Unternehmen zu tragen sind, deren Arbeitnehmer von den Regelungen des Sozialplans betroffen sind.[846] Ebenso wie im Rahmen des § 111 S. 1 BetrVG müssen die beteiligten Unternehmen in ihrer Gesamtheit als wirtschaftliches Potential betrachtet werden, da sie die Kosten untereinander aufteilen können.[847] Dies spricht zusätzlich für eine analoge Anwendung, wenn nur die Trägerunternehmen den Schwellenwert gemeinsam überschreiten. Im Übrigen kann auf das zu § 111 S. 1 BetrVG Ausgeführte verwiesen werden.

Damit ist es für eine direkte Anwendung ausreichend, wenn lediglich eines der Trägerunternehmen den Schwellenwert überschreitet. In analoger Anwendung entsteht das Recht des Betriebsrats, einen Berater hinzuzuziehen, wenn der gemeinsame Betrieb selbst oder die Trägerunternehmen gemeinsam den Schwellenwert überschreiten.

III. Konzernbindung von Unternehmen

Auch im Rahmen des § 111 S. 2 BetrVG wird bei konzerngebundenen Unternehmen ein Abstellen auf den Konzern durch eine entsprechende Anwendung des § 111

846 Vgl. *Schubert*, ZfA 2004, 253, 277 und 279 f.

847 *Fitting*, § 111 Rn. 118; vgl. auch *LAG Berlin*, Beschl. v. 23.01.2003 – 18 TaBV 2141/02, NZA-RR 2003, 477, 478; *Boecken*, FS 50 Jahre BAG, S. 931, 939.

S. 2 BetrVG diskutiert. Sie ist jedoch, wie im Rahmen des § 111 S. 1 BetrVG, abzulehnen.[848]

E. Erforderlichkeit

Im Gegensatz zu § 80 Abs. 3 BetrVG fordert § 111 S. 2 BetrVG nicht ausdrücklich die Erforderlichkeit der Hinzuziehung eines Beraters.

I. Erforderlichkeit als Voraussetzung des § 111 S. 2 BetrVG

In der Literatur und der unterinstanzlichen Rechtsprechung ist daher umstritten, ob im Rahmen des § 111 S. 2 BetrVG eine Erforderlichkeitsprüfung vorgenommen werden muss.

1. Erforderlichkeitsprüfung entbehrlich

Teilweise besteht die Auffassung, dass im Rahmen des § 111 S. 2 BetrVG die Erforderlichkeit bereits von den anderen Voraussetzungen umfasst sei.[849] Als Konsequenz wird zwar die gesonderte Prüfung der Erforderlichkeit verneint, einige schränken den Anspruch jedoch anders ein und unterwerfen die Frage nach dem Umfang der Beratertätigkeit einer Abwägung.[850] Vertreter einer anderen Untermeinung fordern eine pflichtgemäße Ausübung des Ermessens im Lichte des Grundsatzes der vertrauensvollen Zusammenarbeit.[851] Auch eine Missbrauchskontrolle bei einer offensichtlich nicht gegebenen Erforderlichkeit wird zum Teil gefordert.[852] Von einer weiteren Unterauffassung wird die Erforderlichkeit zwar

---

848 Vgl. die Ausführungen und Literaturnachweise zur Konzernbindung von Unternehmen beim Schwellenwert des § 111 S. 1 BetrVG Kapitel 3 A III 3.

849 DKKW – *Däubler*, § 111 Rn. 172; *Däubler*, AuR 2001, 285, 286; *Hanau*, ZIP 2001, 1981, 1986; *Manske*, FS 25 Jahre ARGE ArbR im DAV, S. 953, 957; *Schlichting*, AiB 2002, 464, 468; ausdrücklich offen gelassen durch *LAG Hamm*, Beschl. v. 26.08.2005 – 10 TaBV 152/04, ZIP 2005, 2269, 2270.

850 *Däubler*, AuR 2001, 285, 286.

851 *Löwisch*, NZA 2001, Sonderbeilage Heft 24, 40, 46; *Löwisch*, BB 2001, 1790, 1798; wohl auch *Schierbaum*, dbr 2006, Heft 3, 27, 30.

852 *Hanau*, ZIP 2001, 1981, 1986 Fn. 37; *Manske*, FS 25 Jahre ARGE ArbR im DAV, S. 953, 958.

nicht als eine vom Betriebsrat zu beweisende Voraussetzung angesehen, es wird jedoch anerkannt, dass der Arbeitgeber die Möglichkeit habe, die Erforderlichkeit widerlegen zu können.[853]

2. Erforderlichkeitsprüfung notwendig

Entgegen dieser Auffassung wird vertreten, dass die Erforderlichkeit neben der Erfüllung der in § 111 S. 2 BetrVG ausdrücklich genannten Voraussetzungen immer zu prüfen sei.[854] Dies wird mit der für § 111 S. 2 BetrVG geltenden Kostenregelung des § 40 Abs. 1 BetrVG begründet, welcher eine Kostentragungspflicht nur bei notwendigen und verhältnismäßigen Kosten regele.[855] Dies entspreche auch den Grundsätzen der vertrauensvollen Zusammenarbeit und der Verhältnismäßigkeit.[856] Das Erfordernis, die Erforderlichkeit als Voraussetzung des § 111 S. 2 BetrVG zu erfüllen, wird zudem mit der Formulierung „kann", welche Ermessen impliziere, begründet; damit wird die Erforderlichkeit jedoch faktisch auf die Rechtsfolgenseite verschoben.[857]

Weitere Argumente sprechen für diese Auffassung und damit die Anerkennung einer Erforderlichkeitsprüfung im Rahmen des § 111 S. 2 BetrVG. Der Vergleich mit § 40 Abs. 1 BetrVG, bei dem unstreitig anerkannt ist, dass trotz fehlender ausdrücklicher Erwähnung eine Erforderlichkeitsprüfung vorgenommen werden muss,[858] zeigt, dass auch ohne gesetzliche Regelung die Erforderlichkeit als Voraussetzung geprüft werden kann. Der Vergleich mit der Hinzuziehung eines Sachverständigen, die deutliche Ähnlichkeiten mit der eines Beraters aufweist, spricht für die Notwendigkeit einer Erforderlichkeitsprüfung. Der Gesetzgeber wollte

853 *Hanau*, NJW 2001, 2513, 2518.

854 *LAG Rheinland-Pfalz*, Beschl. v. 07.11.2011 – 7 TaBV 23/11, juris; *ArbG Hannover*, Urteil v. 16.01.2009 – 1 BVGa 1/09, NZA-RR 2009, 309, 310; *Annuß*, NZA 2001, 367, 369; *Bauer*, NZA 2001, 375, 376 f.; *Fitting*, § 111 Rn. 122; *Lingemann*, NZA 2002, 934, 939; *Oetker*, NZA 2002, 465, 466, 469 f.; *Reichold*, NZA 2001, 857, 865; *Riechers*, dbr 2009, Heft 10, 27, 28; *Rose/Grimmer*, DB 2003, 1790, 1790.

855 *LAG Hessen*, Beschl. v. 19.02.2004 – 9 TaBV 95/03, LAGE Nr. 5 zu § 40 BetrVG 2001 (S. 3); *ArbG Hannover*, Urteil v. 16.01.2009 – 1 BVGa 1/09, NZA-RR 2009, 309, 310; *Annuß*, NZA 2001, 367, 369; *Bauer*, NZA 2001, 375, 376 f.

856 *Lingemann*, NZA 2002, 934, 939; *Natzel*, NZA 2001, 872, 874; *Oetker*, NZA 2002, 465, 469.

857 *Oetker*, NZA 2002, 465, 466.

858 *BAG*, Beschl. v. 27.09.1974 – 1 ABR 67/73, AP Nr. 8 zu § 40 BetrVG 1972 (III 1 der Gründe); *BAG*, Beschl. v. 11.12.1987 – 7 ABR 76/86, juris; *BAG*, Beschl. v. 19.04.1989 – 7 ABR 87/87, BAGE 61, 333, 338.

zwar das Verfahren beschleunigen,[859] dass er darüber hinaus auf weitere in § 80 Abs. 3 BetrVG geregelte Voraussetzungen verzichten wollte, ist jedoch nicht ersichtlich.[860] Damit ist auch im Rahmen des § 111 S. 2 BetrVG die Erforderlichkeit als Voraussetzung zu prüfen.

Fraglich bleibt, ob die Erforderlichkeit auf der Tatbestandsseite im Rahmen eines Beurteilungsspielraums oder auf der Rechtsfolgenseite im Rahmen einer Ermessensausübung zu prüfen ist. Da dies im Rahmen dieser Bearbeitung im Ergebnis zu keinem Unterschied führt, soll die Frage hier offen bleiben.[861]

II. Inhalt der Erforderlichkeit

Der Betriebsrat hat aus Sicht eines objektiven Dritten unter Berücksichtigung der Interessen von Betrieb und Unternehmer festzustellen, ob die Hinzuziehung eines Beraters zu einer Betriebsänderung zum Zeitpunkt seiner Entscheidung geboten ist.[862] Die Erforderlichkeit soll unter anderem anhand der Komplexität der Betriebsänderung sowie der Qualifikation und den Kenntnissen der Betriebsratsmitglieder bestimmt werden.[863] Dem Betriebsrat steht bei der Beurteilung wie im Rahmen des § 80 Abs. 3 BetrVG ein Beurteilungsspielraum zu.[864]

1. Unterrichtung durch den Unternehmer

In zeitlicher Hinsicht ist der Beratungsanspruch des Betriebsrats mit dem Beginn der Unterrichtung durch den Unternehmer nach § 111 S. 1 BetrVG verknüpft. Daraus folgt zum einen, dass der Anspruch auf die Hilfe eines Beraters erst mit der Unterrichtung entsteht,[865] zum anderen, dass der Betriebsrat keinen Anspruch auf

---

859 Durch Verzicht auf die vorherige nähere Vereinbarung BT-Drucks. 14/5741, S. 51 f.

860 *Klapper*, Unterstützung des Betriebsrats, S. 419; *Lingemann*, NZA 2002, 934, 939; ausdrücklich offen gelassen durch *LAG Hessen*, Beschl. v. 18.11.2009 – 9 TaBV 39/09, LAGE Nr. 9 zu § 111 BetrVG 2001 (S. 4); vgl. auch die Ausführungen zum Inhalt der Erforderlichkeit im Rahmen des § 111 S. 2 BetrVG Kapitel 3 E II.

861 Darstellung bei *Klapper*, Unterstützung des Betriebsrats, 420 ff. m.w.N.

862 Vgl. die Ausführungen zur Erforderlichkeit im Rahmen des § 80 Abs. 3 BetrVG Kapitel 2 A.

863 GK – *Oetker*, § 111 Rn. 219; *Riechers*, dbr 2009, Heft 10, 27, 28.

864 GK – *Oetker*, § 111 Rn. 219 m.w.N.

865 *Kleinebrink*, ArbRB 2003, 212, 213; teilweise a.A. *Zumbeck*, Ratgeber des Betriebsrats, S. 19.

Beratung hat, wenn der Unternehmer die Unterrichtung unterlässt.[866] Dies kann aus dem Zweck des Beratungsrechts, qualifizierte Alternativvorschläge zu erarbeiten,[867] abgeleitet werden. Darüber hinaus ist zu beachten, dass dem Betriebsrat bei einer Verweigerung der Unterrichtung im Zweifel bereits die für die Entwicklung von Alternativvorschlägen notwendigen Informationen und Eckdaten der geplanten Betriebsänderung fehlen. Diese können aber in der Regel nur durch den Unternehmer und nicht durch einen Berater mitgeteilt werden. Auch denn die benötigten Informationen auf anderem Wege beschafft werden können (etwa durch eine Information durch einen im Unternehmen bestehenden Wirtschaftsausschuss), bietet es sich in einer solchen Situation an, den Weg über § 80 Abs. 3 BetrVG zu wählen, wenn externer Sachverstand benötigt wird, da so dass Haftungsrisiko der handelnden Betriebsratsmitglieder vermindert wird. Die mit § 80 Abs. 3 BetrVG in Verbindung stehende Unterrichtungspflicht nach § 80 Abs. 2 S. 1 BetrVG wird zwar häufig im Rahmen des Stufenmodells behandelt, streng genommen stellt sie aber keine Voraussetzung des § 80 Abs. 3 BetrVG dar.[868] Das Problem der Verweigerung der Unterrichtung stellt sich damit bei der Hinzuziehung von externem Sachverstand nicht. Ein Berater kann damit frühestens zur Unterrichtung durch den Arbeitgeber hinzugezogen werden.[869] Es entsteht dann nur der Anspruch der Arbeitnehmer aus § 113 Abs. 3 BetrVG.[870] Dies ist anders zu beurteilen, wenn eine Unterrichtung durch den Unternehmer stattgefunden hat und der Unternehmer lediglich weitere Verhandlungen verweigert.[871]

Daraus folgt, dass ein Beratereinsatz erst dann erforderlich sein kann, wenn eine Unterrichtung durch den Unternehmer stattgefunden hat. Ist diese nicht erfolgt, muss der Betriebsrat – notfalls mit anderer externer Hilfe wie einem Vertreter im Sinne des § 40 Abs. 1 BetrVG – prüfen, ob der Unterrichtungsanspruch mit den ihm zur Verfügung stehenden Möglichkeiten durchsetzbar ist.[872]

2. Weitere Informationsmöglichkeiten

Ob entsprechend zum Inhalt der Erforderlichkeit im Rahmen des § 80 Abs. 3 BetrVG andere Informationsmöglichkeiten vorrangig zu nutzen sind, ist umstritten.

---

866 *Kleinebrink*, ArbRB 2003, 212, 213; *Rumpff*, BB 1972, 325, 326.
867 BT-Drucks. 14/5741, S. 51 f.
868 Vgl. *Jobs/Rauschenberg*, RDV 1990, 77, 78.
869 Richardi – *Annuß*, § 111 Rn. 53.
870 *Kleinebrink*, ArbRB 2003, 212, 213.
871 Vgl. die Ausführungen zur Durchsetzung des Beratungsanspruchs Kapitel 3 J II.
872 Vgl. die Ausführungen zur Durchsetzbarkeit der Unterrichtungspflicht Kapitel 3 J I.

a. Vorrangige Nutzungspflicht

Zum Teil wird angenommen, der Betriebsrat habe weitere Informationsmöglichkeiten auch im Rahmen des § 111 S. 2 BetrVG vorrangig zu nutzen.[873] Dabei besteht innerhalb dieser Auffassung eine unterschiedliche Schwerpunktsetzung. Teilweise wird vertreten, dass die Voraussetzungen des § 80 Abs. 3 BetrVG im Hinblick auf die Selbstunterrichtungspflicht zu übertragen seien, da nur auf das Vereinbarungserfordernis verzichtet werden sollte.[874] Andere bejahen lediglich die Pflicht des Betriebsrats, zunächst internen Sachverstand hinzuzuziehen.[875] Nach einer einschränkenden Unterauffassung soll der Betriebsrat zwar dazu verpflichtet sein, das Vorhandensein kostengünstiger Informationsmöglichkeiten zu prüfen, diese Pflicht soll aber nur unter Beachtung der gesetzlichen Konzeption, die den externen Berater als Regelfall ansehe, geschehen.[876]

b. Keine vorrangige Nutzungspflicht

Wohl überwiegend wird zu Recht die Pflicht, andere Informationsmöglichkeiten vorrangig vor der Hinzuziehung eines Beraters in Anspruch zu nehmen, abgelehnt.[877] Insbesondere die Entwicklung von Alternativvorschlägen erfordert grundsätzlich einen unternehmensfremden Berater und schließt damit bereits die Inanspruchnahme von sachkundigen Arbeitnehmern aus.[878]

Zwar sollte mit der durch § 111 S. 2 BetrVG erleichterten Hinzuziehung von externem Sachverstand nicht auf die in § 80 Abs. 3 BetrVG geregelten Voraussetzungen – mit Ausnahme der näheren Vereinbarung – verzichtet werden,[879] eine komplette Übertragung des Stufenmodells, welches für § 80 Abs. 3 BetrVG entwickelt wurde, ist jedoch nicht zu befürworten. Für diese Auffassung spricht zudem der Umstand, dass gerade keine nähere Vereinbarung mit dem Unternehmer,

---

873 *Kleinebrink*, ArbRB 2003, 212, 214; *Lingemann*, NZA 2002, 934, 939; *Natzel*, NZA 2001, 872, 874; GK – *Oetker*, § 111 Rn. 220; *Rose/Grimmer*, DB 2003, 1790, 1790 f.

874 *Kleinebrink*, ArbRB 2003, 212, 214; *Natzel*, NZA 2001, 872, 874; GK – *Oetker*, § 111 Rn. 220; *Rose/Grimmer*, DB 2003, 1790, 1790 f.

875 *Lingemann*, NZA 2002, 934, 939; ähnlich *Natzel*, NZA 2001, 872, 874.

876 Vgl. *Bergmann*, NZA 2013, 57, 61 m.w.N.

877 Etwa *LAG Hamm*, Beschl. v. 26.08.2005 – 10 TaBV 152/04, ZIP 2005, 2269, 2270; *LAG Hessen*, Beschl. v. 18.11.2009 – 9 TaBV 39/09, LAGE Nr. 9 zu § 111 BetrVG 2001 (S. 4 f.); *LAG Hessen*, Beschl. v. 17.03.2011 – 9 TaBV 59/10, juris; DKKW – *Däubler*, § 111 Rn. 170.

878 *Klapper*, Unterstützung des Betriebsrats, S. 427; anders in Bezug auf die Erläuterung der geplanten Betriebsänderung jedoch *Oetker*, NZA 2002, 465, 470.

879 *Klapper*, Unterstützung des Betriebsrats, S. 419; *Lingemann*, NZA 2002, 934, 939.

bei der der Betriebsrat auf andere Informationsmöglichkeiten verwiesen werden könnte, erforderlich ist. Der Gesetzgeber hat mit § 111 S. 2 BetrVG eine Verfahrensbeschleunigung für die Hinzuziehung von externem Sachverstand bei Betriebsänderungen bezweckt; mit diesem Zweck ließe sich die Nutzungspflicht vorrangiger Informationsmöglichkeiten jedoch nicht vereinbaren.[880]

3. Kenntnisdefizit

Damit der Einsatz eines Beraters erforderlich ist, müssen dem Betriebsrat die für die Ausübung der Beteiligungsrechte erforderlichen Kenntnisse und Fähigkeiten fehlen.[881] Im Unterschied zu § 80 Abs. 3 BetrVG ist bei § 111 S. 2 BetrVG jedoch eine Beratung mit dem Wirtschaftsausschuss im Sinne des § 108 Abs. 4 BetrVG, an der gegebenenfalls bereits ein Sachverständiger teilgenommen hat, zu beachten.[882] Dagegen müssen keine weiteren Informationsmöglichkeiten in Anspruch genommen werden, die Einfluss auf die Fach- und Sachkenntnisse der Betriebsratsmitglieder haben, um den Zweck der Beschleunigung des Verfahrens der Hinzuziehung nicht zu gefährden.[883]

III. Beurteilung der Erforderlichkeit

Wie bei der Hinzuziehung eines Sachverständigen nach § 80 Abs. 3 BetrVG obliegt im Rahmen der Hinzuziehung eines Beraters der Beurteilungsspielraum dem Betriebsrat.[884] Allerdings besteht im Rahmen des § 111 S. 2 BetrVG kein Recht des Unternehmers, selbst durch die Zustimmung zu einer näheren Vereinbarung die Erforderlichkeit vor der Hinzuziehung zu überprüfen.[885] Damit ist der Beurteilungsspielraum des Betriebsrats auch nicht wie im Rahmen des § 80 Abs. 3 BetrVG teilweise eingeschränkt. Das *OLG Frankfurt* sprach sich dafür aus, den Beurteilungsspielraum zugunsten der Funktions- und Handlungsfähigkeit des

---

880 *Klapper*, Unterstützung des Betriebsrats, S. 427.

881 *Oetker*, NZA 2002, 465, 470.

882 *Klapper*, Unterstützung des Betriebsrats, S. 425; *Oetker*, NZA 2002, 465, 470.

883 Vgl. die Ausführungen zu weiteren Informationsmöglichkeiten im Rahmen des § 111 S. 2 BetrVG Kapitel 3 E II 2.

884 Vgl. *LAG Hessen,* Beschl. v. 19.02.2004 – 9 TaBV 95/03, LAGE Nr. 5 zu § 40 BetrVG 2001 (S. 3).

885 *LAG Hessen,* Beschl. v. 19.02.2004 – 9 TaBV 95/03, LAGE Nr. 5 zu § 40 BetrVG 2001; vgl. auch die Ausführungen zur Beurteilung der Erforderlichkeit im Rahmen des § 80 Abs. 3 BetrVG Kapitel 2 A IV.

Betriebsrats eher weit zu ziehen.[886] Der Betriebsrat muss prüfen, ob zum Zeitpunkt der Beschlussfassung im Hinblick auf die konkrete Betriebsänderung die Hinzuziehung eines Beraters erforderlich ist.[887]

F. Verhältnismäßigkeit

Auch im Rahmen des § 111 S. 2 BetrVG ist der Verhältnismäßigkeitsgrundsatz zu beachten.[888] Der Betriebsrat muss aus objektiv gleichwertigen Beratungsmöglichkeiten die kostengünstigste wählen.[889] Hierbei kann auf die Ausführungen zu § 80 Abs. 3 BetrVG verwiesen werden.[890]

G. Beschluss

Für die Hinzuziehung eines Beraters muss im Vorfeld ein wirksamer Betriebsratsbeschluss gefasst worden sein.

I. Verfahren der Beschlussfassung

Im Hinblick auf das Beschlussverfahren kann auf die Ausführungen zu § 80 Abs. 3 BetrVG verwiesen werden.[891] Der Beschluss sollte ähnlichen Anforderungen wie der Beschluss für die Hinzuziehung eines Sachverständigen genügen, da er bei einer möglichen gerichtlichen Überprüfung des Beratereinsatzes herangezogen werden muss.[892]

---

886 Vgl. *OLG Frankfurt*, Urteil vom 16.12.2013 – 1 U 184/10, n.V.; ähnlich *Jaeger/Steinbrück*, NZA 2013, 401, 405.

887 *LAG Rheinland-Pfalz*, Beschl. v. 07.11.2011 – 7 TaBV 23/11 und 22/11, juris; um eine Haftung zu vermeiden wird vorgeschlagen die Erforderlichkeit anwaltlich prüfen zu lassen vgl. *Dzida*, NJW 2013, 433, 434; ähnlich *Jaeger/Steinrück*, NZA 2013, 401, 407.

888 *Bauer*, NZA 2001, 375, 377; *Klapper*, Unterstützung des Betriebsrats, S. 428 f.; *Kleinebrink*, ArbRB 2003, 212, 215; *Lingemann*, NZA 2002, 934, 939; *Reichold*, NZA 2001, 857, 865.

889 *Kleinebrink*, ArbRB 2003, 212, 215.

890 Vgl. die Ausführungen zur Verhältnismäßigkeit im Rahmen von § 80 Abs. 3 BetrVG Kapitel 2 B.

891 Vgl. die Ausführungen zum Betriebsratsbeschluss Kapitel 2 C; vgl. auch GK – *Oetker*, § 111 Rn. 217 m.w.N.

892 *Klapper*, Unterstützung des Betriebsrats, S. 432.

II. Inhalt des Beschlusses

Die inhaltlichen Anforderungen an den Beschluss sind nicht identisch mit denen für einen Beschluss zur Hinzuziehung eines Sachverständigen. Bei § 80 Abs. 3 BetrVG ist der Inhalt des Betriebsratsbeschlusses mit Blick auf das im Rahmen der näheren Vereinbarung mit dem Arbeitgeber zu erzielende Einvernehmen zu bestimmen, welches für § 111 S. 2 BetrVG gerade nicht erforderlich ist.[893] Der Beschluss sollte die Person des Beraters benennen, da der Betriebsrat diesen selbst und ohne Absprache mit dem Arbeitgeber auswählen kann und mit der Auswahl seine Einschätzung zur Sachkunde des Beraters zum Ausdruck bringt.[894] Zudem sollte der Beratungsgegenstand Bestandteil des Beschlusses sein.[895] Eine Aussage, hinsichtlich welcher Fragestellungen Kenntnisdefizite des Betriebsrats vorhanden sind, wird teilweise nicht für erforderlich gehalten.[896] Im Hinblick auf die Verhältnismäßigkeit des Beratereinsatzes und dessen eventueller späterer Überprüfung sollten jedoch so weit wie möglich Angaben erfolgen. Wenn eine Honorarvereinbarung getroffen werden soll, so muss deren Höhe ebenfalls Bestandteil des Beschlusses sein.[897]

III. Fehlerhafter Beschluss

Die Behandlung eines fehlerhaft zustande gekommenen Betriebsratsbeschlusses entspricht der Behandlung eines fehlerhaften Beschlusses über die Hinzuziehung eines Sachverständigen nach § 80 Abs. 3 BetrVG.[898]

---

893 *Oetker*, NZA 2002, 465, 471.

894 Vgl. *Oetker*, NZA 2002, 465, 471; *Riechers*, dbr 2009, Heft 10, 27, 29; *Rose/Grimmer*, DB 2003, 1790, 1790; für eine Pflicht die Person des Beraters zu benennen *LAG Rheinland-Pfalz*, Beschl. v. 07.11.2011 – 7 TaBV 23/11 und 22/11, juris; ähnlich *Bergmann*, NZA 2013, 57, 61 m.w.N.

895 *Kleinebrink*, ArbRB 2003, 212, 214; *Riechers*, dbr 2009, Heft 10, 27, 29; *Rose/Grimmer*, DB 2003, 1790, 1790.

896 *Klapper*, Unterstützung des Betriebsrats, S. 432.

897 *Hinrichs/Plitt*, NZA 2011, 1006, 1009; *Riechers*, dbr 2009, Heft 10, 27, 29; wenn die Vergütungshöhe im Beratervertrag festgelegt werden soll, ebenso *LAG Rheinland-Pfalz*, Beschl. v. 07.11.2011 – 7 TaBV 23/11 und 22/11, juris; *Oetker*, NZA 2002, 465, 471.

898 Vgl. die Ausführungen zum fehlerhaften Beschluss Kapitel 2 C IV; in Bezug auf die Konsequenzen bei der Beauftragung eines Beraters a.A. DKKW – *Däubler*, § 111 Rn. 173.

H. Verzicht auf das Vereinbarungserfordernis

Eine nähere Vereinbarung mit dem Unternehmer, wie sie bei § 80 Abs. 3 BetrVG zu erzielen ist, ist nicht erforderlich. Teilweise wird jedoch empfohlen, trotzdem eine Vereinbarung mit dem Arbeitgeber herbeizuführen, um das Haftungsrisiko zu mindern.[899]

I. Mitteilung an den Unternehmer

Umstritten ist, ob eine Mitteilung an den Unternehmer erfolgen sollte. Teilweise wird dies mit der Begründung abgelehnt, dass diesbezüglich keine gesetzliche Regelung vorhanden sei.[900] Andere sehen eine Mitteilung an den Unternehmer wegen des Grundsatzes der vertrauensvollen Zusammenarbeit als geboten an.[901] Dieser Auffassung ist auch zuzustimmen. Der Unternehmer hat die Kosten der Hinzuziehung zu tragen und dem Berater Zutritt zum Betrieb zu gewähren. Zwar ist es nicht sinnvoll, eine Pflicht des Betriebsrats anzunehmen, die mit einem eventuellen Verlust des Anspruchs auf Hinzuziehung eines Beraters, für welche die Kosten durch den Unternehmer übernommen werden, einhergeht. Der Annahme einer Obliegenheit des Betriebsrats steht jedoch nichts entgegen.[902] Sie dient zudem dem Ziel einer vertrauensvollen Zusammenarbeit zwischen den Betriebsparteien.

---

899 *Dzida*, NJW, 2013, 433, 435; GK – *Oetker*, § 111 Rn. 218; *Klapper*, Unterstützung des Betriebsrats, S. 431; *Kleinebrink*, ArbRB 2003, 212, 214; *Schulze*, ArbRAktuell 2012, 527, 527; ähnlich *Dzida*, ArbRB 2013, 126, 127 ff.; *Schulze*, AiB 2013, 7, 9 f.; um die Haftung zu reduzieren wird darüber hinaus eine Vereinbarung zwischen Betriebsrat und Berater vorgeschlagen vgl. *Dzida*, ArbRB 2013, 126, 127 ff.; ähnlich *Müller*, EzA Nr. 24 zu § 40 BetrVG 2001.

900 Richardi – *Annuß*, § 111 Rn. 52; im Ergebnis ebenso, wenn auch sehr kritisch *Bauer*, NZA 2001, 375, 376.

901 *Klapper*, Unterstützung des Betriebsrats, S. 433; *Kleinebrink*, ArbRB 2003, 212, 214, *Riechers*, dbr 2009, Heft 10, 27, 29; *Schierbaum*, dbr 2006, Heft 3, 27, 30; ähnlich DKKW – *Däubler*, § 111 Rn. 174; vgl. zur Mitteilungspflicht bei Schulungen *ArbG Hamm*, Beschl. v. 26.09.1973 – 2 Ca 936/73, DB 1973, 2249, 2249 f.

902 So im Ergebnis auch *Klapper*, Unterstützung des Betriebsrats, S. 433.

J. Durchsetzung des Anspruchs auf Hinzuziehung eines Beraters

Für die Fragen, ob der Betriebsrat nach §§ 111 ff. BetrVG zu beteiligen ist und ob der Unternehmer den Betriebsrat ordnungsgemäß unterrichtet hat, ist das Arbeitsgericht im Beschlussverfahren nach § 2 a Abs. 1 Nr. 1, Abs. 2 ArbGG in Verbindung mit §§ 80 ff. ArbGG zuständig.[903] Die Frage, ob der Unternehmer seiner Unterrichtungspflicht ordnungsgemäß nachgekommen ist, kann der Betriebsrat auch im Verfahren einer einstweiligen Verfügung nach § 85 Abs. 2 ArbGG klären lassen.[904]

I. Durchsetzung der Unterrichtungspflicht

Bei einem schweren Verstoß des Unternehmers gegen die Unterrichtungspflicht kommt ein Verfahren nach § 23 Abs. 3 BetrVG in Betracht. In der Praxis scheitert ein Vorgehen jedoch daran, dass sich Betriebsänderungen in der Regel nicht wiederholen.[905] Eine Verletzung des Unterrichtungsanspruchs des Betriebsrats, der mit der Unterrichtungspflicht des Unternehmers korrespondiert,[906] wird nach § 121 Abs. 1 BetrVG als Ordnungswidrigkeit geahndet. Zudem kann die Unterrichtungspflicht des Unternehmers im arbeitsgerichtlichen Beschlussverfahren, bei Eilbedürftigkeit auch mit Hilfe einer einstweiligen Verfügung, durchgesetzt werden.[907]

II. Durchsetzung der Beratungspflicht

Die Beratung zwischen Betriebsrat und Unternehmer ist wie die Unterrichtung als Pflicht des Unternehmers ausgestaltet.[908] Darüber hinaus wird in der Literatur und der unterinstanzlichen Rechtsprechung ein korrespondierender, durchsetzbarer Beratungsanspruch des Betriebsrats angenommen.[909] Ein solcher Anspruch kann

903 Ausführlich zur Durchsetzung der Beteiligungsrechte der §§ 111 ff. BetrVG *Seeberger*, Sicherung der Beteiligungsrechte, S. 41 ff. m.w.N.

904 Richardi – *Annuß*, § 111 Rn. 171.

905 *Fitting*, § 112 Rn. 139 m.w.N.

906 GK – *Oetker*, § 111 Rn. 260 m.w.N.

907 Vgl. *ArbG Dresden*, Beschl. v. 25.07.1997 – 16 BVGa 9/97, juris; vgl. zur gerichtlichen Durchsetzung von Unterrichtungsansprüchen *Gertler*, Auskunftsansprüche, S. 29 ff.

908 Vgl. GK – *Oetker*, § 111 Rn. 263; *Seeberger*, Sicherung der Beteiligungsrechte, S. 166.

909 *ArbG Dresden*, Beschl. v. 25.07.1997 – 16 BVGA 9/97, juris; *Heither*, FS Däubler, S. 338, 339; *Konzen*, Leistungspflichten, S. 57 ff.; GK – *Oetker*, § 111 Rn. 263 m.w.N.

jedoch nur dann bestehen, wenn die Unterrichtung durch den Unternehmer nach § 111 S. 1 BetrVG vorgenommen wurde.[910] Ein Vorgehen nach § 121 BetrVG wie bei Verletzung der Unterrichtungspflicht kommt mangels gesetzlicher Regelung nicht in Betracht. Problematisch bei der Anerkennung eines durchsetzbaren Beratungsanspruchs ist ebenfalls der Umstand, dass der Unternehmer die Beratung mit dem Betriebsrat nach § 112 Abs. 2 BetrVG beenden und die Phase des Vermittlungs- beziehungsweise Einigungsstellenverfahrens einleiten kann.[911] Letztlich wird der Beratungsanspruch in der Praxis nicht durchsetzbar sein.

III. Durchsetzung des Anspruchs auf Hinzuziehung eines Beraters

Im Rahmen des § 111 S. 2 BetrVG ist keine nähere Vereinbarung vor der Hinzuziehung eines Beraters vorgesehen. Die Ersetzung der Zustimmung zu einer näheren Vereinbarung muss daher nicht angestrebt werden. Im Gegenteil kann der Betriebsrat den Berater ohne Mitwirkung des Unternehmers hinzuziehen.

Ob dem Betriebsrat ein Recht auf Hinzuziehung eines Beraters nach § 111 S. 2 BetrVG zusteht, wenn der Unternehmer Verhandlungen mit dem Betriebsrat von vornherein ablehnt, ist fraglich. Gegen ein Recht des Betriebsrats könnte der Gedanke sprechen, dass Verhandlungen über Alternativvorschläge bei der generellen Ablehnung des Unternehmers, Verhandlungen mit dem Betriebsrat durchzuführen, nicht stattfinden. Der Einsatz eines Beraters nach § 111 S. 2 BetrVG hat aber insbesondere die Entwicklung von Alternativvorschlägen zum Inhalt.[912] Mit Wegfall der Verhandlungen könnte der Beratereinsatz nun zwecklos sein, mit der Folge, dass der Betriebsrat das Recht einen Berater hinzuzuziehen, verlieren könnte.[913] Im Gegensatz zu der Situation, dass der Unternehmer bereits die Unterrichtung des Betriebsrats ablehnt, ist der Betriebsrat, wenn der Unternehmer lediglich die Verhandlungen über einen Interessenausgleich ablehnt, weiterhin dazu berechtigt, einen Berater hinzuzuziehen.[914] Dafür spricht

910 Vgl. die Ausführungen zum Inhalt der Erforderlichkeit, insbesondere zur Unterrichtung durch den Unternehmer Kapitel 2 A 2 b.

911 GK – *Oetker*, § 111 Rn. 263.

912 Vgl. die Ausführungen zur Inhalt der Beratung Kapitel 1 B III 5 b.

913 Vgl. *Klapper*, Unterstützung des Betriebsrats, S. 395; *Kleinebrink*, ArbRB, 2003, 212, 213.

914 Vgl. *LAG Hessen,* Beschl. v. 19.02.2004 – 9 TaBV 95/03, LAGE Nr. 5 zu § 40 BetrVG 1972 (S. 3).

der Umstand, dass die Hinzuziehung nicht an eine vorherige Vereinbarung mit dem Unternehmer gebunden ist. Der Betriebsrat entscheidet damit allein im Rahmen des ihm zustehenden Beurteilungsspielraums über die Notwendigkeit, einen Berater hinzuzuziehen, ohne dass der Unternehmer, wie bei der Hinzuziehung eines Sachverständigen nach § 80 Abs. 3 BetrVG, die Möglichkeit hat, die Erforderlichkeit selbst vor Abschluss der näheren Vereinbarung zu überprüfen und Einfluss auf die Hinzuziehung zu nehmen.[915] Die Entwicklung von Alternativvorschlägen ist in diesem Fall auch nicht sinnlos. Dem Unternehmer ist es zumindest zuzumuten, sich die vom Betriebsrat entwickelten Alternativkonzepte anzuhören, um dann zu entscheiden, ob er in Verhandlungen mit dem Betriebsrat über einen Interessenausgleich eintritt oder nicht.[916] Anzumerken ist, dass die Hinzuziehung eines Beraters in dieser Situation jedoch einer genauen Überprüfung bedarf. Es besteht die Gefahr, dass bei einer nachträglichen Überprüfung das Vorliegen der Voraussetzung der Erforderlichkeit verneint wird und die handelnden Betriebsratsmitglieder für die Kosten des Beratereinsatzes haftbar gemacht werden.[917]

IV. Sicherung der Beteiligung des Betriebsrats im Rahmen einer Betriebsänderung

Das Recht, einen Berater nach § 111 S. 2 BetrVG hinzuzuziehen, steht dem Betriebsrat bei Vorliegen der Voraussetzungen des § 111 S. 2 BetrVG jederzeit zu. Eine andere Frage ist, ob die in § 111 ff. BetrVG vorgesehenen Beteiligungsmöglichkeiten des Betriebsrats im Rahmen einer Betriebsänderung gesichert werden können, auch wenn der Unternehmer versucht, die Beteiligung des Betriebsrats zu verhindern oder zu minimieren. Insbesondere ist die problematische Frage zu klären, ob der Betriebsrat einen Unterlassungsanspruch zur Sicherung seiner Beteiligungsrechte im Rahmen der Betriebsänderung hat. Diese Frage ist in der unterinstanzlichen Rechtsprechung und der Literatur stark umstritten.[918] Eine Entscheidung des *Bundesarbeitsgerichts* steht noch aus. Eine höchstrichterliche

915 Vgl. die Ausführungen zum Zweck der näheren Vereinbarung Kapitel 2 C I.

916 Zur Beratung mit dem Betriebsrat verpflichtet nach *LAG Niedersachsen,* Beschl. v. 04.05.2007 – 17 TaBVGa 57/07, LAGE Nr. 7 zu § 111 BetrVG 2001 (S. 3); *Konzen,* Leistungspflichten, S. 57 f.

917 Vgl. *BGH,* Urteil vom 25.10.2012 – III ZR 266/11, BGHZ 195, 174, 174 ff.

918 Umfassende Darstellungen des Meinungsstandes bei *Bruns,* AuR 2003, 15, 16 ff.; *Schulze,* Einstweilige Verfügungen, S. 31 ff.

Entscheidung zum Unterlassungsanspruch im einstweiligen Verfügungsverfahren ist durch § 72 Abs. 4 ArbGG ausgeschlossen. Der Meinungsstand soll hier lediglich überblicksartig dargestellt werden.

1. Mögliche Form eines Unterlassungsanspruchs

In Betracht kommt ein Unterlassungsanspruch etwa in Form eines Anspruchs auf Unterlassung betriebsbedingter Kündigungen bis zum Ende der Verhandlungen über den Interessenausgleich, der im Wege der einstweiligen Verfügung durchgesetzt werden kann.[919] Ein Unterlassungsanspruch bis zum Abschluss der Verhandlungen um einen Sozialplan wird abgelehnt, da der Sozialplan auch noch nach der Betriebsänderung vereinbart werden kann.[920]

2. Gegner

Kritiker eines Unterlassungsanspruchs verweisen darauf, dass der Betriebsrat keinen erzwingbaren Anspruch auf einen Interessenausgleich habe.[921] Dafür spreche auch der Umstand, dass der Gesetzgeber eine ohne Mitwirkung des Betriebsrats vorgenommene Betriebsänderung nicht für unwirksam erklärt habe.[922] Lediglich bei einem groben Verstoß des Unternehmers sei ein Vorgehen über den abschließenden § 23 Abs. 3 BetrVG möglich.[923] Zudem würde die Anerkennung eines Unterlassungsanspruchs zu weit in die durch Art. 12 und 14 GG geschützte

---

919 Vgl. *LAG Niedersachsen,* Beschl. v. 04.05.2007 – 17 TaBVGa 57/07, LAGE Nr. 7 zu § 111 BetrVG 2001 (S. 4); *Lipinski/Melms*, BB 2002, 2226, 2227; vgl. zum Streitstand *Kohte,* FS Richardi, S. 601, 603 ff.

920 Vgl. *BAG*, Beschl. v. 15.10.1979 – 1 ABR 49/77, AP Nr. 5 zu § 111 BetrVG 1972 (II 3 der Gründe); *LAG Berlin*, Beschl. v. 27.06.2000 – 7 TaBV 1044/00, n.v.; zur Aufstellung eines Sozialplans nach Durchführung der Betriebsänderung vgl. *Birk*, AP Nr. 5 zu § 111 BetrVG 1972.

921 *LAG Düsseldorf*, Beschl. v. 14.11.1983 – 12 TaBV 88/83, DB 1984, 511, 511; *Bengelsdorf*, DB 1990, 1233, 1233; *Hümmerich/Spirolke*, BB 1996, 1986, 1989; ähnlich *Schmitt-Rolfes*, FS 50 Jahre BAG, S. 1081, 1087; differenzierend *Matthes,* FS Wlotzke, S. 393, 405; vgl. zur mangelnden Durchsetzbarkeit eines Interessenausgleichs *BAG*, Beschl. v. 28.08.1991 – 7 ABR 72/90, BAGE 68, 232, 242.

922 *BAG*, Beschl. v. 22.02.1983 – 1 ABR 27/81, BAGE 42, 11, 14 ff.; *Bengelsdorf*, DB 1990, 1233, 1237; auch *Lipinski/Melms*, BB 2002, 2226, 2227.

923 Vgl. *BAG*, Beschl. v. 22.02.1983 – 1 ABR 27/81, BAGE 42, 11, 14 ff.; a.A. unter Ablehnung einer Anwendung des § 23 Abs. 3 BetrVG im Rahmen der §§ 111 ff. BetrVG als unzulässig *Bengelsdorf*, DB 1990, 1282, 1282 f.

Unternehmerfreiheit eingreifen.[924] Gerade die Existenz des § 113 Abs. 3 BetrVG spreche gegen einen Unterlassungsanspruch.[925]

Aus der Existenz des § 113 Abs. 3 BetrVG folge zudem, dass der Gesetzgeber den Interessenausgleich nicht als zwingenden Vertrag ausgestaltet habe.[926] Der Interessenausgleich könne nicht durch die Einigungsstelle erzwungen werden, was sich aus § 112 Abs. 4 BetrVG ergebe.[927] Wenn der Rechtscharakter des Interessenausgleichs aber der einer Naturalobligation und nicht der eines Vertrages sei,[928] könne der Betriebsrat letztlich die Betriebsänderung nicht verhindern, denn durch die von einem Unterlassungsanspruch bewirkte zeitliche Verzögerung würde dem Betriebsrat letztlich mehr gewährt werden, als ihm eigentlich zustünde,[929] da auf die Erfüllung einer Obliegenheit kein Anspruch bestehe.[930] Gegen einen (nicht geregelten) Unterlassungsanspruch spreche schließlich auch, dass der Gesetzgeber teilweise die Folgen von Verstößen gegen die Beteiligungsrechte des Betriebsrats geregelt habe und im Rahmen der §§ 111 ff. BetrVG gerade auf die Regelung eines Unterlassungsanspruches verzichtet habe.[931]

3. Befürworter

Andere gewähren dem Betriebsrat dann einen Unterlassungsanspruch, wenn die Verhandlungen über einen Interessenausgleich noch andauern.[932] Diese Auffassung

---

924 *Walker*, DB 1995, 1961, 1965.

925 *ArbG Dresden*, Beschl. v. 25.07.1997 – 16 BVGa 9/97, juris; *Bengelsdorf*, DB 1990, 1233, 1236 f.; *Diller/Powietzka*, DB 2001, 1034, 1037; *v. Hoyningen-Huene*, FS Wiese, S. 175, 180; ähnlich mit Verweis auf europarechtliche Vorgaben *Ege*, BB 2010, 896, 899.

926 Vgl. *Hümmerich/Spirolke*, BB 1996, 1986, 1989.

927 Vgl. *Lipinski/Melms*, BB 2002, 2226, 2226.

928 *BAG*, Beschl. v. 28.08.1991 – 7 ABR 72/90, BAGE 68, 232, 242 m.w.N.; *Hümmerich/Spirolke*, BB 1996, 1986, 1989; *Walker*, DB 1995, 1961, 1965; a.A. *Matthes*, FS Wlotzke, S. 393, 396; *Schaub*, FS Däubler, S. 347, 348; vgl. zum Streitstand *Molkenbur/Schulte*, DB 1995, 269, 269 f.

929 *Hümmerich/Spirolke*, BB 1996, 1986, 1989.

930 Vgl. *BAG*, Beschl. v. 28.08.1991 – 7 ABR 72/90, BAGE 68, 232, 242; *Hümmerich/Spirolke*, BB 1996, 1986, 1990.

931 Vgl. *BAG*, Beschl. v. 22.02.1983 – 1 ABR 27/81, BAGE 42, 11, 22 f.

932 Unter anderem *LAG Hamburg*, Beschl. v. 13.11.1981 – 6 TaBV 9/81, NJW 1984, 324, 324 f.; *LAG Berlin*, Beschl. v. 07.09.1995 – 10 TaBV 5/95 und 9/95, LAGE Nr. 13 zu § 111 BetrVG 1972; *LAG Berlin*, Beschl. v. 27.06.2000 – 7 TaBV 1044/00, n.v.; *LAG Niedersachsen*, Beschl. v. 04.05.2007 – 17 TaBVGa 57/07, LAGE Nr. 7

wird damit begründet, dass das Verfahren von Interessenausgleich und Sozialplan zu einer Zeit stattfinden müsse, in der die Betriebsänderung noch nicht vollzogen worden ist.[933] Wenn der Betriebsrat einen Anspruch auf Verhandlungen mit dem Unternehmer habe, so gebiete es das Gebot der vertrauensvollen Zusammenarbeit, dass der Unternehmer mit der Durchführung der Betriebsänderung so lange warte, bis das Verfahren über den Interessenausgleich abgeschlossen sei.[934] Dem Verhandlungsanspruch des Betriebsrats stehe der Unterlassungsanspruch gegenüber.[935] Darüber hinaus regele § 113 Abs. 3 BetrVG lediglich den Schutz des einzelnen Arbeitnehmers und sei nicht abschließend.[936] Ohne die Anerkennung eines Unterlassungsanspruchs bestünde zudem die Gefahr, dass die Rechte des Betriebsrats beschnitten oder sogar gegenstandslos werden könnten.[937] Ob Verhandlungen stattfinden würden, stünde dann im alleinigen Ermessen des Unternehmers.[938] Die Rechte des Unternehmers würden, wenn auch nur zeitweise, eingeschränkt

---

zu § 111 BetrVG 2001 (S. 3 f.); *LAG Hamm,* Beschl. v. 21.08.2008 – 13 TaBVGa 16/08, juris; *ArbG Hannover*, Beschl. v. 04.02.1997 – 10 BVGa 1/97, ZIP 1997, 474, 475; *ArbG Stralsund*, Beschl. v. 19.11.1998 – 4 BVGa 2/98, juris; *ArbG Berlin*, Beschl. v. 09.03.2000 – 41 BVGa 6000/00, AiB 2001, 544, 545; vgl. auch *Dütz*, DB 1984, 115, 127; *Eisemann,* FS Hanau, S. 385, 397; *Hummel*, AiB 2001, 544, 546 f.; *Pflüger*, DB 1998, 2062, 2066; gefordert auch in BT-Drucks. 14/4071, S. 5 und BT-Drucks. 14/6382, S. 3.

933 *BAG*, Beschl. v. 14.09.1976 – 1 AZR 784/75, AP Nr. 2 zu § 113 BetrVG 1972 (2 und 3 der Gründe); *Fauser/Nacken*, NZA 2006, 1136, 1139.

934 *LAG Hamburg*, Beschl. v. 13.11.1981 – 6 TaBV 9/81, NJW 1984, 324, 324; *ArbG Berlin*, Beschl. v. 09.03.2000 – 41 BVGa 6000/00, AiB 2001, 544, 545; *Trittin,* BB 1984, 1169, 1173; ausdrücklich offen gelassen, ob § 111 BetrVG Anspruchsqualität zukommt durch *BAG*, Beschl. v. 22.02.1983 – 1 ABR 27/81, BAGE 42, 11, 18.

935 *LAG Berlin*, Beschl. v. 07.09.1995 – 10 TaBV 5/95, LAGE Nr. 13 zu § 111 BetrVG 1972; *ArbG Berlin*, Beschl. v. 09.03.2000 – 41 BVGa 6000/00, AiB 2001, 544, 545; *LAG Hamm,* Beschl. v. 26.02.2007 – 10 TaBVGa 3/07, NZA-RR 2007, 469, 470; *LAG München,* Beschl. v. 22.12.2008 – 6 TaBVGa 6/08, BB 2010, 896, 897; ähnlich *Matthes*, RdA 1999, 178, 180.

936 *LAG Niedersachsen,* Beschl. v. 04.05.2007 – 17 TaBVGa 57/07, LAGE Nr. 7 zu § 111 BetrVG 2001 (S. 4); *ArbG Hamburg*, Beschl. v. 04.11.1997 – 25 GaBV 6/97, NZA-RR 1998, 127, 128 m.w.N.; *Hummel*, AiB 2001, 544, 547; *Fauser/Nacken*, NZA 2006, 1136, 1139 f.

937 *ArbG Stralsund*, Beschl. v. 19.11.1998 – 4 BVGa 2/98, juris m.w.N.; *ArbG Berlin*, Beschl. v. 09.03.2000 – 41 BVGa 6000/00, AiB 2001, 544, 545.

938 *Hummel*, AiB 2001, 544, 547.

werden.[939] Es gehe insbesondere nicht um die Einhaltung des Interessenausgleichs, sondern lediglich um die Sicherung der Beteiligung des Betriebsrats.[940]

4. Stellungnahme

Die Frage, ob ein Unterlassungsanspruch die Beteiligung des Betriebsrats an einer Betriebsänderung sichern kann, ist von der Hinzuziehung eines Beraters zu trennen. Der Berater kann, wie bereits dargestellt, vom Betriebsrat ohne Mitwirkung des Arbeitgebers hinzugezogen werden, wenn der Betriebsrat im Rahmen des ihm in § 111 S. 2 BetrVG zustehenden Beurteilungsspielraums der Auffassung ist, der Einsatz eines Beraters sei erforderlich. Die wohl überwiegenden Gründe sprechen zudem für einen Unterlassungsanspruch des Betriebsrats. Eine andere Entscheidung kann im Einzelfall jedoch sachgerecht sein, wenn die sofortige Umsetzung der Betriebsänderung – etwa wegen einer wirtschaftlichen Notlage – geboten ist.[941]

Neben den bereits genannten Argumenten spricht der Umstand, dass dem Gesetzgeber grundsätzlich nicht unterstellt werden kann, dass er rechtswidriges Verhalten ohne Sanktionen hinnehmen möchte, für die Anerkennung eines Unterlassungsanspruchs.[942] Zweck des Beratungsrechts – als wesentlichem Bestandteil der Beteiligung des Betriebsrats an einer Betriebsänderung – ist es, dass die Alternativvorschläge der Mitbestimmungsorgane bei der Entscheidung des Unternehmers über die endgültige Form der Betriebsänderung berücksichtigt werden können.[943] Um den Unternehmer von mitbestimmungswidrigem Verhalten abhalten zu können, muss damit eine Sicherungsmöglichkeit gegeben sein. Dem steht auch nicht die Regelung des § 113 Abs. 3 BetrVG entgegen, da diese lediglich eine individualrechtliche Sanktion darstellt, wohingegen der Unterlassungsanspruch gerade einen kollektivrechtlichen Mitwirkungsanspruch sichern soll.[944] Schließlich findet auch keine Überbefriedung statt, wenn der Unterlassungsanspruch lediglich

---

939 *LAG Berlin,* Beschl. v. 27.06.2000 – 7 TaBV 1044/00, n.v.

940 *LAG Berlin,* Beschl. v. 27.06.2000 – 7 TaBV 1044/00, n.v.

941 Vgl. *LAG Hamburg,* Beschl. v. 05.02.1986, 4 TaBV 12/85, LAGE Nr. 5 zu § 23 BetrVG 1972.

942 Vgl. *BAG,* Beschl. v. 03.05.1994 – 1 ABR 24/93, BAGE 76, 364, 374.

943 *LAG Niedersachsen,* Beschl. v. 04.05.2007 – 17 TaBVGa 57/07, LAGE Nr. 7 zu § 111 BetrVG 2001 (S. 3); ähnlich *Schulze,* Einstweilige Verfügung, S. 215.

944 Vgl. *LAG Niedersachsen,* Beschl. v. 04.05.2007 – 17 TaBVGa 57/07, LAGE Nr. 7 zu § 111 BetrVG 2001 (S. 4).

bis zu dem Zeitpunkt anerkannt wird, zu dem die Verhandlungen mit dem Unternehmer sowie ein eventuelles Einigungsstellenverfahren abgeschlossen sind.[945]

5. Durchsetzung

Soweit ein Unterlassungsanspruch im Rahmen einer Betriebsänderung bis zum Ende des Interessenausgleichsverfahrens anerkannt wird, kann dieser im Rahmen einer einstweiligen Verfügung nach § 85 Abs. 2 ArbGG geltend gemacht werden.[946] Als Verfügungsanspruch kommen Informations-, Beratungs- und Verhandlungsansprüche des Betriebsrats in Betracht.[947] Für den Verfügungsgrund muss die Gefahr bestehen, dass der Arbeitgeber die geplante Betriebsänderung umsetzt, ohne die Mitwirkungsrechte des Betriebsrats beachtet zu haben.[948] Die Nachteile, die dem Arbeitgeber durch die vorläufige Nichtdurchführung der Betriebsänderung entstehen, sind mit den Nachteilen, die der Belegschaft durch die Nichtbeachtung der Beteiligungsrechte des Betriebsrats entstehen, abzuwägen, wobei das Nachteilsausgleichsverfahren des § 113 BetrVG zu beachten ist.[949]

Zusammenfassung Kapitel 3

Die Voraussetzungen für die Hinzuziehung eines Beraters nach § 111 S. 2 BetrVG sind neben dem Vorliegen einer mitbestimmungspflichtigen Betriebsänderung, die Überschreitung des Schwellenwerts des § 111 S. 2 BetrVG, eine Unterrichtung durch den Unternehmer nach § 111 S. 1 BetrVG, ein entsprechender Beschluss des Betriebsrats sowie die Erforderlichkeit und Verhältnismäßigkeit des Beratereinsatzes.

945 *LAG Hamburg,* Beschl. v. 05.02.1986 – 4 TaBV 12/85, LAGE Nr. 5 zu § 23 BetrVG 1972; *LAG Niedersachsen,* Beschl. v. 04.05.2007 – 17 TaBVGa 57/07, LAGE Nr. 7 zu § 111 BetrVG 2001 (S. 4) m.w.N.

946 Z.B. *LAG Berlin,* Beschl. v. 27.06.2000 – 7 TaBV 1044/00, n.v.; *ArbG Berlin,* Beschl. v. 09.03.2000 – 41 BVGa 6000/00, AiB 2001, 544, 546.

947 Vgl. *LAG Berlin,* Beschl. v. 07.09.1995 – 10 TaBV 5/95 und 9/95, LAGE Nr. 13 zu § 111 BetrVG 1972 (S. 3, 10); *ArbG Hamburg,* Beschl. v. 04.11.1997 – 25 GaBV 6/97, NZA-RR 1998, 127, 127; ausführlich *Schulze,* Einstweilige Verfügung, S. 127 ff.

948 *LAG Berlin,* Beschl. v. 07.09.1995 – 10 TaBV 5/95 und 9/95, LAGE Nr. 13 zu § 111 BetrVG 1972 (S. 11); *ArbG Hamburg,* Beschl. v. 04.11.1997 – 25 GaBV 6/97, NZA-RR 1998, 127, 129; ausführlich *Schulze,* Einstweilige Verfügung, S. 244 ff.

949 *Roos,* AiB 2011, 177, 181.

Eine mitbestimmungspflichtige Betriebsänderung liegt vor, wenn entweder eine der in § 111 S. 3 BetrVG katalogmäßig umschriebenen Maßnahmen des Unternehmers vorliegt oder eine ähnliche Maßnahme im Sinne des § 111 S. 1 BetrVG gegeben ist, die wesentliche Nachteile für die Belegschaft mit sich bringt. Daneben muss der Schwellenwert des § 111 S. 1 BetrVG überschritten sein.

Bei einem gemeinsamen Betrieb mehrerer Unternehmen ist es für die Schwellenwerte von § 111 S. 1 und S. 2 BetrVG ausreichend, wenn lediglich eines der beteiligten Unternehmen den Schwellenwert überschreitet. In analoger Anwendung entstehen die Beteiligungsrechte des Betriebsrats, wenn der gemeinsame Betrieb allein oder die beteiligten Unternehmen gemeinsam den Schwellenwert überschreiten. Angesichts der Rechtsprechung des *Bundesarbeitsgerichts* zu anderen Schwellenwerten des Betriebsverfassungsgesetzes liegt die Vermutung nahe, dass bei einer höchstrichterlichen Entscheidung dieses Ergebnis im Rahmen des § 111 BetrVG ebenfalls vom *Bundesarbeitsgericht* befürwortet werden würde. Auch beim Schwellenwert des § 111 S. 2 BetrVG ist trotz der unterschiedlichen Formulierung der Sätze 1 und 2 des § 111 BetrVG auf die regelmäßige Beschäftigtenzahl abzustellen.

Die Unterrichtung nach § 111 S. 1 BetrVG ist eine Pflicht des Unternehmers. Durch sie soll der Betriebsrat die erforderlichen Informationen erhalten, die er für die Bewertung der Betriebsänderung, die eventuelle Entwicklung von Alternativvorschlägen und die Beratung mit dem Unternehmer benötigt. Die Beratung zwischen Betriebsrat und Unternehmer im Sinne des § 111 S. 1 BetrVG, die ebenfalls eine Pflicht des Unternehmers ist, umfasst die Betriebsänderung inklusive ihrer Durchführung und ihrer Folgen, soweit nachteilige Auswirkungen auf Arbeitnehmer zu befürchten sind.

Vor der Hinzuziehung eines Beraters muss eine Erforderlichkeitsprüfung vorgenommen werden. Dem Betriebsrat steht bei der Beurteilung der Erforderlichkeit ein Beurteilungsspielraum zu. Die Erforderlichkeit ist zu verneinen, wenn keine Unterrichtung durch den Unternehmer vorgenommen wurde und ein Anspruch des Betriebsrats auf Unterrichtung nicht erfolgreich durchgesetzt werden kann. Weitere verfügbare Informationsmöglichkeiten wie Schulungen, Fachliteratur und Informationen durch sachkundige Arbeitnehmer oder Gewerkschaften haben keine Auswirkungen auf die Erforderlichkeit und müssen nicht vorrangig genutzt werden.

Der Betriebsratsbeschluss sollte die Person des Beraters sowie den Beratungsgegenstand benennen. Aussagen zu den Kenntnisdefiziten der Betriebsratsmitglieder, die ausgeglichen werden sollen, und zu einer eventuellen Honorarabsprache sollten getroffen werden, auch wenn sie kein zwingender Bestandteil des Beschlusses sind.

Eine nähere Vereinbarung mit dem Unternehmer muss im Gegensatz zu der Hinzuziehung eines Sachverständigen durch den Betriebsrat nicht herbeigeführt werden. Aus dem Grundsatz der vertrauensvollen Zusammenarbeit folgt jedoch eine Obliegenheit des Betriebsrats, dem Unternehmer den Beratereinsatz mitzuteilen.

Auch dann, wenn der Unternehmer Beratungen mit dem Betriebsrat verweigert, ist der Betriebsrat berechtigt, einen Berater hinzuzuziehen. Dies gilt jedoch nicht, wenn bereits die Unterrichtung verweigert wird.

Ein durchsetzbarer Unterlassungsanspruch zur Sicherung der Rechte des Betriebsrats bei einer Betriebsänderung ist anzuerkennen.

Kapitel 4: Externer Sachverstand für Gesamt- und Konzernbetriebsrat

Gesamt- und Konzernbetriebsrat ergänzen die Ausübung von Beteiligungs- und Mitbestimmungsrechten und gleichen Regelungsdefizite aus, indem sie die Interessen der Arbeitnehmer auf der Ebene des Unternehmens beziehungsweise des Konzerns vertreten.[950] Nach §§ 47 Abs. 2 S. 1, 55 Abs. 1 S. 1 BetrVG sind die Mitglieder von Gesamt- und Konzernbetriebsrat zugleich auch Mitglieder der einzelnen Betriebsräte. Daraus folgt, dass sie wie die Mitglieder eines Einzelbetriebsrats keine besonderen fachlichen oder sachlichen Kenntnisse zur Ausübung ihres Amts mitbringen müssen. Da Betriebsrat, Gesamtbetriebsrat und Konzernbetriebsrat nach §§ 51 Abs. 5, 59 Abs. 1 BetrVG grundsätzlich die gleichen Rechte und Pflichten treffen, besteht ein mit den Mitgliedern des Betriebsrats vergleichbares Informationsbedürfnis der Mitglieder von Gesamt- und Konzernbetriebsrat. Diesem Informationsbedürfnis müssen entsprechende Informationsmöglichkeiten gegenüberstehen, sodass Gesamt- und Konzernbetriebsrat in einer dem Betriebsrat vergleichbaren Weise über externen Sachverstand verfügen können müssen.

A. Gesamt- und Konzernbetriebsrat

Sowohl der Gesamtbetriebsrat im Sinne der §§ 47 ff. BetrVG als auch der Konzernbetriebsrat im Sinne der §§ 54 ff. BetrVG sind selbständige Organe des Betriebsverfassungsrechts.[951] Eine zeitlich festgelegte und begrenzte Amtszeit, wie sie für den Betriebsrat vorgesehen ist, besteht für beide Organe nicht.[952] Aufgrund dessen werden

950 *BAG*, Beschl. v. 12.11.1997 – 7 ABR 78/96, NZA 1998, 497, 497; GK – *Kreutz*, Vor § 47 Rn. 4; GK – *Kreutz/Franzen*, § 58 Rn. 9; *Mothes*, AuR 1974, 325, 327; *Richardi/Annuß*, DB 2001, 41, 45; *Wendeling-Schröder*, NZA 1999, 1065, 1065; vgl. *Schwab*, NZA-RR 2007, 337, 337 m.w.N.

951 GK – *Kreutz*, § 50 Rn. 24; GK – *Kreutz/Franzen*, § 55 Rn. 6; *Schwab*, NZA-RR 2007, 337, 340; *Schwab*, NZA-RR 2007, 505, 505.

952 *BAG*, Beschl. v. 16.03.2005 – 7 ABR 37/04, BAGE 114, 110, 115; GK – *Kreutz*, § 47 Rn. 46; GK – *Kreutz/Franzen*, § 54 Rn. 57.

Gesamt- und Konzernbetriebsrat auch als Dauereinrichtungen bezeichnet.[953] Im Gegensatz zum Betriebsrat, dessen Mitglieder für die Amtszeit des Organs gewählt werden, haben Gesamt- und Konzernbetriebsrat wechselnde Mitglieder. Im Verhältnis zwischen Betriebsrat, Gesamtbetriebsrat und Konzernbetriebsrat besteht kein Über- oder Unterordnungsverhältnis, sodass die Organe gleichrangig nebeneinander stehen und Weisungen etwa durch einen bestellenden Betriebsrat an den Gesamtbetriebsrat nicht erteilt werden können (vgl. §§ 50 Abs. 1 S. 2, 58 Abs. 1 BetrVG).

I. Errichtung von Gesamt- und Konzernbetriebsrat

Nach § 47 Abs. 1 BetrVG ist ein Gesamtbetriebsrat zu errichten, wenn in einem Unternehmen mehrere Betriebsräte bestehen. Die Errichtung eines Gesamtbetriebsrats ist damit zwingend und ein Unterlassen kann eine Pflichtverletzung im Sinne des § 23 Abs. 1 BetrVG für die nicht handelnden Betriebsräte begründen.[954] Voraussetzung für die Errichtung eines Gesamtbetriebsrats ist das gleichzeitige Bestehen von mindestens zwei Betriebsräten in einem Unternehmen als einheitlichem Rechtsträger.[955] Der Gesamtbetriebsrat ist mit der Wahl seines Vorsitzenden und dessen Stellvertreter errichtet und handlungsfähig.[956]

Ein Konzernbetriebsrat kann nach § 54 Abs. 1 S. 1 BetrVG durch die Beschlüsse mehrerer Gesamtbetriebsräte errichtet werden. Mangels Verpflichtung ist die Errichtung eines Konzernbetriebsrats vom Willen der Gesamtbetriebsräte, beziehungsweise der nach § 54 Abs. 2 BetrVG gleichgestellten Betriebsräte, abhängig.[957] Die Errichtung ist nach § 54 Abs. 1 BetrVG nur für einen Unterordnungskonzern im Sinne des § 18 Abs. 1 AktG möglich.[958] Ein solcher erfordert

---

953 *BAG*, Beschl. v. 16.03.2005 – 7 ABR 37/04, BAGE 114, 110, 115; *ArbG Stuttgart*, Beschl. v. 13.01.1976 – 4 BV 10/75, DB 1976, 1160, 1160; GK – *Kreutz/Franzen*, § 54 Rn. 57 m.w.N.; *Schwab*, NZA-RR 2007, 337, 339.

954 MüHa – *Joost*, § 225 Rn. 2; GK – *Kreutz*, § 47 Rn. 2, 29.

955 GK – *Kreutz*, § 47 Rn. 6; *Schwab*, NZA-RR 2007, 505, 505; teilweise a.A. DKKW – *Trittin*, § 47 Rn. 35; vgl. zum Unternehmensbegriff und zur Abgrenzung GK – *Kreutz*, § 47 Rn. 11 ff m.w.N., 20 ff., 29; MüHa – *Joost*, § 225 Rn. 4 ff. m.w.N.; vgl. zum Sonderproblem des gemeinsamen Betrieb mehrerer Unternehmen auch GK – *Kreutz*, § 50 Rn. 85.

956 GK – *Kreutz*, § 47 Rn. 46 m.w.N.; *Kreutz*, FS Birk, S. 495, 496.

957 GK – *Kreutz/Franzen*, § 54 Rn. 1; vgl. auch BR-Drucks. 715/70, S. 43.

958 Vgl. BT-Drucks. 6/1786, S. 43; *BAG*, Beschl. v. 23.08.2006 – 7 ABR 51/05, AP Nr. 12 zu § 54 BetrVG 1972 (B II 2 b aa der Gründe); vgl. GK – *Kreutz/Franzen*, § 54 Rn. 12 ff. m.w.N.; *Volkmann*, Konzernverantwortung, S. 43 ff.; vgl. zu den verschiedenen

neben einem Abhängigkeitsverhältnis im Sinne des § 17 AktG die tatsächliche Beherrschung des abhängigen Unternehmens unter einer einheitlichen Leitung.[959]

II. Mitglieder von Gesamt- und Konzernbetriebsrat

Im Unterschied zum Betriebsrat sind weder der Gesamtbetriebsrat noch der Konzernbetriebsrat gewählte Organe.[960] Beide bestehen aus entsandten Mitgliedern. Die Mitglieder des Gesamtbetriebsrats sind nach § 47 Abs. 2 BetrVG Betriebsratsmitglieder. Ihr Amt endet mit Erlöschen der Mitgliedschaft im Betriebsrat nach § 49 BetrVG. Die Mitglieder des Konzernbetriebsrats sind entsandte Mitglieder des Gesamtbetriebsrats beziehungsweise im Fall des § 54 Abs. 2 BetrVG des Einzelbetriebsrats. Nach § 57 BetrVG endet ihr Amt mit dem Ende ihrer Amtszeit im Betriebsrat beziehungsweise Gesamtbetriebsrat. Die Mitglieder von Gesamt- und Konzernbetriebsrat haben damit im Gegensatz zum Organ keine fortdauernde Amtszeit.[961]

B. Hinzuziehung eines Sachverständigen im Sinne des § 80 Abs. 3 BetrVG

Das Bedürfnis, Sachverständige hinzuzuziehen, besteht unstreitig auch für Gesamt- und Konzernbetriebsrat. Eine ausdrückliche Regelung, die dem Gesamtbetriebsrat oder dem Konzernbetriebsrat die Hinzuziehung eines Sachverständigen ermöglicht, fehlt jedoch im Gesetz.

I. Rechtsgrundlage für die Hinzuziehung eines Sachverständigen

§ 80 Abs. 3 BetrVG nennt lediglich den Betriebsrat als Anspruchsberechtigten. Eine Auslegung des Begriffs „Betriebsrat" als Gesamtbetriebsrat oder Konzernbetriebsrat

---

Konstellationen auf Seiten des Konzerns mit Auswirkungen auf die Bildung von Konzernbetriebsräten *Dörner*, FS Leinemann, S. 487, 488 ff.

959 *BAG*, Beschl. v. 16.08.1995 – 7 ABR 57/94, BAGE 80, 322, 325 m.w.N.; *BAG*, Beschl. v. 23.08.2006 – 7 ABR 51/05, AP Nr. 12 zu § 54 BetrVG 1972 (B II 2 b aa der Gründe); ausführlich *Schwab*, NZA-RR 2007, 337, 338 m.w.N.

960 *LAG Frankfurt*, Beschl. v. 21.12.1976 – 5 TaBV 59/75, DB 1977, 2056, 2056.

961 *ArbG Stuttgart*, Beschl. v. 13.01.1976 – 4 BV 10/75, DB 1976, 1160, 1160.

überschreitet den Wortlaut und ist damit nicht möglich. Ein Rückgriff allein auf die Norm des § 40 Abs. 1 BetrVG, der für Gesamt- und Konzernbetriebsrat durch §§ 51 Abs. 1 S. 1, 59 Abs. 1 BetrVG entsprechend gilt, ist ausgeschlossen; das *Bundesarbeitsgericht* hat § 80 Abs. 3 BetrVG als konkretere und speziellere Norm für die Hinzuziehung von Sachverständigen angesehen.[962] Wird § 80 Abs. 3 BetrVG für die Hinzuziehung von Sachverständigen als abschließend angesehen, fügt sich dies auch in ein im Betriebsverfassungsrecht bestehendes Grundsystem der Kostenerstattung ein, sodass die Auffassung des *Bundesarbeitsgerichts* nicht zu kritisieren ist.[963] Als Rechtsgrundlage kommt damit entweder eine gesetzliche Verweisung auf § 80 Abs. 3 BetrVG oder bei deren Fehlen eine analoge Anwendung des § 80 Abs. 3 BetrVG in Betracht.

1. Gesetzliche Verweise

Ein ausdrücklicher gesetzlicher Verweis auf § 80 Abs. 3 BetrVG besteht weder für den Gesamtbetriebsrat noch für den Konzernbetriebsrat. In § 51 Abs. 1 S. 1 BetrVG wird bezüglich der Kosten der Geschäftsführung des Gesamtbetriebsrats auf § 40 BetrVG verwiesen. Gleiches ist in § 59 Abs. 1 BetrVG hinsichtlich der Kosten für die Geschäftsführung des Konzernbetriebsrats geregelt. § 80 Abs. 3 BetrVG ist eine Spezialvorschrift zu § 40 Abs. 1 BetrVG,[964] sodass mit der Verweisung auf § 40 Abs. 1 BetrVG zugleich ein Verweis auf § 80 Abs. 3 BetrVG begründet sein könnte. Auch der Verweis in § 51 Abs. 5 BetrVG (für den Konzernbetriebsrat in Verbindung mit § 59 Abs. 1 BetrVG), der die Vorschriften über die Rechte und Pflichten des Betriebsrats für entsprechend anwendbar erklärt, kommt als möglicher Verweis auf das Recht des Betriebsrats, einen Sachverständigen nach § 80 Abs. 3 BetrVG hinzuzuziehen, in Betracht. Daneben könnte durch §§ 51 Abs. 5, 59 Abs. 1 BetrVG auf § 80 Abs. 3 BetrVG verwiesen werden.

Der Ansatz, diese Verweise als Grundlage für einen Anspruch von Gesamt- und Konzernbetriebsrat, einen Sachverständigen hinzuzuziehen, wird jedoch zu Recht abgelehnt. Die Verweise in § 51 Abs. 1 S. 1 BetrVG und in § 59 Abs. 1 BetrVG sind abschließend und können nicht durch die allgemeine Bezugnahme

---

962 *BAG*, Beschl. v. 26.02.1992 – 7 ABR 51/90, BAGE 70, 1, 7 und 8; *BAG*, Beschl. v. 15.11.2000 – 7 ABR 24/00, EzA Nr. 92, zu § 40 BetrVG 1972 (B II 1 der Gründe).

963 Vgl. die Ausführungen zum Grundsystem der Kostenerstattung und die entsprechenden Verweise Kapitel 6 B I 1 c.

964 *BAG*, Beschl. v. 26.02.1992 – 7 ABR 51/90, BAGE 70, 1, 7; *Popp*, PERSONAL 1993, 189, 189; *Schierbaum*, CR 1995, 742, 742; *Wagner*, AuR 1993, 70, 75.

des § 51 Abs. 5 BetrVG (für den Konzernbetriebsrat in Verbindung mit § 59 Abs. 1 BetrVG) umgangen werden.[965] Die §§ 51 Abs. 1 S. 1, 59 Abs. 1 BetrVG zählen einzelne, ursprünglich für den Betriebsrat geltende Vorschriften auf und erklären diese für Gesamt- und Konzernbetriebsrat entsprechend anwendbar. Würde § 51 Abs. 5 BetrVG (in Verbindung mit § 59 Abs. 1 BetrVG für den Konzernbetriebsrat) einen globalen Verweis auf die für den Betriebsrat geltenden Vorschriften enthalten, wären die Verweise auf einzelne, ausgewählte Vorschriften in §§ 51 Abs. 1 S. 1, 59 Abs. 1 BetrVG überflüssig.[966]

2. Analoge Anwendung des § 80 Abs. 3 BetrVG

Als Rechtsgrundlage für die Hinzuziehung von Sachverständigen durch den Gesamt- oder den Konzernbetriebsrat kommt damit lediglich eine analoge Anwendung des § 80 Abs. 3 BetrVG in Betracht. Diese ist in Rechtsprechung und Literatur anerkannt.[967] Dabei muss eine über den Wortsinn hinausgehende Analogie begründet werden. Diese ist dann geboten, wenn anderenfalls der Sinn und Zweck der Vorschrift nicht zur Geltung kommen würde.[968] Für die Begründung einer Analogie ist zum einen das Vorliegen einer planwidrigen Regelungslücke, zum anderen eine Vergleichbarkeit des geregelten mit dem nicht geregelten Tatbestand erforderlich.[969]

a. Planwidrige Regelungslücke

Eine Regelungslücke für die Hinzuziehung von Sachverständigen durch den Gesamtbetriebsrat oder den Konzernbetriebsrat liegt vor, da weder § 80 Abs. 3 BetrVG ausdrücklich in Bezug genommen wurde, noch eine umfassendere Auslegung der Verweisungen in §§ 51 Abs. 1 S. 1, Abs. 5, 59 Abs. 1 BetrVG möglich ist.[970] Ein Grund, warum der Gesetzgeber bewusst eine Regelung für den Betriebsrat getroffen hat, eine Regelung für den Gesamt- und den Konzernbetriebsrat jedoch

965 *BAG,* Beschl. v. 11.11.2009 – 7 ABR 26/08, BAGE 132, 232, 237; GK – *Kreutz,* § 51 Rn. 39.

966 GK – *Kreutz,* § 51 Rn. 39.

967 *BAG,* Beschl. v. 05.11.1981 – 6 ABR 24/78, BAGE 315, 317, 322; *ArbG Leipzig,* Beschl. v. 08.02.2000 – 14 BVGa 55/99, AiB 2002, 46, 47; GK – *Kreutz,* § 51 Rn. 80; GK – *Kreutz/Franzen,* § 59 Rn. 4 m.w.N.

968 Vgl. *BVerfG,* Beschl. v. 19.06.1973 – 1 BvL 39/69–1 BvL 14/72, BVerfGE 35, 263, 278 f.; *BAG,* Beschl. v. 11.11.2009 – 7 ABR 26/08, BAGE 132, 232, 236.

969 *Larenz/Canaris,* Methodenlehre, S. 191 ff. und 202 ff.

970 *BAG,* Beschl. v. 11.11.2009 – 7 ABR 26/08, BAGE 132, 232, 237; vgl. auch die Ausführungen zu den Verweisen Kapitel 4 B I 1.

unterlassen hat, obwohl die Organe als Mitbestimmungsorgane grundsätzlich nach §§ 51 Abs. 5, 59 Abs. 1 BetrVG die gleichen Aufgaben zu erfüllen haben, ist nicht ersichtlich, sodass die Regelungslücke auch planwidrig ist.

b. Vergleichbare Interessenlage

Eine vergleichbare Interessenlage zwischen der Hinzuziehung eines Sachverständigen durch den Betriebsrat sowie durch Gesamt- und Konzernbetriebsrat liegt ebenfalls vor. Sinn und Zweck des § 80 Abs. 3 BetrVG ist es, dem Betriebsrat die Möglichkeit zu geben, Sachverständige zu seiner Information zu nutzen, um seine Aufgaben ordnungsgemäß erfüllen zu können. Die Mitglieder von Gesamt- und Konzernbetriebsrat müssen keine besonderen Vorkenntnisse zur Ausübung ihres Amtes vorweisen, wie dies etwa bei den Mitgliedern des Wirtschaftsausschusses grundsätzlich der Fall ist; sie sind daher auf die Informationsmöglichkeiten des Betriebsverfassungsgesetzes angewiesen, um ihr Amt ordnungsgemäß wahrnehmen zu können. Als Mitbestimmungsorgane mit den gleichen Rechten und Pflichten wie der Betriebsrat haben Gesamt- und Konzernbetriebsrat auch ein vergleichbares Bedürfnis Sachverständige hinzuzuziehen.

II. Hinzuziehung eines Sachverständigen

Die Hinzuziehung eines Sachverständigen durch Gesamt- und Konzernbetriebsrat ist sowohl im Rahmen der originären Zuständigkeit, als auch im Rahmen der Auftragszuständigkeit möglich. Sie ähnelt in weiten Teilen der Hinzuziehung durch den Betriebsrat. Daher werden die Ausführungen auf die sich ergebenden Unterschiede beschränkt.

1. Erforderlichkeit

Bei der Hinzuziehung eines Sachverständigen durch den Betriebsrat wird die Voraussetzung der Erforderlichkeit durch das Stufenmodell des *Bundesarbeitsgerichts* ausgefüllt und konkretisiert. Die Grundlagen, auf die das Stufenmodell gegründet ist – die Grundsätze der vertrauensvollen Zusammenarbeit und der Verhältnismäßigkeit – sind über § 51 Abs. 5 BetrVG (für den Konzernbetriebsrat in Verbindung mit § 59 Abs. 1 BetrVG) entsprechend für das Verhältnis von Gesamt- und Konzernbetriebsrat und ihren jeweiligen Verhandlungspartnern auf Arbeitgeberseite anwendbar.[971] Bei der Erforderlichkeit als Voraussetzung ist zu

971 Zum Grundsatz der vertrauensvollen Zusammenarbeit *Weber*, ZfA 1991, 187, 212 f.

beachten, dass die Mitglieder des Gesamtbetriebsrats immer auch Mitglieder des Betriebsrats sind und weiterhin ihre Rechte und Pflichten innehaben. Die Arbeit im Gesamtbetriebsrat ist gleichzeitig Arbeit für den Einzelbetriebsrat.[972] Entsprechendes gilt für die Mitglieder des Konzernbetriebsrats.

Die Hinzuziehung eines Sachverständigen ist nur dann erforderlich, wenn dem Gesamtbetriebsrat oder dem Konzernbetriebsrat kein kostengünstigeres Mittel zur Verfügung steht, um die Informationen zu beschaffen, die für eine ordnungsgemäße und sachgerechte Aufgabenerfüllung notwendig sind.[973]

a. Aufgabe von Gesamt- und Konzernbetriebsrat

Als Voraussetzung des § 80 Abs. 3 BetrVG muss eine konkrete Aufgabe, zu der ein Sachverständiger hinzugezogen wird, bestehen. Da Betriebsrat, Gesamtbetriebsrat und Konzernbetriebsrat grundsätzlich nach §§ 51 Abs. 5, 59 Abs. 1 BetrVG die gleichen Rechte und Pflichten treffen können, müssen sie in ihren Zuständigkeitsbereichen voneinander abgegrenzt werden.[974] Die verschiedenen Probleme im Rahmen der Zuständigkeitsabgrenzung werden im Einzelnen intensiv diskutiert. Hier kann aufgrund der Zielrichtung der Bearbeitung lediglich ein grober Überblick gegeben werden. Für die Vertiefung von Einzelfragen wird auf die Fußnoten verwiesen.

Die Zuständigkeitstrennung und -verteilung des § 50 BetrVG ist zwingend, sodass entweder der einzelne Betriebsrat oder der Gesamtbetriebsrat zuständig ist.[975] Die Zuständigkeit des Gesamtbetriebsrats ist gegenüber der Zuständigkeit der einzelnen Betriebsräte subsidiär.[976] Sie gliedert sich in eine originäre Zuständigkeit nach § 50 Abs. 1 BetrVG und in eine Auftragszuständigkeit nach § 50 Abs. 2 BetrVG. Hinzu kommt die Zuständigkeit nach Sondernormen (zum Beispiel § 16 Abs. 3 BetrVG). Die Zuständigkeitsabgrenzung für den Konzernbetriebsrat nach § 58 BetrVG für den originären und übertragenen Aufgabenbereich ist der

972 GK – *Kreutz,* § 50 Rn. 60; ähnlich *BAG*, Beschl. v. 10.06.1975 – 1 ABR 140/73, AP Nr. 1 zu § 73 BetrVG 1972 (III 2 der Gründe).

973 Vgl. die Ausführungen zur Erforderlichkeit als Voraussetzung im Rahmen des § 80 Abs. 3 BetrVG Kapitel 2 A.

974 Vgl. *Christoffer*, BB 2008, 951, 952; GK – *Kreutz/Franzen,* § 58 Rn. 8; *Schwab,* NAZ-RR 2007, 337, 340; vgl. zur ausschließlichen Zuständigkeit *Ehrich,* ZfA 1993, 427, 430 f.

975 *BAG*, Beschl. v. 14.11.2006 – 1 ABR 4/06, BAGE 120, 146, 156 m.w.N.; vgl. GK – *Kreutz,* § 50 Rn. 18, 20.

976 MüHa – *Joost,* § 225 Rn. 32.

Regelung des § 50 BetrVG nachgebildet.[977] Daneben regelt das Gesetz weitere ausdrückliche Zuständigkeiten für den Konzernbetriebsrat. Während bei der originären Zuständigkeit der einzelnen Organe keine hinausgehenden Probleme im Vergleich zu der Situation, in der ein Betriebsrat einen Sachverständigen hinzuziehen möchte, bestehen, tauchen im Bereich der Auftragszuständigkeit Probleme auf, die sich aus der Übertragung einer Aufgabe auf ein anderes Organ ergeben.

aa. Originäre Zuständigkeit

Gesamtbetriebsrat und Konzernbetriebsrat haben beide einen eigenen Zuständigkeitsbereich nach § 50 Abs. 1 BetrVG beziehungsweise § 58 Abs. 1 S. 1 BetrVG.

(1) Nach § 50 Abs. 1 S. 1 BetrVG ist der Gesamtbetriebsrat zuständig, wenn Angelegenheiten betroffen sind, die das Gesamtunternehmen oder mehrere Betriebe betreffen und die nicht durch die einzelnen Betriebsräte geregelt werden können.[978] Die Voraussetzungen müssen kumulativ erfüllt sein, wobei die Voraussetzung der überbetrieblichen Angelegenheit lediglich die mögliche Zuständigkeit des Gesamtbetriebsrats beschreibt, während das Nichtregelnkönnen durch die Einzelbetriebsräte die Zuständigkeit schließlich begründet.[979] Die in Frage stehende Angelegenheit oder Aufgabe ist das jeweilige Mitbestimmungsrecht.[980]

Für die Bestimmung einer überbetrieblichen Angelegenheit muss auf deren räumlichen, persönlichen und sachlichen Geltungsbereich abgestellt werden, welcher sich anhand des Willens des Initiators bestimmt.[981] Teilweise wird daneben auf das Betroffensein aller Betriebe des Unternehmens abgestellt.[982]

Es muss den Betriebsräten zudem objektiv oder subjektiv unmöglich sein, die in Frage stehende Angelegenheit zu regeln.[983] Ein objektives Nichtregelnkönnen liegt bei einer ausschließlich unternehmensbezogenen Maßnahme vor und kann sich aus technischen oder rechtlichen Gründen ergeben; ein subjektives Nichtregelnkönnen ist dann gegeben, wenn der Arbeitgeber eine Maßnahme ausschließlich

---

977 BR-Drucks. 715/70, S. 44; GK – *Kreutz/Franzen*, § 58 Rn. 2; *Schwab*, NZA-RR 2007, 337, 340; vgl. auch *BAG*, Beschl. v. 19.06.2007 – 1 AZR 454/06, BAGE 123, 152, 157.

978 Vgl. zur Auslegungsgeschichte *Reitze*, Betriebsratsbeschluss, S. 86 ff.

979 Vgl. GK – *Kreutz*, § 50 Rn. 22, 25.

980 *BAG*, Beschl. v. 14.11.2006 – 1 ABR 4/06, BAGE 120, 146, 157; GK – *Kreutz*, § 50 Rn. 45.

981 GK – *Kreutz*, § 50 Rn. 25.

982 *Schwab*, NZA-RR 2007, 505, 507.

983 *BAG*, Beschl. v. 19.06.2007 – 1 AZR 454/06, BAGE 123, 152, 157 f. m.w.N.; GK – *Kreutz*, § 50 Rn. 27.

unternehmensbezogen regeln kann und will.[984] Die Einzelbetriebsräte können eine Angelegenheit auch dann nicht regeln, wenn ein zwingendes Erfordernis für eine betriebsübergreifende Regelung besteht, welches sich aus den jeweiligen Verhältnissen in den Betrieben und im Unternehmen ergibt.[985] Dies ist etwa dann der Fall, wenn die Entscheidung eines Einzelbetriebsrats die Entscheidungen der anderen Betriebsräte vorwegnehmen würde.[986]

(2) Nach § 58 Abs. 1 BetrVG ist der Konzernbetriebsrat originär zuständig, wenn eine Angelegenheit den Konzern oder mehrere Konzernunternehmen betrifft und nicht durch die einzelnen Gesamtbetriebsräte geregelt werden kann.[987] Die Voraussetzungen werden entsprechend zu denen des § 50 Abs. 1 S. 1 BetrVG für den Gesamtbetriebsrat definiert. Liegen diese Voraussetzungen nicht vor, bleiben der Gesamtbetriebsrat oder die Einzelbetriebsräte zuständig.[988] Damit besteht eine grundsätzliche Zuständigkeit des Gesamtbetriebsrats beziehungsweise der Einzelbetriebsräte und lediglich eine Ausnahmezuständigkeit des Konzernbetriebsrats.[989]

bb. Erfassung betriebsratsloser Betriebe und Unternehmen

Nach § 50 Abs. 1 S. 1 Hs. 2 BetrVG sind auch Betriebe ohne Betriebsrat von der Zuständigkeit des Gesamtbetriebsrats umfasst. Dadurch sollen Arbeitnehmer in betriebsratslosen Betrieben den Arbeitnehmern in Betrieben mit Betriebsrat im Bereich der überbetrieblichen Angelegenheiten gleichgestellt werden, ohne dass der Gesamtbetriebsrat dazu berechtigt ist, die Aufgaben eines nicht bestehenden Betriebsrats zu übernehmen.[990]

---

984 Vgl. *BAG*, Beschl. v. 19.06.2007 – 1 AZR 454/06, BAGE 123, 152, 158; GK – *Kreutz*, § 50 Rn. 30 f., 44 f.; *Thüsing*, ZfA 2010, 195, 198; vgl. auch *BAG*, Beschl. v. 18.10.1994 – 1 ABR 17/94, AP Nr. 70 zu § 87 BetrVG 1972 Lohngestaltung (B II 1 und 2 der Gründe); *BAG*, Beschl. v. 19.06.2007 – 1 AZR 454/06, BAGE 123, 152, 157 f.; vgl. auch *Joost*, AP Nr. 70 zu § 87 BetrVG 1972 Lohngestaltung.

985 *BAG*, Beschl. v. 14.11.2006 – 1 ABR 4/06, BAGE 120, 146, 153; GK – *Kreutz*, § 50 Rn. 37 ff.; 39; ähnlich *Mothes*, AuR 1974, 325, 327.

986 *Grotkamp*, Gesamtbetriebsrat, S. 71 ff. und 91 ff.

987 *BAG*, Urteil v. 11.12.2001 – 1 AZR 193/01, BAGE 100, 60, 67 f.; GK – *Kreutz/Franzen*, § 58 Rn. 17 ff.; ausführlich *Laudi*, Arbeitgeber im Konzern, S. 27 ff. m.w.N. sowie *Konzen*, FS Wiese, S. 199, 212 f.; vgl. auch die entsprechenden Ausführungen zum Gesamtbetriebsrat Kapitel 3 B II 1 a aa (1).

988 *Gaul/Bonanni*, ArbRB 2003, 241, 243 f.

989 *Reichold*, NZA 2001, Sonderbeilage Heft 24, 32, 39; *Schwab*, NZA-RR 2007, 337, 340.

990 BT-Drucks. 14/5741, S. 42 f.; zum Diskussionsstand GK – *Kreutz*, § 50 Rn. 52 ff.; teilweise kritisch *Reichold*, NZA 2001, 857, 862.

Nach § 58 Abs. 1 S. 1 Hs. 2 BetrVG ist der Konzernbetriebsrat im Rahmen seiner originären Zuständigkeit auch für Unternehmen zuständig, in denen kein Gesamtbetriebsrat gebildet wurde, obwohl die Voraussetzungen des § 47 Abs. 1 BetrVG vorliegen. Zudem ist er für betriebsratslose aber dennoch betriebsratsfähige Betriebe im Konzern zuständig, soweit eine Angelegenheit betroffen ist, die sinnvoll nur durch eine unternehmens- oder konzernweite Regelung erfasst werden kann.[991]

cc. Auftragszuständigkeit

Über die originäre Zuständigkeit hinaus können Gesamtbetriebsrat und Konzernbetriebsrat auch nach § 50 Abs. 2 BetrVG beziehungsweise nach § 58 Abs. 2 BetrVG mit bestimmten Aufgaben betraut werden.

(1) Gemäß § 50 Abs. 2 S. 1 BetrVG kann ein Betriebsrat den Gesamtbetriebsrat einschalten, damit dieser eine Angelegenheit für ihn verhandelt und gegebenenfalls nach § 50 Abs. 2 S. 2 BetrVG auch für ihn entscheidet. Der Betriebsrat kann den Gesamtbetriebsrat etwa mit dem Abschluss einer Betriebsvereinbarung oder der Wahrnehmung der Rechte des Betriebsrats im Wege der Prozessstandschaft betrauen.[992] Die Beauftragung umfasst dabei die Regelung für das Tätigwerden im Innenverhältnis und, wenn der Betriebsrat die Entscheidungsbefugnis auf den Gesamtbetriebsrat überträgt, eine Vollmacht im Verhältnis zum Arbeitgeber.[993] Der erforderliche Betriebsratsbeschluss muss nach § 50 Abs. 2 S. 1 BetrVG von der Mehrheit der Mitglieder des Betriebsrats getragen werden. Durch das Zusammenwirken von mehreren Betriebsräten können so unternehmenseinheitliche Regelungen außerhalb des Bereichs der originären Zuständigkeit des Gesamtbetriebsrats nach § 50 Abs. 1 BetrVG geschaffen werden.[994] Nach überwiegender Auffassung kann die Beauftragung nach § 50 Abs. 2 S. 3 BetrVG in Verbindung mit § 27 Abs. 2 S. 4 BetrVG jederzeit widerrufen werden.[995]

(a) Im Bereich der Auftragszuständigkeit stellt die übertragene Aufgabe die Aufgabe im Sinne des § 80 Abs. 3 BetrVG dar, zu der ein Sachverständiger hinzugezogen werden kann.[996] Mit der Übertragung der Aufgabe muss dann in

---

991 Vgl. GK – *Kreutz/Franzen*, § 58 Rn. 33 ff.; *Reichold*, NZA 2001, 857, 862.

992 Vgl. *Behrens/Kramer*, DB 1994, 94, 96; GK – *Kreutz*, § 50 Rn. 62 f.; *Schwab*, NZA-RR 2007, 505, 508.

993 GK – *Kreutz*, § 50 Rn. 62; ähnlich *Ehrich*, AuR 1993, 68, 69.

994 Vgl. GK – *Kreutz*, § 50 Rn. 61; ausführlich *Rieble*, RdA 2005, 26, 26 ff.

995 *Ehrich*, AuR 1993, 68, 69; GK – *Kreutz*, § 50 Rn. 68; Widerruf nur bei Vorliegen eines Grundes nach *Behrens/Kramer*, DB 1994, 94, 95.

996 *Haas*, Anwaltliches Mandatsverhältnis, S. 56.

dem Umfang, in dem der Gesamtbetriebsrat nunmehr zuständig ist, das Recht der übertragenden Betriebsräte, Sachverständige zu dieser Aufgabe hinzuzuziehen, entfallen. Anderenfalls könnten der Betriebsrat und der Gesamtbetriebsrat parallel zu derselben Aufgabe Sachverständige hinzuziehen, wodurch der Arbeitgeber über die Gebühr belastet werden würde. Zudem erfüllt der Betriebsrat nach Übertragung der Aufgabe die Voraussetzungen des § 80 Abs. 3 BetrVG nicht mehr, da eine Aufgabe des Betriebsrats als Voraussetzung nicht mehr gegeben ist. Die Möglichkeit, die Beauftragung jederzeit zu widerrufen, rechtfertigt ebenfalls kein anderes Ergebnis, wenn neben der Aufgabe auch die Befugnis, über diese Aufgabe zu entscheiden, mit übertragen worden ist.

(b) Wird eine Aufgabe übertragen oder wird die Übertragung widerrufen und wurde zuvor ein Sachverständiger konsultiert, so ist dieser bereits in die Materie eingearbeitet, sodass ein erneuter Einsatz effektiver und kostengünstiger ist. Daher muss eine auf den Grundsätzen der vertrauensvollen Zusammenarbeit und Verhältnismäßigkeit basierende Obliegenheit des Betriebsrats beziehungsweise des Gesamtbetriebsrats bestehen, einen vom jeweils anderen Organ bereits hinzugezogenen Sachverständigen vorrangig als möglichen Sachverständigen in Betracht zu ziehen.

(c) Ist die Befugnis, über die Aufgabe zu entscheiden, nicht mit übertragen worden, üben also die Betriebsräte die Mitbestimmungsrechte weiterhin selbst aus, so muss ihnen das Recht, einen Sachverständigen hinzuzuziehen, zur effektiven Aufgabenwahrnehmung jedoch erhalten bleiben. Eine Einschränkung durch eine Obliegenheit des Betriebsrats, die Person eines zuvor vom Gesamtbetriebsrat hinzugezogenen Sachverständigen vorrangig bei der Auswahl eines Sachverständigen in Betracht zu ziehen, muss aber auch hier bestehen.

(2) Der Konzernbetriebsrat kann nach § 58 Abs. 2 BetrVG beauftragt werden. Im Rahmen der Auftragszuständigkeit können jedoch nur eingeschränkt unternehmensübergreifende Regelungen geschaffen werden, da der Konzernbetriebsrat auf die Regelungsmacht beschränkt ist, die dem Organ zusteht, welches ihn beauftragt hat.[997]

Teilweise wird angenommen, dass der Konzernbetriebsrat selbst keinen Sachverständigen hinzuziehen kann, wenn ihm eine Aufgabe nach § 58 Abs. 2 BetrVG durch den Gesamtbetriebsrat übertragen wurde; in diesem Fall soll der Gesamtbetriebsrat für den Konzernbetriebsrat einen Sachverständigen hinzuziehen können.[998] Diese Unterscheidung zwischen Gesamt- und Konzernbetriebsrat ist

---

997 *BAG,* Beschl. v. 12.11.1997 – 7 ABR 78/06, NZA 1998, 497, 498.

998 *Haas*, Anwaltliches Mandatsverhältnis, S. 56.

jedoch aufgrund der Ähnlichkeit der beiden Organe nicht vorzunehmen. Der Gesamtbetriebsrat kann für die ihm nach § 50 Abs. 2 BetrVG übertragene Aufgabe selbst einen Sachverständigen hinzuziehen,[999] solange sich die Hinzuziehung in dem Umfang bewegt, in dem die Aufgabe übertragen wurde, denn anderenfalls würde bereits keine Aufgabe des Gesamtbetriebsrat bestehen. Dies gilt entsprechend für den Konzernbetriebsrat. Eine mögliche Einschränkung durch die Obliegenheit, vorrangig denjenigen Sachverständigen, der bereits vom übertragenden Organ zu der übertragenen Aufgabe hinzugezogen wurde, bei der Auswahl des eigenen Sachverständigen in Betracht zu ziehen, muss entsprechend auch für den Konzernbetriebsrat bestehen.[1000]

b. Inanspruchnahme Sachkundiger Arbeitnehmer

Sachkundige Arbeitnehmer im Sinne des § 80 Abs. 2 S. 3 BetrVG können und müssen auch von Gesamt- und Konzernbetriebsrat vorrangig vor der Hinzuziehung eines Sachverständigen in Anspruch genommen werden. Das Recht von Gesamt- und Konzernbetriebsrat, sachkundige Arbeitnehmer hinzuzuziehen, ist anerkannt.[1001] Dabei muss der Gesamtbetriebsrat den unternehmensweit verfügbaren internen Sachverstand nutzen.[1002] Der Konzernbetriebsrat muss grundsätzlich den konzernweit zur Verfügung stehenden Sachverstand in Anspruch nehmen.[1003]

Teilweise wird angenommen, dass die Rechtsgrundlage für die Hinzuziehung sachkundiger Arbeitnehmer durch den Gesamtbetriebsrat § 51 Abs. 5 BetrVG (für den Konzernbetriebsrat in Verbindung mit § 59 Abs. 1 BetrVG) in Verbindung mit der analogen Anwendung des § 80 Abs. 2 S. 3 BetrVG sei.[1004] Dem ist jedoch im Hinblick darauf, dass die Verweisung des § 51 Abs. 1 S. 1 BetrVG abschließend ist,[1005] nicht zu folgen. Im Rahmen der Hinzuziehung eines Sachverständigen ist

---

999 *Haas*, Anwaltliches Mandatsverhältnis, S. 56.

1000 Vgl. die Ausführungen zur Auftragszuständigkeit des Gesamtbetriebsrats Kapitel 3 B II 1 a cc (1).

1001 *Becker/Kunz/Schneider*, AiB 2002, 537, 541; *Oetker*, NZA 2003, 1233, 1234; GK – *Weber*, § 80 Rn. 115.

1002 Auch im Rahmen des § 80 Abs. 2 S. 3 BetrVG ist die Nutzung von unternehmensweitem internen Sachverstand durch Gesamt- und Konzernbetriebsrat weitgehend anerkannt; vgl. *Becker/Kunz/Schneider*, AiB 2002, 537, 541; *Oetker*, NZA 2003, 1233, 1235; *Reitze*, ZBVR online 2006, Ausgabe 7, 22, 23.

1003 Vgl. *Becker/Kunz/Schneider*, AiB 2002, 537, 541.

1004 *Karb*, Sachkundige Arbeitnehmer, S. 70.

1005 Vgl. die Ausführungen zur Rechtsgrundlage der Hinzuziehung eines Sachverständigen durch Gesamt- und Konzernbetriebsrat Kapitel 4 B I.

die Inanspruchnahme sachkundiger Arbeitnehmer, wie bereits dargestellt, ein Bestandteil der Erforderlichkeit im Sinne von § 80 Abs. 3 BetrVG.[1006]

c. Inanspruchnahme weiterer Informationsmöglichkeiten

Auch die weiteren Möglichkeiten der Selbstunterrichtung durch Schulungen, Literatur und Gewerkschaften sind vom Gesamtbetriebsrat und vom Konzernbetriebsrat vorrangig zu nutzen. Eine Abweichung vom Stufenmodell ist hier nicht geboten. Bei der Teilnahme an Schulungen ist jedoch zu beachten, dass die Entsendung durch den Einzelbetriebsrat erfolgt.[1007]

2. Beschluss

Für die Hinzuziehung eines Sachverständigen ist ein entsprechender Beschluss von Gesamt- und Konzernbetriebsrat erforderlich. § 51 Abs. 3 BetrVG regelt die Beschlussfassung des Gesamtbetriebsrats in Anlehnung an die Regelungen des § 33 BetrVG, der für die Beschlüsse des Betriebsrats gilt.[1008] Die von den Mitgliedern des Gesamtbetriebsrats repräsentierten Stimmen errechnen sich nach § 47 Abs. 7 und Abs. 8 BetrVG. Bei der Beschlussfassung sind die Mitglieder des Gesamtbetriebsrats aufgrund der Gleichstellung von Betriebsrat und Gesamtbetriebsrat nicht an Weisungen der Einzelbetriebsräte gebunden.[1009]

Für die Beschlussfassung durch den Konzernbetriebsrat gilt nach § 59 Abs. 1 BetrVG die Regelung des § 51 Abs. 3 BetrVG, der die Beschlussfassung des Gesamtbetriebsrats regelt, entsprechend. Wie die Mitglieder des Gesamtbetriebsrats sind auch die Mitglieder des Konzernbetriebsrats nicht an Weisungen der sie bestellenden Gesamtbetriebsräte und Betriebsräte gebunden.[1010]

3. Verhandlungspartner

Das Gegenüber des Betriebsrats ist der Arbeitgeber. Ist wie in den §§ 111 ff. BetrVG vom Unternehmer als Verhandlungspartner des Betriebsrats die Rede, so ist dieser

---

1006 Vgl. die Ausführungen zur Inanspruchnahme sachkundiger Arbeitnehmer durch den Betriebsrat Kapitel 2 A II 2 d.

1007 GK – *Kreutz*, § 50 Rn. 60; vgl. auch *BAG*, Beschl. v. 10.06.1975 – 1 ABR 140/73, AP Nr. 1 zu § 73 BetrVG 1972 (III 2 der Gründe).

1008 BR-Drucks. 715/70, S. 43; GK – *Kreutz*, § 51 Rn. 62; vgl. die Ausführungen zum Beschluss des Betriebsrats Kapitel 2 C.

1009 GK – *Kreutz*, § 51 Rn. 74; *Schwab*, NZA-RR 2007, 505, 509.

1010 GK – *Kreutz/Franzen*, § 55 Rn. 23.

mit dem Arbeitgeber identisch.[1011] Auf der Ebene von Unternehmen und insbesondere Konzernen ist die Frage nach dem richtigen Verhandlungspartner von Gesamt- und Konzernbetriebsrat und damit die Frage, wer der richtige Ansprechpartner für den Abschluss einer näheren Vereinbarung ist, schwieriger zu beurteilen.

a. Verhandlungspartner des Gesamtbetriebsrats

Der Anspruch auf Hinzuziehung eines Sachverständigen besteht gegenüber der Unternehmensleitung oder dem Arbeitgeber als Verhandlungspartner des Gesamtbetriebsrats.[1012] Auf der Ebene des Unternehmens entspricht der Arbeitgeber, welcher der Vertragspartner der Individualarbeitsverhältnisse ist, dem Unternehmer.[1013] Dabei wird der jeweilige Rechtsträger verpflichtet.[1014] Wurde der Gesamtbetriebsrat nach § 50 Abs. 2 S. 1 BetrVG durch den Betriebsrat beauftragt, so bleibt die Zuständigkeit auf Arbeitgeberseite hiervon unberührt.[1015] Die Beauftragung des Gesamtbetriebsrats hat damit lediglich auf der Seite der Mitbestimmungsorgane Auswirkungen auf die Zuständigkeit. Eine Zuständigkeitsverlagerung auf der Arbeitgeberseite kann nicht mit Hilfe der Auftragszuständigkeit des Gesamtbetriebsrats herbeigeführt werden.

b. Verhandlungspartner des Konzernbetriebsrats

Die Antwort auf die Frage, wer Verhandlungspartner des Konzernbetriebsrats ist, ist insbesondere im Bereich von dessen originärer Zuständigkeit teilweise aber auch im Rahmen der Auftragszuständigkeit umstritten.

aa. Wird der Konzernbetriebsrat im Rahmen der Auftragszuständigkeit tätig, muss nach überwiegender Ansicht auf den Verhandlungspartner des bestellenden Organs abgestellt werden, ganz so, als wenn dieses selbst tätig geworden wäre; Verhandlungspartner des Konzernbetriebsrats ist demnach das ursprüngliche Gegenüber des beauftragenden Organs.[1016] Dies wird unter anderem damit begründet, dass anderenfalls die Entscheidung der arbeitgeberseitigen Zuständigkeit in den Händen

---

1011 *BAG*, Urteil v. 15.01.1991 – 1 AZR 94/90, AP Nr. 21 zu § 113 BetrVG 1972 (I 2 der Gründe).

1012 Vgl. zum Unterrichtungsanspruch GK – *Kreutz*, § 50 Rn. 77.

1013 MüHa – *Joost,* § 225 Rn. 29; GK – *Kreutz/Franzen*, § 58 Rn. 9.

1014 *Wißmann*, FS 25 Jahre ARGE ArbR im DAV, S. 1037, 1045.

1015 Vgl. entsprechend zum Konzernbetriebsrat *BAG,* Beschl. v. 12.11.1997 – 7 ABR 78/96, NZA 1998, 497, 498.

1016 *Gertler*, Auskunftsansprüche, S. 57 f m.w.N. zum Streitstand.

von Betriebsräten oder Gesamtbetriebsräten liegen würde.[1017] Durch die Beauftragung wird dem Konzernbetriebsrat damit lediglich die Befugnis erteilt, anstatt des ursprünglich zuständigen Organs zu handeln.[1018] Eine Zuständigkeitsverlagerung auf Arbeitgeberseite findet nicht statt.

bb. Wird der Konzernbetriebsrat im Rahmen seiner originären Zuständigkeit tätig, ist die Frage nach dem zuständigen Verhandlungspartner schwieriger zu beantworten. Einen eigenständigen Konzernbegriff für das Betriebsverfassungsrecht gibt es nicht.[1019] Mangels einer gesetzlichen Regelung ist die Frage wer dem Konzernbetriebsrat bei der Ausübung seiner Rechte und Pflichten gegenübersteht streitig. Bei der gesetzlichen Regelung des Konzernbetriebsrats ist der Gesetzgeber von der Existenz eines Konzernarbeitgebers ausgegangen.[1020] Damit muss es einen Verhandlungspartner des Konzernbetriebsrats auf Konzernebene geben.

Bei der Frage nach dem Gegenüber des Konzernbetriebsrats im Rahmen der Ausübung seiner Rechte wird versucht, eine passende Definition des Konzernbegriffs für das Betriebsverfassungsrecht zu finden; dabei wird der Konzern definiert als eine Zusammenfassung im Sinne einer wirtschaftlichen Einheit, die unabhängig vom Grund aber aufgrund einer Planung ein gemeinsames Ziel verfolgt und aus mehreren rechtlich selbständigen oder unselbständigen Unternehmen besteht.[1021] Überwiegend wird die Auffassung vertreten, § 54 Abs. 1 S. 1 BetrVG verweise auf den aktienrechtlichen Konzernbegriff, wodurch sich der Konzernbegriff des Betriebsverfassungsrechts an den unternehmensrechtlichen Gegebenheiten orientieren müsste.[1022] Verhandlungspartner des Konzernbetriebsrats ist nach dieser Auffassung folglich das herrschende Unternehmen oder dessen Leitungsorgan.[1023]

1017 *Gertler*, Auskunftsansprüche, S. 58.

1018 *BAG*, Beschl. v. 12.11.1997 – 7 ABR 78/96, NZA 1998, 497, 498; vgl. auch BT-Drucks. 6/1786, S. 43 f.

1019 MüHa – *Joost*, § 227 Rn. 5.

1020 Vgl. GK – *Kreutz/Franzen*, § 58 Rn. 10 m.w.N.; kritisch *Reichold*, NZA 2001, Sonderbeilage Heft 24, 32, 39; vgl. zum Streitstand *Laudi*, Arbeitgeber im Konzern, S. 33 ff.; GK – *Kreutz/Franzen*, § 58 Rn. 11; Richardi – *Annuß*, § 58 Rn. 33 ff.

1021 *Gertler*, Auskunftsansprüche, S. 5; *Theisen*, Der Konzern, S. 18.

1022 *BAG*, Beschl. v. 13.10.2004 – 7 ABR 56/03, BAGE 112, 166, 166 ff.; MüHa – *Joost*, § 227 Rn. 5 m.w.N; vgl. zu diesem Konzernbegriff auch *Theisen*, Der Konzern, S. 27 ff. m.w.N.

1023 *BAG*, Beschl. v. 12.11.1997 – 7 ABR 78/96, NZA 1998, 497, 498; zustimmend MüHa – *Joost*, § 227 Rn. 44; ähnlich *Wißmann*, FS 25 Jahre ARGE ArbR im DAV, S. 1037, 1045; vgl. zum Streitstand *Gertler*, Auskunftsansprüche, S. 56 f. m.w.N.

cc. Bei der Hinzuziehung eines Sachverständigen ist die Frage nach dem Verhandlungspartner des Konzernbetriebsrats an der jeweiligen Aufgabe zu messen, für die der Einsatz eines Sachverständigen begehrt wird, da anhand dieser Aufgabe das Informationsbedürfnis des Konzernbetriebsrats zu beurteilen ist. Damit ist bei einer Beauftragung des Konzernbetriebsrats auf die Aufgabe des ursprünglich zuständigen Organs abzustellen. Der für die Aufgabe auf der Arbeitgeberseite Zuständige ist anhand der Konzernbegriffe zu ermitteln und abhängig von den Besonderheiten im einzelnen Konzern zu bestimmen. Aufgabe des Konzernbetriebsrats und die Bestimmung des Verhandlungspartners des Konzernbetriebsrats sind damit eng miteinander verbunden.

4. Geheimnisverrat § 120 Abs. 1 Nr. 3 Var. 1 BetrVG

Die Weitergabe von Betriebs- und Geschäftsgeheimnissen durch den Gesamtbetriebsrat oder den Konzernbetriebsrat an den Sachverständigen ist grundsätzlich möglich und zulässig, wenn die Tätigkeit des Sachverständigen dies erforderlich macht.[1024] Der Sachverständige selbst ist nach § 80 Abs. 4 BetrVG analog in Verbindung mit § 79 BetrVG analog zur Verschwiegenheit verpflichtet.

Ob sich der durch den Gesamt- oder den Konzernbetriebsrat hinzugezogene Sachverständige bei der unbefugten Weitergabe von Betriebs- und Geschäftsgeheimnissen nach § 120 Abs. 1 Nr. 3 Var. 1 BetrVG strafbar machen kann, ist jedoch fraglich. § 120 BetrVG dient dem Schutz von Betriebs- und Geschäftsgeheimnissen.[1025] An sich besteht kein Grund, einen vom Gesamt- oder Konzernbetriebsrat hinzugezogenen Sachverständigen nicht mit der gleichen Strafandrohung zu belasten wie einen vom Betriebsrat hinzugezogenen Sachverständigen, wenn Betriebs- und Geschäftsgeheimnisse unbefugt offenbart werden. § 120 Abs. 1 Nr. 3 Var. 1 BetrVG knüpft jedoch an der Eigenschaft als „Sachverständiger, der vom Betriebsrat nach § 80 Abs. 3 hinzugezogen worden ist“ an. Dieser Wortlaut ist eindeutig und bezieht sich nur auf den durch den Betriebsrat beauftragten Sachverständigen. § 120 BetrVG ist eine dem Nebenstrafrecht zuzurechnende Strafnorm[1026] und ein Sonderdelikt im Sinne des § 28 StGB; dies hat zur Folge, dass die genannten persönlichen Merkmale in der Person des Täters vorliegen müssen.[1027] Der durch den Gesamtbetriebsrat oder durch den Konzernbetriebsrat

1024 Vgl. die entsprechenden Ausführungen zur Verschwiegenheitspflicht des Betriebsrats gegenüber dem von ihm hinzugezogenen Sachverständigen Kapitel 1 A III 3 b.

1025 *Löwisch/Kaiser*, § 120 Rn. 1; DKKW – *Trümner*, § 120 Rn. 1.

1026 *Pasewaldt*, ZIS 2007, 75, 75.

1027 GK – *Oetker*, § 120 Rn. 36; DKKW – *Trümner*, § 120 Rn. 4.

hinzugezogene Sachverständige ist vom Wortlaut nicht erfasst. Die Abgrenzung zwischen einer noch zulässigen Auslegung und einer durch Art. 103 Abs. 2 GG und § 1 StGB ausgeschlossenen Analogie wird anhand des möglichen Wortsinns gezogen.[1028] Zu Ungunsten eines Täters ist die Auslegung einer Norm über den Wortlaut hinaus mit der Begründung, dies würde dem Normzweck entsprechen, verboten.[1029] Eine Auslegung des § 120 Abs. 1 Nr. 3 Var. 1 BetrVG, die über den Wortlaut hinaus Sachverständige erfasst, die durch andere Organe der Betriebsverfassung hinzugezogen wurden, verstößt gegen das strafrechtliche Analogieverbot und ist daher abzulehnen. Die Formulierung des § 120 Abs. 1 Nr. 3 Var. 1 BetrVG ist daher unglücklich gewählt. Sie hat die bei ihrer letzten Änderung bereits bestehende Entwicklung in Literatur und Rechtsprechung, auch anderen Betriebsratsgremien als dem Betriebsrat die Hilfe von externem Sachverstand zu gewähren, nicht mitgemacht.[1030] Anhaltspunkte, dass der Gesetzgeber eine Änderung des Wortlauts bewusst unterlassen hat, bestehen nicht. Diese Lücke im Gesetz muss daher durch den Gesetzgeber geschlossen werden. In anderen Gesetzen wurde dieses Problem umschifft, indem nicht an das hinzuziehende Gremium, sondern an die Verletzung der Geheimhaltungsvorschriften angeknüpft wurde.[1031]

C. Hinzuziehung eines Beraters im Sinne des § 111 S. 2 BetrVG

Sowohl der Gesamtbetriebsrat als auch der Konzernbetriebsrat können für den Abschluss von Interessenausgleich und Sozialplan nach §§ 111 ff. BetrVG zuständig sein.[1032] Damit besteht auch das Recht zur Hinzuziehung eines Beraters im Sinne des § 111 S. 2 BetrVG.[1033] Anknüpfungspunkt für beide Organe im Rahmen der Zuständigkeit ist die „betriebsübergreifende Planung" einer Betriebsänderung.[1034]

1028 *Engisch*, Einführung in das juristische Denken, S. 258 f. m.w.N.; *Fischer*, § 1 Rn. 10 m.w.N.

1029 *BVerfG*, Urteil v. 05.07.1983 – 2 BvR 200/81, BVerfGE 64, 389, 393; *Fischer*, § 1 Rn. 1.

1030 Vgl. Gesetz v. 23.07.2001, BGBl. 2001 Teil I S. 1852 (am 28.07.2001 in Kraft getreten).

1031 Als Beispiel seien die §§ 43, 44 EBRG genannt.

1032 Z.B. *BAG*, Urteil v. 17.02.1981 – 1 AZR 290/78, BAGE 35, 80, 88 ff.; *BAG*, Urteil v. 20.04.1994 – 10 AZR 186/93, BAGE 76, 255, 263 m.w.N.

1033 *LAG Hessen*, Beschl. v. 17.03.2011 – 9 TaBV 59/10, juris.

1034 Vgl. *Schmitt-Rolfes*, FS 50 Jahre BAG, S. 1081, 1082 f.; 194.

Auf der Unternehmerseite kann die Zuständigkeit für den Abschluss von Interessenausgleich und Sozialplan auseinanderfallen.[1035] Der Verhandlungspartner von Gesamt- und Konzernbetriebsrat für den Interessenausgleich ist der Initiator der geplanten Betriebsänderung, also derjenige, der für sich die Planungshoheit beansprucht.[1036] Im Bereich des Sozialplans ist grundsätzlich die Ausführungsebene betroffen.[1037]

I. Rechtsgrundlage für die Hinzuziehung eines Beraters

Eine explizite gesetzliche Grundlage für die Hinzuziehung eines Beraters durch Gesamt- und Konzernbetriebsrat existiert nicht. Entsprechend zu der Hinzuziehung eines Sachverständigen können die Verweise in §§ 51 Abs. 1, 59 Abs. 1 BetrVG auf § 40 BetrVG bezüglich der Kosten für die Geschäftsführung von Gesamt- und Konzernbetriebsrat sowie in §§ 51 Abs. 5, 59 Abs. 1 BetrVG, welche die Vorschriften über die Rechte und Pflichten des Betriebsrats für entsprechend anwendbar erklären, keinen ausreichenden Bezug zu § 111 S. 2 BetrVG herstellen.

Es kommt damit eine analoge Anwendung des § 111 S. 2 BetrVG in Betracht. § 111 S. 2 BetrVG ist eine Spezialvorschrift im Verhältnis zu § 80 Abs. 3 BetrVG. Es handelt sich um eine Vorschrift, die speziell auf die Bedürfnisse des Betriebsrats zugeschnitten ist, wenn sich dieser mit einer Betriebsänderung konfrontiert sieht.[1038] Obwohl es sich bei § 111 S. 2 BetrVG um eine Ausnahmevorschrift handelt,[1039] ist eine analoge Anwendung bei der Hinzuziehung von Beratern durch Gesamt- und Konzernbetriebsrat möglich.[1040] Die Voraussetzungen einer Analogie liegen vor. Der Gesetzgeber hat die Hinzuziehung eines Beraters durch den Betriebsrat geregelt, eine entsprechende Regelung für Gesamt- und Konzernbetriebsrat jedoch unterlassen, obwohl diese in gleicher Weise wie der Betriebsrat mit einer Betriebsänderung konfrontiert sein können. Gesamt- und Konzernbetriebsrat können auch mit der Ausübung von Mitbestimmungsrechten im Rahmen

1035 *Windbichler*, Konzern, S. 407; kritisch *Martens*, ZfA 1973, 297, 315 Fn. 35.

1036 *Schmitt-Rolfes*, FS 50 Jahre BAG, S. 1081, 1095.

1037 *Windbichler*, Konzern, S. 407.

1038 Vgl. BT-Drucks. 14/5741, S. 28, 51 f.

1039 Vgl. die Ausführungen zu einem Grundsystem der Kostenerstattung im Betriebsverfassungsgesetz Kapitel 6 B I 1 c.

1040 Vgl. zur Analogiefähigkeit von Ausnahmevorschriften und dem entsprechenden Meinungsstand *Engisch*, Einführung in das juristische Denken, S. 256 f. m.w.N.; *Würdinger*, JuS 2008, 949, 949 ff. m.w.N.

einer Betriebsänderung befasst sein. Damit ist die Hinzuziehung eines Beraters durch Gesamt- und Konzernbetriebsrat mit Hilfe einer analogen Anwendung des § 111 S. 2 BetrVG möglich.

II. Zuständigkeit im Rahmen einer Betriebsänderung

Welches betriebsverfassungsrechtliche Organ der richtige Verhandlungspartner des Unternehmers ist, muss der Unternehmer beziehungsweise der Konzernarbeitgeber selbst ermitteln.[1041] Die Beratung zwischen dem Unternehmer und dem Gesamtbetriebsrat beziehungsweise dem Konzernbetriebsrat umfasst dabei auch Fragen der Zuständigkeitsabgrenzung zwischen den einzelnen Mitbestimmungsorganen.[1042] Bei Zweifeln hinsichtlich der Zuständigkeit müssen die in Betracht kommenden Organe zur Klärung der Frage aufgefordert werden.[1043] Können sich diese nicht einigen, kann der auf unternehmerseite Zuständige entscheiden und wenn diese Entscheidung nachvollziehbar ist, tritt jedenfalls nicht die Sanktion des § 113 Abs. 3 BetrVG ein.[1044] Die Übertragung der Zuständigkeit nach §§ 50 Abs. 2, 58 Abs. 2 BetrVG auf Gesamt- oder Konzernbetriebsrat ist auch noch während des Verfahrens nach §§ 111 ff. BetrVG möglich.

1. Zuständigkeit des Gesamtbetriebsrats

In der Regel werden die Beteiligungsrechte im Rahmen einer Betriebsänderung vom Betriebsrat als Mitbestimmungsorgan auf Betriebsebene ausgeübt.[1045] Der Gesamtbetriebsrat ist nach § 50 Abs. 1 BetrVG originär zuständig, wenn durch die unternehmerische Planung mehrere Betriebe von Betriebsänderungen betroffen sind und betriebsübergreifende Fragen geklärt werden müssen, soweit eine

---

1041 *Hümmerich*, Zuständigkeitsabgrenzung, S. 137 m.w.N.; *Wißmann*, FS 25 Jahre ARGE ArbR im DAV, S. 1037, 1042; ähnlich *Schmitt-Rolfes*, FS 50 Jahre BAG, S. 1081, 1085.

1042 *LAG Hessen*, Beschl. v. 19.02.2004 – 9 TaBV 95/03, LAGE Nr. 5 zu § 40 BetrVG 2001 (S.4).

1043 Vgl. *BAG*, Urteil v. 24.01.1996 – 1 AZR 542/95, BAGE 82, 79, 88; vgl. zur Zuständigkeitsabgrenzung von Gesamtbetriebsrat und Betriebsrat *Hümmerich*, Zuständigkeitsabgrenzung, S. 137 m.w.N.

1044 Vgl. *BAG*, Urteil v. 24.01.1996 – 1 AZR 542/95, BAGE 82, 79, 87 f.; *Hümmerich*, Zuständigkeitsabgrenzung, S. 137 m.w.N.

1045 Vgl. *Leinemann*, ZIP 1989, 552, 554.

Regelung auf der Ebene der Einzelbetriebsräte nicht möglich ist.[1046] Dabei gelten die dargestellten allgemeinen Grundsätze zur Zuständigkeit des Gesamtbetriebsrats.[1047] Die Notwendigkeit einer einheitlichen Regelung bestimmt sich anhand der vom Unternehmer geplanten Maßnahme.[1048] Sie ist gegeben, wenn rechtlich oder sachlich eine unternehmenseinheitliche Regelung erforderlich ist.[1049] Neben der originären Zuständigkeit des Gesamtbetriebsrats besteht die Möglichkeit einer Zuständigkeit nach § 50 Abs. 2 BetrVG.[1050] Durch die Beauftragung geht das Recht, einen Berater hinzuzuziehen, auf den beauftragten Gesamtbetriebsrat über.[1051]

Werden betriebsratslose Betriebe von einer Betriebsänderung erfasst, so besteht grundsätzlich für diese keine Interessenausgleichs- und Sozialplanpflicht.[1052] Allerdings regelt § 50 Abs. 1 S. 1 Hs. 2 BetrVG die Zuständigkeit des Gesamtbetriebsrats auch für betriebsratslose Betriebe. Hier ist in Übereinstimmung mit dem allgemeinen Verständnis des § 50 Abs. 1 S. 1 Hs. 2 BetrVG in anderen Aufgabenfeldern zu differenzieren, denn der Gesamtbetriebsrat ist grundsätzlich nicht berechtigt, die Aufgaben eines nicht bestehenden Betriebsrats zu übernehmen.[1053] In Bezug auf eine Betriebsänderung folgt daraus, dass bei originärer Zuständigkeit für eine Betriebsänderung, welche das gesamte Unternehmen oder zumindest mehrere Betriebe erfasst, auch eine Zuständigkeit des Gesamtbetriebsrats für betriebsratslose Betriebe gegeben ist, für die dann auch eine Interessenausgleichs- und

---

1046 Vgl. *BAG*, Urteil v. 08.06.1999 – 1 AZR 831/98, BAGE 92, 11, 11; *BAG*, Urteil v. 11.12.2001 – 1 AZR 193/91, BAGE 100, 60, 65; *Ehrich*, ZfA 1993, 427, 464; *Mothes*, AuR 1974, 325, 328; GK – *Oetker*, § 111 Rn. 253; *Ohlendorf/Salamon*, NZA 2006, 131, 132; *Wißmann*, FS 25 Jahre ARGE ArbR im DAV, S. 1037, 1042; zur Frage, wann der Gesamtbetriebsrat bei Untätigkeit des Konzernbetriebsrat im Rahmen der §§ 111 ff. BetrVG zuständig ist *Röder/Gragert*, DB 1996, 1674, 1678; Darstellung der Meinungen zur Abgrenzung *Hümmerich*, Zuständigkeitsabgrenzung, S. 139 ff. sowie *Wolter-Roßteutscher*, Zuständigkeitsabgrenzung, S. 120 ff. jeweils m.w.N.; kritisch *Fischer*, SAE 2003, 44, 46 f.

1047 MüHa – *Joost*, § 225 Rn. 43; vgl. auch die Ausführungen zur Zuständigkeit des Gesamtbetriebsrats Kapitel 4 B II 1 a.

1048 *BAG*, Urteil v. 11.12.2001 – 1 AZR 193/91, BAGE 100, 60, 66; *Hümmerich*, Zuständigkeitsabgrenzung, S. 154 ff. m.w.N.; ähnlich *Fischer*, SAE 2003, 44, 47.

1049 Vgl. *Schmitt-Rolfes*, FS 50 Jahre BAG; S. 1081, 1083 m.w.N.

1050 Vgl. *Schmitt-Rolfes*, FS 50 Jahre BAG, S. 1082, 1090.

1051 Vgl. die entsprechenden Ausführungen zur Auftragszuständigkeit des Gesamtbetriebsrats Kapitel 4 B II 1 a cc.

1052 Richardi – *Annuß*, § 111 Rn. 29.

1053 Vgl. BT-Drucks. 14/5741, S. 43; vgl. zum Diskussionsstand GK – *Kreutz*, § 50 Rn. 52 ff.

Sozialplanpflicht besteht.[1054] Im Gegensatz dazu ist eine Zuständigkeit nicht gegeben, wenn eine Betriebsänderung nur einen betriebsratslosen Betrieb erfasst und keinen unternehmensweiten Bezug aufweist. Eine Zuständigkeit kann dann auch nicht mittels einer Beauftragung durch einen anderen Betriebsrat herbeigeführt werden.

2. Zuständigkeit des Konzernbetriebsrats

Die Zuständigkeit des Konzernbetriebsrats für die Ausübung der Beteiligungsrechte im Rahmen einer Betriebsänderung kommt nur selten in Betracht.[1055] Der Konzernbetriebsrat ist für Verhandlungen über einen Interessenausgleich zuständig, wenn diesem ein konzerneinheitliches Konzept zugrunde liegt und die Voraussetzungen für die Zuständigkeit des Konzernbetriebsrats gegeben sind.[1056] Darüber hinaus ist er auch für Verhandlungen über einen Sozialplan zuständig, wenn die durch die Betriebsänderung verursachten Nachteile konzerneinheitlich ausgeglichen werden sollen und dafür auch ein zwingendes Bedürfnis besteht.[1057]

Die Zuständigkeit des Konzernbetriebsrats soll nach *Gaul* und *Bonanni* auch dann relevant werden, wenn Betriebsänderungen zwar einen Betrieb unmittelbar betreffen, aber von der Konzernmutter ausgehen, denn dann soll nach teilweise vertretener Auffassung lediglich der Konzernbetriebsrat die Beteiligungsrechte wahrnehmen können.[1058] Daraus folge, dass der Betriebsrat oder der Wirtschaftsausschuss ihre Rechte aus §§ 106, 111 ff. BetrVG nicht ausüben könnten, solange die Entscheidung der Konzernobergesellschaft das einzelne Unternehmen nicht erreicht habe.[1059]

3. Zuständigkeit für Interessenausgleich und Sozialplan

Es ist umstritten, ob die Zuständigkeit für Interessenausgleich und Sozialplan immer bei einem Organ liegen muss oder ob ein Organ für den Interessenausgleich zuständig sein kann und ein anderes für den Sozialplan. Dieser Streit wird vornehmlich im Verhältnis zwischen Betriebsrat und Gesamtbetriebsrat geführt. Er ist jedoch entsprechend auf das Verhältnis zum Konzernbetriebsrat übertragbar.

1054 Vgl. Richardi – *Annuß*, § 111 S. 29; *Lingemann*, NZA 2002, 934, 938.

1055 *Leinemann*, ZIP 1989, 552, 554.

1056 *Christoffer*, BB 2008, 951, 954; MüHa – *Joost*, § 227 Rn. 51; vgl. auch *Fuchs*, Konzernbetriebsrat, S. 147 f.

1057 *Christoffer*, BB 2008, 951, 954; ErfK – *Koch*, § 58 BetrVG Rn. 3.

1058 Vgl. *Gaul/Bonanni*, ArbRB 2003, 241, 244.

1059 Vgl. *Gaul/Bonanni*, ArbRB 2003, 241, 243.

a. Einheitliche Zuständigkeit

Teilweise wird aufgrund des wirtschaftlichen Zusammenhangs zwischen Interessenausgleich und Sozialplan angenommen, dass die Zuständigkeiten für die Beratungen über diese immer zusammenfallen.[1060] Diese Auffassung wird auch damit begründet, dass parallel arbeitende Einigungsstellen den Anforderungen des § 112 Abs. 5 S. 2 Nr. 3 BetrVG, eine Gefährdung des Unternehmens und der verbleibenden Arbeitsplätze zu vermeiden, nicht oder nur schwer gerecht werden könnten.[1061] Damit bliebe ein für den Interessenausgleich originär zuständiger Gesamtbetriebsrat oder Konzernbetriebsrat auch für den Sozialplan zuständig, wenn die Fragen des Sozialplans sich nur auf betrieblicher Ebene stellen und eigentlich die Einzelbetriebsräte zuständig wären.

b. Getrennte Zuständigkeit

Andere befürworten zu Recht eine Zuständigkeitsaufteilung, in deren Rahmen der Gesamtbetriebsrat für den Interessenausgleich zuständig ist, während die Verhandlungen über den Sozialplan den Einzelbetriebsräten obliegen kann.[1062] Im Sozialplan können Kompensationsmaßnahmen eine Rolle spielen, die sachgerecht auf betrieblicher Ebene und damit durch die Einzelbetriebsräte geregelt werden können.[1063] Der Verweis auf die Regelung des § 112 Abs. 5 S. 2 Nr. 3 BetrVG kann für sich allein gesehen zu keiner Kompetenzverlagerung auf die Unternehmensebene führen; die Einigungsstelle hat nach § 76 Abs. 5 S. 3 BetrVG immer die (betriebsübergreifenden) Belange zu berücksichtigen.[1064]

Die Zuständigkeit für einen Sozialplan richtet sich nach der im Interessenausgleich ausgestalteten Betriebsänderung und den Nachteilen, welche den betroffenen Arbeitnehmern drohen.[1065] Befindet ein Betriebsrat, dass diese Aufgabe besser durch den Gesamtbetriebsrat wahrgenommen werden sollte, obwohl die Zuständigkeit eigentlich originär beim Betriebsrat liegt, so kann er den Gesamtbetriebsrat

---

1060 *Schmitt-Rolfes*, FS 50 Jahre BAG, S. 1081, 1088 f.

1061 *Schmitt-Rolfes*, FS 50 Jahre BAG, S. 1081, 1089.

1062 *BAG*, Urteil v. 11.12.2001 – 1 AZR 193/91, BAGE 100, 60, 66 f.; *Hümmerich*, Zuständigkeitsabgrenzung, S. 157 ff. m.w.N.; GK – *Oetker*, § 111 Rn. 254 m.w.N.; *Windbichler*, Konzern, S. 407; Darstellung des Streitstands bei *Wolter-Roßteutscher*, Zuständigkeitsabgrenzung, S. 170 ff. m.w.N.

1063 *Wißmann*, FS 25 Jahre ARGE ArbR im DAV, S. 1037, 1043.

1064 *Wißmann*, FS 25 Jahre ARGE ArbR im DAV, S. 1037, 1044.

1065 Vgl. *BAG*, Urteil v. 11.12.2001 – 1 AZR 193/01, BAGE 100, 60, 66.

nach § 50 Abs. 2 BetrVG beauftragen.[1066] Damit können und müssen die Zuständigkeit für Verhandlungen über Interessenausgleich und Sozialplan auseinanderfallen, obwohl diese in der Praxis häufig zusammengefasst werden.[1067]

III. Verhandlungspartner des Konzernbetriebsrats

Bezüglich des Verhandlungspartners des Konzernbetriebsrats gilt das zuvor Ausgeführte entsprechend.[1068] Teilweise wird in einem Unterordnungskonzern im Sinne des § 18 Abs. 1 AktG von einer Verlagerung von der Betriebs- und Unternehmensebene auf die Konzernebene ausgegangen.[1069] Die Planungen werden in einem solchen Konzern häufig von der Konzernleitung vorgenommen.[1070] Die betriebsverfassungsrechtlichen Beteiligungsrechte an sich werden durch Verlagerungen auf der Planungsebene jedoch nicht berührt.[1071] Die Verlagerung der Planungsebene soll dann im Verfahren durch eine Verlagerung der Zuständigkeit auf Arbeitgeberseite für die Beteiligungsrechte und -pflichten aufgefangen werden.[1072]

IV. Weitere Voraussetzungen und Verfahren der Hinzuziehung

Für die weiteren Voraussetzungen und das Verfahren der Hinzuziehung eines Beraters durch den Gesamtbetriebsrat und den Konzernbetriebsrat kann auf die entsprechenden Ausführungen zur Hinzuziehung eines Beraters durch den Betriebsrat verwiesen werden.[1073] Fallen die Zuständigkeiten für Interessenausgleich und Sozialplan auseinander, so besteht für das für den Sozialplan zuständige Organ die Obliegenheit zu prüfen, ob eine zuvor als Berater tätige Person als Sachverständiger in Betracht kommt, sollte der Einsatz eines Sachverständigen

---

1066 GK – *Oetker*, § 111 Rn. 256 m.w.N.; *Wißmann*, FS 25 Jahre ARGE ArbR im DAV, S. 1037, 1041.

1067 Vgl. *Wißmann*, FS 25 Jahre ARGE ArbR im DAV, S. 1037, 1037 f.

1068 Vgl. die Ausführungen zum Verhandlungspartner von Gesamt- und Konzernbetriebsrat Kapitel 4 B II 3.

1069 *Windbichler*, Konzern, S. 405.

1070 *Seeberger*, Sicherung der Beteiligungsrechte, S. 51.

1071 *Windbichler*, Konzern, S. 405.

1072 *Windbichler*, Konzern, S. 339 und 405.

1073 Vgl. die Ausführungen zur Hinzuziehung eines Beraters Kapitel 2.

für Fragen bezüglich des Sozialplans als notwendig erachtet werden.[1074] Ändert sich die Zuständigkeit im Rahmen des laufenden Interessenausgleichsverfahrens zum Beispiel dadurch, dass ein Einzelbetriebsrat den Gesamtbetriebsrat beauftragt, damit dieser für den Einzelbetriebsrat tätig wird, so besteht zudem die Obliegenheit einen bereits vom anderen Organ hinzugezogenen Berater vorrangig als Berater in Betracht zu ziehen.[1075]

V. Geheimnisverrat § 120 Abs. 1 Nr. 3 a BetrVG

Durch die enge Formulierung des § 120 Abs. 1 Nr. 3 a BetrVG ist ein durch Gesamt- und Konzernbetriebsrat hinzugezogener Berater nicht von der Strafvorschrift erfasst. Die Ausführungen zu § 120 Abs. 1 Nr. 3 Var. 1 BetrVG zum Geheimnisverrat gelten insoweit entsprechend.[1076]

Zusammenfassung Kapitel 4

Gesamt- und Konzernbetriebsrat können mit Hilfe einer analogen Anwendung des § 80 Abs. 3 BetrVG Sachverständige hinzuziehen.

Im Rahmen der Erforderlichkeit eines Sachverständigeneinsatzes ist das Stufenmodell des *Bundesarbeitsgerichts* weitgehend übertragbar. Der zuständige Verhandlungspartner von Gesamt- und Konzernbetriebsrat bestimmt sich anhand der Zuständigkeit für die Aufgabe, zu welcher der Sachverständige hinzugezogen werden soll.

Der vom Gesamtbetriebsrat oder vom Konzernbetriebsrat beauftragte Sachverständige oder Berater unterliegt nicht der Strafbewehrung des § 120 Abs. 1 Nr. 3 Var. 1 oder Nr. 3 a BetrVG.

Die Hinzuziehung eines Beraters durch den Gesamtbetriebsrat oder den Konzernbetriebsrat bestimmt sich anhand einer analogen Anwendung des § 111 S. 2 BetrVG. Die Zuständigkeit für Interessenausgleich und Sozialplan kann

---

1074 Vgl. die Ausführungen zur Hinzuziehung eines Sachverständigen Kapitel 4 B II 1 a cc (2) (b) und die Ausführungen zum Umfang der Beratertätigkeit in Bezug auf Interessenausgleich und Sozialplan Kapitel 1 B III 5 c aa.

1075 Vgl. die entsprechenden Ausführungen zur Hinzuziehung eines Sachverständigen Kapitel 4 B II 1 a cc (2).

1076 Vgl. die Ausführungen zum Geheimnisverrat § 120 Abs. 1 Nr. 3 Var. 1 BetrVG Kapitel 4 B II 4.

sowohl auf Arbeitgeberseite als auch auf Seiten der Mitbestimmungsorgane auseinanderfallen.

Werden Gesamtbetriebsrat und Konzernbetriebsrat aufgrund einer Beauftragung tätig, so können sie im Umfang ihrer Beauftragung Sachverständige und Berater hinzuziehen. Verbleibt die Entscheidungsbefugnis beim beauftragenden Organ, so behält dieses auch das Recht, einen Sachverständigen oder einen Berater hinzuzuziehen. Bei einer Beauftragung, die auch die Befugnis enthält, über die übertragende Aufgabe zu entscheiden, besteht mangels einer Aufgabe des übertragenden Organs für dieses kein Recht mehr, einen Sachverständigen oder einen Berater hinzuzuziehen.

Wird eine Aufgabe übertragen, wird eine Beauftragung widerrufen oder ist für den Sozialplan ein anderes Organ zuständig, als zuvor für den Interessenausgleich, so besteht für das nunmehr zuständige Organ die Obliegenheit, einen bereits vom zuvor zuständigen Organ hinzugezogenen Sachverständigen oder Berater vorrangig in die Auswahl für die Person eines Sachverständigen oder eines Beraters aufzunehmen.

Kapitel 5: Externer Sachverstand für den Wirtschaftsausschuss

Der Wirtschaftsausschuss nimmt nach §§ 106 ff. BetrVG Aufgaben im Bereich der wirtschaftlichen Angelegenheiten wahr, dient der Information der Interessenvertretungen und hilft diesen, Einfluss auf die wirtschaftliche Entwicklung des Unternehmens auszuüben.[1077] Nach § 107 Abs. 1 S. 3 BetrVG sollen die Mitglieder des Wirtschaftsausschusses im Gegensatz zu den Mitgliedern von Betriebsrat, Gesamt- und Konzernbetriebsrat „die zur Erfüllung ihrer Aufgaben erforderliche fachliche und persönliche Eignung besitzen." Diese Anforderung hat großen Einfluss auf die Möglichkeit des Wirtschaftsausschusses, die Hilfe von externem Sachverstand in Anspruch zu nehmen.

A. Der Wirtschaftsausschuss

Nach § 106 Abs. 1 BetrVG ist der Wirtschaftsausschuss auf der Ebene des Unternehmens zu errichten. Er ist eng an den Betriebsrat beziehungsweise den Gesamtbetriebsrat gebunden und übt für diesen Hilfsfunktionen aus.[1078] Der Wirtschaftsausschuss soll auf Augenhöhe mit dem Unternehmer beraten und so Einfluss auf wirtschaftliche Entscheidungen nehmen; mit Hilfe der Information durch den Wirtschaftsausschuss soll mittelbar auch der Betriebsrat die Möglichkeit haben Einfluss auf die wirtschaftliche Entwicklung des Unternehmens zu nehmen.[1079] Der Wirtschaftsausschuss fungiert damit als „Bindeglied" zwischen Unternehmer und Betriebsrat.[1080] Da die Mitglieder des Wirtschaftsausschusses nicht zugleich Mitglieder eines Mitbestimmungsorgans sein müssen,

1077 Vgl. *Laßmann/Rupp*, Wirtschaftsausschuss, S. 26.

1078 *BAG*, Beschl. v. 15.03.2006 – 7 ABR 24/05, AP Nr. 79 zu § 118 BetrVG 1972 (B II 1 der Gründe); GK – *Oetker*, § 106 Rn. 10 m.w.N.

1079 Vgl. *BAG*, Beschl. v. 11.07.2000 – 2 ABR 43/99, BAGE 95, 228, 236; ErfK – *Kania*, § 106 BetrVG Rn. 1.

1080 DFL – *Rieble*, § 106 BetrVG Rn. 1; im Folgenden ist neben dem Betriebsrat stets auch der Gesamtbetriebsrat erfasst, wenn nur der Betriebsrat genannt ist, außer aus dem Text ergibt sich etwas anderes.

wird zudem die Mitwirkung von Personen bei wirtschaftlichen Angelegenheiten des Unternehmens ermöglicht, die besondere Kenntnisse und Fähigkeiten in die betriebliche Mitbestimmung einbringen können, die aber nicht in den Betriebsrat gewählt werden wollen oder können.[1081]

I. Stellung des Wirtschaftsausschusses

Der Wirtschaftsausschuss ist kein eigenständiges Mitbestimmungsorgan neben dem Betriebsrat.[1082] Er ist nach überwiegender Auffassung ein Hilfsorgan des Betriebsrats[1083] und verfügt über keine eigene Entscheidungsbefugnis.[1084] Er dient vielmehr der Information des Betriebsrats, unterstützt die Zusammenarbeit von Betriebsrat und Unternehmer und hilft dem Betriebsrat bei der Erfüllung seiner Aufgaben.[1085]

Der Wirtschaftsausschuss ist zudem als Sonderausschuss des Betriebsrats anzusehen.[1086] Die personelle Zusammensetzung des Wirtschaftsausschusses wird nach § 107 Abs. 2 BetrVG vom Betriebsrat bestimmt. Dieses Verfahren ähnelt den Regelungen über einen Betriebsratsausschuss, der nach § 28 BetrVG errichtet wurde und dem nicht nach § 107 Abs. 3 BetrVG die Aufgaben des Wirtschaftsausschusses übertragen wurden.[1087] Im Gegensatz zum Ausschuss des Betriebsrats müssen die Mitglieder des Wirtschaftsausschusses jedoch nicht zwingend dem Betriebsrat angehören.[1088]

1081 MüHa – *Joost,* § 231 Rn. 1.

1082 *BAG,* Beschl. v. 18.11.1980 – 1 ABR 31/78, BAGE 34, 260, 268; DKKW – *Däubler,* § 106 Rn. 34; GK – *Oetker*, vor § 106 Rn. 19.

1083 *BAG,* Beschl. v. 18.07.1978 – 1 ABR 34/75, AP Nr. 1 zu § 108 BetrVG 1972 (B I 2 der Gründe); *BAG*, Beschl. v. 23.08.1989 – 7 ABR 39/88, BAGE 63, 11, 14; DKKW – *Däubler,* § 106 Rn. 2; *v. Hoyningen-Huene,* RdA 1992, 355, 364; GK – *Oetker*, § 106 Rn. 10 m.w.N.; zustimmend *Wiese*, FS Molitor, S. 365, 368 f. m.w.N.; ausführlich *Ritter,* Wirtschaftsausschuss, S. 101; „Ausschuss des Betriebsrats" nach *BAG,* Urteil v. 28.04.1988 – 6 AZR 39/86, NZA 1989, 221, 222; a.A. *Herschel,* AuR 1980, 21, 23.

1084 *BAG,* Beschl. v. 18.11.1980 – 1 ABR 31/78, BAGE 34, 260, 269; *BAG,* Beschl. v. 15.03.2006 – 7 ABR 24/05, AP Nr. 79 zu § 118 BetrVG 1972 (B II 1 der Gründe); *Gorsboth,* AiB 2010, 312, 316; *Schubert,* ZfA 2004, 253, 255.

1085 *Weinmann,* ZfA 1991, 73, 78.

1086 GK – *Oetker*, § 106 Rn. 11; *Wiese*, FS Molitor, S. 365, 369.

1087 Vgl. *BAG,* Beschl. v. 18.11.1980 – 1 ABR 31/78, BAGE 34, 260, 269.

1088 GK – *Oetker*, § 106 Rn. 11; vgl. auch die Ausführungen zu den Anforderungen an die besondere Eignung der Mitglieder des Wirtschaftsausschusses Kapitel 5 A IV.

II. Errichtung des Wirtschaftsausschusses

Nach § 106 Abs. 1 S. 1 BetrVG ist ein Wirtschaftsausschuss in einem Unternehmen zu errichten, wenn in diesem in der Regel mehr als einhundert Arbeitnehmer ständig beschäftigt sind.[1089] Der Wirtschaftsausschuss wird immer für das gesamte Unternehmen gebildet.[1090] Ein Unternehmen im Sinne des § 106 Abs. 1 S. 1 BetrVG ist ein Unternehmen, welches einem einheitlichen Rechtsträger untersteht.[1091] Eine analoge Anwendung der Vorschrift bei Gemeinschaftsbetrieben ist darüber hinaus ebenfalls möglich.[1092] Allerdings kann kein Wirtschaftsausschuss durch den Konzernbetriebsrat auf Konzernebene, auch nicht in analoger Anwendung des § 106 Abs. 1 BetrVG, errichtet werden.[1093]

Es besteht zudem die Möglichkeit, nach § 107 Abs. 3 BetrVG die Aufgaben des Wirtschaftsausschusses einem Ausschuss des Betriebsrats zu übertragen.[1094] Diese Möglichkeit soll nach teilweise vertretener Ansicht auch für den Konzernbetriebsrat gelten.[1095] Das Mitbestimmungsorgan kann jedoch nicht selbst die Aufgaben des Wirtschaftsausschusses übernehmen.[1096]

1089 BT-Drucks. VI/1786, S. 53; vgl. zur Ermittlung der Arbeitnehmerzahl *Cox/Grimberg*, AiB 2003, 26, 27; GK – *Oetker*, § 106 Rn. 31 ff.; *Ritter*, Wirtschaftsausschuss, S. 108 f.; vgl. auch *BAG*, Beschl. v. 07.04.2004 – 7 ABR 41/03, BAGE 110, 159, 160 ff.

1090 *Fitting*, § 106 Rn. 17.

1091 *BAG*, Beschl. v. 23.08.1989 – 7 ABR 39/88, BAGE 63, 11, 15 ff.; ähnlich *Schubert*, ZfA 2004, 253, 255 ff.

1092 Vgl. *BAG*, Beschl. v. 01.08.1990 – 7 ABR 91/88, BAGE 65, 304, 309 f.; *ArbG Lörrach*, Beschl. v. 05.03.1996 – 1 BV 1/96, AiB 1996, 667, 667; GK – *Oetker*, § 106 Rn. 19 ff.; vgl. auch *Windbichler*, Konzern, S. 295, differenzierend *Schubert*, ZfA 2004, 253, 259 ff.; vgl. auch die Ausführungen zur Rechtsprechung des Bundesarbeitsgerichts zum Schwellenwert des § 106 BetrVG Kapitel 3 A III 2 a bb.

1093 *BAG*, Beschl. v. 23.08.1989 – 7 ABR 39/88, BAGE 63, 11, 15 ff.

1094 Vgl. *Ritter*, Wirtschaftsausschuss, S. 98, 104.

1095 *Fitting*, § 106 Rn. 4; dies erscheint fraglich mit Blick auf *BAG*, Beschl. v. 23.08.1989 – 7 ABR 39/88, BAGE 63, 11, 15; für die Möglichkeit eines Konzernwirtschaftsausschusses DKKW – *Däubler*, § 106 Rn. 18 f. mw.N.

1096 *Ritter*, Wirtschaftsausschuss, S. 104; zum Unterrichtungsanspruch nach § 106 Abs. 1 BetrVG *BAG*, Beschl. v. 05.02.1991 – 1 ABR 24/90, BAGE 67, 155, 157 f., 162 ff.; noch vorgesehen in BT-Drucks. VI/1786, S. 22.

III. Personelle Zusammensetzung

Die personelle Zusammensetzung des Wirtschaftsausschusses wird nach § 107 Abs. 2 BetrVG vom Betriebsrat bestimmt. Der Gesamtbetriebsrat ist für die Bestellung der Mitglieder nach § 107 Abs. 2 S. 2 Hs. 1 BetrVG dann zuständig, wenn mehrere Betriebe mit gewählten Betriebsräten im Unternehmen vorhanden sind.[1097] Die Entscheidung über die Eignung der Mitglieder nach § 107 Abs. 1 S. 3 BetrVG, die grundsätzlich keine Auswirkung auf eine ordnungsgemäße Zusammensetzung hat, obliegt allein dem bestellenden Organ.[1098]

1. Mitglieder

Mitglied des Wirtschaftsausschusses kann nur sein, wer für das Unternehmen tätig und in seine Organisation eingegliedert ist.[1099] Nach herrschender Auffassung ist die genaue Rechtsgrundlage für die Tätigkeit unbeachtlich, mit der Folge, dass ein Arbeitsverhältnis mit dem Unternehmen keine Voraussetzung für die Mitgliedschaft im Wirtschaftsausschuss ist.[1100] Es ist auch nicht erforderlich, dass zugleich eine Mitgliedschaft im Betriebsrat besteht.[1101] Nach § 107 Abs. 1 S. 1 BetrVG muss lediglich ein Mitglied des Wirtschaftsausschusses zugleich Mitglied des Betriebsrats sein; dies gilt auch, wenn die Mitglieder durch den Gesamtbetriebsrat bestimmt werden.[1102]

Etwas anders ist dies bei einem Betriebsratsausschuss, dem die Aufgaben des Wirtschaftsausschusses nach § 107 Abs. 3 BetrVG übertragen wurden. Grundsätzlich können Mitglieder eines Betriebsratsausschusses im Sinne des § 28 BetrVG nur Betriebsratsmitglieder sein.[1103] Davon wird im Fall des § 107 Abs. 3 BetrVG eine Ausnahme gemacht. Die Mitglieder des Ausschusses, die nach § 107 Abs. 3 S. 3 BetrVG zusätzlich berufen werden können, müssen keine Betriebsratsmitglieder sein.[1104] Es können folglich alle Arbeitnehmer des Unternehmens berufen werden.[1105]

1097 Vgl. GK – *Oetker*, § 107 Rn. 23.

1098 *Fitting*, § 107 Rn. 12; DKKW – *Däubler*, § 106 Rn. 2.

1099 DKKW – *Däubler*, § 107 Rn. 7.

1100 GK – *Oetker*, § 107 Rn. 6 m.w.N.; vgl. zu den Einzelheiten DKKW – *Däubler*, § 107 Rn. 7 ff.; a.A. ErfK – *Kania*, § 107 BetrVG Rn. 3.

1101 GK – *Oetker*, § 106 Rn. 11; vgl. auch die Ausführungen zu den Anforderungen an die besondere Eignung der Mitglieder des Wirtschaftsausschusses Kapitel 5 A IV.

1102 Vgl. GK – *Oetker*, § 107 Rn. 12 m.w.N.

1103 GK – *Raab*, § 28 Rn. 31 m.w.N.

1104 GK – *Raab*, § 107 Rn. 34, zu den Einzelheiten GK – *Oetker*, § 107 Rn. 53 ff.

1105 MüHa – *Joost*, § 231 Rn. 14.

2. Parallele Mitgliedschaft im Betriebsrat

Die Mitglieder des Wirtschaftsausschusses, die zugleich Mitglieder des Betriebsrats sind, verlieren nicht grundsätzlich mit dem Verlust ihres Betriebsratsamtes auch ihr Amt im Wirtschaftsausschuss.[1106] Wenn jedoch das einzige Mitglied des Wirtschaftsausschusses, welches zugleich dem Betriebsrat angehört, das Amt im Betriebsrat verliert, ist umstritten, ob mit dem Verlust des Betriebsratsamtes auch der Verlust der Mitgliedschaft im Wirtschaftsausschuss einhergeht. *Oetker* spricht sich dagegen aus und verweist darauf, dass es sich bei der Vorschrift lediglich um eine Regelung über die Zusammensetzung des Organs handele und gerade nicht um eine persönliche Voraussetzung für die Wählbarkeit.[1107] Als Folge wären eine Abberufung sowie eine Neubestellung erforderlich, da der Wirtschaftsausschuss nach § 107 Abs. 1 S. 1 BetrVG nicht ordnungsgemäß besetzt und damit handlungsunfähig wäre.[1108] Herrschend wird davon ausgegangen, dass das einzige Mitglied des Wirtschaftsausschusses, welches auch dem Betriebsrat angehört, mit dem Verlust seines Betriebsratsamtes auch die Mitgliedschaft im Wirtschaftsausschuss verliert.[1109] Nach beiden Auffassungen ist zumindest die Bestellung eines neuen Mitglieds, welches zugleich Betriebsratsmitglied ist, erforderlich, da der Wirtschaftsausschuss nicht mehr ordnungsgemäß besetzt ist (vgl. § 107 Abs. 1 S. 1 BetrVG).

IV. Eignung der Mitglieder

Bei den Voraussetzungen, welche die Mitglieder des Wirtschaftsausschusses mitbringen müssen, ist danach zu unterscheiden, ob diese nach § 107 Abs. 2 BetrVG durch den Betriebsrat bestellt wurden oder ob sie Mitglieder eines Betriebsratsausschusses sind, dem nach § 107 Abs. 3 S. 1 BetrVG die Aufgaben des Wirtschaftsausschusses übertragen wurden.

1106 DKKW – *Däubler*, § 107 Rn. 28; GK – *Oetker*, § 107 Rn. 15; a.A. *Fitting*, § 107 Rn. 9 darauf verweisend, dass nicht feststellbar ist, welches das dem Wirtschaftsausschuss zwingend angehörende Mitglied des Betriebsrats ist.

1107 GK – *Oetker*, § 107 Rn. 35.

1108 GK – *Oetker*, § 107 Rn. 15 f.

1109 *Fitting*, § 107 Rn. 9; DKKW – *Däubler*, § 107 Rn. 28; Richardi – *Annuß*, § 107 Rn. 23.

1. Bestellung nach § 107 Abs. 2 BetrVG

Werden die Mitglieder des Wirtschaftsausschusses nach § 107 Abs. 2 BetrVG bestellt, sollen sie nach § 107 Abs. 1 S. 3 BetrVG „die zur Erfüllung ihrer Aufgaben erforderliche fachliche und persönliche Eignung besitzen." Dies korrespondiert mit dem Zweck des Wirtschaftsauschusses, dem Betriebsrat bei wirtschaftlichen Fragen als fachkundiges Gremium zu helfen,[1110] sowie mit der Aufgabe, wirtschaftliche Angelegenheiten im Sinne des § 106 Abs. 3 BetrVG mit dem Unternehmer zu beraten. § 107 Abs. 1 S. 3 BetrVG ist eine Sollvorschrift; bei der Bestellung steht dem Betriebsrat daher ein Beurteilungsspielraum zu.[1111]

a. Fachliche Eignung

Die fachliche Eignung umfasst insbesondere die Kompetenz in Bezug auf Fragen, die bei der Beratung der in § 106 Abs. 3 BetrVG genannten wirtschaftlichen Angelegenheiten und des Jahresabschlusses, der nach § 108 Abs. 5 BetrVG unter Beteiligung des Wirtschaftsausschusses zu erläutern ist, beurteilt werden müssen.[1112] Es können zum Beispiel technische, betriebswirtschaftliche, arbeitswissenschaftliche oder juristische Kenntnisse erforderlich sein, wobei die im Einzelnen erforderliche fachliche Eignung der Mitglieder des Wirtschaftsausschusses vom Charakter des jeweiligen Unternehmens abhängig ist.[1113]

b. Persönliche Eignung

Bei der persönlichen Eignung müssen der Charakter sowie der individuelle Leitgedanke und die Philosophie des Unternehmens beachtet werden.[1114] Da aufgrund der Subjektivität persönlicher Eigenschaften keine genauere Definition möglich ist, werden als Richtlinien zum Beispiel Zuverlässigkeit, gesunder Menschenverstand, Loyalität und Verschwiegenheit als Eigenschaften, die für eine persönliche

---

1110 *BAG,* Beschl. v. 18.07.1978 – 1 ABR 34/75, AP Nr. 1 zu § 108 BetrVG 1972 (B II 2 der Gründe).

1111 Vgl. *Laßmann/Rupp,* Wirtschaftsausschuss, S. 38 ff.; ähnlich bezüglich der persönlichen Eignung ErfK – *Kania,* § 107 BetrVG Rn. 4; vgl. auch die Ausführungen zu den Auswirkungen der Verletzung des § 107 Abs. 1 S. 3 BetrVG auf die Voraussetzungen der Hinzuziehung eines Sachverständigen Kapitel 5 B I 3 c.

1112 GK – *Oetker*, § 107 Rn. 18 m.w.N.; zum Jahresabschluss *BAG,* Beschl. v. 18.07.1978 – 1 ABR 34/75, AP Nr. 1 zu § 108 BetrVG 1972 (B II 2 a der Gründe); kritisch *Fitting*, § 107 Rn. 10.

1113 Vgl. *Fitting*, § 107 Rn. 10; *Ritter,* Wirtschaftsausschuss, S. 115 m.w.N.

1114 *Ritter,* Wirtschaftsausschuss, S. 115.

Eignung sprechen, genannt.[1115] Die Mitglieder des Wirtschaftsausschusses müssen zudem die Gewähr dafür bieten, dass sie die anstehenden Fragen nach fachlichen Kriterien behandeln.[1116]

2. Ausschuss im Sinne des § 107 Abs. 3 BetrVG

Werden die Aufgaben des Wirtschaftsausschusses nach § 107 Abs. 3 BetrVG auf einen Betriebsratsausschuss übertragen, so soll die Vorschrift des § 107 Abs. 1 S. 3 BetrVG nach teilweise vertretener Auffassung keine Anwendung finden.[1117] Dies wird damit begründet, dass § 107 Abs. 3 BetrVG nicht auf den Abs. 1 der Vorschrift verweise.[1118] Dies hätte zur Folge, dass sich der Betriebsrat bei der Auswahl der nach § 107 Abs. 3 S. 3 BetrVG zusätzlich bestellbaren Mitglieder lediglich in seinem eigenen Interesse an § 107 Abs. 1 S. 3 BetrVG orientieren müsste, da er nicht an die Vorschrift gebunden wäre.

Fraglich ist, ob dem zuzustimmen ist. Für eine Differenzierung nach der Art der Bestellung spricht der systematische Aufbau des § 107 BetrVG. Eine Regelung über die Auswahl der Mitglieder findet sich lediglich im Abs. 1 des § 107 BetrVG. Gegen eine Differenzierung bei der Eignung der Mitglieder spricht jedoch der Zweck des Wirtschaftsausschusses. Dieser soll sich als kompetentes Gremium mit dem Unternehmer beraten.[1119] Dieser Zweck soll ohne Rücksicht auf die Errichtung des Ausschusses sowohl bei einem Wirtschaftsausschuss, der nach § 107 Abs. 1 BetrVG errichtet worden ist, als auch bei einem Ausschuss des Betriebsrats, dem die Aufgaben des Wirtschaftsausschusses nach § 107 Abs. 3 BetrVG übertragen worden sind, erreicht werden. Dies ergibt sich zum Beispiel aus der Vorschrift des § 108 Abs. 6 BetrVG, welche die entsprechende Anwendung von § 108 Abs. 1 bis Abs. 5 BetrVG anordnet, wenn die Aufgaben des Wirtschaftsausschusses nach § 107 Abs. 3 BetrVG durch einen Ausschuss des Betriebsrats wahrgenommen werden.[1120] Für die Wahrnehmung der Aufgaben des Wirtschaftsausschusses, die insbesondere auch die wirtschaftlichen Angelegenheiten des § 106 Abs. 3 BetrVG umfassen, sind Vorkenntnisse in den für das Unternehmen relevanten Bereichen erforderlich. Eine Differenzierung ist damit nicht mit dem

1115 *Fitting,* § 107 Rn. 11; *Ritter,* Wirtschaftsausschuss, S. 115 m.w.N.
1116 GK – *Oetker,* § 107 Rn. 19 m.w.N.
1117 DKKW – *Däubler,* § 107 Rn. 41.
1118 *Fitting,* § 107 Rn. 30.
1119 Vgl. *BAG,* Beschl. v. 11.07.2000 – 1 ABR 43/99, BAGE 95, 228, 236.
1120 *Fitting,* § 108 Rn. 39.

Zweck des Wirtschaftsausschusses in Einklang zu bringen. Für die Mitglieder des Ausschusses muss die persönliche und fachliche Eignung der potentiellen Mitglieder folglich beachtet und im Rahmen des Beurteilungsspielraums abgewogen werden.

V. Verhandlungspartner des Wirtschaftsausschusses

Nach §§ 106 Abs. 1 S. 2, Abs. 2, 108 Abs. 2 BetrVG ist der Unternehmer das Gegenüber des Wirtschaftsausschusses. Verhandlungspartner des Wirtschaftsausschusses ist damit derjenige, der die Planungs- und Leistungsziele im Unternehmen festsetzt.[1121] Dieser ist folglich nicht in seiner Funktion als Arbeitgeber, sondern in seiner Eigenschaft als Entscheidungsträger und Vertreter des Unternehmens gemeint.[1122]

B. Hinzuziehung eines Sachverständigen im Sinne von § 80 Abs. 3 BetrVG

Nach § 108 Abs. 2 S. 3 BetrVG gelten für die Hinzuziehung von Sachverständigen durch den Wirtschaftsausschuss § 80 Abs. 3 und Abs. 4 BetrVG entsprechend. Unterschiede zur direkten Anwendung des § 80 Abs. 3 BetrVG durch den Betriebsrat und zur analogen Anwendung durch Gesamt- und Konzernbetriebsrat ergeben sich bei der entsprechenden Anwendung des § 80 Abs. 3 BetrVG zur Unterstützung des Wirtschaftsausschusses insbesondere bei der Voraussetzung der Erforderlichkeit und der näheren Vereinbarung. Besonderheiten bestehen zudem bei der Strafbewehrung des § 120 Abs. 1 Nr. 3 Var. 1 BetrVG und bei der Durchsetzung der Rechte des Wirtschaftsausschusses unterrichtet zu werden und einen Sachverständigen zur Verfügung gestellt zu bekommen.

I. Erforderlichkeit

Die das Stufenmodell des *Bundesarbeitsgerichts* tragenden Grundsätze der vertrauensvollen Zusammenarbeit und der Verhältnismäßigkeit gelten auch im Verhältnis zwischen Wirtschaftsausschuss und Unternehmer; dies wird unter anderem auf die

1121 *Fitting*, § 106 Rn. 28.

1122 *Laßmann/Rupp*, Wirtschaftsausschuss, S. 43 ff.; MüHa – *Joost*, § 231 Rn. 2; *Weber/Ehrich/Hörchens/Oberthür*, S. 135.

Notwendigkeit einer analogen Anwendung des § 2 Abs. 1 BetrVG gestützt, da der Zweck des Wirtschaftsausschusses, dem Unternehmer ein sachkundiges Organ zur vertraulichen Besprechung der wirtschaftlichen Lage des Unternehmens zur Verfügung zu stellen, dies erfordert.[1123]

Teilweise wird gefordert, dass dem Wirtschaftsausschuss jederzeit Sachverständige als Hilfe zur Verfügung zu stellen seien, um eine ausgewogene Argumentation mit dem Unternehmer gewährleisten zu können.[1124] Dieser Ansicht ist jedoch nicht zu folgen, da im Ergebnis die Voraussetzung der Erforderlichkeit komplett umgangen werden würde. Zwar ist § 80 Abs. 3 BetrVG entsprechend anzuwenden, die Voraussetzung der Erforderlichkeit komplett zu ignorieren, wäre jedoch nicht sachgerecht.[1125] Im Gegenteil ist bei der entsprechenden Anwendung zu berücksichtigen, dass die Mitglieder des Wirtschaftsausschusses grundsätzlich nach § 107 Abs. 1 S. 3 BetrVG eine besondere Eignung aufweisen, welche die Mitglieder des Betriebsrats, auf welche die Vorschrift des § 80 Abs. 3 BetrVG direkt angewandt wird, nicht besitzen müssen.[1126]

1. Aufgabe des Wirtschaftsausschusses

Sachverständige können durch den Wirtschaftsausschuss nur dann hinzugezogen werden, wenn ihr Einsatz zur Erfüllung einer dem Wirtschaftsausschuss obliegenden Aufgabe erforderlich ist. Die Aufgabe des Wirtschaftsausschusses ist nach § 106 Abs. 1 S. 2 BetrVG die Beratung wirtschaftlicher Angelegenheiten im Sinne des § 106 Abs. 3 BetrVG mit dem Unternehmer. Nach §§ 106 Abs. 1 S. 2, 108 Abs. 4 BetrVG hat der Wirtschaftsausschuss den Betriebsrat zudem umfassend über jede Sitzung zu unterrichten. Der Wirtschaftsausschuss informiert sich über die wirtschaftliche Lage des Unternehmens und hilft durch die Unterrichtung des Betriebsrats diesem dabei, die Hintergründe und Konsequenzen seiner Interessenvertretung zu verstehen.[1127] Auf diese Weise kann der Wirtschaftsausschuss den Betriebsrat zum Beispiel im Vorfeld von Betriebsänderungen auf die anstehenden Änderungen und Auswirkungen hinweisen.[1128]

1123 Zum Grundsatz der vertrauensvollen Zusammenarbeit *Weber*, ZfA 1991, 187, 215.

1124 DKKW – *Däubler*, § 108 Rn. 21, 25.

1125 Vgl. ähnlich GK – *Oetker*, § 108 Rn. 34.

1126 Vgl. *BAG*, Beschl. v. 18.07.1978 – 1 ABR 34/75, AP Nr. 1 zu § 108 BetrVG 1972 (B II 2 der Gründe); GK – *Oetker*, § 108 Rn. 34.

1127 *Bösche/Grimberg*, AiB 1989, 108, 108.

1128 *Bösche/Grimberg*, AiB 1989, 108, 109.

a. Beratung mit dem Unternehmer

Die Beratung mit dem Wirtschaftsausschuss ist im Gesetz nicht als Pflicht des Unternehmers ausgestaltet; nach § 106 Abs. 2 BetrVG besteht jedoch eine Pflicht des Unternehmers, den Wirtschaftsausschuss rechtzeitig und umfassend zu unterrichten. Der Wirtschaftsausschuss ist damit Teil der Kommunikation zwischen Unternehmer und Betriebsrat.[1129] Dadurch, dass die Beratung zwischen Arbeitgeber und Wirtschaftsausschuss auch mögliche Alternativvorschläge des Wirtschaftsausschusses beziehungsweise der betrieblichen Interessenvertretung zu wirtschaftlichen Entwicklungen und Plänen umfassen kann, nimmt der Wirtschaftsausschuss unmittelbar Einfluss auf wirtschaftliche Entwicklungen.[1130]

b. Unterrichtung des Betriebsrats

Durch die Unterrichtung des Betriebsrats unterstützt der Wirtschaftsausschuss diesen und bewirkt so eine Sicherung der Mitwirkungs- und Mitbestimmungsrechte der Belegschaft.[1131] Dabei sollen Entscheidungen der Arbeitgeberseite, die für die Belegschaft nachteilige Auswirkungen zur Folge haben können, frühzeitig durch den Betriebsrat erkannt werden können.[1132] Die Unterrichtungspflicht besteht nach § 108 IV BetrVG gegenüber dem Betriebsrat.[1133] Das ist jedenfalls dann der Fall, wenn kein Gesamtbetriebsrat im Unternehmen besteht. Besteht jedoch ein Gesamtbetriebsrat, so ist umstritten, wem gegenüber die Unterrichtungspflicht des Wirtschaftsausschusses besteht. Nach einer Auffassung besteht diese gegenüber dem Gesamtbetriebsrat, da der Wirtschaftsausschuss in seiner Hilfsfunktion für den Gesamtbetriebsrat tätig werden würde.[1134] Nach einer vorzugswürdigen Auffassung ist nach der Zuständigkeit im jeweiligen Einzelfall zu unterscheiden.[1135] Das Beispiel der Betriebsänderung zeigt, dass auch in Unternehmen, in denen neben einem Gesamtbetriebsrat verschiedene Einzelbetriebsräte bestehen, die Zuständigkeit für Interessenausgleich und/oder Sozialplan bei den Einzelbetriebsräten liegen kann, die dann auf die schnelle Information durch den Wirtschaftsausschuss angewiesen sind.[1136]

1129 GK – *Oetker*, § 106 Rn. 10.

1130 GK – *Oetker*, § 106 Rn. 52 m.w.N.

1131 *BAG*, Beschl. v. 23.08.1989 – 7 ABR 39/88, BAGE 63, 11, 16.

1132 *BAG*, Beschl. v. 23.08.1989 – 7 ABR 39/88, BAGE 63, 11, 16; „Frühwarninstrument" nach *Laßmann/Rupp,* Wirtschaftsausschuss, S. 27.

1133 Ausführlich *Wiese*, FS Molitor, S. 365, 391.

1134 GK – *Oetker*, § 106 Rn. 54; §108 Rn. 58 m.w.N.

1135 *Weber/Ehrich/Hörchens/Oberthür*, S. 154.

1136 Vgl. die Ausführungen zur Zuständigkeit bei einer Betriebsänderung Kapitel 4 C II.

2. Andere Informationsmöglichkeiten

Wie der Betriebsrat muss auch der Wirtschaftsausschuss vorrangig andere, ihm zur Verfügung stehende Informationsmöglichkeiten nutzen.

a. Unterrichtungspflicht des Unternehmers

Die Pflicht des Unternehmers, den Wirtschaftsausschuss zu unterrichten, ist in § 106 Abs. 2 BetrVG geregelt. Die Unterrichtung des Wirtschaftsausschusses ist vom Rechtsträger des Unternehmens durchzuführen.[1137] Zweck der Unterrichtung ist es, dem Wirtschaftsausschuss die Möglichkeit zu geben, Einfluss auf die in § 106 Abs. 3 BetrVG genannten wirtschaftlichen Angelegenheiten zu nehmen.[1138] Der Wirtschaftsausschuss soll in die Lage versetzt werden, auf Augenhöhe mit dem Unternehmer verhandeln zu können.[1139]

aa. Der Umfang der Unterrichtung des Wirtschaftsausschusses nach § 106 Abs. 2 BetrVG und die Vorlage der im Einzelnen erforderlichen Unterlagen bestimmt sich anhand der vom Unternehmer geplanten wirtschaftlichen Angelegenheiten im Sinne des § 106 Abs. 3 BetrVG. Eine umfassende Unterrichtung im Sinne des § 106 Abs. 2 S. 1 BetrVG erfordert, dass dem Wirtschaftsausschuss dieselben Informationen zur Verfügung gestellt werden, die auch der Unternehmer für sich nutzen kann, da nur so eine gleichberechtigte Beratung möglich ist.[1140] Es soll eine „Informationsparität" hergestellt werden.[1141] Erfasst sind dabei auch die Motive und die in Betracht gezogenen Alternativen, damit sich der Wirtschaftsausschuss eine eigene Meinung bilden kann.[1142] Welche Informationen konkret erforderlich sind, hängt vom Einzelfall ab.[1143]

1137 Vgl. GK – *Oetker*, § 106 Rn. 146; vgl. zum Adressaten der Unterrichtungspflicht sowie S. 121 ff. zum Gegenstand der Unterrichtungspflicht *Ritter*, Wirtschaftsausschuss, S. 120 f.

1138 *BAG*, Beschl. v. 22.01.1991 – 1 ABR 38/89, BAGE 67, 97, 103; *BAG*, Beschl. v. 11.07.2000 – 1 ABR 43/99, BAGE 95, 228, 236; GK – *Oetker*, § 106 Rn. 121.

1139 *BAG*, Beschl. v. 22.01.1991 – 1 ABR 38/89, BAGE 67, 97, 102 m.w.N.; *BAG*, Beschl. v. 11.07.2000 – 1 ABR 43/99, BAGE 95, 228, 236.

1140 *BAG*, Beschl. v. 22.01.1991 – 1 ABR 38/89, BAGE 67, 97, 102 f.; *Laßmann/Rupp*, Wirtschaftsausschuss, S. 26 f.; GK – *Oetker*, § 106 Rn. 121, 124.

1141 *Fitting*, § 106 Rn. 34.

1142 *Ritter*, Wirtschaftsausschuss, S. 162 f.

1143 Vgl. *BAG*, Beschl. v. 20.11.1984 – 1 ABR 64/82, BAGE 42, 218, 223.

bb. Der Unternehmer hat den Wirtschaftsausschuss unabhängig von Sitzungsterminen, unaufgefordert und regelmäßig zu unterrichten.[1144] Zeitlich muss die Unterrichtung vor der Sitzung, in der über die jeweilige wirtschaftliche Angelegenheit beraten werden soll, erfolgen, wenn nicht ausnahmsweise eine Beratung auch ohne vorherige Unterrichtung möglich ist.[1145] Rechtzeitig ist die Unterrichtung nur dann, wenn noch nicht mit der Realisierung der in Frage stehenden wirtschaftlichen Angelegenheit begonnen wurde, da eine Einflussnahme des Wirtschaftsausschusses anderenfalls nicht mehr möglich ist.[1146] Der Vorbereitungszeitraum des Wirtschaftsausschusses muss im Hinblick auf die Komplexität der wirtschaftlichen Angelegenheit angemessen sein.[1147] Bei allen Angelegenheiten, in denen Mitbestimmungs- oder Mitwirkungsrechte des Betriebsrats betroffen sind, muss darauf geachtet werden, dass dem Wirtschaftsausschuss genügend Zeit zur Unterrichtung des Betriebsrats bleibt, damit dieser seine Rechte noch ausüben kann.[1148]

Im Gegensatz zur Unterrichtung des Betriebsrats nach § 80 Abs. 2 S. 1 BetrVG ist die Unterrichtungspflicht des § 106 Abs. 2 S. 1 BetrVG nicht an eine konkret vorliegende Aufgabe geknüpft, sondern ist bereits vor beteiligungspflichtigen Maßnahmen durchzuführen.[1149] Grundsätzlich muss zunächst der Wirtschaftsausschuss unterrichtet werden, bevor eine Unterrichtung des Betriebsrats vorgenommen wird.[1150] Eine gleichzeitige Unterrichtung wird jedoch auch als zulässig angesehen, wenn gewährleistet ist, dass die jeweiligen Beteiligungsrechte ordnungsgemäß ausgeübt werden können.[1151]

cc. Die Unterrichtungspflicht des Unternehmers nach § 106 Abs. 2 S. 1 BetrVG ist in ihrem Umfang begrenzt. Werden durch die Unterrichtung Betriebs- und Geschäftsgeheimnisse im Sinne des § 79 BetrVG gefährdet, muss keine Unterrichtung

---

1144 *Berg/Bobke,* AiB 1990, 485, 486; GK – *Oetker*, § 106 Rn. 111.

1145 *BAG,* Beschl. v. 20.11.1984 – 1 ABR 64/82, BAGE 42, 218, 223; GK – *Oetker*, § 106 Rn. 112 m.w.N.; ausführlich zum Zeitpunkt der Unterrichtung *Ritter,* Wirtschaftsausschuss, S. 159 ff.

1146 GK – *Oetker*, § 106 Rn. 114 m.w.N.; *Wiese*, FS Wiedemann, S. 617, 626.

1147 Richardi – *Annuß*, § 106 Rn. 24 m.w.N.; *Wiese*, FS Wiedemann, S. 617, 626.

1148 *BAG,* Beschl. v. 1991–1 ABR 38/89, BAGE 67, 97, 103; GK – *Oetker*, § 106 Rn. 116; *Wiese*, FS Wiedemann, S. 617, 624.

1149 *BAG,* Beschl. v. 05.02.1991 – 1 ABR24/90, BAGE 67, 155, 160.

1150 GK – *Oetker*, § 106 Rn. 116 m.w.N.; *Wiese*, FS Wiedemann, S. 617, 624 f. m.w.N.

1151 *Ohlendorf/Salamon*, FA 2007, 340, 343; GK – *Oetker*, § 106 Rn. 117; a.A. *Fitting*, § 106 Rn. 30; vgl. auch die Ausführungen zur Problematik im Rahmen der Betriebsänderung Kapitel 5 C I 2.

stattfinden.[1152] Insoweit stellt § 106 Abs. 2 S. 1 BetrVG eine spezielle Regelung zu § 80 Abs. 2 S. 1 BetrVG dar.[1153] Um ein Leerlaufen der Unterrichtungspflicht zu vermeiden, ist eine Gefährdung jedoch erst bei konkreten Anhaltspunkten und lediglich in Ausnahmefällen anzunehmen; die bloße Unterrichtung kann somit grundsätzlich keine Gefährdung darstellen,[1154] denn die Mitglieder des Wirtschaftsausschusses unterliegen der Geheimhaltungspflicht des § 79 Abs. 2 BetrVG.

dd. Ist der Wirtschaftsausschuss entgegen der Meinung des Unternehmers der Auffassung, eine erforderliche Unterrichtung hätte nicht, nicht im erforderlichen Umfang oder nicht rechtzeitig stattgefunden, muss in Abweichung zur Unterrichtung des Betriebsrats nach § 80 Abs. 2 S. 1 BetrVG versucht werden, eine Einigung zwischen dem Unternehmer und dem Betriebsrat herbeizuführen; scheitert diese, so entscheidet nach § 109 S. 1 BetrVG die Einigungsstelle.

b. Inanspruchnahme sachkundiger Arbeitnehmer

Eine ausdrückliche Regelung oder ein Verweis auf § 80 Abs. 2 S. 2 BetrVG, der es dem Wirtschaftsausschuss erlauben würde, sachkundige Arbeitnehmer hinzuzuziehen, besteht nicht. Um dem Wirtschaftsausschuss die Möglichkeit zu eröffnen, sachkundige Arbeitnehmer in Anspruch zu nehmen, kommt eine analoge Anwendung des § 108 Abs. 2 S. 2 BetrVG, des § 80 Abs. 2 S. 2 BetrVG oder der Weg über § 108 Abs. 2 S. 3 BetrVG in Verbindung mit der entsprechenden Anwendung des § 80 Abs. 3 BetrVG in Betracht.

aa. Analoge Anwendung des § 108 Abs. 2 S. 2 BetrVG

Nach § 108 Abs. 2 S. 2 BetrVG kann der Unternehmer sachkundige Arbeitnehmer zu Sitzungen des Wirtschaftsausschusses hinzuziehen. Eine analoge Anwendung der Vorschrift mit der Folge, dass der Wirtschaftsausschuss selbst sachkundige Arbeitnehmer hinzuziehen kann, wird nach überwiegender Auffassung zu Recht mit unterschiedlichen Begründungen abgelehnt.[1155]

1152 DKKW – *Däubler*, § 106 Rn. 60 Zurückbehaltungsrecht; GK – *Oetker*, § 106 Rn. 139 f. negatives Tatbestandsmerkmal; vgl. auch die Ausführungen zu § 79 BetrVG Kapitel 1 A III 3.

1153 *Oetker*, NZA 2003, 1233, 1234.

1154 Vgl. *BAG*, Beschl. v. 11.07.2000 – 1 ABR 43/99, BAGE 95, 228, 238; DKKW – *Däubler*, § 106 Rn. 59 ff. m.w.N.; GK – *Oetker*, § 106 Rn. 141 f. m.w.N.; ähnlich *Lassmann/Rupp*, AiB 2011, 528, 529.

1155 Wohl a.A. DKKW – *Däubler*, § 108 Rn. 22.

(1) Die analoge Anwendung einer Vorschrift ist dann nicht möglich, wenn der Gesetzgeber sich bewusst für die Nichtregelung oder Regelung eines bestimmten Sachverhalts entschieden hat, da sich das anwendende Gericht über die gesetzgeberische Entscheidung hinwegsetzen würde.[1156] Es wird zum Teil bereits die Existenz einer planwidrigen Regelungslücke bezweifelt. Der Gesetzgeber habe in § 108 BetrVG die Hinzuziehung von Sachverständigen durch den Wirtschaftsausschuss sowie die Hinzuziehung sachkundiger Arbeitnehmer durch den Unternehmer geregelt. Daraus sei zu folgern, dass der Gesetzgeber die Frage, welche Personen an den Sitzungen des Wirtschaftsausschusses teilnehmen dürfen, gesehen und insbesondere im Hinblick auf sachkundige Arbeitnehmer abschließend geregelt habe.[1157]

(2) Andere sehen eine planwidrige Lücke zumindest als möglich an, lehnen aber eine Analogie wegen der mangelnden Vergleichbarkeit des geregelten mit dem ungeregelten Tatbestand ab.

Der Regelungsgehalt des § 108 Abs. 2 S. 2 BetrVG erschöpfe sich darin, den Unternehmer zu befähigen, mit Hilfe sachkundiger Arbeitnehmer Auskünfte über wirtschaftliche Angelegenheiten des Unternehmens zu geben, da die Verpflichtung des Unternehmers, an den Sitzungen des Wirtschaftsausschusses teilzunehmen, von den allgemeinen Regelungen über Betriebsratssitzungen abweiche.[1158] Zudem könne die entsprechende Anwendung des § 80 Abs. 3 BetrVG in § 108 Abs. 2 S. 3 BetrVG lediglich aus Klarstellungsgründen erfolgt sein, womit § 108 Abs. 2 S. 2 BetrVG zumindest die Hinzuziehung von sachkundigen Arbeitnehmern durch den Wirtschaftsausschuss nicht ausschließe.[1159] Durch die Möglichkeit, sachkundige Arbeitnehmer hinzuzuziehen, könne insbesondere das Wissen von Arbeitnehmern, die für die Tätigkeit im Betriebsrat oder im Wirtschaftsausschuss nicht zur Verfügung stehen, genutzt werden und eine ordnungsgemäße Aufgabenerfüllung sichergestellt werden.[1160] Damit könne nicht zwingend davon ausgegangen werden, dass eine planwidrige Regelungslücke vorliege.

Nach dieser Auffassung soll jedoch keine Vergleichbarkeit des geregelten Tatbestands – der Teilnahme von sachkundigen Arbeitnehmern, die durch den Unternehmer hinzugezogen wurden – und des nicht geregelten Tatbestandes – die Hinzuziehung von sachkundigen Arbeitnehmern durch den Wirtschaftsausschuss – gegeben sein. Dies wird damit begründet, dass der Wirtschaftsausschuss aufgrund der besonderen

---

1156 Vgl. *BAG,* Beschl. v. 11.11.2009 – 7 ABR 26/08, BAGE 132, 232, 236 m.w.N.

1157 Vgl. *Zeuner,* DB 1976, 2474, 2474.

1158 Vgl. *BAG,* Beschl. v. 18.11.1980 – 1 ABR 31/78, BAGE 34, 260, 270; *Karb,* Sachkundige Arbeitnehmer, S. 76.

1159 *Karb*, Sachkundige Arbeitnehmer, S. 76.

1160 Vgl. *Karb,* Sachkundige Arbeitnehmer, S. 77.

Sach- und Fachkunde seiner Mitglieder eigene sachkundige Arbeitnehmer gerade nicht zur Informationserteilung benötige und § 108 Abs. 2 S. 2 BetrVG lediglich ein Teilnahmerecht regele, ohne selbst einen Anspruch zu formulieren.[1161]

bb. Analoge Anwendung des § 80 Abs. 2 S. 2 BetrVG

Ob stattdessen eine analoge Anwendung des § 80 Abs. 2 S. 3 BetrVG für die Hinzuziehung von sachkundigen Arbeitnehmern durch den Wirtschaftsausschuss möglich ist, ist umstritten.

Gegner verweisen darauf, dass die Mitglieder des Wirtschaftsausschusses fachlich geeignet sein müssten.[1162] Zudem verweise § 108 Abs. 2 S. 3 BetrVG nicht auf § 80 Abs. 2 S. 3 BetrVG.[1163] Befürworter argumentieren, dass die Vorschrift des § 80 Abs. 2 S. 3 BetrVG analog für Ausschüsse des Betriebsrats gelte, denen Aufgaben zur selbständigen Erledigung übertragen worden seien.[1164] Da somit Ausschüsse sachkundige Arbeitnehmer in Anspruch nehmen könnten, wenn der Betriebsrat ihnen die Aufgaben des Wirtschaftsausschusses übertragen habe, solle auch der Wirtschaftsausschuss sachkundige Arbeitnehmer in Anspruch nehmen können.[1165] Dabei solle aufgrund der fachlichen Eignung der Mitglieder des Wirtschaftsausschusses eine besondere Prüfung erfolgen, ob die Inanspruchnahme von sachkundigen Arbeitnehmern im Einzelfall wirklich erforderlich sei.[1166] Im Rahmen dieser Bearbeitung kann diese Frage, ob der Wirtschaftsausschuss nach § 80 Abs. 2 S. 2 BetrVG analog sachkundige Arbeitnehmer für die ordnungsgemäße Erfüllung der ihm obliegenden Aufgaben hinzuziehen kann, offen bleiben, da der Schwerpunkt auf der Frage nach der Hinzuziehung von externem Sachverstand liegt. Dort ist die Inanspruchnahme von sachkundigen Arbeitnehmern als Voraussetzung im Rahmen des Stufenmodells zu beachten.

cc. § 108 Abs. 2 S. 3 BetrVG in Verbindung mit § 80 Abs. 3 BetrVG

Wie bereits dargestellt, handelt es sich bei der Inanspruchnahme von sachkundigen Arbeitnehmern im Rahmen der Frage, ob diese Informationsmöglichkeit

1161 Vgl. *Karb,* Sachkundige Arbeitnehmer, S. 79.

1162 DFL – *Rieble*, § 108 Rn. 4.

1163 *Löwisch/Kaiser*, § 108 Rn. 8; HWK – *Willemsen/Lembke*, § 108 BetrVG Rn. 22.

1164 Vgl. *Oetker,* NZA 2003, 1233, 1234; für eine analoge Anwendung auch *Laßmann/Rupp,* Wirtschaftsausschuss, S. 45.

1165 *Karb,* Sachkundige Arbeitnehmer, S. 80 ff.; *Oetker,* NZA 2003, 1233, 1234; GK – *Oetker*, § 108 Rn. 26.

1166 Vgl. *Karb,* Sachkundige Arbeitnehmer, S. 83 Fußnote 225; GK – *Oetker*, § 108 Rn. 26.

vorrangig vor der Hinzuziehung von Sachverständigen in Anspruch zu nehmen ist, um eine Voraussetzung des § 80 Abs. 3 BetrVG unter dem Prüfungspunkt der Erforderlichkeit.[1167] Damit folgt die Möglichkeit des Wirtschaftsausschusses aus § 108 Abs. 2 S. 3 BetrVG in Verbindung mit der entsprechenden Anwendung des § 80 Abs. 3 BetrVG ohne dass dadurch eine über die Hinzuziehung von externem Sachverstand hinausgehende Anspruchsgrundlage geschaffen werden würde.

Die Pflicht des Wirtschaftsausschusses, sachkundige Arbeitnehmer vorrangig in Anspruch zu nehmen, ist wie bei der Hinzuziehung eines Sachverständigen durch den Betriebsrat anzuerkennen.[1168] Die Inanspruchnahme von sachkundigen Arbeitnehmern stellt im Vergleich zu der Hinzuziehung von Sachverständigen für den Arbeitgeber die weniger belastende Alternative dar.[1169] Da die Mitglieder des Wirtschaftsausschusses grundsätzlich die erforderliche sachliche und fachliche Eignung mitbringen sollen, ist es nicht gerechtfertigt, den Wirtschaftsausschuss zu privilegieren, indem die Voraussetzungen für die Hinzuziehung von Sachverständigen verringert werden. Die Voraussetzungen, welche die Mitglieder des Wirtschaftsausschusses erfüllen müssen, würden anderenfalls geringer sein als die, die der Betriebsrat erfüllen muss, dessen Mitglieder keine besonderen Vorkenntnisse zur Ausübung des Amts mitbringen müssen.

c. Schulungsveranstaltungen

Bei der Frage, ob vorrangig Schulungen besucht werden müssen, ist zwischen den Mitglieder des Wirtschaftsausschusses, die gleichzeitig Mitglieder des Betriebsrats sind, und solchen, die dem Betriebsrat nicht angehören, zu unterscheiden.

aa. Inanspruchnahme von Schulungsveranstaltungen

Die Mitglieder des Wirtschaftsausschusses, die gleichzeitig Mitglieder des Betriebsrats sind, können Schulungsveranstaltungen in ihrer Eigenschaft als Mitglieder des Betriebsrats aufgrund eines Beschlusses des einzelnen Betriebsrats besuchen.[1170] Diese Möglichkeit wird insbesondere auch nicht durch § 107 Abs. 1

1167 Vgl. die Ausführungen zur Inanspruchnahme von sachkundigen Arbeitnehmern als Bestandteil der Erforderlichkeit im Rahmen des § 80 Abs. 3 BetrVG Kapitel 2 A II 2 d.

1168 ähnlich *Däubler*, Gläserne Belegschaften?, S. 354.

1169 DKKW – *Däubler*, § 108 Rn. 22; vgl. die Ausführungen zur Vorrangigkeit des Einsatzes von sachkundigen Arbeitnehmern vor der Hinzuziehung eines Sachverständigen durch den Betriebsrat Kapitel 2 A II 2 d ee.

1170 Vgl. *BAG*, Beschl. v. 06.11.1973 – 1 ABR 8/73, BAGE 25, 348, 356; *BAG*, Beschl. v. 18.07.1978 – 1 ABR 34/75, AP Nr. 1 zu § 108 BetrVG 1972 (B II 2 der Gründe);

S. 3 BetrVG ausgeschlossen, da durch diese Vorschrift lediglich verlangt wird, dass die Mitglieder des Wirtschaftsausschusses sich, unter Nutzung der ihnen zustehenden Informationsmöglichkeiten, in einer überschaubaren Zeit in die sich ihnen stellenden Aufgaben einarbeiten können.[1171]

Die Mitglieder des Wirtschaftsausschusses, die nicht gleichzeitig dem Betriebsrat angehören, können dagegen nach Auffassung des *Bundesarbeitsgerichts* grundsätzlich nicht an Schulungsveranstaltungen teilnehmen.[1172] Nach Meinung des Gerichts kommt weder eine direkte Anwendung des § 37 BetrVG in Betracht, noch ist eine analoge Anwendung mangels einer planwidrigen Regelungslücke möglich.[1173] Das Gericht sprach jedoch auch denkbare, nicht näher bezeichnete Ausnahmefälle an, in denen im Einzelfall anders zu entscheiden sei, wenn die Mitglieder des Wirtschaftsausschusses nicht in der Lage seien, die vom Unternehmer aufgrund seiner Unterrichtungspflicht bereitgestellten Informationen zu verstehen.[1174]

bb. Schulungen als Voraussetzung des § 80 Abs. 3 BetrVG

Teilweise wird angenommen, dass der Wirtschaftsausschuss nicht auf Schulungsveranstaltungen als vorrangig zu nutzende Informationsmöglichkeiten bei der Hinzuziehung von Sachverständigen verwiesen werden könne.[1175] Dies wird damit begründet, dass gerade nicht alle Mitglieder des Wirtschaftsausschusses zugleich Mitglieder des Betriebsrats seien und damit nicht allen Mitgliedern die Möglichkeit einer Schulung offen stünde.[1176] Dem ist jedoch nicht zu folgen. Schulungsveranstaltungen sind auch bei der Hinzuziehung eines Sachverständigen durch

---

BAG, Urteil v. 11.11.1998 – 7 AZR 491/97, AP Nr. 129 zu § 37 BetrVG 1972 (I 1 der Gründe); *LAG Hamm,* Beschl. v. 22.06.2007 – 10 TaBV 25/07, juris; *Weber/Ehrich/Hörchens/Oberthür,* S. 140; vgl. auch DFL – *Rieble,* § 207 BetrVG Rn. 8.

1171 Vgl. *LAG Bremen,* Beschl. v. 17.01.1984 – 4 TaBV 10/83, AiB 1993, 180, 180.; *LAG Hamm,* Beschl. v. 22.06.2007 – 10 TaBV 25/07, juris.

1172 Vgl. BAG, Urteil v. 28.04.1988 – 6 AZR 39/86, NZA 1989, 221, 222 m.w.N.; GK – *Oetker,* § 107 Rn. 39 m.w.N.; offen gelassen durch *LAG Hamm,* Beschl. v. 22.06.2007 – 10 TaBV 25/07, juris; a.A. Richardi – *Annuß,* § 107 Rn. 28; mit dem Argument der Funktionsfähigkeit des Wirtschaftsausschusses DKKW – *Däubler,* § 107 Rn. 32; *Fitting,* § 107 Rn. 25; *Laßmann/Rupp,* Wirtschaftsausschuss, S. 65.

1173 *BAG,* Urteil v. 28.04.1988 – 6 AZR 39/86, NZA 1989, 221, 222; *BAG,* Urteil v. 11.11.1998 – 7 AZR 491/97, AP Nr. 129 zu § 37 BetrVG 1972 (I 2 der Gründe).

1174 *BAG,* Urteil v. 28.04.1988 – 6 AZR 39/86, NZA 1989, 221, 222; *BAG,* Urteil v. 11.11.1998 – 7 AZR 491/97, AP Nr. 129 zu § 37 BetrVG 1972 (I 4 der Gründe).

1175 *Herschel,* AuR 1980, 21, 23.

1176 *Herschel,* AuR 1980, 21, 23.

den Wirtschaftsausschuss vorrangig in Betracht zu ziehen.[1177] Genauso wie bei der Hinzuziehung durch den Betriebsrat müssen Schulungen jedoch in einem zeitlich angemessenen Rahmen verfügbar sein.[1178] Der Unterschied zur Nutzung von Schulungsveranstaltungen durch den Betriebsrat besteht darin, dass Schulungsveranstaltungen lediglich für die Mitglieder des Wirtschaftsausschusses in Betracht kommen, die dem Betriebsrat angehören. Besteht keine Möglichkeit, dass diese an Schulungsveranstaltungen teilnehmen oder verfügen sie nicht über die für die jeweilige Schulungsveranstaltung erforderlichen Vorkenntnisse, etwa da diese Kenntnisse durch ein Mitglied des Wirtschaftsausschusses abgedeckt werden, welches nicht gleichzeitig dem Betriebsrat angehört, so kann der Wirtschaftsausschuss nicht auf die vorrangige Inanspruchnahme von Schulungen verwiesen werden.

d. Fachliteratur

Die Mitglieder des Wirtschaftsausschusses sind verpflichtet, sich unter anderem mit Hilfe von Fachliteratur zu informieren.[1179] Insbesondere das Argument, welches teilweise gegen die vorrangige Nutzung von Fachliteratur durch Betriebsräte angeführt wird, nämlich dass eine Information durch Fachliteratur wegen mangelnder Vorkenntnisse der Betriebsräte nicht ausreiche,[1180] kann bei den Mitgliedern des Wirtschaftsausschusses nicht angebracht werden. Durch die Anforderungen an die persönliche und fachliche Eignung der Mitglieder des Wirtschaftsausschusses müssen diese grundsätzlich dazu in der Lage sein, sich in einer überschaubaren Zeit mit Hilfe von Informationsmöglichkeiten in die sich ihnen stellenden Aufgaben einzuarbeiten.[1181]

e. Information durch die Gewerkschaften

Ob die Informationen, die durch die Gewerkschaften angeboten werden, vorrangig genutzt werden müssen, ist eine Frage des Einzelfalls. Teilweise werden die Informationen, die der Wirtschaftsausschuss benötigt, zu speziell sein, als dass eine Information durch die Gewerkschaften effektiv wäre. Zudem kann in Einzelfällen

---

1177 Wohl ebenfalls *BAG*, Beschl. v. 18.07.1978 – 1 ABR 34/75, AP Nr. 1 zu § 108 BetrVG 1972 (B II 2 der Gründe).

1178 Vgl. dazu die Ausführungen zu Schulungen Kapitel 1 A II 4 c aa sowie Kapitel 2 A II 2 e aa.

1179 *Bösche/Grimberg*, AiB 1989, 108, 108.

1180 *Linnenkohl*, BB 1988, 766, 767; *Linnenkohl/Kilz*, RDV 1988, 189, 192; *Schierbaum*, AiB 1996, 217, 219; *Schneider*, AiB 2000, 605, 607.

1181 Vgl. *LAG Bremen*, Beschl. v. 17.01.1984 – 4 TaBV 10/83, AiB 1993, 180, 180; *LAG Hamm*, Beschl. v. 22.06.2007 – 10 TaBV 25/07, juris.

anhand der benötigten Informationen durch die Gewerkschaften auf Unternehmensentwicklungen geschlossen werden, was das Verhältnis zwischen Unternehmer und Wirtschaftsausschuss belasten kann, da die Gewerkschaften nicht wie ein Sachverständiger zur Verschwiegenheit verpflichtet sind und so Spekulationen über Unternehmensentwicklungen nach außen gelangen können. Auch im Interesse des Arbeitgebers sind daher die Informationen, die durch die Gewerkschaften zur Verfügung gestellt werden, nur in Ausnahmefällen zu nutzen.

3. Fehlende Sach- und Fachkunde

Die Mitglieder des Wirtschaftsausschusses müssen nach der Nutzung der vorrangigen Informationsmöglichkeiten ein Informationsdefizit aufweisen, infolge dessen sie nicht in der Lage sind, ihre Aufgaben ordnungsgemäß zu erfüllen. Es besteht beim Wirtschaftsausschuss jedoch die Besonderheit, dass die Mitglieder des Wirtschaftsausschusses grundsätzlich nach § 107 Abs. 1 S. 3 BetrVG persönlich und fachlich geeignet sein sollen, um die Aufgabe der Beratung mit dem Unternehmer über wirtschaftliche Fragen, erfüllen zu können.[1182]

a. Grundsätzlich vorhandene fachliche und sachliche Kenntnisse

Fraglich ist, welche Auswirkungen die Vorschrift des § 107 Abs. 1 S. 3 BetrVG auf die Voraussetzungen im Rahmen der entsprechenden Anwendung des § 80 Abs. 3 BetrVG hat.

aa. Teilweise wird angenommen, dass der Gesetzgeber mit der Änderung des alten § 68 BetrVG von 1952, der bezüglich der Eignung der Mitglieder des Wirtschaftsausschusses eine Mussvorschrift enthielt und durch Schaffung der Sollvorschrift des § 107 Abs. 1 S. 3 BetrVG nunmehr lediglich einen Hinweis auf die Eignung der Mitglieder des Wirtschaftsausschusses regeln wollte.[1183] Bei der entsprechenden Anwendung des § 80 Abs. 3 BetrVG müsste folglich bei der Frage nach der fehlenden Fach- und Sachkunde der Mitglieder des Wirtschaftsausschusses der gleiche Maßstab angelegt werden wie bei den Mitgliedern des Betriebsrats.

bb. Andere nehmen an, dass die Mitglieder des Wirtschaftsausschusses grundsätzlich über eine ausreichende Fach- und Sachkunde verfügen würden und damit

---

1182 Vgl. GK – *Oetker*, § 107 Rn. 17; vgl. auch die Ausführungen zur fachlichen und persönlichen Eignung Kapitel 5 A IV.

1183 DKKW – *Däubler*, § 107 Rn. 14 m.w.N.

lediglich bei komplizierteren Problemen, wie etwa einer größeren Betriebsänderung, der Einsatz von Sachverständigen erforderlich sein könne.[1184] Damit reiche es für die Erfüllung der Voraussetzung der Erforderlichkeit nicht aus, wenn fehlende fachliche Kenntnisse der Mitglieder des Wirtschaftsausschusses geltend gemacht werden würden.[1185] Es müssten Kenntnisse für die Erfüllung der dem Wirtschaftsausschuss obliegenden Aufgaben notwendig sein, die über die geforderte fachliche Eignung im Sinne des § 107 Abs. 1 S. 3 BetrVG hinausgehen würden.[1186]

cc. Beiden Auffassungen ist nur zum Teil zuzustimmen. Im Ergebnis ist ein Mittelweg zu wählen. Es ist zunächst der Charakter des § 107 Abs. 1 S. 3 BetrVG als Sollvorschrift zu beachten. Nach Auffassung des *Bundesarbeitsgerichts*, ist die Sollvorschrift des § 107 Abs. 1 S. 3 BetrVG grundsätzlich eine zwingende Vorschrift, von der lediglich aus vernünftigen und einsichtigen Gründen im Einzelfall abgewichen werden dürfe.[1187] Ein solcher Ausnahmefall könne zum Beispiel dann vorliegen, wenn ein geeignetes Mitglied für den Wirtschaftsausschuss mit der erforderlichen Kompetenz nicht zur Verfügung stehe.[1188]

Legt man diese Auslegung des § 107 Abs. 1 S. 3 BetrVG zu Grunde, ist im Weiteren ebenfalls der dem Betriebsrat zustehende Beurteilungsspielraum zu beachten. Die Bestellung der Mitglieder des Wirtschaftsausschusses obliegt dem Betriebsrat, der mit Blick auf die Besonderheiten des eigenen Unternehmens entscheidet, welche Mitglieder seiner Auffassung nach die Aufgaben des Wirtschaftsausschusses als Gremium am besten wahrnehmen können. Der Betriebsrat hat sich bei der Auswahl der Mitglieder an den Aufgaben, die sich dem konkreten Wirtschaftsausschuss aller Voraussicht nach stellen werden, zu orientieren. Insoweit kann grundsätzlich davon ausgegangen werden, dass eine besondere Fach- und Sachkunde im Wirtschaftsausschuss vorhanden ist, wie es die zweitgenannte

---

1184 *LAG Düsseldorf/Köln,* Beschl. v. 25.03.1975 – 8 TaBV 3/75, EzA Nr. 1 zu § 108 BetrVG 1972; Richardi – *Annuß*, § 107 Rn. 9; *Bösche/Grimberg,* AiB 1989, 108, 112; *Fitting*, § 108 Rn. 18; *Ritter,* Wirtschaftsausschuss, S. 117; *Warschkow,* AiB 1994, 751, 752 f.

1185 *BAG,* Beschl. v. 18.07.1978 – 1 ABR 34/75, AP Nr. 1 zu § 108 BetrVG 1972 (B II 2 der Gründe).

1186 *Boldt,* AP Nr. 1 zu § 108 BetrVG 1972; DFL – *Rieble*, § 108 BetrVG Rn. 5; *Weber/Ehrich/Hörchens/Oberthür*, S. 153.

1187 *BAG,* Urteil v. 11.11.1998 – 7 AZR 491/97, AP Nr. 129 zu § 37 BetrVG 1972 (I 4 der Gründe) m.w.N.

1188 *BAG,* Urteil v. 11.11.1998 – 7 AZR 491/97, AP Nr. 129 zu § 37 BetrVG 1972 (I 4 der Gründe).

Auffassung vertritt. Hat jedoch der Betriebsrat aus nachvollziehbaren Gründen einen anderen Schwerpunkt bei der Auswahl getroffen oder steht für einige Fachgebiete kein potentielles Mitglied zur Verfügung,[1189] so kann dies bei der Frage der Informationsgewinnung weder dem Wirtschaftsausschuss noch dem Betriebsrat zum Nachteil gereichen. Dadurch wird auch der Charakter des § 107 Abs. 1 S. 3 BetrVG als Sollvorschrift beachtet, wie es durch die erstgenannte Auffassung – jedoch mit anderer Schlussfolgerung – verlangt wird.

Im Ergebnis ist somit zwar grundsätzlich von dem Vorhandensein der erforderlichen Fach- und Sachkenntnis auszugehen, im Rahmen von § 108 Abs. 2 S. 3 BetrVG in Verbindung mit § 80 Abs. 3 BetrVG schadet es jedoch nicht, wenn diese Kenntnisse nicht vorhanden sind, solange der Betriebsrat seinen Beurteilungsspielraum bei der Bestellung ordnungsgemäß und nicht missbräuchlich ausgeübt hat.

b. Differenzierung zwischen § 107 Abs. 2 und Abs. 3 BetrVG

Zudem wird teilweise zwischen dem nach § 107 Abs. 2 BetrVG und dem nach § 107 Abs. 3 BetrVG gebildeten Wirtschaftsausschuss unterschieden. Wenn die Aufgaben des Wirtschaftsausschusses einem Ausschuss des Betriebsrats übertragen worden sind, soll nach teilweise vertretener Auffassung die besondere Fachkunde der Mitglieder nicht vorausgesetzt werden können.[1190] Dies wird damit begründet, dass die Kommunikation zwischen Unternehmer und Wirtschaftsausschuss gewährleistet sein müsste und eine restriktive Handhabung den Dialog erschweren würde.[1191] Eine solche Differenzierung ist jedoch wie bereits dargestellt nicht vorzunehmen.[1192] Auch wenn die Aufgaben des Wirtschaftsausschusses einem Ausschuss übertragen worden sind, muss damit grundsätzlich von dem Vorhandensein der erforderlichen Fach- und Sachkenntnis ausgegangen werden können, wobei ein Fehlen dieser Kenntnisse bei der Frage der Erforderlichkeit der Hinzuziehung eines Sachverständigen nicht schadet, solange der Betriebsrat den ihm zustehenden Beurteilungsspielraum ordnungsgemäß ausgeübt hat.

1189 *Laßmann/Rupp,* Wirtschaftsausschuss, S. 63 verweisen darauf, dass der Betriebsrat nur in Ausnahmefällen geeignete Mitglieder für alle Themenbereiche, mit denen sich der Wirtschaftsausschuss beschäftigt, finden kann.

1190 *Fitting,* § 108 Rn. 19; *Lassmann/Rupp,* AiB 2011, 528, 531 f.; *Laßmann/Rupp,* Wirtschaftsausschuss, S. 62.

1191 *Fitting,* § 108 Rn. 19.

1192 Vgl. die Ausführungen zur Eignung der Mitglieder des Wirtschaftsausschusses Kapitel 5 A IV.

c. Verletzung des § 107 Abs. 1 S. 3 BetrVG

Fraglich ist, ob die Verletzung der Sollvorschrift des § 107 Abs. 1 S. 3 BetrVG Auswirkungen auf die Hinzuziehung von Sachverständigen zur Unterstützung des Wirtschaftsausschusses hat.

Teilweise wird angenommen, dass bei Verletzung der Sollvorschrift des § 107 Abs. 1 S. 3 BetrVG zur Unterstützung des Wirtschaftsausschusses Auswirkungen auf die Hinzuziehung eines Sachverständigen durch den Wirtschaftsausschuss gegeben sein müssen.[1193] Aufgrund seiner Eigenschaft als Sollvorschrift habe § 107 Abs. 1 S. 3 BetrVG zwar keinen zwingenden Charakter;[1194] das *Bundesarbeitsgericht* habe jedoch festgestellt, dass der Betriebsrat dennoch der Vorschrift bei der Bestellung der Mitglieder des Wirtschaftsausschusses Beachtung schenken müsse und sich nicht ohne weiteres über die Anforderungen des § 107 Abs. 1 S. 3 BetrVG hinwegsetzen dürfe.[1195] Dabei sei das Gericht davon ausgegangen, dass grundsätzlich ausreichend qualifizierte Personen für die Besetzung des Wirtschaftsausschusses zur Verfügung stünden.[1196] *Boldt* schloss daraus, dass die Besetzung des Wirtschaftsausschusses mit Personen, die nicht über das in § 107 Abs. 1 S. 3 BetrVG verlangte Fachwissen verfügten, eine Pflichtverletzung des Betriebsrats darstelle.[1197]

Dieser Folgerung ist jedoch nicht zuzustimmen. Wie bereits dargestellt, hat sich der Betriebsrat zwar bei der Auswahl der geeigneten Mitglieder an den Aufgaben des Wirtschaftsausschusses zu orientieren. Dennoch steht ihm ein Beurteilungsspielraum zu. Anderenfalls würde die Sollvorschrift des § 107 Abs. 1 S. 3 BetrVG faktisch den Charakter einer Mussvorschrift erhalten.[1198] Eine Pflichtverletzung des Betriebsrats, die im Ergebnis den Anspruch auf die Hinzuziehung eines Sachverständigen ausschließen würde, da eigentlich ausreichende Sach- und Fachkenntnisse im Wirtschaftsausschuss vorhanden sein müssten, kann damit nur

---

1193 *Löwisch/Kaiser*, § 108 Rn. 7; GK – *Oetker*, § 107 Rn. 21; DFL – *Rieble*, § 107 BetrVG Rn. 8.

1194 *BAG*, Beschl. v. 18.07.1978 – 1 ABR 34/75, AP Nr. 1 zu § 108 BetrVG 1972 (B II 2 der Gründe); *Ritter*, Wirtschaftsausschuss, S. 114.

1195 *BAG*, Beschl. v. 18.07.1978 – 1 ABR 34/75, AP Nr. 1 zu § 108 BetrVG 1972 (B II 2 der Gründe).

1196 *BAG*, Beschl. v. 18.07.1978 – 1 ABR 34/75, AP Nr. 1 zu § 108 BetrVG 1972 (B II 2 der Gründe).

1197 *Boldt*, AP Nr. 1 zu § 108 BetrVG 1972.

1198 Vgl. zu Kenntnissen zum Jahresabschluss *Fitting*, § 107 Rn. 10; ähnlich ErfK – *Kania*, § 107 BetrVG Rn. 4.

bei einer bewussten Überschreitung und Missachtung des Beurteilungsspielraums durch den Betriebsrat in Betracht kommen.

4. Beurteilung der Erforderlichkeit

Der Wirtschaftsausschuss hat das Recht, die Erforderlichkeit eines Sachverständigeneinsatzes zu seiner Unterstützung, zu beurteilen. Teilweise wird die Auffassung vertreten, dass ihm alleine dieses Recht zustehe.[1199] In diesem Umfang ist dem jedoch nicht zuzustimmen. Dem Wirtschaftsausschuss muss ein Beurteilungsspielraum zukommen,[1200] denn er kann die im Gremium vorhandene Sachkunde am besten abschätzen und bewerten. Dies folgt daraus, dass der Wirtschaftsausschuss in Bezug auf seine Aufgaben als eigenständiges Organ angesehen wird, auch wenn er sonst als Hilfsorgan tätig ist.[1201] Auch im Rahmen des § 109 S. 1 BetrVG kann der Wirtschaftsausschuss zunächst selbst entscheiden, ob er weitere Auskünfte oder Unterlagen vom Unternehmer verlangt, bevor eine Einigung darüber zwischen dem Betriebsrat und dem Unternehmer anzustreben ist.[1202] Daher kommt dem Wirtschaftsausschuss zumindest auch das Recht zu, die Erforderlichkeit eines Sachverständigeneinsatzes zu beurteilen. Dieses Recht kann ihm jedoch nicht allein zustehen. Der Wirtschaftsausschuss ist ein Hilfsorgan für den ihn bestellenden Betriebsrat.[1203] Dieser kann die Mitglieder bestellen, aber auch nach § 107 Abs. 2 S. 3 BetrVG jederzeit wieder abberufen. Er hat damit unmittelbaren Einfluss auf die Zusammensetzung und die im Wirtschaftsausschuss vorhandene Sach- und Fachkunde. Damit muss dem Betriebsrat neben dem Wirtschaftsausschuss auch die Befugnis zustehen, die Erforderlichkeit der Hinzuziehung eines Sachverständigen zur Unterstützung des Wirtschaftsausschusses zu beurteilen. Dabei ist jedoch im Einklang mit der Rechtsprechung des *Bundesarbeitsgerichts* zu beachten, dass der Wirtschaftsausschuss, welcher der Auffassung ist, keinen Sachverständigen für die ordnungsgemäße Erfüllung seiner Aufgaben zu benötigen, ein Eingreifen durch den Betriebsrat verhindern kann.[1204]

1199 *Laßmann/Rupp*, Wirtschaftsausschuss, S. 62.
1200 DKKW – *Däubler*, § 108 Rn. 25; ähnlich *Herschel*, AuR 1980, 21, 22 f.
1201 Vgl. *BAG*, Beschl. v. 05.02.1991 – 1 ABR 24/90, BAGE 76, 155, 167.
1202 Vgl. *BAG*, Beschl. v. 05.02.1991 – 1 ABR 24/90, BAGE 76, 155, 167.
1203 Vgl. die Ausführungen zur Stellung des Wirtschaftsausschusses Kapitel 5 A I.
1204 Vgl. *BAG*, Beschl. v. 05.02.1991 – 1 ABR 24/90, BAGE 67, 155, 167.

II. Beschluss über die Hinzuziehung und nähere Vereinbarung

Auch bei der Hinzuziehung von Sachverständigen zur Unterstützung des Wirtschaftsausschusses ist eine vorherige Vereinbarung erforderlich.[1205] Der Hinzuziehung hat ein Beschluss, in dessen Rahmen die Erforderlichkeit des Sachverständigeneinsatzes beurteilt wird, voranzugehen.[1206]

Bezüglich der näheren Vereinbarung ist lediglich fraglich, wer diese mit dem Unternehmer abschließen muss. Überwiegend ist anerkannt, dass der Betriebsrat die nähere Vereinbarung abschließen kann.[1207] Ob daneben auch der Wirtschaftsausschuss selbst zum Abschluss einer näheren Vereinbarung mit dem Unternehmer berechtigt ist, ist umstritten. Aus der Beantwortung dieser Frage ergibt sich auch, welches Gremium den Beschluss über die Hinzuziehung fassen muss.

1. Abschluss der näheren Vereinbarung durch den Wirtschaftsausschuss

Teilweise wird ein Recht des Wirtschaftsausschusses, die nähere Vereinbarung selbst mit dem Unternehmer abzuschließen, anerkannt.[1208] Diese Auffassung wird damit begründet, dass der Gesetzgeber dem Wirtschaftsausschuss in § 106 BetrVG Aufgaben zur selbständigen Erledigung übertragen habe und dem Wirtschaftsausschuss die eigene interne Geschäftsführung obliege.[1209] Zudem weise der Wirtschaftsausschuss die größere Sachnähe in diesem Punkt auf und könne die eigenen (fehlenden) Kenntnisse besser beurteilen als der Betriebsrat.[1210]

1205 Vgl. die Ausführungen zur näheren Vereinbarung Kapitel 2 D.

1206 Vgl. die Ausführungen zur Hinzuziehung eines Sachverständigen durch den Betriebsrat Kapitel 2.

1207 *BAG,* Beschl. v. 18.07.1978 – 1 ABR 34/75, AP Nr. 1 zu § 108 BetrVG 1972 (B I 2 der Gründe); Richardi – *Annuß,* § 108 Rn. 21; wohl a.A. *Fitting* § 108 Rn. 18 f.; *Herschel,* AuR 1980, 21, 21.

1208 *LAG Düsseldorf/Köln,* Beschl. v. 25.03.1975 – 8 TaBV 3/75, EzA Nr. 1 zu § 108 BetrVG 1972; DKKW – *Däubler,* § 108 Rn. 24; *Ehrich/Hoß,* NZA 1996, 1075, 1077; *Ritter,* Wirtschaftsausschuss, S. 117; *Weber/Ehrich/Hörchens/ Oberthür,* S. 153; tendenziell in diese Richtung auch *BAG,* Beschl. v. 18.07.1978 – 1 ABR 43/75, AP Nr. 1 zu § 101 BetrVG 1972; die Befugnis die nähere Vereinbarung abzuschließen liegt ausschließlich beim Wirtschaftsausschuss nach *Herschel,* AuR 1980, 21, 21 f.; *Lubitz,* Rechtsanwalt, S. 94.

1209 DKKW – *Däubler,* § 108 Rn. 24; *Ritter,* Wirtschaftsausschuss, S. 117 m.w.N.

1210 DKKW – *Däubler,* § 108 Rn. 24; *Lubitz,* Rechtsanwalt, S. 94.

2. Abschluss der näheren Vereinbarung durch den Betriebsrat

Andere lehnen dagegen ein Recht des Wirtschaftsausschusses, selbst die nähere Vereinbarung mit dem Unternehmer abzuschließen, zu Recht ab. Dies wird mit der Vorschrift des § 109 BetrVG begründet, der die Entscheidung des Gesetzgebers gegen ein solches Recht enthalten soll.[1211] Ein Recht des Wirtschaftsausschusses, selbst eine nähere Vereinbarung abzuschließen, ist zudem mit der Hilfsfunktion des Wirtschaftsausschusses nicht vereinbar.[1212] Dem Wirtschaftsausschuss steht lediglich das Recht zu, eine nähere Vereinbarung anzuregen.[1213]

Daneben sprechen weitere Gründe gegen ein Recht des Wirtschaftsausschusses, selbst die näheren Vereinbarung mit dem Unternehmer abzuschließen. Die Frage, ob die Hinzuziehung eines Sachverständigen erforderlich ist, fällt genauso in den Aufgabenbereich des Wirtschaftsausschusses wie die Frage, ob er im Rahmen des § 109 S. 1 BetrVG weitere Auskünfte und Unterlagen vom Unternehmer verlangen kann. Dieser Umstand hat zwar Auswirkungen auf die Frage, wer die Erforderlichkeit der Hinzuziehung eines Sachverständigen beurteilen kann und muss, dennoch obliegt es dem Betriebsrat, die nähere Vereinbarung mit dem Arbeitgeber abzuschließen. Dies folgt aus dem Gedanken des § 109 S. 1 BetrVG. Danach ist eine Einigung zwischen Unternehmer und Betriebsrat zu finden, wenn der Wirtschaftsausschuss meint, nicht ausreichend unterrichtet worden zu sein. Die Geltendmachung und Durchsetzung der Hinzuziehung eines Sachverständigen obliegt dem Betriebsrat, denn dem Wirtschaftsausschuss kommt gerade keine eigene Entscheidungsbefugnis in diesem Bereich zu, wie § 109 S. 1 BetrVG zeigt.[1214] Zudem stellt der Beschluss, einen Sachverständigen hinzuzuziehen, die Grundlage der gerichtlichen Entscheidung über eine Ersetzung der Zustimmung des Unternehmers zur näheren Vereinbarung dar.[1215] Der Wirtschaftsausschuss fasst jedoch keine formellen Beschlüsse.[1216] Daraus folgt, dass der Beschluss, einen Sachverständigen hinzuzuziehen, ebenfalls dem Betriebsrat obliegt. Damit ist nur der Betriebsrat und nicht der Wirtschaftsausschuss zum Abschluss der näheren Vereinbarung mit dem Unternehmer befugt.

1211 Richardi – *Annuß*, § 108 Rn. 21; DFL – *Rieble*, § 108 BetrVG Rn. 5.

1212 GK – *Oetker*, § 108 Rn. 35.

1213 DFL – *Rieble*, § 108 Rn. 5; ähnlich *Löwisch/Kaiser*, § 108 Rn. 7.

1214 Vgl. in anderem Zusammenhang *BAG*, Beschl. v. 18.11.1980 – 1 ABR 31/78, BAGE 34, 260, 269.

1215 Vgl. die Ausführungen zur Ersetzung der Zustimmung zur näheren Vereinbarung Kapitel 2 F II.

1216 Vgl. ErfK – *Kania*, § 107 BetrVG Rn. 2.

III. Verschwiegenheitspflicht und § 120 Abs. 1 Nr. 3 Var. 1 BetrVG

Um die Kommunikation zwischen dem Wirtschaftsausschuss und dem Sachverständigen nicht zu gefährden, muss der Wirtschaftsausschuss Informationen an den Sachverständigen weitergeben können, auch wenn die Gefahr besteht, dass Betriebs- und Geschäftsgeheimnisse betroffen sind.[1217] Auch der Sachverständige, der für den Wirtschaftsausschuss tätig ist, ist durch die Verweisung des § 108 Abs. 2 S. 3 BetrVG auf § 80 Abs. 4 BetrVG, welcher wiederum auf § 79 BetrVG verweist, zur Verschwiegenheit verpflichtet. Fraglich ist, ob die Verletzung der Verschwiegenheitspflicht durch den Sachverständigen unter Strafe steht. § 120 Abs. 1 Nr. 4 Var. 2 BetrVG spricht zwar vom Sachverständigen, der vom Wirtschaftsausschuss hinzugezogen wurde, dabei verweist die Vorschrift jedoch auf § 108 Abs. 2 S. 2 BetrVG. Dort ist die Hinzuziehung eines sachkundigen Arbeitnehmers durch den Unternehmer geregelt. Es wird daher davon ausgegangen, dass ein redaktioneller Fehler vorliegt und in § 120 Abs. 1 Nr. 4 Var. 2 BetrVG vom Unternehmer hinzugezogene Personen gemeint sind.[1218] Ob die Verletzung der Geheimhaltungspflicht bezüglich des für den Wirtschaftsausschuss tätigen Sachverständigen stattdessen nach § 120 Abs. 1 Nr. 3 Var. 1 BetrVG unter Strafe steht, wird nicht einheitlich beurteilt.

Willemsen und *Lembke* stellen darauf ab, dass der Sachverständige, der über die Vorschrift des § 108 Abs. 2 S. 3 BetrVG hinzugezogen wurde, nicht vom Wortlaut der Vorschrift umfasst sei und dass daher eine analoge Anwendung der Vorschrift gegen den Bestimmtheitsgrundsatz des Art. 103 Abs. 2 GG verstoße.[1219]

Oetker nimmt dagegen an, der Sachverständige sei „vom Betriebsrat" hinzugezogen worden und begründet dies mit der in § 108 Abs. 2 S. 3 BetrVG angeordneten entsprechenden Anwendung.[1220] Dieser Auffassung ist im Ergebnis, jedoch mit einer anderen Begründung, zuzustimmen. Im Gegensatz zum Sachverständigen, der durch Gesamt- oder Konzernbetriebsrat hinzugezogen wurde, besteht hier Raum für eine Anwendung des § 120 Abs. 1 Nr. 3 Var. 1 BetrVG. Es handelt sich bei dem Sachverständigen, der zur Unterstützung des Wirtschaftsausschusses hinzugezogen wurde, um einen Sachverständigen,

1217 Vgl. *Leinemann*, ZIP 1989, 552, 552; vgl. auch die entsprechenden Ausführungen zur Verschwiegenheitspflicht des Betriebsrats Kapitel 1 A III 3 b.

1218 Richardi – *Annuß*, S. 120 Rn. 7 m.w.N.

1219 HWK – *Willemsen/Lembke,* § 108 Rn. 21; vgl. auch die Ausführungen zur Strafbewehrung des § 120 Abs. 1 Nr. 3 Var. 1 BetrVG für den durch Gesamt- oder Konzernbetriebsrat hinzugezogenen Sachverständigen Kapitel 4 B II 4.

1220 GK – *Oetker*, § 108 Rn. 36.

der durch den Betriebsrat hinzugezogen wurde.[1221] Der Betriebsrat trifft die nähere Vereinbarung mit dem Unternehmer über die Hinzuziehung eines Sachverständigen.[1222] Zudem ist zu beachten, dass die Unterrichtung, durch die der Wirtschaftsausschuss selbst seine Informationen erhält, nach § 106 Abs. 2 S. 1 BetrVG eingeschränkt werden kann, wenn Betriebs- und Geschäftsgeheimnisse des Unternehmens gefährdet werden. Damit unterliegt der zur Unterstützung des Wirtschaftsausschusses tätige Sachverständige der Strafbewehrung des § 120 Abs. 1 Nr. 3 Var. 1 BetrVG.

IV. Durchsetzung der Unterrichtung und der Hinzuziehung eines Sachverständigen

Ist der Wirtschaftsausschuss der Auffassung, er werde vom Unternehmer nicht ausreichend oder rechtzeitig unterrichtet, kann er nach § 106 S. 1 BetrVG den Betriebsrat um Vermittlung ersuchen. Kommt eine Einigung zwischen dem Unternehmer und dem Betriebsrat über diese Frage nicht zustande, so kann der Betriebsrat nach § 106 S. 1 BetrVG die Einigungsstelle anrufen.[1223] Die Zuständigkeit der Einigungsstelle kann nicht dadurch umgangen werden, dass das Arbeitsgericht direkt angerufen wird.[1224] Der Spruch der Einigungsstelle ersetzt nach § 106 S. 2 BetrVG die Einigung zwischen Unternehmer und Betriebsrat.

Für die Frage, ob ein Sachverständiger erforderlich ist, damit der Wirtschaftsausschuss seine Aufgaben ordnungsgemäß erfüllen kann, letztlich also die Frage, ob die Ersetzung zur Zustimmung zur näheren Vereinbarung erforderlich ist, sind die Arbeitsgerichte im Beschlussverfahren zuständig.[1225] Antragsberechtigter ist nicht der Wirtschaftsausschuss, sondern der Betriebsrat.[1226]

1221 Vgl. die Ausführungen zur näheren Vereinbarung bei der Beauftragung eines Sachverständigen durch den Betriebsrat für den Wirtschaftsausschuss Kapitel 5 B II.

1222 Vgl. die Ausführungen zur näheren Vereinbarung bei der Beauftragung eines Sachverständigen durch den Betriebsrat für den Wirtschaftsausschuss Kapitel 5 B II.

1223 Vgl. *Boldt,* AP Nr. 1 zu § 108 BetrVG 1972; *Thannheiser,* AiB 2005, 348, 351; vgl. allgemein zur Durchsetzung der Unterrichtung des Wirtschaftsausschusses *Krack,* AiB 2010, 474, 476 f.; *Laßmann/Rupp,* Wirtschaftsausschuss, S. 338 ff.; *Lassmann/Rupp,* AiB 2011, 528, 528 ff.

1224 *LAG Hessen,* Beschl. v. 10.12.1985 – 4 TaBV 139/85, n.v.

1225 *LAG Düsseldorf/Köln,* Beschl. v. 25.03.1975 – 8 TaBV 3/75, EzA Nr. 1 zu § 108 BetrVG 1972; *Herschel,* AuR 1980, 21, 24; vgl. auch die Ausführungen zur Durchsetzung der Hinzuziehung eines Sachverständigen Kapitel 2 F.

1226 *Boldt,* AP Nr. 1 zu § 108 BetrVG 1972; *Fitting,* § 108 Rn. 40; offen gelassen durch *BAG,* Beschl. v. 18.07.1978 – 1 ABR 34/75, AP Nr. 1 zu § 108 BetrVG 1972 (B I 3 der Gründe); a.A. *Herschel,* AuR 1980, 21, 23.

C. Hinzuziehung eines Beraters im Sinne von § 111 S. 2 BetrVG

Bei einer Betriebsänderung im Sinne der §§ 111 ff. BetrVG (vergleiche aber auch § 106 Abs. 3 BetrVG) weisen die Kompetenzen von Wirtschaftsausschuss und Betriebsrat teilweise Parallelen auf.[1227] Der Wirtschaftsausschuss sorgt für eine schnelle Information des Betriebsrats. Die Unterrichtung durch den Wirtschaftsausschuss weist gegenüber der Information des Betriebsrats durch den Unternehmer die Besonderheit auf, dass der Wirtschaftsausschuss aufgrund der besonderen Eignung der Mitglieder die Information, die er an den Betriebsrat weitergibt, aufarbeiten kann, damit der Betriebsrat die komplexe Situation einer Betriebsänderung schnell und sachgerecht bewerten kann.[1228] Insoweit leistet der Wirtschaftsausschuss Vorarbeit für den Betriebsrat zur Beantwortung der Frage, ob der Einsatz eines Beraters nach § 111 S. 2 BetrVG für die Entwicklung von Alternativvorschlägen zur geplanten Betriebsänderung erforderlich ist.

Dabei ist die Unterrichtung des Wirtschaftsausschusses durch den Unternehmer strikt von der Unterrichtung des Betriebsrats durch den Unternehmer und den Wirtschaftsausschuss zu trennen; gleiches gilt für die Beratungen mit den jeweiligen Gremien.[1229]

I. Unterrichtung des Wirtschaftsausschusses bei Betriebsänderungen

Die wirtschaftlichen Angelegenheiten, über die der Unternehmer den Wirtschaftsausschuss nach § 106 Abs. 3 BetrVG zu unterrichten hat, entsprechen teilweise dem Katalog des § 111 S. 3 BetrVG.[1230] Der Wirtschaftsausschuss ist vom Arbeitgeber etwa über eine Einschränkung oder Stilllegung von Betrieben oder Betriebsteilen zu unterrichten.

1227 *Ritter*, Wirtschaftsausschuss, S. 137.
1228 Vgl. *Ritter*, Wirtschaftsausschuss, S. 139.
1229 Vgl. *Ritter*, Wirtschaftsausschuss, S. 139.
1230 vgl. GK – *Oetker*, § 106 Rn. 81, 84, 88; *Ohlendorf/Salamon*, FA 2007, 340, 341 m.w.N.; vgl. zu den Unterschieden der Unterrichtung nach § 106 Abs.2 BetrVG und nach § 111 BetrVG *Ohlendorf/Salamon*, FA 2007, 340, 341 f. m.w.N.

1. Zeitpunkt der Unterrichtung

Grundsätzlich ist der Wirtschaftsausschuss bereits in einem möglichst frühen Planungsstadium zu unterrichten.[1231] Die Unterrichtung ist bereits dann erforderlich, wenn (noch) keine beteiligungspflichtige Betriebsänderung vorliegt.[1232] Eine für die Unterrichtung des Wirtschaftsausschusses relevante Planungsstufe ist dann erreicht, wenn das Stadium der bloßen Idee verlassen ist und bestimmte Maßnahmen ernsthaft in Betracht gezogen werden, ohne dass bereits abschließend darüber entschieden worden ist oder konkrete Planungen vorliegen.[1233] Ob tatsächlich Auswirkungen, die das Gewicht einer mitbestimmungspflichtigen Betriebsänderung haben, eintreten werden, muss noch nicht feststehen.[1234] *Weinmann* legt die Unterrichtung des Wirtschaftsausschusses über eine Betriebsänderung auf den Zeitpunkt der „bindenden Konkretisierung" der Planung.[1235]

2. Reihenfolge der Unterrichtung

Ob eine zeitliche Reihenfolge zwischen der Unterrichtung des Wirtschaftsausschusses, der Unterrichtung des Betriebsrats durch den Wirtschaftsausschuss und der Unterrichtung des Betriebsrats durch den Unternehmer im Rahmen von Betriebsänderungen einzuhalten ist, ist umstritten.

Teilweise wird angenommen, dass die Beratung zwischen Unternehmer und Betriebsrat erst dann erfolgen dürfe, wenn die Unterrichtung nach § 108 Abs. 4 BetrVG durch den Wirtschaftsausschuss stattgefunden habe. Die Auffassung wird damit begründet, dass die Unterrichtung des Betriebsrats durch den Wirtschaftsausschuss eine vorbereitende und unterstützende Funktion habe, die nur bei einer vorherigen Unterrichtung durch den Wirtschaftsausschuss sichergestellt werden könne.[1236] Folge dieser Auffassung ist, dass die noch nicht abgeschlossene Unterrichtung nach § 106 Abs. 2 BetrVG eine Sperrwirkung für die Beratung des Betriebsrats mit dem Unternehmer nach §§ 111 ff. BetrVG entfaltet.[1237] Allerdings wird eine gleichzeitige Unterrichtung von Wirtschaftsausschuss und Betriebsrat

1231 Vgl. *OLG Hamburg,* Entscheidung v. 04.06.1985 – 2 Ss 5/85 OWi, BB 1986, 1014, 1014.

1232 GK – *Oetker*, § 106 Rn. 82.

1233 Vgl. *Ritter,* Wirtschaftsausschuss, S. 132.

1234 *Laßmann/Rupp,* Wirtschaftsausschuss, S. 26.

1235 *Weinmann,* ZfA 1991, 73, 83.

1236 DKKW – *Däubler,* § 106 Rn. 43 f.; *Ohlendorf/Salamon*, FA 2007, 340, 341 f.

1237 Vgl. *Ohlendorf/Salamon*, FA 2007, 340, 340.

als möglich erachtet, solange die Unterrichtung des Betriebsrats durch den Wirtschaftsausschuss vor Eintritt in die Beratungsphase zwischen Betriebsrat und Unternehmer abgeschlossen ist.[1238]

Eine andere Auffassung stellt zu Recht auf den Zweck der Unterrichtung ab und lässt es ausreichen, wenn der Betriebsrat die Unterrichtung durch den Wirtschaftsausschuss bei der Beratung mit dem Unternehmer berücksichtigen kann.[1239]

Für diese Auffassung spricht, dass weder der Wortlaut des § 106 Abs. 2 BetrVG noch der Wortlaut der §§ 111 ff. BetrVG eine zeitliche Rangfolge der Unterrichtung fordern.[1240] Solange die Beteiligung des Betriebsrats nach § 111 BetrVG zeitlich in ordnungsgemäßer Form möglich ist,[1241] ist eine parallele Beteiligung von Wirtschaftsausschuss und Betriebsrat möglich. Der Zweck der Unterrichtungspflicht des Unternehmers gegenüber dem Wirtschaftsausschuss – die Vorbereitung auf die Beratung mit dem Unternehmer und die Unterrichtung des Betriebsrats durch den Wirtschaftsausschuss – muss jedoch realisierbar bleiben.[1242] Dabei ist darauf zu achten, dass die Unterrichtung des Wirtschaftsausschusses schon zu einem früheren Zeitpunkt, nämlich bereits im Planungsstadium zu erfolgen hat.[1243] Die Beteiligung des Betriebsrats beginnt dagegen erst, wenn eine konkrete Betriebsänderung ansteht.[1244] Folglich muss die Unterrichtung nach dieser Auffassung im Laufe der Beratung zwischen Betriebsrat und Unternehmer stattfinden und ermöglicht damit die parallele Beteiligung von Wirtschaftsausschuss und Betriebsrat.[1245]

II. Hinzuziehung eines Beraters nach § 111 S. 2 BetrVG

Die Beteiligung des Wirtschaftsausschusses stellt den Beginn der Beteiligung der Mitbestimmungsorgane bei einer Betriebsänderung dar. Es ist daher fraglich, ob dem Wirtschaftsausschuss auch das Recht zusteht, einen Berater nach § 111 S. 2

1238 *Ohlendorf/Salamon*, FA 2007, 340, 343.
1239 GK – *Oetker*, § 106 Rn. 117.
1240 Vgl. *Ohlendorf/Salamon*, FA 2007, 340, 341.
1241 Richardi – *Annuß*, § 106 Rn. 24 m.w.N.
1242 Vgl. *Weinmann*, ZfA 1991, 73, 82.
1243 *OLG Hamburg*, Entscheidung v. 04.06.1985 – 2 Ss 5/85 OWi, BB 1986, 1014, 1014; vgl. *Weinmann*, ZfA 1991, 73, 82 f. auch zur problematischen Frage, ab wann das Stadium, in dem der Wirtschaftsausschuss zu unterrichten ist, überschritten ist.
1244 Vgl. die Ausführungen zu den Voraussetzungen des § 111 BetrVG oben.
1245 GK – *Oetker*, § 106 Rn. 117.

BetrVG hinzuzuziehen, wie es im späteren Verfahren dem Betriebsrat beziehungsweise dem Gesamt- oder dem Konzernbetriebsrat zusteht.

Oetker ist der Ansicht, dass dem Wirtschaftsausschuss bei einer Betriebsänderung ein Berater im Sinne des § 111 S. 2 BetrVG zur Seite zu stellen ist.[1246] Er begründet seine Auffassung damit, dass die unternehmerische Entscheidung gerade Bestandteil der Beratung zwischen Unternehmer und Wirtschaftsausschuss sei und die Entwicklung von Alternativvorschlägen zur Betriebsänderung auch von dieser Beratung umfasst werde.[1247] Zudem sei der Wirtschaftsausschuss zur Information des Betriebsrats verpflichtet, wodurch ein Berater für den Betriebsrat wiederum überflüssig werden könnte.[1248]

Auch wenn die Möglichkeit dem Wirtschaftsausschuss in dieser Situation einen Berater an die Seite zu stellen auf den ersten Blick sachdienlich erscheint, ist diese Auffassung ist aus verschiedenen Gründen abzulehnen. Dem Wirtschaftsausschuss steht kein Recht auf Hinzuziehung eines Beraters im Sinne des § 111 S. 2 BetrVG zu. Die Hinzuziehung eines Beraters durch den Wirtschaftsausschuss ist nicht vom Wortlaut des § 111 S. 2 BetrVG umfasst. § 111 S. 2 BetrVG nennt lediglich den Betriebsrat als Anspruchsberechtigten. Eine analoge Anwendung der Vorschrift auf Gesamt- und Konzernbetriebsrat ist unter dem Aspekt möglich, dass es sich bei diesen Organen um Mitbestimmungsorgane handelt, die nach §§ 51 Abs. 5, 59 Abs. 1 BetrVG die gleichen Rechte und Pflichten treffen wie den Betriebsrat. Der Wirtschaftsausschuss ist jedoch ein bloßes Hilfsorgan des Betriebsrats. Bei der Hinzuziehung eines Sachverständigen hat der Gesetzgeber den Verweis in § 108 Abs. 1 S. 3 BetrVG geschaffen. Bei den Mitbestimmungsorganen fehlt ein solcher Verweis und die Lücke wird durch eine analoge Anwendung des § 80 Abs. 3 BetrVG für Gesamt- und Konzernbetriebsrat geschlossen. Ob ein solches Vorgehen auch für den Wirtschaftsausschuss möglich wäre, wenn der Verweis in § 108 Abs. 1 S. 3 BetrVG fehlen würde, ist fraglich. Der Gesetzgeber hat mit Schaffung des § 108 Abs. 1 S. 3 BetrVG gezeigt, dass er die Notwendigkeit sieht, die Hinzuziehung eines Sachverständigen durch den Wirtschaftsausschuss zu regeln und klarzustellen, dass auch ein Beteiligter des Betriebsverfassungsrechts, der kein Mitbestimmungsorgan ist, einen Sachverständigen zu seiner Information nutzen kann. Dabei ist der Unterschied zwischen § 80 Abs. 3 BetrVG und § 111 S. 2 BetrVG zu beachten. Durch § 111 S. 2 BetrVG soll Hilfe für die Ausübung der Mitbestimmungsrechte bei einer Betriebsänderung geschaffen werden; durch § 80

1246 *Oetker*, NZA 2002, 465, 465 f.

1247 *Oetker*, NZA 2002, 465, 466.

1248 *Oetker*, NZA 2002, 465, 470.

Abs. 3 BetrVG soll zwar ebenfalls eine Hilfestellung für die Ausübung der Mitbestimmungsrechte gegeben werden, darüber hinaus sind jedoch alle Aufgaben des Betriebsrats erfasst.[1249] Die Vorschrift des § 80 Abs. 3 BetrVG ist damit weiter gefasst und zielt nicht nur auf die Ausübung der Mitbestimmung ab. Daraus kann geschlossen werden, dass ein Verweis auf § 80 Abs. 3 BetrVG gegebenenfalls nicht notwendig gewesen wäre.[1250] Für eine Notwendigkeit des Verweises in § 108 Abs. 1 S. 3 BetrVG spricht allerdings, dass der Wirtschaftsausschuss gerade nicht eigenständig dazu in der Lage ist, einen Sachverständigen hinzuzuziehen, sondern auf die Hinzuziehung des Sachverständigen durch den Betriebsrat angewiesen ist. Ein Verweis auf § 111 S. 2 BetrVG müsste folglich zwingend durch den Gesetzgeber erfolgen.

Die Hinzuziehung eines Beraters durch den Wirtschaftsausschuss ist zudem mit dem Sinn und Zweck des § 111 S. 2 BetrVG nicht vereinbar. Der Betriebsrat ist das Organ, welches als Repräsentant der Belegschaft die relevanten Fragen in Bezug auf die Mitbestimmung entscheidet.[1251] Dem Wirtschaftsausschuss kommt keine solche Rolle in der Betriebsverfassung zu.[1252] Vielmehr soll dem zuständigen Mitbestimmungsorgan zum Zeitpunkt seiner Beteiligung, nämlich bei Vorliegen einer konkreten Betriebsänderung, schnelle Hilfe an die Hand gegeben werden.[1253] Als Ausnahmevorschrift richtet sich § 111 S. 2 BetrVG damit nur an die Mitbestimmungsorgane.[1254] Der Wirtschaftsausschuss wird jedoch bereits zu einem deutlich früheren Zeitpunkt informiert, so dass es ihm auch in zeitlicher Hinsicht zugemutet werden kann, das Verfahren zur Hinzuziehung eines Sachverständigen nach § 80 Abs. 3 BetrVG zu durchlaufen.[1255]

Schließlich ist § 111 S, 2 BetrVG auch unter dem Gesichtspunkt der Gefahr bei nicht erforderlicher Hinzuziehung eines Beraters in analoger Anwendung des § 179 BGB in Anspruch genommen zu werden, zugunsten der für den Wirtschaftsausschuss handelnden Mitglieder des Betriebsrats, die den Beschluss für den

---

1249 Vgl. die Ausführungen zu den Voraussetzungen des § 80 Abs. 3 BetrVG Kapitel 2 und den Voraussetzungen des § 111 S. 2 BetrVG Kapitel 3.

1250 vgl. auch die Ausführungen zur Rechtsgrundlage einer Hinzuziehung von Sachverständigen durch den Wahlvorstand Kapitel 6 B I.

1251 Vgl. *Boldt,* AP Nr. 1 zu § 108 BetrVG 1972.

1252 Vgl. DKKW – *Däubler,* § 106 Rn. 35.

1253 Vgl. die Ausführungen zu den Voraussetzungen des § 111 S. 2 BetrVG Kapitel 3.

1254 Vgl. die Ausführungen zur analogen Anwendung des § 111 S. 2 BetrVG durch Gesamt- und Konzernbetriebsrat Kapitel 4 C.

1255 *Rose/Grimmer,* DB 2003, 1790, 1791; vgl. auch die Ausführungen zur Unterrichtung des Wirtschaftsausschusses Kapitel 5 C I.

Wirtschaftsausschuss über die Hinzuziehung eines Beraters ausführen müssten, einschränkend auszulegen.[1256]

Zusammenfassung Kapitel 5

Sachverständige, die zur Unterstützung des Wirtschaftsausschusses tätig werden sollen, können nach § 108 Abs. 2 S. 3 BetrVG in Verbindung mit einer entsprechenden Anwendung des § 80 Abs. 3 BetrVG hinzugezogen werden. Der Wirtschaftsausschuss muss vor der Hinzuziehung eines Sachverständigen vorrangig andere Informationsquellen nutzen. Namentlich muss eine Unterrichtung durch den Unternehmer nach § 106 Abs. 2 BetrVG stattgefunden haben, sachkundige Arbeitnehmer und Fachliteratur müssen konsultiert worden sein und die Mitglieder des Wirtschaftsausschusses, die dazu berechtigt sind, müssen Schulungsveranstaltungen besucht haben. Informationen, die durch die Gewerkschaften zur Verfügung gestellt werden, sind nur in Ausnahmefällen zu nutzen.

Im Unterschied zu Betriebsrat, Gesamtbetriebsrat und Konzernbetriebsrat ist grundsätzlich vom Vorhandensein der erforderlichen Fach- und Sachkunde im Wirtschaftsausschuss nach § 107 Abs. 1 S. 3 BetrVG auszugehen. Dies gilt auch für die Mitglieder eines Ausschusses, dem die Aufgaben des Wirtschaftsausschusses nach § 107 Abs. 3 S. 1 BetrVG übertragen wurden. Dem bestellenden Organ steht bei der Beurteilung der Eignung der Mitglieder ein Beurteilungsspielraum zu. Wurde dieser Beurteilungsspielraum ordnungsgemäß ausgeübt, so hat eine Verletzung der Sollvorschrift des § 107 Abs. 1 S. 3 BetrVG nicht zur Folge, dass das Recht, einen Sachverständigen hinzuzuziehen, entfällt.

Der Beurteilungsspielraum hinsichtlich der Bewertung der Erforderlichkeit eines Sachverständigeneinsatzes steht neben dem Wirtschaftsausschuss auch dem Betriebsrat zu. Der Beschluss über die Hinzuziehung eines Sachverständigen zur Unterstützung des Wirtschaftsausschusses wird durch den Betriebsrat gefasst. Dieser schließt auch die nähere Vereinbarung mit dem Unternehmer ab. Der Sachverständige, der für den Wirtschaftsausschuss tätig wird, wird folglich vom Betriebsrat hinzugezogen. Daher kann sich der Sachverständige bei einer unbefugten Weitergabe von Betriebs- und Geschäftsgeheimnissen nach § 120 Abs. 1 Nr. 3 Var. 1 BetrVG strafbar machen.

1256 Vgl. die Ausführungen zum Beschuss bei der Hinzuziehung eines Sachverständigen für den Wirtschaftsausschuss Kapitel 5 B II 2; zur Haftung im Rahmen von § 111 S. 2 BetrVG vgl. BGH, Urteil vom 25.10.2012 – III ZR 266/11, BGHZ 195, 174, 174 ff.

Dem Wirtschaftsausschuss steht nicht das Recht zu, einen Berater nach § 111 S. 2 BetrVG hinzuzuziehen. Im Rahmen einer Betriebsänderung kann die Unterrichtung von Wirtschaftsausschuss und Betriebsrat gleichzeitig erfolgen, solange der Betriebsrat ordnungsgemäß durch den Wirtschaftsausschuss unterrichtet und dies im Rahmen der Beratung mit dem Unternehmer noch berücksichtigt werden kann.

Kapitel 6: Externer Sachverstand für den Wahlvorstand

Nach § 1 Abs. 1 BetrVG können Betriebsräte „in Betrieben mit in der Regel mindestens fünf ständigen wahlberechtigten Arbeitnehmern, von denen drei wählbar sind“, gewählt werden. Eine Verpflichtung zur Wahl von Betriebsräten besteht nicht.[1257] Für die Bestimmung der regelmäßigen Arbeitnehmerzahl muss mit Hilfe einer Rückschau sowie einer Prognose auf den größten Zeitraum eines Jahres im Betrieb abgestellt werden.[1258] Die regelmäßigen Betriebsratswahlen finden nach § 13 Abs. 1 S. 1 BetrVG „alle vier Jahre in der Zeit vom 1. März bis 31. Mai statt.“ Die genaue Einhaltung der Wahlvorschriften durch den Wahlvorstand ist wichtig, da eine Verletzung dieser zur Anfechtbarkeit oder sogar Nichtigkeit der Wahl führen kann.[1259] Bei Fehlern droht die Wiederholung der Wahl, was zu hohen Kosten für die Arbeitgeberseite führen kann.[1260] Daher ist es auch im Interesse des Arbeitgebers erforderlich, dass die Mitglieder des Wahlvorstands über eine umfassende Kenntnis der Wahlvorschriften verfügen.[1261] Zwar wurde mit §§ 14 a, 17 a BetrVG ein vereinfachtes Wahlverfahren für Kleinbetriebe geschaffen, die Wahlvorschriften bergen jedoch sehr viele Regelungen, die Mitglieder des Wahlvorstands leicht übersehen, falsch deuten oder ausführen können.[1262]

Die Mitglieder des Wahlvorstands müssen keine besonderen Kenntnisse für die Ausübung ihres Amtes mitbringen;[1263] sie weisen daher in Bezug auf die Aufgabe der Betriebsratswahl ein mit den Mitgliedern des Betriebsrats vergleichbares Informationsbedürfnis auf.

1257 *Däubler*, FS Kreutz, S. 69, 69; *Schiefer/Korte*, NZA 2002, 57, 58.

1258 *Schiefer/Korte*, NZA 2002, 57, 58 f.; ebenfalls zum Arbeitnehmerbegriff des § 5 BetrVG *Schiefer/Korte*, NZA 2002, 57, 59; vgl. zum Betriebsbegriff *Burgmer/Richter*, NZA-RR 2010, 57, 57 ff.; *Däubler*, FS Kreutz, S. 69, 74 ff.; *Schneider*, AiB 1994, 14, 14 ff.

1259 *Ahlburg*, AiB 2009, 399, 399.

1260 *BAG*, Urteil v. 07.06.1984 – 6 AZR 3/82, AP Nr. 10 zu § 20 BetrVG 1972 (3 der Gründe).

1261 *BAG*, Urteil v. 07.06.1984 – 6 AZR 3/82, AP Nr. 10 zu § 20 BetrVG 1972 (3 der Gründe); *Weber*, ZfA 1991, 187, 196.

1262 Vgl. *Geyer*, FS Leinemann, S. 515, 518.

1263 *Boemke*, Betriebsratswahl, S. 70.

A. Der Wahlvorstand

Der Wahlvorstand ist ein vom Betriebsrat unabhängiges und eigenständiges Organ des Betriebsverfassungsrechts.[1264] Das Amt des Wahlvorstands beginnt mit der Bestellung des letzten Mitglieds und endet nach herrschender Auffassung mit der Einberufung des neu gewählten Betriebsrats zur konstituierenden Sitzung nach § 29 Abs. 1 S. 1 BetrVG.[1265] Der Wahlvorstand wird damit nur innerhalb einer sehr begrenzten Amtszeit tätig.

I. Bestellung des Wahlvorstands

Das Gesetz sieht verschiedene Möglichkeiten zur Bestellung eines Wahlvorstands vor.[1266] Ein Initiativrecht des Arbeitgebers besteht nicht.[1267] In Betrieben, in denen bereits ein Betriebsrat besteht, wird nach § 16 Abs. 1 S. 1 BetrVG der Wahlvorstand spätestens zehn Wochen vor Ablauf der Amtszeit des alten Betriebsrats durch diesen bestellt. Im Betrieb vertretene Gewerkschaften können zudem nach § 16 Abs. 1 S. 6 BetrVG je ein nicht stimmberechtigtes Mitglied in den Wahlvorstand entsenden. Wurde bis zum Zeitpunkt von acht Wochen vor dem Ablauf der Amtszeit des bisherigen Betriebsrats kein Wahlvorstand bestellt, so bestellt das Arbeitsgericht auf Antrag von mindestens drei wahlberechtigten Arbeitnehmern oder einer im Betrieb vertretenen Gewerkschaft nach § 16 Abs. 2 S. 1 BetrVG den Wahlvorstand. Auch der Gesamtbetriebsrat oder, wenn ein solcher nicht besteht, der Konzernbetriebsrat können zu dieser Zeit einen Wahlvorstand nach § 16 Abs. 3 S. 1 BetrVG bestellen. Im Verhältnis der Bestellungsmöglichkeiten von Abs. 2 und Abs. 3 des § 16 BetrVG wird davon ausgegangen, dass der zuerst bestellte Wahlvorstand als wirksam errichtet anzusehen ist.[1268]

Besteht in einem betriebsratsfähigen Betrieb kein Betriebsrat, so kann der Gesamtbetriebsrat oder, wenn ein solcher nicht besteht, der Konzernbetriebsrat nach § 17 Abs. 1 S. 1 BetrVG einen Wahlvorstand bestellen. Bestehen weder Gesamt- noch Konzernbetriebsrat oder unterlassen diese eine Bestellung, so kann nach § 17 Abs. 2 BetrVG die Betriebsversammlung einen Wahlvorstand bestellen. Findet

1264 *Rudolph*, AiB 2010, 340, 344.

1265 Vgl. GK – *Kreutz*, § 16 Rn. 78 und 80 m.w.N. zum Streitstand.

1266 Vgl. zu den verschiedenen Möglichkeiten der Bestellung des Wahlvorstandes *Boemke*, Betriebsratswahl, S. 58 ff.

1267 *Schiefer/Korte*, NZA 2002, 57, 58.

1268 *Löwisch*, BB 2001, 1734, 1738.

trotz Einladung keine Betriebsversammlung statt oder bestellt diese keinen Wahlvorstand, so findet die Bestellung nach § 17 Abs. 4 S. 1 BetrVG auf Antrag von mindestens drei wahlberechtigen Arbeitnehmern oder einer im Betrieb vertretenen Gewerkschaft durch das Arbeitsgericht statt.

In Kleinbetrieben „mit in der Regel fünf bis fünfzig wahlberechtigten Arbeitnehmern“ besteht die Möglichkeit eines vereinfachten Wahlverfahrens nach §§ 14 a, 17 a BetrVG. Dieses enthält zum Beispiel verkürzte Fristen zur Bestellung eines Wahlvorstands. Nach § 14 a Abs. 5 BetrVG können zudem „in Betrieben mit in der Regel 51 bis 100 wahlberechtigten Arbeitnehmern“ Wahlvorstand und Arbeitgeber die Anwendung des vereinfachten Wahlverfahrens vereinbaren.

II. Größe und Mitglieder des Wahlvorstands

Nach § 16 Abs. 1 S. 1 BetrVG besteht der Wahlvorstand aus drei Wahlberechtigten. Nach Satz 2 der Vorschrift ist der Betriebsrat befugt, die Zahl der Mitglieder des Wahlvorstands zu erhöhen, „wenn dies zur ordnungsgemäßen Durchführung der Wahl erforderlich ist“ und nach § 16 Abs. 1 S. 3 BetrVG gewährleistet ist, dass der Wahlvorstand weiterhin aus einer ungeraden Anzahl an Mitgliedern besteht. Wird der Wahlvorstand durch das Arbeitsgericht bestellt, kann dieses nach § 16 Abs. 2 S. 3 BetrVG in Betrieben mit mehr als zwanzig wahlberechtigten Arbeitnehmern auch Mitglieder einer im Betrieb vertretenen Gewerkschaft bestellen, selbst wenn diese keine Arbeitnehmer des Betriebs sind. Mitglieder des Wahlvorstands können auch amtierende Mitglieder des Betriebsrats sein.[1269] Wie die Mitglieder des Betriebsrats müssen auch die Mitglieder des Wahlvorstands keine besonderen Kenntnisse oder Fähigkeiten zur Ausübung ihres Amtes mitbringen.[1270]

III. Aufgaben des Wahlvorstands

Die durch den Wahlvorstand zu erfüllenden Aufgaben sind nicht so vielfältig wie die Aufgaben des Betriebsrats.[1271] Dennoch können sich dem Wahlvorstand vergleichbar schwierig zu erfüllende Aufgaben stellen.[1272] Die Aufgaben des Wahlvorstandes ergeben sich insbesondere aus §§ 18, 29 BetrVG sowie der Wahlordnung

---

1269 *Rudolph*, AiB 2010, 340, 344.

1270 *Boemke*, Betriebsratswahl, S. 70.

1271 *Blomeyer*, FS 25 Jahre BAG, S. 17, 33.

1272 *BAG*, Beschl. v. 11.11.2009 – 7 ABR 26/08, BAGE 132, 232, 238.

zum Betriebsverfassungsgesetz, welche die Art und Weise der Aufgabenerfüllung durch den Wahlvorstand beschreibt.[1273] Nach § 18 BetrVG hat der Wahlvorstand unverzüglich die Wahl einzuleiten, durchzuführen und das Wahlergebnis festzustellen. Die Leitung der Wahl obliegt nach § 1 der Wahlordnung zum Betriebsverfassungsgesetz ebenfalls dem Wahlvorstand. Er ist damit für die ordnungsgemäße Durchführung der Betriebsratswahl verantwortlich.[1274] Die Durchführung der Wahl als Aufgabe des Wahlvorstands richtet sich nach den §§ 2 ff. der Wahlordnung zum Betriebsverfassungsgesetz.[1275]

B. Externer Sachverstand für den Wahlvorstand

In einem Beschluss vom 11.11.2009 entschied das *Bundesarbeitsgericht*, dass der Wahlvorstand unter bestimmten Voraussetzungen das Recht hat, externen Sachverstand zu seiner Hilfe hinzuzuziehen.[1276] Diese Entscheidung hat in der Literatur Zustimmung gefunden.[1277] Fraglich ist, auf welcher gesetzlichen Grundlage ein Anspruch des Wahlvorstands auf Unterstützung durch externen Sachverstand bestehen kann und wie die Voraussetzungen für die Hinzuziehung von externem Sachverstand im Einzelnen ausgestaltet sein müssen.

I. Rechtsgrundlage

Es müsste zunächst eine Grundlage bestehen, auf die ein Anspruch des Wahlvorstands auf Hinzuziehung von externem Sachverstand gestützt werden kann. Eine spezielle Regelung für den Wahlvorstand besteht nicht. Das *Bundesarbeitsgericht* hat seine Entscheidung auf eine analoge Anwendung des § 80 Abs. 3 BetrVG gestützt. In Betracht kommen aber auch die Anwendung des § 20 Abs. 3 S. 1 BetrVG, der die Kostentragungspflicht des Arbeitgebers für die Kosten der Wahl regelt, und die entsprechende Anwendung des § 111 S. 2 BetrVG, welcher die Hinzuziehung eines Beraters durch den Betriebsrat regelt und keine nähere

1273 *Boemke*, Betriebsratswahl, S: 56.

1274 *Schiefer/Korte*, NZA 2002, 57, 63.

1275 Vgl. zu dem Aufgaben im Rahmen der Wahlvorbereitung *Burgmer/Richter*, NZA-RR 2010, 62, 62 f.

1276 *BAG*, Beschl. v. 11.11.2009 – 7 ABR 26/08, BAGE 132, 232, 232 ff.

1277 GK – *Kreutz*, § 20 Rn. 54; *Wieland*, ArbRAktuell 2010, 239, 240; zuvor gefordert durch *Jacobs*, Wahlvorstände, S. 289.

Vereinbarung mit dem Arbeitgeber vorsieht, was dem Wahlvorstand, der aufgrund seiner begrenzten Amtszeit dringend auf sachkundige Hilfe angewiesen ist, entgegenkommen würde.

1. „Kosten der Wahl" im Sinne des § 20 Abs. 3 S. 1 BetrVG

Nach der Vorschrift des § 20 Abs. 3 S. 1 BetrVG trägt der Arbeitgeber die Kosten der Wahl. Diese könnten auch die Kosten für externen Sachverstand zur Unterstützung des Wahlvorstands beinhalten.

a. Wortlaut des § 20 Abs. 3 S. 1 BetrVG

Von den Kosten der Wahl sind alle mit der Wahl verbundenen Kosten, insbesondere auch Kosten, die mit der Einleitung oder der gerichtlichen Überprüfung der Wahl anfallen, erfasst.[1278] Dazu gehört auch die Pflicht des Arbeitgebers, die Wahlvorstandsmitglieder von Ansprüchen Dritter freizustellen.[1279] Es besteht eine „Kostentragungspflicht im weitesten Sinne".[1280] Der Wortlaut des § 20 Abs. 3 S. 1 BetrVG umfasst damit die Kosten von externem Sachverstand für den Wahlvorstand.

b. Bedeutungszusammenhang des § 20 Abs. 3 S. 1 BetrVG

Dennoch kann § 20 Abs. 3 S. 1 BetrVG nicht die Rechtsgrundlage für die Hinzuziehung externen Sachverstands durch den Wahlvorstand darstellen, da dies nicht mit dem Bedeutungszusammenhang des § 20 BetrVG im System des Betriebsverfassungsgesetzes im Einklang steht. Wird der Bedeutungszusammenhang des Gesetzes als Auslegungsmethode herangezogen, muss das „zugrunde liegende ‚innere System' der maßgeblichen Wertentscheidungen und Prinzipien" des Gesetzes betrachtet werden.[1281] Zwischen einzelnen Regelungen eines Gesetzes kann eine „sachliche Übereinstimmung" angenommen werden.[1282] Eine

1278 *BAG*, Beschl. v. 31.05.2000 – 7 ABR 8/99, BAGE 95, 30, 32 m.w.N.; *BAG*, Beschl. v. 16.04.2003 – 7 ABR 29/02, AP Nr. 21 zu § 20 BetrVG 1972 (II 1 a der Gründe); *LAG Hessen*, Beschl. v. 06.12.2007 – 9 TaBV 153/97, juris; GK – *Kreutz*, § 20 Rn. 47; vgl. zu den Kosten für ein gerichtliches Verfahren zwischen dem Wahlvorstand und dem Arbeitgeber *BAG*, Beschl. v. 08.04.1992 – 7 ABR 56/91, BAGE 70, 126, 132.

1279 *BAG*, Beschl. v. 03.12.1987 – 6 ABR 79/85, BAGE 57, 106, 110.

1280 DKKW – *Homburg*, § 20 Rn. 27; vgl. GK – *Kreutz*, § 20 Rn. 47.

1281 *Larenz/Canaris*, Methodenlehre, S. 149.

1282 *Larenz/Canaris*, Methodenlehre, S. 146.

solche Übereinstimmung ist zwischen den Vorschriften über die Kostentragung durch den Arbeitgeber für die Kosten des Betriebsrats nach § 40 Abs. 1 BetrVG und für die Kosten des Wahlvorstands nach § 20 Abs. 3 S. 1 BetrVG zu finden. Die Existenz einer solchen Übereinstimmung wird durch die von Literatur und Rechtsprechung ähnliche Behandlung der Vorschriften bestätigt. § 40 Abs. 1 BetrVG und § 20 Abs. 3 S. 1 BetrVG treffen beide keine Aussage, ob lediglich erforderliche Kosten umfasst sind. Dennoch wird allgemein davon ausgegangen, dass in beiden Vorschriften eine Beschränkung auf die erforderlichen Kosten vorzunehmen ist.[1283] Die dem Gesetz zugrunde liegende innere Systematik, in welche die gefundene sachliche Übereinstimmung einzuordnen ist, ist jedoch nur unter Beachtung des Regelungszwecks erfassbar.[1284] Regelungszweck des § 20 Abs. 3 S. 1 BetrVG ist es, die Wahl eines Betriebsrats sicherzustellen, ohne dass auf die Mittel der Mitglieder des Wahlvorstands zurückgegriffen werden muss, und gleichzeitig den Arbeitgeber vor überflüssigen Kosten zu bewahren.[1285] § 40 Abs. 1 BetrVG soll die Erstattung aller erforderlichen Kosten durch den Arbeitgeber sicherstellen und so die Betriebsratsmitglieder vor einer Inanspruchnahme schützen.[1286]

Bestimmte Kosten werden jedoch von zusätzlichen Voraussetzungen abhängig gemacht. So erfordert die Hinzuziehung eines Sachverständigen durch den Betriebsrat die Erfüllung der Voraussetzungen des § 80 Abs. 3 BetrVG.[1287] Dabei wird § 80 Abs. 3 BetrVG als abschließend angesehen und ein Rückgriff auf § 40 Abs. 1 BetrVG abgelehnt.[1288]

1283 *BAG*, Beschl. v. 31.05.2000 – 7 ABR 8/99, BAGE 95, 30, 33; *BAG*, Beschl. v. 16.04.2003 – 7 ABR 29/02, AP Nr. 21 zu § 20 BetrVG 1972 (II 1 a der Gründe); GK – *Kreutz*, § 20 Rn. 49 m.w.N.; *Schiefer/Korte*, NZA 2002, 113, 117; Richardi – *Thüsing*, § 20 Rn. 38 m.w.N.

1284 *Larenz/Canaris*, Methodenlehre, S. 148.

1285 BeckOK – *Besgen*, § 20 BetrVG Rn. 11 ff. m.w.N.

1286 Vgl. Richardi – *Thüsing*, § 40 Rn. 3; GK – *Weber*, § 40 Rn. 11; DKKW – *Wedde*, § 40 Rn. 3 ff.

1287 Vgl. die Ausführungen zur Hinzuziehung eines Sachverständigen des Betriebsrats Kapitel 2.

1288 *BAG*, Beschl. v. 26.02.1992 – 7 ABR 51/90, BAGE 70, 1, 7; *BAG*, Beschl. v. 15.11.2000 – 7 ABR 24/00, EzA Nr. 92 zu § 40 BetrVG 1972 (B II 1 a der Gründe); *LAG Hessen*, Beschl. v. 20.11.2008 – 9 TaBV 126/08, juris; *Popp*, PERSONAL 1993, 189, 189; *Schierbaum*, CR 1995, 742, 742; *Wagner*, AuR 1993, 70, 75; teilweise a.A. *LAG Hessen*, Beschl. v. 31.05.1990 – 12 TaBV 26/90, DB 1990, 2125, 2125.

c. *Grundstruktur der Kostenerstattung im Betriebsverfassungsgesetz*

Unter Beachtung des Regelungszwecks von § 20 Abs. 3 S. 1 BetrVG und § 40 Abs. 1 BetrVG ergibt sich damit ein im Betriebsverfassungsgesetz bestehendes System.

aa. Übereinstimmend mit *Rieble* wird angenommen, dass das Betriebsverfassungsgesetz die Erstattung von Sach- und Personalaufwand unterschiedlich geregelt hat.[1289] Personalaufwand ist grundsätzlich nur mittelbar durch den Arbeitgeber zu erstatten, etwa indem eine Arbeitsbefreiung von Betriebsratsmitgliedern gewährt wird.[1290] Der Zweck einer näheren Vereinbarung im Sinne des § 80 Abs. 3 BetrVG oder der Ausnahmevorschrift des § 111 S. 2 BetrVG liegt demnach darin, den Arbeitgeber oder den Unternehmer nicht über Gebühr mit den Kosten für externen Sachverstand zu belasten, und stellt sich letztlich als eine Ausformung des in § 2 Abs. 1 BetrVG normierten Grundsatzes der vertrauensvollen Zusammenarbeit dar.[1291]

bb. Aus den vorherigen Überlegungen lässt sich eine Grundstruktur für die Kosten des Betriebsrats und anderer Beteiligter der Betriebsverfassung ableiten. Die Voraussetzungen für die Hinzuziehung von externem Sachverstand durch den Betriebsrat sind in § 80 Abs. 3 BetrVG beziehungsweise in § 111 S. 2 BetrVG geregelt.[1292] Die Kostenfolge ergibt sich aus § 40 Abs. 1 BetrVG. Für die Kosten des Gesamtbetriebsrats und des Konzernbetriebsrats gilt dies entsprechend. Die Voraussetzungen werden einer analogen Anwendung der Vorschriften des § 80 Abs. 3 BetrVG und des § 111 S. 2 BetrVG entnommen, während sich die Kostenfolge für den Gesamtbetriebsrat aus § 51 Abs. 1 S. 1 BetrVG und für den Konzernbetriebsrat aus § 59 Abs. 1 BetrVG ergibt.[1293] Anders ist die Situation beim Wirtschaftsausschuss. Obwohl auch hier dasselbe Grundsystem Anwendung findet, ergeben sich die Voraussetzungen für die Hinzuziehung eines Sachverständigen aus einer analogen Anwendung des § 80 Abs. 3 BetrVG, welche durch § 108 Abs. 2 S. 3

1289 *Rieble*, SAE 1990, Heft 1, 8, 12.

1290 *Rieble*, SAE 1990, Heft 1, 8, 12; vgl. auch die Ausführungen zum Zweck der näheren Vereinbarung im Rahmen des § 80 Abs. 3 BetrVG Kapitel 2 D I.

1291 Vgl. die Ausführungen zum Zweck der näheren Vereinbarung Kapitel 2 D I und die Ausführungen zum Grundsatz der vertrauensvollen Zusammenarbeit Kapitel 2 A II 2 a aa.

1292 In diese Richtung ebenfalls *BAG*, Beschl. v. 11.11.2009 – 7 ABR 26/08, BAGE 132, 232, 239.

1293 Vgl. die Ausführungen zur Hinzuziehung von Sachverständigen durch Gesamt- und Konzernbetriebsrat Kapitel 4 B.

BetrVG angeordnet wird.[1294] Die Kostentragung ergibt sich mangels einer ausdrücklichen gesetzlichen Regelung aus einer entsprechenden Anwendung des § 40 Abs. 1 BetrVG.[1295]

cc. Dieses Grundsystem ist auf die Hinzuziehung von externem Sachverstand durch den Wahlvorstand zu übertragen. Daraus folgt, dass eine einschränkende Auslegung des Wortlauts des § 20 Abs. 3 S. 1 BetrVG vorgenommen werden muss. Die Kosten für die Hinzuziehung von externem Sachverstand sind damit zwar von dem Begriff der Kosten in § 20 Abs. 3 S. 1 BetrVG erfasst, § 20 Abs. 3 S. 1 BetrVG ist als Rechtsgrundlage für die Hinzuziehung von externem Sachverstand durch den Wahlvorstand allein jedoch nicht ausreichend. Wie § 40 Abs. 1 BetrVG regelt § 20 Abs. 3 S. 1 BetrVG lediglich die Kostenfolge. Unter Beachtung dieser Grundstruktur der Kostenerstattung kann damit externer Sachverstand durch den Wahlvorstand nicht auf der Grundlage des § 20 Abs. 3 S. 1 BetrVG hinzugezogen werden.

d. Vergleich mit der Rechtsprechung

Dieses Ergebnis steht im Einklang mit der Rechtsprechung des *Bundesarbeitsgerichts* und der unterinstanzlichen Rechtsprechung. Für die Inanspruchnahme von externem Sachverstand durch den Betriebsrat hat das *Bundesarbeitsgericht* § 80 Abs. 3 BetrVG als konkretere und speziellere Norm angesehen und einen Rückgriff auf § 40 Abs. 1 BetrVG ausgeschlossen.[1296] Das Gericht entschied, dass § 80 Abs. 3 BetrVG die alleinige Rechtsgrundlage für die Beratung des Betriebsrats darstellt; eine Ausnahme findet sich lediglich im § 111 S. 2 BetrVG oder einer Beratung in Bezug auf ein gerichtliches Verfahren oder ein Einigungsstellenverfahren.[1297] Vor Einführung der Rechtsfigur des Beraters im Sinne des § 111 S. 2 BetrVG hatte das *LAG Hessen* die Hinzuziehung eines Beraters, der im Gegensatz zum Sachverständigen lediglich Hilfsfunktionen für den Betriebsrat wahrnehmen würde, nach § 40 Abs. 1 BetrVG als zulässig erachtet.[1298] Später änderte

---

1294 Vgl. die Ausführungen zur Hinzuziehung von Sachverständigen durch den Wirtschaftsausschuss Kapitel 5 B.

1295 Richardi – *Annuß*, § 107 Rn. 32; *v. Hoyningen-Huene*, Betriebsverfassungsrecht, § 6 Rn. 50; GK – *Oetker*, § 107 Rn. 46 m.w.N.

1296 *BAG*, Beschl. v. 26.02.1992 – 7 ABR 51/90, BAGE 70, 1, 7 und 8; *BAG*, Beschl. v. 15.11.2000 – 7 ABR 24/00, EzA Nr. 92 zu § 40 BetrVG 1972 (B II 1 der Gründe); *BAG*, Beschl. v. 11.11.2009 – 7 ABR 26/08, BAGE 132, 232, 235.

1297 *BAG*, Beschl. v. 11.11.2009 – 7 ABR 26/08, BAGE 132, 232, 236.

1298 *LAG Hessen*, Beschl. v. 31.05.1990 – 12 TaBV 26/90, DB 1990, 2125, 2126.

das Gericht seine Auffassung und verwies darauf, dass der § 20 Abs. 3 BetrVG gerade keinen Hinweis darauf enthalte, dass die Hinzuziehung von externer sachverständiger Hilfe ohne weitere Voraussetzungen möglich sei, da auch andere Informationsmöglichkeiten wie Schulungen oder Sachmittel nur unter den Voraussetzungen des § 37 Abs. 6 BetrVG beziehungsweise des § 40 Abs. 2 BetrVG genutzt werden könnten.[1299]

e. Vergleich mit externem Sachverstand für den Wirtschaftsausschuss

Aus dem Umstand, dass für den Wirtschaftsausschuss eine entsprechende Anwendung des § 80 Abs. 3 BetrVG angeordnet worden ist, ein Verweis auf § 111 S. 2 BetrVG jedoch nicht vorgenommen wurde, wurde im Rahmen der Bearbeitung zum Wirtschaftsausschuss geschlossen, dass eine entsprechende Anwendung des § 111 S. 2 BetrVG für den Wirtschaftsausschuss nur dann möglich ist, wenn sie durch den Gesetzgeber angeordnet wird, da es sich beim Wirtschaftsausschuss nicht um ein Mitbestimmungsorgan handelt.[1300] Der Wahlvorstand ist ebenfalls kein Mitbestimmungsorgan. Ein entsprechender Schluss mit der Folge, dass die Hinzuziehung von externem Sachverstand für den Wahlvorstand nur bei einer expliziten Anordnung im Gesetz möglich wäre, muss jedoch nicht gezogen werden. Der Verweis in § 108 Abs. 1 S. 3 BetrVG stellt sich als Aussage des Gesetzgebers dar, dass auch Beteiligte der Betriebsverfassung, die keine Mitbestimmungsorgane sind, unter den Voraussetzungen des § 80 Abs. 3 BetrVG in analoger Anwendung Sachverständige hinzuziehen können und dass diese Möglichkeit nicht allein den Mitbestimmungsorganen vorbehalten ist. Der Sachverständige, der für den Wirtschaftsausschuss tätig werden soll, wird zudem nicht durch diesen, sondern durch den Betriebsrat hinzugezogen.[1301] Der Wahlvorstand könnte dagegen selbst einen Sachverständigen hinzuziehen.[1302]

1299 *LAG Hessen*, Beschl. v. 06.12.2007 – 9 TaBV 153/97, juris; ähnlich auch *LAG Hessen*, Beschl. v. 20.11.2008 – 9 TaBV 126/08, juris.

1300 Vgl. die Ausführungen zur Hinzuziehung eines Beraters im Sinne von § 111 S. 2 BetrVG durch den Wirtschaftsausschuss Kapitel 5 C II.

1301 Vgl. die Ausführungen zur näheren Vereinbarung bei der Beauftragung eines Sachverständigen durch den Betriebsrat Kapitel 2 D.

1302 Angedeutet in *BAG*, Beschl. v. 11.11.2009 – 7 ABR 26/08, BAGE 132, 232, 232; vgl. auch die Ausführungen zur näheren Vereinbarung bei der Hinzuziehung eines Sachverständigen für den Wahlvorstand Kapitel 6 B II 3.

f. Zwischenergebnis

Aus den vorstehenden Erwägungen ergibt sich damit, dass § 20 Abs. 3 S. 1 BetrVG nicht die geeignete Rechtsgrundlage für die Hinzuziehung von externem Sachverstand durch den Wahlvorstand ist. Als Rechtsgrundlage kommt damit nur eine analoge Anwendung des § 80 Abs. 3 BetrVG oder des § 111 S. 2 BetrVG in Betracht.

2. Analoge Anwendung des § 111 S. 2 BetrVG

Eine analoge Anwendung des § 111 S. 2 BetrVG für die Hinzuziehung von externem Sachverstand durch den Wahlvorstand ist nicht möglich. Zwar benötigen der Wahlvorstand, der eine Betriebsratswahl durchführen soll, und der Betriebsrat, der sich mit einer Betriebsänderung konfrontiert sieht, beide kurzfristig die Hilfe von externem Sachverstand, die analoge Anwendung des § 111 S. 2 BetrVG würde jedoch gegen die soeben dargestellte Grundstruktur der Kostenerstattung im Betriebsverfassungsrecht verstoßen. § 111 S. 2 BetrVG stellt eine Ausnahme von der normalen Kostenerstattung dar, da der Unternehmer unmittelbar und ohne eine vorherige Zustimmung zu einer näheren Vereinbarung mit den Kosten für einen Berater belastet wird.[1303] Diese Ausnahmevorschrift ist mit Blick auf die besondere Situation des Betriebsrats als Mitbestimmungsorgan im Rahmen einer Betriebsänderung geschaffen worden.[1304] Selbst wenn man eine Analogiefähigkeit von Ausnahmevorschriften anerkennt,[1305] kommt keine analoge Anwendung des § 111 S. 2 BetrVG zugunsten des Wahlvorstands in Betracht. Die Einsatzmöglichkeiten eines Beraters sind auf die Situation einer Betriebsänderung zugeschnitten und können nicht auf die Tätigkeitsbereiche eines Sachverständigen erweitert werden.[1306] Für den Einsatz eines Sachverständigen stellt § 80 Abs. 3 BetrVG damit die alleinige Rechtsgrundlage dar.[1307]

3. Analoge Anwendung des § 80 Abs. 3 BetrVG

Die Voraussetzungen für die Hinzuziehung von externem Sachverstand durch den Wahlvorstand sind § 80 Abs. 3 BetrVG in einer entsprechenden Anwendung

1303 Ähnlich *BAG*, Beschl. v. 11.11.2009 – 7 ABR 26/08, BAGE 132, 232, 238.

1304 BT-Drucks. 14/5741, S. 28, 51 f.

1305 Vgl. *Würdinger*, JuS 2008, 949, 949 ff. m.w.N.

1306 Vgl. die Ausführungen zur Tätigkeit von Sachverständigen Kapitel 1 A II 4 und zur Tätigkeit von Beratern Kapitel 1 B III 5 sowie zu den Unterschieden der beiden Figuren Kapitel 1 C.

1307 *BAG*, Beschl. v. 11.11.2009 – 7 ABR 26/08, BAGE 132, 232, 236.

zu entnehmen. Eine ausdrückliche Verweisung für den Wahlvorstand durch den Gesetzgeber ist – anders als für den Wirtschaftsausschuss – nicht notwendig, da der Wahlvorstand selbst einen erforderlichen Sachverständigen hinzuziehen könnte und nicht wie der Wirtschaftsausschuss auf die Mitwirkung des Betriebsrats bei der Hinzuziehung angewiesen ist. Die analoge Anwendung einer Vorschrift ist dann geboten, wenn anderenfalls Sinn und Zweck der Vorschrift nicht zur Geltung kommen könnten.[1308] Für die Begründung einer Analogie ist neben dem Vorliegen einer planwidrigen Regelungslücke eine Vergleichbarkeit des geregelten mit dem nicht geregelten Tatbestand erforderlich.[1309]

a. Planwidrige Regelungslücke

Eine Regelung im Gesetz für die Hinzuziehung von externem Sachverstand ist auch für andere Beteiligte des Betriebsverfassungsrechts unterblieben. Der Gesamtbetriebsrat und der Konzernbetriebsrat können nur über eine analoge Anwendung des § 80 Abs. 3 BetrVG Sachverständige hinzuziehen. Für den Wirtschaftsausschuss ist die analoge Anwendung ausdrücklich angeordnet worden. Mit dem Verweis in § 108 Abs. 1 S. 3 BetrVG stellte der Gesetzgeber klar, dass auch Beteiligte des Betriebsverfassungsrechts, die selbst keine Mitbestimmungsorgane sind, Sachverständige hinzuziehen können.

Die Befugnisse des Wahlvorstands im Hinblick auf die Inanspruchnahme sachkundiger Hilfe könnten im Gesetz direkt lediglich an der Kostenregelung des § 20 Abs. 3 S. 1 BetrVG festgemacht werden. Dieses Vorgehen ist jedoch wie aufgezeigt nicht möglich. Für den Betriebsrat hat der Gesetzgeber neben der Kostentragungsvorschrift des § 40 Abs. 1 BetrVG spezielle Vorschriften geschaffen, welche die in § 40 Abs. 1 BetrVG geregelte Kostentragungspflicht des Arbeitgebers ergänzen.[1310] Dies ist für den Wahlvorstand wie auch für Gesamt- und Konzernbetriebsrat unterblieben. Damit ist vom Vorliegen einer planwidrigen Regelungslücke auszugehen.

b. Vergleichbare Interessenlage

Zwischen dem geregelten Tatbestand – der Hinzuziehung von Sachverständigen durch den Betriebsrat – und dem ungeregelten Tatbestand – der Hinzuziehung

1308 Vgl. *BVerfG*, Beschl. v. 19.06.1973 – 1 BvL 39/69–1 BvL 14/72, BVerfGE 35, 263, 278 f.; *BAG*, Beschl. v. 11.11.2009 – 7 ABR 26/08, BAGE 132, 232, 236.

1309 *Larenz/Canaris*, Methodenlehre, S. 191 ff. und 202 ff.

1310 *BAG*, Beschl. v. 11.11.2009 – 7 ABR 26/08, BAGE 132, 232, 237.

externen Sachverstands durch den Wahlvorstand – besteht eine vergleichbare Interessenlage. Zwar ist der Aufgabenkreis des Wahlvorstands auf die Wahl des Betriebsrats beschränkt, diese Aufgabe ist jedoch in einer knapp bemessenen Zeit zu erfüllen und die Vorschriften über die Wahl des Betriebsrats sind umfassend, wobei die genaue Kenntnis der einzelnen Vorschriften wesentlich ist. Die Einhaltung der Wahlvorschriften ist von besonderer Bedeutung für die Wirksamkeit der Wahl.[1311] Die Mitglieder des Wahlvorstands befinden sind folglich in Bezug auf die Aufgabe der Betriebsratswahl in einer den Betriebsratsmitgliedern bei Erfüllung ihrer Aufgaben vergleichbaren Position. Bei der Vorbereitung und Durchführung der Wahl können sich dem Wahlvorstand komplexe Fragen in tatsächlicher oder rechtlicher Hinsicht stellen, welche die Hilfe von externem Sachverstand erforderlich machen.[1312] Zudem besteht weder für die Mitglieder des Betriebsrats noch für die Mitglieder des Wahlvorstands die Pflicht, besondere Kenntnisse für die Ausübung ihres Amtes mitzubringen.[1313]

Schließlich spricht der Sinn und Zweck der näheren Vereinbarung als Voraussetzung des § 80 Abs. 3 BetrVG für eine vergleichbare Interessenlage. Nicht nur die durch das Gericht genannten Zwecke der Überprüfungsmöglichkeit des Arbeitgebers und dessen Möglichkeit, den Gegenstand der Beauftragung zu begrenzen, gelten sowohl für die Beauftragung eines Sachverständigen durch den Betriebsrat als auch durch den Wahlvorstand.[1314] Auch die anderen Zwecke der näheren Vereinbarung gelten im gleichen Maße für den Betriebsrat wie für den Wahlvorstand. Durch die nähere Vereinbarung entfällt für den Arbeitgeber das Risiko, ohne vorherige Zustimmung mit Kosten für einen Sachverständigeneinsatz belastet zu werden, und im Interesse der Mitglieder des Wahlvorstands steht die Erforderlichkeit der Hinzuziehung des Sachverständigen fest. Ferner hat der Arbeitgeber ein schützenswertes Interesse, seine Betriebs- und Geschäftsgeheimnisse zu bewahren, ohne Rücksicht darauf, ob ein Sachverständiger, der Einblick in Unterlagen des Betriebs nimmt, vom Betriebsrat oder vom Wahlvorstand hinzugezogen wurde.[1315] Damit liegt auch eine vergleichbare Interessenlage vor.

1311 *BAG*, Urteil v. 07.06.1984 – 6 AZR 3/82, AP Nr. 10 zu § 20 BetrVG 1972 (3 der Gründe).

1312 *Wieland*, ArbRAktuell 2010, 239, 239.

1313 *Boemke*, Betriebsratswahl, S. 70.

1314 *BAG*, Beschl. v. 11.11.2009 – 7 ABR 26/08, BAGE 132, 232, 237 f.

1315 Vgl. die Ausführungen und Verweise zum Zweck der näheren Vereinbarung Kapitel 2 D.

4. Ergebnis

Die Hinzuziehung von externem Sachverstand durch den Wahlvorstand ist damit mit Hilfe einer analogen Anwendung des § 80 Abs. 3 BetrVG möglich.

II. Voraussetzungen

Um einen Sachverständigen hinzuziehen zu können, muss der Wahlvorstand die Voraussetzungen des § 80 Abs. 3 BetrVG analog erfüllen. Insbesondere im Bereich der Erforderlichkeit ergeben sich jedoch Unterschiede zur Hinzuziehung eines Sachverständigen durch den Betriebsrat. Aus Gründen der Übersichtlichkeit und um Wiederholungen zu vermeiden, beschränken sich die Ausführungen auf die sich im Vergleich ergebenden Unterschiede zu der Hinzuziehung eines Sachverständigen zur Unterstützung der zuvor behandelten Beteiligten des Betriebsverfassungsrechts.

1. Erforderlichkeit

Der Begriff der Erforderlichkeit in § 80 Abs. 3 BetrVG wird durch das Stufenmodell des *Bundesarbeitsgerichts* ausgefüllt. Bei der entsprechenden Anwendung des § 80 Abs. 3 BetrVG auf die Hinzuziehung eines Sachverständigen durch den Wahlvorstand ist fraglich, ob die einzelnen Stationen des Stufenmodells komplett übertragbar sind. Die Besonderheiten des Wahlvorstands müssen beachtet und gewürdigt werden.

a. Grundsätze der vertrauensvollen Zusammenarbeit und Verhältnismäßigkeit

Das Stufenmodell basiert auf den Grundsätzen der vertrauensvollen Zusammenarbeit und der Verhältnismäßigkeit. Der Wortlaut des § 2 Abs. 1 BetrVG, der den Grundsatz der vertrauensvollen Zusammenarbeit regelt, erfasst nur den Betriebsrat. Es wird jedoch zu Recht eine analoge Anwendung der Norm für das Verhältnis zwischen Arbeitgeber und Wahlvorstand befürwortet.[1316] Auch der Grundsatz der Verhältnismäßigkeit ist als allgemeiner Grundsatz des Betriebsverfassungsrechts[1317] im Verhältnis zwischen Arbeitgeber und Wahlvorstand zu beachten.

1316 *Jacobs*, Wahlvorstände, S. 246 ff m.w.N.; GK – *Kreutz*, § 18 Rn. 15; *Weber*, ZfA 1991, 187, 196 f.

1317 *Blomeyer*, FS 25 Jahre BAG, S. 17, 23 ff.

b. Unterrichtungspflicht des Arbeitgebers

Der Wahlvorstand kann vom Arbeitgeber alle für seine Aufgaben erforderlichen Auskünfte und Unterlagen verlangen.[1318] Ob sich diese Unterrichtungspflicht aus dem Grundsatz der vertrauensvollen Zusammenarbeit[1319] oder aus einer analogen Anwendung des § 80 Abs. 2 S. 1 BetrVG ergibt, kann im Rahmen dieser Bearbeitung dahingestellt bleiben. Zwar ist die Unterrichtungspflicht streng genommen keine Voraussetzung für die Hinzuziehung eines Sachverständigen,[1320] eine Unterrichtung durch den Arbeitgeber ist jedoch als Vorstufe zu den Voraussetzungen des § 80 Abs. 3 BetrVG erforderlich, um die Aufgabe zu konkretisieren, zu der andere Informationsmöglichkeiten gegebenenfalls vorrangig genutzt und letztlich ein Sachverständiger hinzugezogen werden soll. Eine vorrangige Unterrichtung beziehungsweise ein vorrangig zu formulierendes Informationsbegehren, etwa in Bezug auf die Wahlberechtigung einzelner Arbeitnehmer, ist daher auch im Rahmen der Hinzuziehung eines Sachverständigen durch den Wahlvorstand anzuerkennen.[1321] Diesbezüglich gelten die Ausführungen zum Betriebsrat entsprechend.[1322]

c. Mitwirkungspflicht des Wahlvorstands

Insbesondere wenn es sich um die erste im Betrieb stattfindende Betriebsratswahl handelt, besteht die Möglichkeit, dass der Arbeitgeber die Informationen, die der Wahlvorstand benötigt, nicht umfassend abschätzen kann. Es besteht dann die Pflicht des Wahlvorstands, den Arbeitgeber auf die fehlenden Informationen hinzuweisen und so aktiv auf eine umfassende Information hinzuarbeiten.[1323] Im Vergleich zu der Information eines Betriebsrats bekommt die Mitwirkungspflicht des Wahlvorstands hier ein besonderes Gewicht. Dies rechtfertigt sich mit Blick auf den Grundsatz der vertrauensvollen Zusammenarbeit, denn der Arbeitgeber muss die Möglichkeit erhalten, den Defiziten seiner Informationen abzuhelfen.

1318 Vgl. DKKW – *Homburg*, § 18 Rn. 3.

1319 *Jacobs*, Wahlvorstände, S. 280.

1320 *Jobs/Rauschenberg*, RDV 1990, 77, 78; vgl. auch die Ausführungen zum Stufenmodell und dessen Behandlung im Rahmen dieser Bearbeitung Kapitel 2 A II 2 a dd.

1321 Ebenso *Stück*, AuA 2010, 310, 311.

1322 Vgl. die Ausführungen zur Unterrichtungspflicht des Arbeitgebers nach § 80 Abs. 2 S. 1 BetrVG Kapitel 2 A II 2 b.

1323 Vgl. die Ausführungen zur Mitwirkungspflicht des Betriebsrats im Rahmen des § 80 Abs. 2 S. 1 BetrVG und des Stufenmodells Kapitle 2 A II 2 c.

d. Sachkundige Arbeitnehmer

Die Mitglieder des Wahlvorstands haben die Möglichkeit, auf die Sach- und Fachkenntnisse einzelner Betriebsratsmitglieder zur Bewältigung der sich ihnen stellenden Aufgaben zurückzugreifen.[1324]

aa. Das *Bundesarbeitsgericht* formulierte dies in einer älteren Entscheidung sogar als Pflicht der Betriebsratsmitglieder.[1325] In seiner Entscheidung zur Hinzuziehung von Sachverständigen durch den Wahlvorstand verwies das Gericht darauf, dass der Zweck der näheren Vereinbarung unter anderem darin liege, dass dem Arbeitgeber die Möglichkeit gegeben werden solle, „dem Wahlvorstand das Angebot zu unterbreiten, eigenen Sachverstand in Rechtsfragen zur Verfügung zu stellen".[1326] Teilweise wird auf der Grundlage dieser Entscheidung mit einem Verweis auf eine weitere, frühere Entscheidung des *Bundesarbeitsgerichts* geschlossen, dass sachkundige Arbeitnehmer auch bei der Sachverständigenhinzuziehung durch den Wahlvorstand vorrangig in Anspruch zu nehmen seien.[1327] Dem ist jedoch nicht zuzustimmen. Die zitierte Entscheidung befasst sich mit der Frage, unter welchen Voraussetzungen der Betriebsrat einen Sachverständigen hinzuziehen kann.[1328] Bei der analogen Anwendung des § 80 Abs. 3 BetrVG auf den Wahlvorstand, sind die Besonderheiten des Wahlvorstands zu berücksichtigen, so dass sich die unbesehene Übertragung des Stufenmodells verbietet.

bb. Unter Berücksichtigung der Rechtsprechung des *Bundesarbeitsgerichts* und des *LAG Hessen* zum Schulungsanspruch der Wahlvorstandsmitglieder kann eine mögliche Tendenz in der Rechtsprechung festgestellt werden, wie die Ausgestaltung der Voraussetzungen des § 80 Abs. 3 BetrVG bei der analogen Anwendung durch den Wahlvorstand vorgenommen werden könnte. Der *1. Senat des Bundesarbeitsgerichts* hatte entschieden, dass die Erforderlichkeit einer Schulung für die Mitglieder des Wahlvorstands ausgeschlossen sein könnte, wenn sich die Mitglieder des Wahlvorstands von Betriebsratsmitgliedern oder ehemaligen Wahlvorstandsmitgliedern informieren lassen könnten.[1329] Später wich der

1324 *Blomeyer*, FS 25 Jahre BAG, S. 17, 33 f.; *Rudolph*, AiB 2010, 340, 344.

1325 *BAG*, Beschl. v. 13.03.1973 – 1 ABR 15/72, BAGE 25, 87, 87.

1326 *BAG*, Beschl. v. 11.11.2009 – 7 ABR 26/08, BAGE 132, 232, 238.

1327 *Stück*, AuA 2010, 310, 311 mit Verweis auf *BAG*, Beschl. v. 16.11.2005 – 7 ABR 12/05, BAGE 116, 192 ff.

1328 *BAG*, Beschl. v. 16.11.2005 – 7 ABR 12/05, BAGE 116, 192 ff.

1329 *BAG*, Beschl. v. 13.03.1973 – 1 ABR 15/72, BAGE 25, 87, 90 f.

6. Senat des Bundesarbeitsgerichts von dieser Auffassung ab und entschied, dass vor dem Besuch einer Schulungsveranstaltung keine Pflicht der Mitglieder des Wahlvorstands besteht, sich durch Mitglieder des Betriebsrats oder ehemalige Wahlvorstandsmitglieder unterrichten zu lassen.[1330] Das *LAG Hessen* schloss sich dieser Auffassung an und entschied darüber hinaus, dass die Darlegung der fehlenden Kenntnisse keine Voraussetzung mehr für die Bejahung der Erforderlichkeit einer Schulungsveranstaltung sei.[1331]

cc. Diese Rechtsprechung ist auf die Inanspruchnahme von sachkundigen Arbeitnehmern als vorrangige Informationsmöglichkeit vor der Hinzuziehung von Sachverständigen durch den Wahlvorstand zu übertragen. Grundsätzlich sind damit sachkundige Arbeitnehmer entgegen dem Stufenmodell nicht vorrangig vor der Hinzuziehung eines Sachverständigen durch den Wahlvorstand in Anspruch zu nehmen. Der *6. Senat des Bundesarbeitsgerichts* führte in der Begründung seiner Entscheidung aus, dass der Zeitaufwand, der bei einer Unterrichtung durch Betriebsratsmitglieder oder ehemalige Wahlvorstandsmitglieder entstehen würde, erheblich wäre und auf den Arbeitgeber faktisch doppelte Kosten zukommen würden, da mehrere Angehörige seiner Belegschaft während ihrer Arbeitszeit mit der Unterrichtung beschäftigt wären; zudem sei fraglich, ob ehemalige Mitglieder des Wahlvorstands ihr Wissen von der letzten Betriebsratswahl noch abrufbar hätten.[1332] Insbesondere das zeitliche Argument spricht gegen die vorrangige Inanspruchnahme von sachkundigen Arbeitnehmern. Sieht man Betriebsratsmitglieder und ehemalige Wahlvorstandsmitglieder als sachkundige Arbeitnehmer im Sinne des § 80 Abs. 2 S. 2 BetrVG an, so könnte der Arbeitgeber die Mitglieder des Wahlvorstands vor der Hinzuziehung eines Sachverständigen jedenfalls dann immer auf eine vorrangige Inanspruchnahme verweisen, wenn es sich nicht um die erste Betriebsratswahl im Betrieb handelt. Dies kann den Wahlvorstand erhebliche Zeit kosten. Zudem können aktuelle Entwicklungen nicht sicher erfasst werden, da seit der letzten regelmäßigen Betriebsratswahl bereits vier Jahre vergangen sind.

e. Schulungen

Jedes stimmberechtigte Mitglied des Wahlvorstands hat grundsätzlich das Recht an einer Schulung teilzunehmen.[1333] Es wird angenommen, dass in Bezug auf die

1330 *BAG*, Urteil v. 07.06.1984 – 6 AZR 3/82, AP Nr. 10 zu § 20 BetrVG 1972 (3 der Gründe).
1331 *LAG Hessen*, Beschl. v. 11.01.1985 – 14/5 TaBV 91/84, juris (1. Leitsatz), n.v.
1332 *BAG*, Urteil v. 07.06.1984 – 6 AZR 3/82, AP Nr. 10 zu § 20 BetrVG 1972 (3 der Gründe).
1333 *Fitting*, § 20 Rn. 39.

Schulungsmöglichkeiten des Wahlvorstands eine Lücke im Gesetz besteht, die über die entsprechende Anwendung des § 37 BetrVG zu schließen ist.[1334]

Auch das *Bundesarbeitsgericht* geht von der Möglichkeit aus, dass Mitglieder des Wahlvorstands Schulungen besuchen können.[1335] Ursprünglich sah das Gericht diese als erforderlich an, wenn die Mitglieder des Wahlvorstands zum ersten Mal das Amt ausüben, sie keine besonderen Kenntnisse mitbringen würden und sie auch nicht innerhalb des Betriebs Hilfe finden könnten.[1336] Das Gericht deutete dabei an, dass die Erforderlichkeit einer Schulung für die Mitglieder des Wahlvorstands ausgeschlossen sein könnte, wenn sich die Mitglieder des Wahlvorstands von Betriebsratsmitgliedern oder ehemaligen Wahlvorstandsmitgliedern informieren lassen könnten.[1337] Später änderte das Gericht seine Auffassung und stellt nunmehr nicht mehr auf die vorrangig zu nutzende Möglichkeit, sich von Betriebsratsmitgliedern oder ehemaligen Wahlvorstandsmitgliedern informieren zu lassen, oder die Möglichkeit, durch Lektüre von Fachliteratur den nötigen Kenntnisstand zu erreichen, ab.[1338]

Eine Pflicht der Mitglieder des Wahlvorstands, vorrangig Schulungen zu nutzen, ist nur in gewissem Umfang anzuerkennen.[1339] Schulungen haben, wie bereits dargestellt, ein anderes Ziel als der Einsatz eines Sachverständigen.[1340] Insbesondere bei Mitgliedern des Wahlvorstands, die zum ersten Mal dieses Amt ausfüllen, kann der vorrangig zu nutzende Besuch einer Schulungsveranstaltung sinnvoll sein, um die Grundlagen der Wahlvorschriften zu vermitteln. Spezielle Fragen, die im weiteren Verlauf der Vorbereitung und der Durchführung der Wahl auftauchen, können teilweise erst dann erkannt und mit Hilfe eines Sachverständigen beantwortet werden. Darüber hinaus ist zu beachten, dass auch Mitglieder des Wahlvorstands, die bereits dieses Amt ausgeübt haben, das Bedürfnis haben können, ihre Kenntnisse aufzufrischen, da zwischen den Betriebsratswahlen mehrere Jahre liegen und sie Änderungen im Gesetz und neue Entwicklungen in der Rechtsprechung kennenlernen müssen.[1341] Die Erforderlichkeit einer Schulungsveranstaltung ist daher an den Kenntnissen des einzelnen Wahlvorstandsmitglieds zu messen.[1342]

1334 *Krieger*, ArbRAktuell 2010, 151, 151; *Wieland*, ArbRAktuell2010, 239, 239.

1335 *BAG*, Beschl. v. 13.03.1973 – 1 ABR 15/72, BAGE 25, 87, 90 f.; *BAG*, Urteil v. 07.06.1984 – 6 AZR 3/82, AP Nr. 10 zu § 20 BetrVG 1972 (2 der Gründe).

1336 *BAG*, Beschl. v. 13.03.1973 – 1 ABR 15/72, BAGE 25, 87, 90 f.

1337 *BAG*, Beschl. v. 13.03.1973 – 1 ABR 15/72, BAGE 25, 87, 90 f.

1338 *BAG*, Urteil v. 07.06.1984 – 6 AZR 3/82, AP Nr. 10 zu § 20 BetrVG 1972 (3 der Gründe).

1339 Ebenso *Stück*, AuA 2010, 310, 311.

1340 Vgl. die Ausführungen zu Schulungen Kapitel 1 A II 4 c aa.

1341 DKKW – *Homburg*, § 20 Rn. 40; *Wieland*, ArbRAktuell 2010, 239, 239.

1342 *BAG*, Urteil v. 07.06.1984 – 6 AZR 3/82, AP Nr. 10 zu § 20 BetrVG 1972 (4 der Gründe).

Im Gegensatz dazu ist die umfassende Kenntnisvermittlung durch einen Sachverständigen über die Vorschriften und das Verfahren der Wahl nicht anzuerkennen. Obwohl es sich bei der Betriebsratswahl um eine begrenzte Aufgabe handelt, zu der die Hinzuziehung eines Sachverständigen eigentlich möglich ist, ist es doch die einzige Aufgabe des Wahlvorstands. Die Vermittlung solcher Kenntnisse würde der für den Betriebsrat gezogenen Unterscheidung von Sachverständigen und Schulungen zuwiderlaufen.[1343]

Ein wesentliches Argument gegen eine unbeschränkte Pflicht der Mitglieder des Wahlvorstandes Schulungsveranstaltungen zu besuchen, stellt jedoch die knapp bemessenen Zeit, die dem Wahlvorstand zur Durchführung der Betriebsratswahlen zur Verfügung steht, dar. Mehr noch als bei Betriebsräten muss daher darauf abgestellt werden, dass die Informationsvermittlung durch Schulungen in einem zeitlich vertretbaren Rahmen erfolgen kann.

f. Fachliteratur

Teilweise wird die vorrangige Nutzung von Fachliteratur auch bei der Hinzuziehung eines Sachverständigen durch den Wahlvorstand befürwortet.[1344] In teilweiser Übereinstimmung mit der Rechtsprechung des *Bundesarbeitsgerichts* in anderen Bereichen des Betriebsverfassungsrechts ist jedoch zu differenzieren.

Im Rahmen seiner Rechtsprechung zu Schulungen von Wahlvorstandsmitgliedern hatte das Gericht entschieden, dass ein Selbststudium von Fachliteratur nicht notwendig vor einer Schulungsveranstaltung erforderlich ist.[1345] Dies ist auf die Hinzuziehung eines Sachverständigen durch den Wahlvorstand übertragbar. Das Gericht begründete seine Entscheidung damit, dass das Studium der Fachliteratur auch während der Arbeitszeit stattfinden und somit auch Kosten für den Arbeitgeber verursachen würde.[1346] Zudem könne die Lektüre von Fachliteratur aufgrund von fehlenden Vorkenntnissen eine deutlich längere Zeit in Anspruch nehmen als eine didaktisch aufbereitete Schulungsveranstaltung.[1347] Die Amtszeit des Wahlvorstands ist zeitlich begrenzt. Damit ist auch die dem Wahlvorstand zur Verfügung stehende Zeit, sich die notwendigen Kenntnisse anzueignen, begrenzt.

1343 Vgl. die Ausführungen zu Schulungen Kapitel 1 A II 4 c aa.

1344 *Stück*, AuA 2010, 310, 311 mit Verweis auf *BAG*, Beschl. v. 16.11.2005 – 7 ABR 12/05, BAGE 116, 192 ff.

1345 *BAG*, Urteil v. 07.06.1984 – 6 AZR 3/82, AP Nr. 10 zu § 20 BetrVG 1972 (3 der Gründe)

1346 *BAG*, Urteil v. 07.06.1984 – 6 AZR 3/82, AP Nr. 10 zu § 20 BetrVG 1972 (3 der Gründe)

1347 *BAG*, Urteil v. 07.06.1984 – 6 AZR 3/82, AP Nr. 10 zu § 20 BetrVG 1972 (3 der Gründe)

Den Wahlvorstand darauf zu verweisen, er könne sich die notwendigen Kenntnisse im Selbststudium aneignen, ist damit nicht möglich. Dies muss zumindest dann gelten, wenn es sich um Mitglieder des Wahlvorstands handelt, die zum ersten Mal dieses Amt ausfüllen. Der Einsatz eines Sachverständigen, der Hilfestellung bei konkreten Problemen gibt, ist damit insbesondere mit Blick auf die beschränkte Amtszeit des Organs effizienter als der Verweis auf eine selbständige und umfassende Lektüre von Fachliteratur.

Ein Nachschlagen von Normen oder Handlungshilfen für den Wahlvorstand kann dagegen auch in der den Mitgliedern des Wahlvorstands zur Verfügung stehenden begrenzten Zeit sinnvoll sein, etwa um einen Sachverständigeneinsatz vorzubereiten und den Gegenstand der Hinzuziehung zu konkretisieren. Insoweit ist eine vorrangige Pflicht des Wahlvorstands anzuerkennen.

g. *Informationen durch die Gewerkschaften*

Die vorrangige Pflicht, Informationen, die durch die Gewerkschaften zur Verfügung gestellt werden, zu nutzen, wird zu Recht befürwortet.[1348] Insbesondere für Betriebsratswahlen können die Gewerkschaften Informationen bereitstellen; durch den regelmäßigen Wahltermin können auch Schulungen oder Unterlagen vorbereitet werden,[1349] durch die der Einsatz eines Sachverständigen effizienter oder sogar überflüssig werden kann.

h. *Fehlende Fach- und Sachkenntnisse*

Besteht nach der Unterrichtung durch den Arbeitgeber und der Nutzung der vorrangigen und verfügbaren Informationsmöglichkeiten wie dem eventuellen Besuch von Schulungsveranstaltungen, der Lektüre von Fachliteratur in eingeschränktem Umfang und den von den Gewerkschaften zur Verfügung gestellten Informationen, ein Informationsdefizit der Mitglieder des Wahlvorstands, so ist die Erforderlichkeit der Hinzuziehung eines Sachverständigen gegeben, wenn anderenfalls die ordnungsgemäße Vorbereitung und Durchführung der Wahl nicht sichergestellt werden kann. Abzustellen ist dabei auf alle Mitglieder des Wahlvorstands. Damit sind auch die Kenntnisse der nicht stimmberechtigten Mitglieder zu berücksichtigen.

1348 *Stück*, AuA 2010, 310, 311 mit Verweis auf *BAG*, Beschl. v. 16.11.2005 – 7 ABR 12/05, BAGE 116, 192 ff.

1349 *Fitting*, § 13 Rn. 4.

i. Beurteilung der Erforderlichkeit und Interessenabwägung

Dem Wahlvorstand steht bei der Beantwortung der Frage nach der Erforderlichkeit eines Sachverständigeneinsatzes ein Beurteilungsspielraum zu, der sich an den für den Betriebsrat geltenden Grundsätzen orientiert.[1350] Die Erforderlichkeit eines Sachverständigeneinsatzes ist an den Kenntnissen des Wahlvorstands zu messen. Anders als bei Schulungsveranstaltungen kommt es damit auf den Wissensstand aller Mitglieder des Wahlvorstands an. Der Wahlvorstand muss wie der Betriebsrat die Erforderlichkeit der Hinzuziehung eines Sachverständigen vom Standpunkt eines objektiven Dritten zum Zeitpunkt der Beschlussfassung beurteilen, wobei er die Interessen des Arbeitgebers und der Arbeitnehmerschaft gegeneinander abwägen muss.[1351] Über den Inhalt der vom Betriebsrat vorzunehmenden Abwägung hinaus hat der Wahlvorstand auch das Interesse des Arbeitgebers an einer ordnungsgemäßen Betriebsratswahl zu beachten.

2. Beschluss

Die Beschlüsse des Wahlvorstands werden nach § 1 Abs. 3 S. 1 der Wahlordnung zum Betriebsverfassungsgesetz mit einfacher Mehrheit der stimmberechtigten Mitglieder in den Sitzungen des Wahlvorstands gefasst. Die Sitzungen des Wahlvorstands, zu denen der Vorsitzende nach § 29 Abs. 2 BetrVG analog lädt, finden nach Bedarf statt.[1352] Beschlussfähig ist der Wahlvorstand, wenn über die Hälfte der stimmberechtigten Mitglieder in der Sitzung anwesend sind und alle Mitglieder zuvor ordnungsgemäß geladen worden sind.[1353] In der Geschäftsordnung, die sich der Wahlvorstand nach § 1 Abs. 2 S. 1 der Wahlordnung zum Betriebsverfassungsgesetz geben kann, können zudem abweichende Regelungen bestimmt werden.

3. Nähere Vereinbarung mit dem Arbeitgeber

Eine nähere Vereinbarung mit dem Arbeitgeber vor der Hinzuziehung eines Sachverständigen ist dem *Bundesarbeitsgericht* und dem *LAG Hessen* folgend vor der Hinzuziehung eines Sachverständigen durch den Wahlvorstand herbeizuführen.[1354]

1350 DKKW – *Homburg*, § 20 Rn. 29.

1351 Vgl. *BAG*, Beschl. v. 03.12.1987 – 6 ABR 79/85, BAGE 57, 106, 110; *BAG*, Beschl. v. 08.04.1992 – 7 ABR 56/91, BAGE 70, 126, 132 f.;

1352 *Boemke*, Betriebsratswahl, S. 75.

1353 *Boemke*, Betriebsratswahl, S. 76.

1354 *BAG*, Beschl. v. 11.11.2009 – 7 ABR 26/08, BAGE 132, 232, 238; *LAG Hessen*, Beschl. v. 06.12.2007 – 9 TaBV 153/97, juris; zustimmend *Krieger*, ArbRAktuell 2010, 151, 151.

aa. Eine nähere Vereinbarung wird nicht aufgrund der besonderen Eilbedürftigkeit der Hinzuziehung eines Sachverständigen durch den Wahlvorstand entbehrlich. Der Wahlvorstand muss sich wie der Betriebsrat notfalls auf das gerichtliche Eilverfahren verweisen lassen, um eine fehlende Zustimmung des Arbeitgebers ersetzen zu können.[1355] Der Gesetzgeber hat von dem Erfordernis einer vorherigen Vereinbarung lediglich in der besonderen Situation einer Betriebsänderung eine Ausnahme anerkannt. Diese ist jedoch nicht mit der Situation einer Betriebsratswahl vergleichbar, sodass eine Übertragung des Rechtsgedankens des § 111 S. 2 BetrVG nicht in Betracht kommt.

bb. Auch eine Kollision mit dem Verbot der Wahlbehinderung ist nicht zu befürchten. Das Verbot der Wahlbehinderung schützt nach § 20 Abs. 1 S. 1 BetrVG alle Maßnahmen, die auf die Errichtung eines Betriebsrats gerichtet sind.[1356] Durch die Verweigerung der Zustimmung zur näheren Vereinbarung kann jedenfalls dann kein Verstoß gegen das Verbot der Wahlbehinderung durch den Arbeitgeber in Betracht kommen, wenn dieser die Zustimmung zu Recht oder aus objektiv nachvollziehbaren Gründen verweigert hat.

cc. Der Abschluss einer näheren Vereinbarung erfolgt zwischen dem Arbeitgeber und dem Wahlvorstand. Der Vorsitzende vertritt dabei den Wahlvorstand nach außen.[1357]Anders als der Wirtschaftsausschuss kann der Wahlvorstand selbst Beschlüsse fassen und ist nicht auf den Betriebsrat angewiesen. Zudem muss der Wahlvorstand auch bei einer erstmaligen Betriebsratswahl Sachverständige hinzuziehen können, wenn noch kein Betriebsrat besteht, der für ihn die nähere Vereinbarung abschließen und einen Sachverständigen hinzuziehen könnte.

4. Strafbewehrung des § 120 Abs. 1 Nr. 3 Var. 1 BetrVG

Der Sachverständige, der für den Wahlvorstand tätig wird, unterliegt, wie der durch den Gesamt- oder den Konzernbetriebsrat hinzugezogene Sachverständige, nicht der Strafbewehrung des § 120 Abs. 1 Nr. 3 Var. 1 BetrVG.[1358] Der Sachverständige

---

1355 *BAG*, Beschl. v. 11.11.2009 – 7 ABR 26/08, BAGE 132, 232, 238; *LAG Hessen*, Beschl. v. 06.12.2007 – 9 TaBV 153/97, juris.

1356 *Boemke*, Betriebsratswahl, S. 191; *Dörner*, FS Kreutz, S. 81, 83 m.w.N.; vgl. zum Begriff der Behinderung auch *Rieble*, ZfA 2003, 283, 288.

1357 Richardi – *Thüsing*, § 16 Rn. 56.

1358 Vgl. die Ausführungen zur Strafbewehrung des § 120 Abs. 1 Nr. 3 Var. 1 BetrVG bezüglich des Sachverständigen, der durch den Gesamtbetriebsrat oder den Konzernbetriebsrat hinzugezogen wurde Kapitel 3 B II 4.

muss nach § 120 Abs. 1 Nr. 3 Var. 1 BetrVG durch den Betriebsrat hinzugezogen worden sein. Bei dem Sachverständigen, der für den Wirtschaftsausschuss tätig wird, ist dies der Fall.[1359] Der Wahlvorstand kann jedoch im Gegensatz zum Wirtschaftsausschuss selbst Beschlüsse fassen und die nähere Vereinbarung mit dem Arbeitgeber abschließen. Der Sachverständige, der für den Wahlvorstand tätig wird, ist damit auch von diesem hinzugezogen.[1360] Eine Anwendung des § 120 Abs. 1 Nr. 3 Var. 1 BetrVG würde damit gegen das strafrechtliche Analogieverbot verstoßen und ist damit abzulehnen.[1361]

III. Betriebsänderung während der Betriebsratswahl

Die Beteiligungsrechte der §§ 111 ff. BetrVG entstehen für den bestehenden Betriebsrat. War dem Unternehmer zum Zeitpunkt der Entscheidung über eine bestimmte Betriebsänderung zwar bekannt, dass ein Betriebsrat gewählt werden soll, bestand jedoch zuvor noch kein Betriebsrat in dem von der Betriebsänderung betroffenen Betrieb, so kann der neu gewählte Betriebsrat eine Beteiligung bei der Betriebsänderung nicht verlangen.[1362] Spätestens bei Abschluss der Planungen zur Betriebsänderung muss der Betriebsrat bestehen, damit der Unternehmer die durch die Ausübung der Beteiligungsrechte der §§ 111 ff. BetrVG auf ihn zukommenden Kosten in die Entscheidung über mögliche Alternativkonzepte einfließen lassen kann.[1363] Dies gilt sowohl für den Interessenausgleich als auch für den Sozialplan, da die Beteiligungsrechte an den Zeitpunkt der Entscheidung des Unternehmers zu einer bestimmten Betriebsänderung anknüpfen.[1364]

1359 Vgl. die Ausführungen zur Strafbewehrung des § 120 Abs. 1 Nr. 3 Var. 1 BetrVG bezüglich des Sachverständigen, der für den Wirtschaftsausschuss tätig wird Kapitel 5 B III.

1360 Angedeutet in *BAG*, Beschl. v. 11.11.2009 – 7 ABR 26/08, BAGE 132, 232 (1. Leitsatz).

1361 Vgl. die entsprechenden Ausführungen zur Strafbewehrung des § 120 Abs. 1 Nr. 3 Var. 1 BetrVG bezüglich des Sachverständigen, der durch den Gesamtbetriebsrat oder den Konzernbetriebsrat hinzugezogen wurde Kapitel 3 B II 4.

1362 *BAG*, Beschl. v. 28.10.1992 – 10 ABR 75/91, AP Nr. 63 zu § 112 BetrVG 1972 (B II 2 der Gründe).

1363 *BAG*, Beschl. v. 20.04.1982 – 1 ABR 3/80, BAGE 38, 284, 290; vgl. auch *BAG*, Urteil v. 18.11.2003 – 1 AZR 30/03, BAGE 108, 294, 297.

1364 *BAG*, Beschl. v. 28.10.1992 – 10 ABR 75/91, AP Nr. 63 zu § 112 BetrVG 1972 (B II 2 der Gründe).

Zusammenfassung Kapitel 6

Sachverständige können vom Wahlvorstand mit Hilfe einer analogen Anwendung des § 80 Abs. 3 BetrVG hinzugezogen werden. Gegen eine Anwendung des § 20 Abs. 3 S. 1 BetrVG und eine analoge Anwendung des § 111 S. 2 BetrVG spricht das im Betriebsverfassungsgesetz bestehende System der Kostenerstattung.

Die besondere Situation des Wahlvorstands macht Abweichungen vom Stufenmodell des *Bundesarbeitsgerichts* erforderlich. Der Wahlvorstand kann vom Arbeitgeber die zur Erfüllung seiner Aufgaben erforderlichen Informationen und Unterlagen verlangen. Insbesondere bei der ersten im Betrieb stattfindenden Betriebsratswahl kommt der Mitwirkungspflicht des Wahlvorstands bei der Unterrichtung durch den Arbeitgeber ein besonderes Gewicht zu. Sachkundige Arbeitnehmer sind grundsätzlich nicht als vorrangige Informationsmöglichkeit vor der Hinzuziehung eines Sachverständigen in Anspruch zu nehmen. Zudem besteht eine vorrangige Pflicht, Schulungsveranstaltungen zu besuchen und Fachliteratur zu nutzen, nur in begrenztem Umfang. Schulungsveranstaltungen sind vor der Hinzuziehung eines Sachverständigen zu besuchen. Obwohl es sich bei der Vorbereitung und Durchführung der Wahl um eine begrenzte Aufgabe handelt, kann die Kenntnisvermittlung nicht pauschal durch einen Sachverständigen vorgenommen werden, sodass diese Art der Wissensvermittlung Schulungsveranstaltungen vorbehalten bleibt. Auch Informationen, die durch die Gewerkschaften zur Verfügung gestellt werden, sind vor der Hinzuziehung eines Sachverständigen zu nutzen.

Dem Wahlvorstand steht bei der Beurteilung der Erforderlichkeit, welche an den Kenntnissen aller Mitglieder des Wahlvorstands zu messen ist, ein Beurteilungsspielraum zu.

Der Abschluss der näheren Vereinbarung erfolgt zwischen dem Arbeitgeber und dem Wahlvorstand, da der Sachverständige vom Wahlvorstand selbst hinzugezogen wird.

Der vom Wahlvorstand hinzugezogene Sachverständige unterliegt nicht der Strafbewehrung des § 120 Abs. 1 Nr. 3 Var. 1 BetrVG.

Für das Entstehen der Beteiligungsrechte der §§ 111 ff. BetrVG und damit dem Recht des Betriebsrats, einen Berater hinzuzuziehen, muss spätestens bis zum Abschluss der Planungen zur Betriebsänderung ein Betriebsrat bestehen. Diese Rechte können nicht durch den Wahlvorstand ausgeübt werden.

Zusammenfassung und Ausblick

Kapitel 1: Sachverständige und Berater im Betriebsverfassungsrecht

Bei der Beurteilung des Einsatzes von externem Sachverstand sind die beteiligten Interessen, insbesondere die der Arbeitgeberseite, des hinzuziehenden Betriebsratsgremiums und der hinzugezogenen Person zu beachten.

§ 80 Abs. 3 BetrVG stellt als Konkretisierung des § 40 Abs. 1 BetrVG eine allgemeine Regelung für die Hinzuziehung von Sachverstand für eine konkrete Aufgabe des Betriebsrats dar; § 111 S. 2 BetrVG ermöglicht die Hinzuziehung eines Beraters in Unternehmen mit mehr als dreihundert Arbeitnehmern und setzt als Spezialfall des § 80 Abs. 3 BetrVG als konkrete Aufgabe eine Betriebsänderung voraus, wobei die Tätigkeit der Hilfspersonen auf die im Rahmen einer Betriebsänderung erforderliche Hilfe beschränkt ist. In der Regel handelt es sich bei § 80 Abs. 3 BetrVG und dem nach § 111 S. 2 BetrVG hinzugezogenen Sachverstand um betriebs- und unternehmensfremden Sachverstand.

Ein Sachverständiger im Sinne von § 80 Abs. 3 BetrVG ist als eine Person zu definieren, die aufgrund ihrer besonderen Sachkunde Rechts- und Erfahrungssätze vermitteln, Tatsachen feststellen oder aus einem feststehenden Sachverhalt Schlussfolgerungen ziehen kann. Dabei übt der Sachverständige seine Tätigkeit an den Interessen des Betriebsrats ausgerichtet aus. Ein Berater im Sinne von § 111 S. 2 BetrVG ist dagegen eine Person, die aufgrund ihrer besonderen Fach- und Sachkunde, die sich einem Betriebsrat bei einer Betriebsänderung stellenden Aufgaben erfassen kann und den Betriebsrat bei der Entwicklung von Alternativvorschlägen zu einer vom Unternehmer geplanten Betriebsänderung unterstützten kann. Der Einsatz eines Beraters findet nur im Interessenausgleichsverfahren statt. Besteht nach Abschluss des Interessenausgleichsverfahrens weiterer Beratungsbedarf, können Sachverständige nach § 80 Abs. 3 BetrVG hinzugezogen werden; die Hinzuziehung eines Beraters ist nicht mehr möglich.

Besteht im Rahmen einer Betriebsänderung die Notwendigkeit, mehrere sachkundige Personen als Hilfe heranzuziehen, können neben einem Berater Sachverständige nach § 80 Abs. 3 BetrVG hinzugezogen werden. In Unternehmen mit mehr als dreihundert Arbeitnehmern steht das Gesetz zudem einer alternativen Anwendung von § 111 S. 2 BetrVG und § 80 Abs. 3 BetrVG nicht entgegen.

Kapitel 2: Hinzuziehung von Sachverständigen durch den Betriebsrat

Die Voraussetzungen des § 80 Abs. 3 BetrVG sind: die Erforderlichkeit und die Verhältnismäßigkeit des Einsatzes eines Sachverständigen, ein ordnungsgemäßer Betriebsratsbeschluss sowie eine nähere Vereinbarung zwischen Betriebsrat und Arbeitgeber.

Die Voraussetzung der Erforderlichkeit wird durch ein vom *Bundesarbeitsgericht* entwickeltes Stufenmodell ausgefüllt, welches andere Informationsmöglichkeiten des Betriebsrats für vorrangig vor der Hinzuziehung eines Sachverständigen erklärt. Ein Verweis auf vorrangige Informationsmöglichkeiten ist jedoch nicht möglich, wenn diese in absehbarer Zeit nicht zur Verfügung stehen oder der Arbeitgeber nicht bereit ist, sie zur Verfügung zu stellen. Dem Betriebsrat steht ein Beurteilungsspielraum zur Bewertung der Erforderlichkeit eines Sachverständigeneinsatzes zu. Die Erforderlichkeit muss grundsätzlich zum Zeitpunkt der Beschlussfassung des Betriebsrats vorliegen.

Die Unterrichtung durch den Arbeitgeber nach § 80 Abs. 2 S. 1 BetrVG muss grundsätzlich vorrangig vor der Hinzuziehung eines Sachverständigen erfolgen. Eine abschließende Unterrichtung kann auch hinsichtlich einer einzelnen Projektphase erfolgen und muss sich nicht auf ein gesamtes langfristiges Projekt beziehen. Der Betriebsrat muss sich aktiv um die Klärung offen gebliebener Fragen bemühen, wobei Umfang und Konkretisierung der Nachfragen an den Kenntnissen der Betriebsratsmitglieder zu orientieren sind. Sachkundige Arbeitnehmer sind vorrangig vor der Hinzuziehung eines Sachverständigen als Informationsquelle zu nutzen. Ebenfalls vorrangig sind Schulungen zu besuchen, vorhandene Literatur zu konsultieren und von den Gewerkschaften angebotene Informationen zu nutzen, um den Einsatz eines Sachverständigen entbehrlich zu machen oder zumindest effektiver und kostengünstiger zu gestalten.

Neben der Erforderlichkeit der Hinzuziehung eines Sachverständigen ist deren Verhältnismäßigkeit zu prüfen, welche ein Korrektiv im Hinblick auf die dem Arbeitgeber zumutbaren Kosten darstellt.

In dem Beschluss des Betriebsrats zur Hinzuziehung eines Sachverständigen ist die Person des Sachverständigen zu benennen. Unter Beachtung der Belange des Arbeitgebers kann der Betriebsrat die Person des Sachverständigen frei auswählen.

Der Betriebsratsvorsitzende hat bei Abschluss der näheren Vereinbarung mit dem Arbeitgeber lediglich einen sehr eingeschränkten Entscheidungsspielraum und muss sich an die Vorgaben des Betriebsratsbeschlusses halten.

§ 80 Abs. 3 BetrVG sieht zwingend den Abschluss einer näheren Vereinbarung zwischen Betriebsrat und Arbeitgeber vor der Hinzuziehung eines Sachverständigen vor. Die mit der näheren Vereinbarung verfolgten Zwecke sind eine Risikoverteilung zwischen den Betriebsparteien, Geheimnisschutz, der Schutz des Rechtsverkehrs, die vom Gesetz vorgegebene unterschiedliche Behandlung von Personal- und Sachaufwand des Betriebsrats, eine Objektivierung des Beurteilungsspielraums des Betriebsrats und schließlich die Möglichkeit des Arbeitgebers, Erforderlichkeit und Verhältnismäßigkeit des Sachverständigeneinsatzes zu überprüfen. Durch die nähere Vereinbarung wird ein Ausgleich zwischen den beteiligten Interessen erreicht. Die nähere Vereinbarung mit dem Arbeitgeber ist zudem zwingend vor der Hinzuziehung eines Sachverständigen herbeizuführen. Eine verweigerte Zustimmung des Arbeitgebers zur näheren Vereinbarung kann im Rahmen eines Beschlussverfahrens oder einer einstweiligen Verfügung durch das Arbeitsgericht ersetzt werden. Die Einigungsstelle kann in dieser Frage nur dann tätig werden, wenn beide Betriebsparteien zustimmen.

Kapitel 3: Hinzuziehung eines Beraters durch den Betriebsrat

Die Voraussetzungen für die Hinzuziehung eines Berater nach § 111 S. 2 BetrVG sind, neben dem Vorliegen einer mitbestimmungspflichtigen Betriebsänderung, die Überschreitung des Schwellenwerts des § 111 S. 2 BetrVG, eine Unterrichtung durch den Unternehmer nach § 111 S. 1 BetrVG, Erforderlichkeit und Verhältnismäßigkeit des Beratereinsatzes sowie ein Beschluss des Betriebsrats über die Hinzuziehung eines Beraters.

Eine mitbestimmungspflichtige Betriebsänderung liegt vor, wenn entweder eine der in § 111 S. 3 BetrVG katalogmäßig umschriebenen Maßnahmen des Unternehmers vorliegt oder eine ähnliche Maßnahme im Sinne des § 111 S. 1 BetrVG gegeben ist, die wesentliche Nachteile für die Belegschaft mit sich bringt. Daneben muss der Schwellenwert des § 111 S. 1 BetrVG überschritten sein. Sowohl beim Schwellenwert des § 111 S. 1 BetrVG als auch beim Schwellenwert des § 111 S. 2 BetrVG ist auf die regelmäßige Beschäftigtenzahl abzustellen.

Die Unterrichtung nach § 111 S. 1 BetrVG ist eine Pflicht des Unternehmers. Durch diese soll der Betriebsrat die erforderlichen Informationen erhalten, die er für die Bewertung der Betriebsänderung, die eventuelle Entwicklung von Alternativvorschlägen und die Beratung mit dem Unternehmer benötigt. Die Beratung zwischen dem Betriebsrat und dem Unternehmer im Sinne des § 111 S. 1 BetrVG, die ebenfalls eine Pflicht des Unternehmers ist, umfasst die Betriebsänderung inklusive ihrer Durchführung und ihrer Folgen, soweit nachteilige Auswirkungen auf Arbeitnehmer zu befürchten sind.

Vor der Hinzuziehung eines Beraters muss eine Erforderlichkeitsprüfung vorgenommen werden. Dem Betriebsrat steht bei der Beurteilung der Erforderlichkeit ein Beurteilungsspielraum zu. Die Erforderlichkeit ist zu verneinen, wenn keine Unterrichtung durch den Unternehmer vorgenommen wurde und ein Anspruch des Betriebsrats auf Unterrichtung nicht erfolgreich durchgesetzt werden kann. Weitere Informationsmöglichkeiten wie Schulungsveranstaltungen, Fachliteratur und Informationen durch sachkundige Arbeitnehmer oder Gewerkschaften haben keine Auswirkungen auf die Erforderlichkeit und müssen nicht vorrangig genutzt werden.

Der Betriebsratsbeschluss sollte die Person des Beraters sowie den Beratungsgegenstand benennen. Aussagen zu den Kenntnisdefiziten der Betriebsratsmitglieder, die ausgeglichen werden sollen und zu einer eventuellen Honorarabsprache sollten getroffen werden, auch wenn sie kein zwingender Bestandteil des Beschlusses sind.

Eine nähere Vereinbarung mit dem Unternehmer muss im Gegensatz zu der Hinzuziehung eines Sachverständigen durch den Betriebsrat nicht herbeigeführt werden. Aus dem Grundsatz der vertrauensvollen Zusammenarbeit folgt jedoch eine Obliegenheit des Betriebsrats, den Unternehmer über den Beratereinsatz zu informieren.

Auch dann, wenn der Unternehmer Beratungen mit dem Betriebsrat verweigert, ist der Betriebsrat berechtigt, einen Berater hinzuzuziehen. Dies gilt jedoch nicht, wenn bereits die Unterrichtung verweigert wird.

Zur Sicherung der Rechte des Betriebsrats bei einer Betriebsänderung ist zudem ein durchsetzbarer Unterlassungsanspruch anzuerkennen.

Kapitel 4: Externer Sachverstand für Gesamt- und Konzernbetriebsrat

Gesamt- und Konzernbetriebsrat können mit Hilfe einer analogen Anwendung des § 80 Abs. 3 BetrVG Sachverständige hinzuziehen. Im Rahmen der Erforderlichkeit eines Sachverständigeneinsatzes ist das Stufenmodell des *Bundesarbeitsgerichts* weitestgehend übertragbar. Der zuständige Verhandlungspartner von Gesamt- und Konzernbetriebsrat bestimmt sich anhand der Zuständigkeit für die Aufgabe, zu der der Sachverständige hinzugezogen werden soll.

Der von Gesamtbetriebsrat oder Konzernbetriebsrat hinzugezogene Sachverständige oder Berater unterliegt nicht der Strafbewehrung des § 120 Abs. 1 Nr. 3 Var. 1 oder Nr. 3 a BetrVG.

Die Hinzuziehung eines Beraters durch den Gesamtbetriebsrat oder den Konzernbetriebsrat bemisst sich anhand einer analogen Anwendung des § 111 S. 2 BetrVG. Die Zuständigkeit für Interessenausgleich und Sozialplan kann sowohl auf Arbeitgeberseite als auch auf Seiten der Mitbestimmungsorgane auseinanderfallen.

Werden Gesamtbetriebsrat und Konzernbetriebsrat aufgrund einer Beauftragung tätig, so können sie im Umfang ihrer Beauftragung Sachverständige und Berater hinzuziehen. Verbleibt die Entscheidungsbefugnis beim beauftragenden Organ, so behält dieses auch das Recht, einen Sachverständigen beziehungsweise einen Berater hinzuzuziehen. Bei einer Beauftragung, die auch die Befugnis enthält, über die übertragende Aufgabe zu entscheiden, besteht mangels einer Aufgabe des übertragenden Organs kein Recht mehr einen Sachverständigen oder einen Berater hinzuzuziehen. Wird eine Aufgabe übertragen, wird eine Beauftragung widerrufen oder ist für den Sozialplan ein anderes Organ zuständig, als zuvor für den Interessenausgleich, so besteht für das nunmehr zuständige Organ die Obliegenheit, einen bereits vom zuvor zuständigen Organ hinzugezogenen Sachverständigen oder Berater vorrangig in die Auswahl der Person eines Sachverständigen oder eines Beraters aufzunehmen.

Kapitel 5: Externer Sachverstand für den Wirtschaftsausschuss

Sachverständige, die zur Unterstützung des Wirtschaftsausschusses tätig werden sollen, können nach § 108 Abs. 2 S. 3 BetrVG in Verbindung mit § 80 Abs. 3 BetrVG analog hinzugezogen werden. Bevor der Wirtschaftsausschuss berechtigt ist, einen Sachverständigen zu Rate zu ziehen, muss er vorrangig andere Informationsquellen nutzen. Namentlich muss eine Unterrichtung durch den Unternehmer nach § 106 Abs. 2 BetrVG stattgefunden haben, sachkundige Arbeitnehmer und Fachliteratur müssen konsultiert worden sein und die Mitglieder des Wirtschaftsausschusses, die dazu berechtigt sind, müssen Schulungsveranstaltungen besucht haben. Informationen, die durch die Gewerkschaften zur Verfügung gestellt werden, sind nur in Ausnahmefällen zu nutzen.

Im Unterschied zu Betriebsrat, Gesamt- und Konzernbetriebsrat ist grundsätzlich vom Vorhandensein der erforderlichen Fach- und Sachkunde im Wirtschaftsausschuss nach § 107 Abs. 1 S. 3 BetrVG auszugehen. Dies gilt auch für die nach § 107 Abs. 3 S. 3 BetrVG zusätzlich bestellten Mitglieder des Ausschusses, dem die Aufgaben des Wirtschaftsausschusses nach § 107 Abs. 3 S. 1 BetrVG übertragen wurden. Dem bestellenden Organ steht bei der Beurteilung der Eignung der Mitglieder ein Beurteilungsspielraum zu. Wurde dieser Beurteilungsspielraum ordnungsgemäß ausgeübt, so hat eine Verletzung der Sollvorschrift des § 107 Abs. 1 S. 3 BetrVG jedoch nicht zur Folge, dass das Recht, einen Sachverständigen hinzuzuziehen, entfällt.

Ob die Erforderlichkeit eines Sachverständigeneinsatzes für den Wirtschaftsausschuss vorliegt, wird sowohl vom Wirtschaftsausschuss selbst als auch vom Betriebsrat beurteilt. Beiden steht diesbezüglich ein Beurteilungsspielraum zu. Der Beschluss über die Hinzuziehung eines Sachverständigen zur Unterstützung des Wirtschaftsausschusses wird dagegen allein durch den Betriebsrat gefasst. Dieser schließt auch die nähere Vereinbarung mit dem Arbeitgeber ab. Der Sachverständige, der für den Wirtschaftsausschuss tätig wird, wird folglich vom Betriebsrat hinzugezogen.

Im Rahmen einer Betriebsänderung kann die Unterrichtung von Wirtschaftsausschuss und Betriebsrat gleichzeitig erfolgen, solange der Betriebsrat ordnungsgemäß durch den Wirtschaftsausschuss unterrichtet und dies im Rahmen der Beratung mit dem Unternehmer noch berücksichtigt werden kann. Dem Wirtschaftsausschuss steht jedoch nicht das Recht zu, einen Berater nach § 111 S. 2 BetrVG in Anspruch zu nehmen; dieses Recht ist den Mitbestimmungsorganen vorbehalten.

Kapitel 6: Externer Sachverstand für den Wahlvorstand

Sachverständige können vom Wahlvorstand mit Hilfe einer analogen Anwendung des § 80 Abs. 3 BetrVG hinzugezogen werden. Gegen eine Anwendung des § 20 Abs. 3 S. 1 BetrVG und eine analoge Anwendung des § 111 S. 2 BetrVG für die Hinzuziehung von externem Sachverstand durch den Wahlvorstand spricht das im Betriebsverfassungsgesetz bestehende System der Kostenerstattung.

Die besondere Situation des Wahlvorstands macht Abweichungen vom Stufenmodell des *Bundesarbeitsgerichts* erforderlich. Der Wahlvorstand kann vom Arbeitgeber die zur Erfüllung seiner Aufgaben erforderlichen Informationen und Unterlagen verlangen. Insbesondere bei der ersten im Betrieb stattfindenden Betriebsratswahl kommt der Mitwirkungspflicht des Wahlvorstands bei der Unterrichtung durch den Arbeitgeber ein besonderes Gewicht zu. Sachkundige Arbeitnehmer sind grundsätzlich nicht als vorrangige Informationsmöglichkeit vor der Hinzuziehung eines Sachverständigen in Anspruch zu nehmen. Zudem besteht eine vorrangige Pflicht, Schulungsveranstaltungen zu besuchen und Fachliteratur zu nutzen, nur in begrenztem Umfang. Schulungsveranstaltungen sind vor der Hinzuziehung eines Sachverständigen zu besuchen. Obwohl es sich bei der Vorbereitung und Durchführung der Wahl um eine begrenzte Aufgabe handelt, kann die Kenntnisvermittlung nicht pauschal durch einen Sachverständigen vorgenommen werden, sodass diese Art der Wissensvermittlung Schulungsveranstaltungen vorbehalten bleibt. Auch Informationen, die durch die Gewerkschaften zur Verfügung gestellt werden, sind vor der Hinzuziehung eines Sachverständigen zu nutzen.

Dem Wahlvorstand steht bei der Beurteilung der Erforderlichkeit, welche an den Kenntnissen aller Mitglieder des Wahlvorstands zu messen ist, ein Beurteilungsspielraum zu.

Der Abschluss der näheren Vereinbarung erfolgt zwischen dem Arbeitgeber und dem Wahlvorstand, da der Sachverständige vom Wahlvorstand selbst hinzugezogen wird.

Für das Entstehen der Beteiligungsrechte der §§ 111 ff. BetrVG und damit dem Recht des Betriebsrats, einen Berater hinzuzuziehen, muss spätestens bis zum Abschluss der Planungen zur Betriebsänderung ein Betriebsrat bestehen. Diese Rechte können nicht durch den Wahlvorstand ausgeübt werden.

Ausblick

Die in dieser Bearbeitung gefundenen Ergebnisse lassen insbesondere in den Bereichen der Bewertung der Schwellenwerte des § 111 S. 1 BetrVG und des § 111 S. 2 BetrVG sowie der Anwendung des § 80 Abs. 3 BetrVG durch den Wahlvorstand Entwicklungen erwarten. Handlungsbedarf für den Gesetzgeber besteht im Rahmen des § 120 BetrVG. Bei allen Entwicklungen in Rechtsprechung und Literatur aber auch bei der Neuformulierung des Gesetzestextes muss der Ausgleich der verschiedenen Interessen das primäre Ziel sein.

1. Bei einem gemeinsamen Betrieb mehrerer Unternehmen ist es für die Schwellenwerte von § 111 S. 1 und S. 2 BetrVG ausreichend, wenn lediglich eines der beteiligten Unternehmen den Schwellenwert überschreitet. In analoger Anwendung

entstehen die Beteiligungsrechte des Betriebsrats, wenn der gemeinsame Betrieb allein oder die beteiligten Unternehmen gemeinsam den Schwellenwert überschreiten. Angesichts der Rechtsprechung des *Bundesarbeitsgerichts* zu anderen Schwellenwerten des Betriebsverfassungsgesetzes liegt die Vermutung nahe, dass bei einer höchstrichterlichen Entscheidung dieses Ergebnis im Rahmen des § 111 BetrVG ebenfalls befürwortet wird.

2. Zudem ist bei der Anwendung des § 80 Abs. 3 BetrVG durch den Wahlvorstand zur Hinzuziehung eines Sachverständigen eine teilweise Abkehr vom Stufenmodell beziehungsweise Anpassung der Rechtsprechung zu erhoffen. Unter Zugrundelegung der Rechtsprechung des Bundesarbeitsgerichts zur Erforderlichkeit von Schulungsveranstaltungen für Wahlvorstandsmitglieder, könnte das Stufenmodell abgeändert und der besonderen Situation, in der sich der Wahlvorstand befindet angepasst werden. Der Einschränkung, dass andere Informationsmöglichkeiten in einer angemessenen Zeit zur Verfügung stehen müssen und sinnvoll genutzt werden können, um im Rahmen des Stufenmodells Relevanz entfalten zu können, muss bei der Hinzuziehung eines Sachverständigen durch den Wahlvorstand ein gesteigertes Gewicht zukommen, um dem Zeitdruck unter dem das Gremium steht gerecht zu werden. Die begrenzte Amtszeit des Wahlvorstands und der Umstand, dass der Abstand zwischen den regelmäßigen Betriebsratswahlen vier Jahre beträgt, führen dazu, dass sachkundige Arbeitnehmer nur in Ausnahmefällen als vorrangige Informationsmöglichkeit vor der Hinzuziehung von Sachverständigen in Anspruch genommen werden können. Auch der Besuch von Schulungsveranstaltungen und die umfassende Lektüre von Fachliteratur können aufgrund des Zeitdrucks nicht immer vorrangig vor der Hinzuziehung eines Sachverständigen sein.

3. Schließlich bleibt eine Reaktion des Gesetzgebers auf die Regelung des § 120 BetrVG abzuwarten. Die Vorschrift des § 120 Abs. 1 Nr. 3 Var. 1 BetrVG ist lückenhaft. Erfasst ist nur der durch den Betriebsrat hinzugezogene Sachverständige. Wird der Sachverständige durch den Gesamtbetriebsrat, den Konzernbetriebsrat oder den Wahlvorstand hinzugezogen, so steht das strafrechtliche Analogieverbot einer Anwendung der Vorschrift entgegen.

Schriften zum Recht der Arbeit

Herausgegeben von Olaf Deinert / Rüdiger Krause

Das Arbeitsrecht regelt die Bedingungen, unter denen durch Kooperation von Arbeitgebern und Arbeitnehmern wirtschaftliche Werte geschaffen und die daraus entstehenden Erträge verteilt werden. Dabei muss sich das Arbeitsrecht in einem immer stärkeren Maße den Herausforderungen einer globalisierten Ökonomie einerseits und sich ständig verändernden gesellschaftlichen Anschauungen andererseits stellen. Das Arbeitsrecht nimmt daher eine zentrale Rolle in der Struktur moderner Industrie- und Dienstleistungsgesellschaften ein. Kein anderes Rechtsgebiet steht deshalb so stark im Spannungsfeld der politischen und sozialen Kräfte sowie zugleich im Blickpunkt der Öffentlichkeit. Die Reihe „Schriften zum Recht der Arbeit" soll die wissenschaftliche Auseinandersetzung mit dem Arbeitsrecht und dem betrieblichen Sozialrecht fördern, indem sie einen Rahmen für einschlägige Publikationen schafft. Sie vereint vorwiegend Dissertationen zu diesen Themen, die mit mindestens „cum laude" bewertet worden sind.

Manuskriptvorschläge sind in Papierform an die Herausgeber zu richten: Professor Dr. Olaf Deinert / Professor Dr. Rüdiger Krause, Institut für Arbeitsrecht, Georg-August-Universität Göttingen, Platz der Göttinger Sieben 5, 37073 Göttingen.

Band 1 Elisa Maria Wolf: Druckkündigungen mit diskriminierendem Hintergrund. 2012.

Band 2 Daniel Hader: Die Differenzierung nach der Gewerkschaftsmitgliedschaft durch Vereinbarung. 2012.

Band 3 Nils Seibert: Die Begründung und Beendigung von Arbeitsverhältnissen und Arbeitsverträgen. 2012.

Band 4 Maximilian Federhofer: Europäisches Tarifrecht? Zum Verhältnis von Grundfreiheiten und Grundrechten im Hinblick auf nationale Sachverhalte mit Tarifbezug. 2013.

Band 5 Sara Günther: Arbeitsrechtlicher Antidiskriminierungsschutz und Diversity Management. AGG - Pflicht und Chance zugleich. 2013.

Band 6 Jun Zhu: Die Mankohaftung im Arbeitsverhältnis nach der Schuldrechtsmodernisierung. 2013.

Band 7 Philip Owschimikow: Datenscreening zwischen Compliance-Aufgabe und Arbeitnehmerdatenschutz. Zugleich eine Bewertung des Regierungsentwurfs eines Gesetzes zur Regelung des Beschäftigtendatenschutzes. 2014.

Band 8 Jennifer Rasche: Arbeitnehmerweiterbildung. Gesetzlicher Rahmen und kollektive Gestaltungsmöglichkeiten. 2014.

Band 9 Nicola Jakobi: Flexibilisierungen des Arbeitsverhältnisses im Arbeitnehmerinteresse. Eine rechtsdogmatische und rechtspolitische Untersuchung des Rechts der Arbeitszeiten auf die Vereinbarkeit von Familie und Beruf. 2014.

Band 10 Christiane Radtke: Externer Sachverstand im Betriebsverfassungsrecht. Sachverständige und Berater für Betriebsrat, Gesamtbetriebsrat, Konzernbetriebsrat, Wirtschaftsausschuss und Wahlvorstand. 2014.

www.peterlang.com